U0857810

前 言

“保护为主，抢救第一，合理利用，加强管理”是中国文物工作的总体方针。文物的合理利用是指在充分认识文物自身资源属性，充分挖掘和发挥其蕴涵的历史、艺术、科学价值的基础上，通过各种科学合理的方式和手段，在战略资源的高度上利用文物，以创造出更好、更大的社会效益，一方面回报社会，一方面反哺文物保护，从而形成保护和利用共赢的良性发展。文物利用的根本目的是文物价值的充分释放。

中华人民共和国成立 60 多年来，特别是改革开放 40 年来，我国文物合理利用工作逐渐走出了一条中国特色的道路。认真总结我国文物合理利用工作的经验和教训，厘清建国以来我国文物合理利用理论和实践发展的脉络，广泛借鉴国外文物利用的理念和做法，深入思考文物利用工作面临的问题，明确文物合理利用的基本概念、内涵和原则，区分不同文物的利用方式，探索文物合理利用的中国模式，尝试建立中国特色文物合理利用的风险评估体系，对于全面落实党中央和国务院关于文物合理利用工作的指示、推动新时代文物合理利用工作的开展具有重要意义。

党的十八大以来，以习近平同志为核心的党中央，在高度重视文物保护工作的同时，也对文物合理利用工作提出了新的要求：将文物合理利用工作与弘扬中华优秀传统文化联系起来，与培育社会主义核心价值观联系起来，与实现人民群众的美好生活和中华民族伟大复兴的中国梦联系起来，与文明互鉴以及人类命运共同体联系起来，赋予了文物合理利用新的内涵和意义。

2014 年 3 月，习近平主席在联合国教科文组织总部演讲时说：“每一种文明都延续着一个国家和民族的精神血脉，既需要薪火相传、代代守护，更需要与时俱进、勇于创新。中国人民在实现中国梦的进程中，将按照时代的新进步，推动中华文明创造性转化和创新性发展，激活其生命力，把超越时空、超越国度、具有当代价值的文化精神弘扬起来，让收藏在博物馆里的文物、陈列在广阔大地

上的遗产、书写在古籍里的文字都活起来，让中华文明同世界各国人民创造的丰富多彩的文明一道，为人类提供正确的精神指引和强大的精神动力。"2015年2月，在视察西安博物院时，他又进一步指出："一个博物院就是一所大学校。要把凝结着中华民族传统文化的文物保护好、管理好，同时加强研究和利用，让历史说话，让文物说话，在传承祖先的成就和光荣，增强民族自尊和自信的同时，谨记历史的挫折和教训，以少走弯路、更好前进。"2016年4月，全国文物工作会议召开前夕，习近平总书记作出重要指示，强调要推进文物合理适度利用，使文物保护成果更多惠及人民群众。李克强总理也批示强调，要坚持统筹规划、保护为主、保用结合，在严格保护文物的基础上，有效挖掘文物蕴含的历史、文化和科学等价值，充分发挥文物的公共文化服务和社会教育功能。刘延东副总理在全国文物工作会议上讲话指出，文物工作在培育社会主义核心价值观、实现中华民族伟大复兴的中国梦、彰显文明大国形象中的作用不可替代。要深刻把握新形势、新要求，明确责任、重在保护、拓展利用、严格执法、完善保障，推动新时期文物工作迈上新台阶，为经济发展、文化繁荣和民生改善做出新的更大贡献。

2016年3月4日，国务院发布了《关于进一步加强文物工作的指导意见》，将文物的"拓展利用"作为文物工作的重要一部分与文物的"重在保护"并列，提出文物工作要为培育和弘扬社会主义核心价值观服务，为保障人民群众基本文化权益服务，为促进经济社会发展服务，为扩大中华文化影响力服务。2016年5月12日，国务院又转发了文化部、国家发展改革委、财政部、国家文物局《关于推动文化文物单位文化创意产品开发的若干意见》。该《意见》把文物的合理利用与文化创意产品的开发联系起来，指出"依托文化文物单位馆藏文化资源，开发各类文化创意产品，是推动中华文化创造性转化和创新性发展、使中国梦和社会主义核心价值观更加深入人心的重要途径，是推动中华文化走向世界、提升国家文化软实力的重要渠道，是丰富人民群众精神文化生活、满足多样化消费需求的重要手段，是增强文化文物单位服务能力、提升服务水平、丰富服务内容的必然要求，对推动优秀传统文化与当代文化相适应、与现代社会相协调，推陈出新、以文化人，具有重要意义"。显然，中国的文物事业和文物利用工作正面临着前所未有的大发展机遇，对中国特色文物合理利用理论与实践的研究，也成为当前文物工作的迫切需要。

2017年10月，党的十九大报告指出，要"加强文物保护利用和文化遗产保护传承"。这一要求，是在"坚定文化自信，推动社会主义文化繁荣兴盛"的基本背景下，站在"推动文化事业和文化产业发展"高度上提出的，是立足于"人民日益增长的美好生活需要和不平衡不充分的发展之间的矛盾"提出的，其重要原

则为“文化是一个国家、一个民族的灵魂。文化兴国运兴，文化强民族强。没有高度的文化自信，没有文化的繁荣兴盛，就没有中华民族伟大复兴”。因而，“加强文物保护利用”是习近平新时代中国特色社会主义思想的重要组成部分，为新时代的文物保护利用工作指明了新的方向，同时也提出了更高的要求。

一是牢牢把握我国社会主要矛盾的新变化，努力破解文物事业发展不平衡不充分问题。新时代我国社会主要矛盾，已经转化为人民日益增长的美好生活需要和不平衡不充分的发展之间的矛盾。这个新判断，是关系全局的历史性变化，既对党和国家工作提出了许多新要求，也指明了破解文物事业发展瓶颈问题的根本着力点。必须清醒地认识到，当前文物事业发展不平衡不充分的矛盾依然突出。发展不平衡，主要体现为文物事业中存在的地区发展不平衡、中央和地方文物保护投入不平衡、各级各类文物保护和利用的状况不平衡、博物馆发展结构和布局不平衡。发展不充分，主要指一些地区、一些领域、一些方面文物事业还存在服务经济社会发展能力不充分、文物保护责任落实不充分、社会力量参与不充分、人民对文物保护成果获得感不充分等。总之，文物安全形势依然严峻，文物利用更是存在着“不够”和“不当”两个方面的问题。在新时代，需要从新的历史方位、新的时代坐标来谋划来推动文物事业，着力解决好发展不平衡不充分问题，理清发展方向，转变发展方式，更好推动文物事业发展和进步。

二是牢牢把握坚定文化自信的历史责任，充分展现中华文化的传统魅力和时代风采。没有高度的文化自信，没有文化的繁荣兴盛，就没有中华民族的伟大复兴。要从坚持走中国特色社会主义道路的战略高度看待文化自信的重大价值和现实意义。文化自信体现着中国特色社会主义的历史根基和文化本质，与道路自信、理论自信、制度自信一起引领中国特色社会主义的发展方向。文物资源作为联结过去、现在和未来的物质载体和对话桥梁，是中华民族生生不息、发展壮大的丰厚滋养，是标识民族身份、维系民族认同的文化依据，是提高国家文化软实力的重要源泉。文物作为中国文化的见证者，又是弘扬中国精神、凝聚发展力量的“金名片”。要深入挖掘和创新阐释文物资源蕴含的思想观念、人文精神、道德规范、治国智慧，不断加强文物价值的发掘利用和科学阐释，不断提高文物合理适度利用的能力和水平，更好构筑中国精神、中国价值、中国力量，更好展现悠久、真实、立体的中华文明。

三是牢牢把握坚持创造性转化、创新性发展的时代要求，让文物活起来，不断满足人民日益增长的美好生活需要。文化既是凝聚人心的精神纽带，又是增进民生福祉的情感因素。从参观博物馆到文化遗产旅游，再到民间文物收藏、鉴赏和交流，文物资源正在广泛进入人民日常生活，文物工作在人民日益增长的美好生活需要中的地位和作用越来越重要。只有拓展文物资源利用途径，优化文博供给体系，加大文物保护单位开放力度，提升博物馆公共服务和社会教育功能，支持各方力量参与文物保护利用，积极开发文博创意产品，鼓励民间合法收藏文物，促进文物市场活跃有序健康发展，才能使文物保护利用的成果更多惠及人民群众，让人民精神文化生活更丰富，基本文化权益保障更充分，文化获得感、幸福感更充实。

认真学习领会十九大报告中关于“加强文物保护和利用”的深刻内涵，对推进新时代中国文物工作，尤其是文物利用工作具有重大指导意义。

山东大学对文物合理利用问题有较早的关注，尤其是党的十八大以来，先后承担了国家文物局委托的“文物保护法增加文物利用专章研究”“文物合理利用理论研究”“文物合理利用重点项目跟踪及相关政策研究”等多个相关课题。

在研究过程中，我们综合运用了不同的研究方法。首先是系统地进行文献分析，对共和国成立以来，尤其是近40年来中国学术界在文物合理利用方面的研究成果，以及各种相关政策进行全面梳理与分析，力求完整呈现中国特色文物合理利用理论的形成和发展过程；其次是通过案例对文物合理利用进行理论总结和思考；再次是比较分析，主要是对照国内外在文物利用方面的理论与实践，从中获得借鉴和启示；最后是跨学科分析，参与本课题的学者来自中国历史、世界历史、考古学、文物与博物馆学、文化产业、工艺设计、法学等诸多学科，在研究过程中充分利用了这些学科的理论与方法。课题的完成得到了国家文物局和山东省文物局的指导，也得到了山东东方历史文化研究中心、山东省历史学会和山东省工艺美术学院等单位诸多专家学者的参与和支持。

本书即是在上述课题的基础上整理而成的，全书分为上下两编，40多万字。

第一编分为五章：第一章梳理了我国文物合理利用理论和学术研究的发展脉络，既包括共和国成立以来党和国家领导人关于文物合理利用的指导思想、国家的相关政策措施，也包括学术界关于文物合理利用的研究和讨论。第二章主要分析我国文物合理利用的现状和存在的问题，其中涉及不可移动文物中的古城整体利用、片区式利用和区域整体利用，博物馆馆藏文物的利用，以及文物市场的现状，作为对文物合理利用进行理论分析的实践基础。第三章主要评述国外文物利用方面的经验和理念，作为对文物合理利用进行理论分析的借鉴和参照。第四章框架性地构建了中国特色文物合理利用的理论体系，包括文物利用的概念和内涵、文物利用的基本原则、文物利用与文物保护的关系、文物利用与文化产业的关系、文物利用利益相关方分析、文物利用的方式和途径，以及文物利用的风险评估体系等。第五章回顾了我国文物事业的法制化历程，系统讨论了在《文物保护法》中设立“文物合理利用”专章的必要性和可行性，并在此基础上，初步拟定了 28 则供学界讨论的法条草案。

第二编分为八章，是对我国文物利用的案例分类研究，包括历史文化名城、世界文化遗产、古建筑、名人故居、大遗址、近代建筑和工业遗产、博物馆等。在具体案例选择上，我们充分考虑了案例的广泛性、典型性、代表性，并统筹兼顾成功案例和负面案例，统筹兼顾不同地域和不同属性。针对具体的案例，我们注重经验总结与问题分析相结合，并力争提出一些前瞻性、可操作性的政策建议。

由于我们的水平有限，书中肯定还存有不少这样或那样的问题，希望读者不吝指正。另外，这部书稿定稿于 2017 年 10 月，因而对党的十九大报告中有关“加强文物保护利用”的指导思想理解得还不够深透，这都需要在今后的研究中加以充实和提升。

目　录

第一编

文物合理利用理论研究

第一章　我国文物利用理论的发展脉络

第一节　文物利用指导思想的形成与发展

中华人民共和国成立以来，特别是改革开放40年以来，在党中央、国务院的领导和支持下，各级文物管理部门认真履行职能，在切实做好文物保护工作的同时，积极探索和开展文物利用工作，在实践中不断拓展文物利用的方法和途径，积累了丰富的经验，使文物资源服务社会、教育人民、促进发展的作用得到充分发挥，为国家经济和社会建设做出了重要贡献。作为文物事业不可或缺的重要组成部分，文物利用开始是附着、隶属于文物保护而存在的，后来逐渐独立出来并成为与文物抢救、文物保护、文物管理相对应的一个重要概念。文物利用理论的形成、丰富和发展，始终是与我国文物事业的成长发展进程相统一的。

一、新中国文物事业的起步与文物利用指导思想的逐步形成

中华人民共和国成立之后，毛泽东、周恩来等党和国家领导人高度重视文物工作，对文物保护和利用作出了一系列重要指示，从战略高度指明了我国文物工作的发展方向，为制定文物工作的方针、原则提供了理论依据。

毛泽东本人具有极其深厚的历史文化素养，他从历史唯物主义的观点出发，认为文化遗产、文物古迹是由人民群众创造的，凝聚着我国历代劳动人民的智慧，是中华民族优秀传统文化的结晶，是历史留给今人和后代的珍贵遗产，因此特别注重对于文化遗产、文物古迹等的保护和继承。还在战争年代，他就意识到文化遗产保护的重要性。1947年，在转战陕北的过程中，毛泽东看了白云山古庙和庙会演的戏。他说："看庙看文化，看戏看民情。不懂文化不懂民情，

革命是搞不好的。”他对庙里的老和尚说：“这些东西，都是历史文化遗产，是我们这个民族的宝贵财富。一定要好好保护，不要把它毁坏了。”[①]并指示随行的当地县长，拨些经费维修寺庙。平津战役中，为了争取北平和平解放，他亲自指导对国民党守军傅作义部的谈判工作，争取傅部接受和平改编，并多次为中央军委起草要求攻城部队保护文物古迹的指示，从而使北平免遭炮火摧残，使得这座千年古都完整地回到人民手中。中华人民共和国成立之初，毛泽东听取文化部文物局负责人关于保护北京城墙的汇报，明确表示支持尽可能不拆北京城墙的意见，并提议在全国设立 1000 个重点文物保护单位。毛泽东十分看重文物的教育作用。1954 年 5 月 19 日，他到故宫参观《基本建设出土文物展览》，指着文物展品向陪同人员说：“这就是历史。你们应当学点历史，要懂得历史，知道中国的昨天和前天。”[②]1958 年，毛泽东在视察安徽省博物馆时提出：“每个省都应该有这样的博物馆。人民认识自己的历史和创造力，是一件要紧的事情。”[③]毛泽东将个人珍藏的王夫之《双鹤瑞舞赋》，委托文化部文物局转交博物馆收藏保存。1960 年 12 月 24 日，毛泽东接见外国客人时，专门谈到如何利用文化遗产的问题，强调对于传统文化、文化遗产等要批判地继承，要充分利用文化遗产，对于古典著作等要科学整理、重新出版，应该发扬本民族自身的文化特点。周恩来对于如何处理城市建设和文物保护的关系，也有过相当精辟的论述。他在 1953 年 12 月 24 日的政务院会议上指出，市政建设方针要以辩证唯物主义思想为指导，正确对待继承和发展的关系，协调好经济建设和文物保护的矛盾。他指出：“保存历史文物总是有条件的……如果我们只留恋古老，安于落后，就不能随着经济建设前进。”“保存文物和民族文化遗产，就要使其发扬光大。我不是说我们要前进，要发展文化，就不保存文物，不要民族文化遗产。不是的，我是强调要推陈出新。要认识到现在我们的文化整体上是落后的；就是古老的也不一定都是好的。我们要发展我们的文化，就要赶上去，就要进步。”[④]搞城市建设，不可避免地要拆掉或搬迁一些旧建筑，在处理经济建设和文物保护两者的关系问题上要从全局出发、从长远利益考虑。一方面，不能笼统地讲保存文物。不加选择、不加分析地保存文物，不仅不应该，而且也不可能。另一方面，有些东西如不加以改进就不能保存下来，就要消灭了。“五百年后，我们的后代子孙会说，为什么我们的前辈只保存不改进，他们看不到了，就要责备我

---

① 孙宝义等编著：《毛泽东谈读书学习》，中央文献出版社 2008 年版，第 537 页。

② 蒋建农主编：《毛泽东全书》第三卷，河北人民出版社 1998 年版，第 414 页。

③ 《一座两千一百多年以前的汉墓在长沙市郊出土》，1972 年 7 月 31 日《人民日报》。

④ 中共中央文献研究室编：《周恩来文化文选》，中央文献出版社 1998 年版，第 331 页。

们。因此,保存文物一定要跟我们的发展结合起来。”①

由于得到党和国家的高度重视,中华人民共和国的文物事业于百废待兴中白手起家,艰难起步。中华人民共和国成立之初的十多年里,一大批文物保护法令陆续颁布,文物保护法规体系初步建立,从中央到地方相继设立文物保护机构,确立文物普查和文物保护单位制度,启动一系列重大文物保护和考古工程,遍布全国的博物馆体系逐步建立,一大批人才脱颖而出,奠定了新中国文物事业发展的基础。随着国家经济恢复和大规模经济建设的开展,为了妥善处理好基本建设与文物保护的关系,提出了文物工作的“两重两利”方针,即“重点保护、重点发掘,既对文物保护有利,又对基本建设有利”。

大规模开展博物馆建设是 20 世纪 50 年代文物事业发展的突出特征。博物馆作为文物保护、利用的基础设施和场所,对于向人民群众尤其是青少年宣传普及历史文化知识有着不可替代的作用。著名学者、文化部文物局首任局长郑振铎对此有着深刻的认识,多次谈到博物馆建设的重要性。他指出:“到了今天,人民当了家,一切都要重新估价,‘古董’也翻身了。‘古董’必须恢复它的生命——永久的生存着的生命;也必须发挥其作用”。现在的博物馆“必须担负着特定的任务,那就是:要发挥着新民主主义的,即科学的、民族的、大众的文化教育作用”。② 他还说,博物馆“必须把历代的人民大众们的智慧的创作,还之于人民大众,而说明着时代的意义、发生的历程以及在艺术上的成就等等,并解答了种种问题……而要通过那些文物,建立起整个民族文化的灿烂光辉的系统来”。博物馆并不是“炫宝台”,“乃是宣扬祖国光辉的文化,传达新民主主义的文化教育的地方。不是为某一特定阶级而设立的,而是供广大的人民以知识与求智的需要而设立的,通过了实物与相当的解释,广大的人民们在这里认识祖国的伟大、光荣与丰富”。③ 他也已经注意到发掘文物潜在价值、开展文物利用的必要性,强调:“考古、文物工作是发掘过去被埋藏的东西,使之成为有益、有用,发挥它的作用,提供实物证例进行古代艺术的发展和我们民族的物质的文化史的研究。同时,我们的工作不但要注意到今天,还要为明天考虑。基本的和应用的,使我们的工作为科学研究服务,为提高人民的文化程度服务,同时也为对广大人民群众进行爱国主义思想教育服务。”“我们应当抓紧这一时机,使其发挥更

---

① 中共中央文献研究室编:《周恩来文化文选》,中央文献出版社 1998 年版,第 332 页。

② 郑振铎:《给“古董”以新的生命》,国家文物局编:《郑振铎文博文集》,文物出版社 1998 年版,第 77～81 页。

③ 郑振铎:《新中国的文物工作》,国家文物局编:《郑振铎文博文集》,文物出版社 1998 年版,第 174～180 页。

大的作用。”[①]

尽管当时国家财力十分紧张，仍持续加大博物馆建设的投入和力度。1954年，我国第一个地方性博物馆在山东率先建成。1956年5月，文化部召开的第一次全国博物馆工作会议创造性地提出：中国博物馆的性质是“科学研究机关、文化教育机关、物质文化和精神文化遗存以及自然标本的收藏所”，基本任务是“为科学研究服务，为人民群众服务”。对博物馆的上述定位被简称为“三性二务”。会后，在济南召开了全国地方博物馆工作经验交流会，推广山东省博物馆的经验，推动全国各地博物馆建设加快进行。1958年，中央北戴河会议作出决定，在首都北京建立中国历史博物馆、中国革命博物馆、中国人民革命军事博物馆、中国美术馆、民族文化宫、农业展览馆、北京自然博物馆、北京地质博物馆等八大博物馆。随后，动员全国主要技术力量直接参与博物馆建设。建成后的博物馆雄伟壮观，陈列精心布置，展品琳琅满目，荟萃了全国的文物精华。截至1965年，全国已有博物馆214座，数量是新中国成立初的10倍。1962年，文化部印发《关于博物馆和文物工作的几点意见》，即通常简称的“文博工作十一条”，提出了文博工作的指导原则。

除此之外，文物资料在学校教学中也得到广泛应用，利用文物对学生和群众进行革命教育和爱国主义教育成为主要内容。[②] 例如，井冈山革命博物馆1959年落成开放后，井冈山的革命人文景观和历史文物开始得到开发利用，成为革命传统教育的好教材。[③] 文物的流通方式也发生了重大变化。建国初期，文物商业多为个体商人所经营，社会上存在古董店、古玩行，允许个人、单位自由买卖文物。1956年公私合营后，国家为了征集保护文物，开始成立国营文物商店，把文物划归文物部门专营，并实行“归口经营，统一收购，统一价格”的方针，文物经营完全纳入计划经济管理的轨道。[④]

“文化大革命”期间，国家陷入一场巨大的政治和文化灾难，文物事业也难以幸免。文物古迹被视为“破四旧”的主要对象而遭到大量损毁，大批文物工作者受到冲击和迫害，文物事业走入低谷。在极为困难的情况下，广大文物工作者依然努力开展工作，保护许多重要文物免遭破坏。随着局势的逐步稳定，文物工作得到一定恢复。1973年2月国家文物局成立，同年国家开始设立重点文

---

① 郑振铎：《关于民族文化遗产的发掘问题》，国家文物局编：《郑振铎文博文集》，文物出版社1998年版，第315～318页。

② 参见范永禄：《利用革命文物向学生进行革命传统教育》，《历史教学》1960年第3期。

③ 参见王逊：《保护古迹文物工作与经济建设联系起来　文物局郑局长谈话读后感》，《文物》1950年第Z1期。

④ 参见于日新：《文物与文物市场》，《北京政协》1994年第7期。

物保护专项经费。《文物》《考古》《考古学报》等专业刊物先后复刊，银雀山竹简、马王堆帛书和吐鲁番文书陆续整理出版。在文物利用方面，主要体现为一些图书馆、博物馆工作的恢复和文物的对外交流。1970 年 5 月，国务院批准成立“图博口”领导小组，恢复图书馆、博物馆方面的工作。1971 年 7 月，故宫博物院恢复开放。1973 年 5 月起，《中国出土文物展览》赴欧洲、大洋洲、非洲和亚洲的 16 个国家展出，观众达 657.5 万人次。文物对外交流与合作为实现中国外交的突破做出了重要贡献，被赞誉为“文物外交”。但是，这一时期文物尤其是不可移动文物不合理利用的情况大量存在，文物古迹的内外环境失控，出现了乱占、乱拆、乱堆、乱砍的现象，一些重点文物保护单位不断遭到“建设性破坏”。①

二、改革开放以来文物利用指导思想的丰富与拓展

1978 年党的十一届三中全会以后，党和国家工作重心开始转移到经济建设上来。在改革开放的新形势下，文物战线在实际工作中拨乱反正，重新走上健康发展的正轨。邓小平对历史文物十分熟悉和热爱，非常关心文物工作，曾经为许多革命遗址纪念地或纪念馆题词题字，加以鼓励。一次，他在著名古迹避暑山庄所在地承德开会，得知全国文物专家也在承德开会，他特意去看望了与会代表。1979 年他到青岛视察，在崂山太清宫前的一棵古树下，他告诉工作人员：古树要好好保护起来，可以发展旅游。他不仅重视文物古迹的保护，而且还重视文物古迹的修复。他曾向全国修复长城的活动题词：“爱我长城，修我长城。”邓小平支持对文物以各种形式进行利用，但是主张利用要适度，反对过度“开发出来，利用起来，发展经济”，尖锐地批评“有些混迹于文艺界、出版界、文物界的人简直成了唯利是图的商人”②。他严肃指出：“思想文化教育卫生等部门，都要以社会效益为一切活动的唯一准则，它们所属的企业也要以社会效益为最高准则。”③这同样也是文物工作的最高准则。1981 年夏，邓小平视察甘肃敦煌千佛洞，对千佛洞因维修资金缺乏而遭到严重损害的情况十分担忧，当即指示有关负责同志设法尽快解决维修经费问题，临走时还反复叮嘱：敦煌这件事，还是件大事。

在改革开放初始阶段，国家财力有限，文物工作的重点在于对文物进行开

---

① 参见安领弟：《〈中华人民共和国文物保护法〉：让文物在利用中保值增值》，2008 年 8 月 5 日《中华建筑报》。

② 《邓小平文选》第 3 卷，人民出版社 1993 年版，第 43 页。

③ 《邓小平文选》第 3 卷，人民出版社 1993 年版，第 145 页。

发利用，为经济建设积累资金，开发财源。在此情形下，一些地区也发生了文物过度利用，文物有所损害的问题。针对文物工作中出现的泛市场化倾向，国家加强了文物工作法律法规建设。1982 年 11 月，第五届全国人大常委会第 25 次会议通过了《中华人民共和国文物保护法》。这是第一部调整规范文物工作的国家法律，对文物事业的发展具有重大指导意义。比起《文物保护暂行条例》，《文物法》的一大发展就是作出文物利用的相关规定。这在国际上都是先进的。[①] 1984 年 4 月和 10 月，中共中央宣传部与文化部在北京先后召开全国文物工作会议和文物工作座谈会，研究贯彻《文物保护法》，探讨文物保护和发挥文物作用，开创文物博物馆事业新局面等问题；1984 年 7 月和 1985 年 11 月，中共中央先后召开书记处会议，研究文物保护和博物馆建设问题，讨论加强文物保护和利用、促进社会主义精神文明建设问题。在多次深入探讨和总结实践经验的基础上，1987 年 11 月，国务院发出《关于进一步加强文物工作的通知》。该《通知》全面总结了中华人民共和国成立以来的文物事业成就，指出了文物事业存在的主要问题，强调当前文物工作的任务和方针是"加强保护，改善管理，搞好改革，充分发挥文物的作用，继承和发扬民族优秀的文化传统，为社会主义服务，为人民服务，为建设具有中国特色的社会主义作出贡献"。《通知》对发挥文物作用、加强文物保护和博物馆建设，以及把文物保护纳入城乡建设总体规划和加强文物工作的领导等，均提出了明确要求。

随着文物工作法制环境的初步形成，文物管理部门坚决贯彻文物工作指导方针和原则，在文物保护、管理体制、专业队伍建设、对外交流等方面开展了大量卓有成效的工作，文物利用取得较大进展。

文物事业与旅游业联手发展，相互促进。自 20 世纪 80 年代以来，在文物和旅游部门的共同推动下，一大批文物资源如故宫、长城、秦始皇兵马俑等驰名中外的历史文化景点得到开发和整理，并向游客开放展示。[②] 文物旅游模式的开发，既为旅游业的发展壮大增添了新生力量，也对传播中华文明起到了独特而重要的作用。改革开放前，文物复仿制品主要用于弥补博物馆馆藏和陈列品的不足，以及作为纪念品赠送国外客人。在 20 世纪 80 年代以前，为国家换取可观的外汇收入是文物商店的主要任务之一。当时全国文物商店的销售基本以外销为主，占到整个销售额的 90%以上。[③] 为适应旅游市场需求，20 世纪 80

---

① 参见安领弟：《〈中华人民共和国文物保护法〉：让文物在利用中保值增值》，2008 年 8 月 5 日《中华建筑报》。

② 参见葛全胜、席建超：《试论我国文物旅游及其开发模式》，《中国文物科学研究》2006 年第 2 期。

③ 参见于冰：《文物商店的现状及市场作用》，《艺术市场》2006 年 9 期。

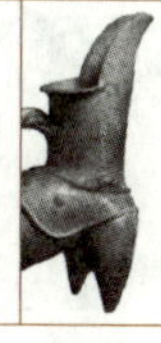

年代初，一些旅游景点开始制作文物复仿制品，这些仿品成为国内外游客争相购买的纪念品。与此同时，私有文物商店开始大量出现，民间文物交易隐然成市，与国有文物商店开始形成资源分羹之势。文物旅游市场和文物复仿制品市场开始兴起。

文博行业引入市场营销模式。与此同时，我国一些博物馆开始有意识地把市场营销的理念与方法运用到文化产品开发中来。1996年，上海博物馆于新馆建成开放之际成立了上海博物馆艺术开发公司。该公司为独立法人单位，实行独立核算、自主经营、自负盈亏的企业经营模式。而有的博物馆开始借鉴品牌经营策略，如1997年，故宫博物院先后向工商部门申请注册了“故宫”“紫禁城”商标。[①] 1996年，国家公布第一批允许建立的私立博物馆名单，这标志着社会力量开始进入博物馆行业。

文物流通体制发生重要变化。1990年以后，文物部门监管的旧货市场相继出现，允许私人经营近百年来文物价值不高的旧工艺品，国际国内文物交流的增加以及文物拍卖的试办，使文物经营的格局与方式发生重大变化。[②] 北京国际拍卖会首开当代中国文物艺术品拍卖市场先河，标志着中国文物艺术品拍卖市场的发端。[③] 1992年10月11日，在北京二十一世纪饭店剧场举行了大陆首场文物艺术品拍卖会，得到了国家有关政府部门和鉴定机构的支持。拍卖会成交金额虽仅300多万元，但在社会上影响巨大，实现了文物在大陆拍卖市场零的突破。1997年颁布施行的《拍卖法》，以法律的形式规定了文物拍卖的资质条件和文物拍卖标的鉴定、许可程序，有力地促进了文物拍卖的发展。2000年后，收藏形成热潮，民间鉴定机构也开始大量出现。

对外交流与合作取得突破。随着国家对外开放的领域和规模不断扩大，以对外文物展览为起点的文物对外交流与合作迈出新步伐。涉外考古、文物保护、馆际交流、人员培训等合作项目，数量从无到有，规模从小到大，交流合作体系初步形成。

博物馆事业得到发展。文物系统博物馆1983年为467座，1991年迅速增加到1075座，平均每年增加近80座；1991年举办展览4292个，观众达1亿人次。

随着全面建设中国特色社会主义事业的推进，党和国家对文物工作提出了更高的要求。江泽民在中共十五大报告中提出“重视科学、历史、文化的遗产和

① 参见李艳：《博物馆文化产品的“N”种解读》，2010年3月23日《中国文物报》。

② 参见于日新：《文物与文物市场》，《北京政协》1994年第7期。

③ 参见赵榆：《中国文物拍卖市场20年综述》，《中国美术》2012年第1期。

革命文物的保护”，进一步指明了社会主义市场经济条件下文物工作的发展方向。他多次视察博物馆工作，并作出重要指示。2001年6月1日，到中国共产党第一次全国代表大会会址纪念馆参观；2002年5月26日，到中国革命博物馆，观看正在这里举办的大型展览《毛泽东与文艺》；2006年10月21日，参观中国人民革命军事博物馆举办的《伟大壮举　光辉历程——纪念中国工农红军长征胜利七十周年展览》。江泽民还先后为中共代表团驻沪办事处旧址（又称“周公馆”）、《纪念抗日战争和世界反法西斯战争胜利50周年》大型展览、古田会议纪念馆、中国文字博物馆、中国丝绸博物馆、中国闽台缘博物馆、叶挺纪念馆、伏羲故里等革命纪念地、文化遗址、博物馆和重要展览题词。这表明了国家对于文物和文物利用工作的极大重视。胡锦涛同样十分关心文物工作。2004年8月20日，胡锦涛前往国家博物馆参观纪念邓小平诞辰百年展览。2012年7月9日国家博物馆建馆100周年之际，胡锦涛亲自致信该馆，希望中国国家博物馆加快世界一流博物馆建设步伐，更好地发挥展示中华文化的重要窗口作用。他还利用外访的机会，学习国外在文物保护、利用方面的经验。2002年1月30日，参观开罗的埃及国家博物馆；2005年4月21日，参观文莱博物馆；2005年9月11日，参观墨西哥人类学博物馆；2005年11月9日，同英国女王伊丽莎白二世一起出席伦敦皇家艺术学院“盛世华章”故宫文物展开幕式并观看展览。在中共中央政治局第22次集体学习会上，胡锦涛发表重要讲话，全面分析文化建设面临的新形势，深刻阐述了深化文化体制改革的重大意义，进一步明确了推进改革的指导思想和重点工作，为推动文物事业的改革发展指明了方向。

为了与国家“两步走”的总体发展战略相适应，加强社会主义市场经济条件下的文物工作，1992年，党中央制定了“保护为主，抢救第一”的文物工作方针。1995年，全国文物工作会议提出“有效保护，合理利用，加强管理”的文物工作原则。“合理利用文物”思想的提出，是党和国家对新时期文物工作特点和规律认识上的重大突破，对发展社会主义市场经济新形势下的文物事业，有着重大指导意义。1997年3月，国务院颁发《关于加强和改善文物工作的通知》，提出文物保护要贯彻“五纳入”的要求，即从“九五”期间至2010年，“文物保护纳入当地国民经济和社会发展计划、纳入城乡建设规划、纳入财政预算、纳入体制改革、纳入领导责任制”，明确了建立国家保护为主并动员全社会参与的文物保护新体制的思路。2002年10月，修订后的《中华人民共和国文物保护法》颁布，“保护为主，抢救第一，合理利用，加强管理”的文物工作方针上升为法律规定。修订后的文物保护法及尔后颁布的实施条例，更好地适应了文物工作与社会发展的实际，是我国文物事业发展史上的又一个里程碑。2005年12月，国务院发出《关于加强文化遗产保护的通知》，明确了文化遗产保护的指导思想、总体目

标和具体措施，并决定设立我国“文化遗产日”，用“文化遗产”的概念拓宽了“文物”概念的内涵和外延，标志着我国文物事业进入一个新的发展阶段。在党和国家高度重视、全社会高度关注、各级政府不断加大投入的有利条件下，文物事业迎来快速发展的难得历史机遇。我国成为世界上唯一连续十年“申遗”成功的国家，目前我国世界遗产总数已达50项，位居世界第二。

博物馆建设发展迅速。从公立博物馆扩建到私人博物馆兴起，我国博物馆事业实现了跨越式的发展，各类博物馆以平均每两天增加一座的速度向前推进。根据国家文物局的统计，2015年全国备案博物馆4692家，其中国有博物馆3582家（文物行政部门管理的国有博物馆2837家，其他行业性国有博物馆745家），非国有博物馆1110家。现在中国平均30万人拥有一个博物馆。据推测，未来10年仍将以平均每年约200座的速度增加。博物馆在类型上也更趋多样化，除了常见的综合性、历史类、自然类、艺术类外，还出现了综合数字博物馆、生态博物馆、社区博物馆等一些新形态博物馆。① 博物馆的专业化水平也显著提高，一批知名博物馆在基础设施、研究展示、管理运行与社会服务等方面快速进步，博物馆藏品不断充实。2010年，国际博物馆协会第22届大会在上海召开，充分体现了国际社会对中国博物馆发展的认可和肯定。

文物和博物馆社会教育功能充分发挥。从2004年起，各地博物馆不断加大向公众免费开放的力度。2008年1月，全国博物馆免费开放全面启动，有1804个公共博物馆分3批实现了向社会免费开放，加上自行免费开放的博物馆，全国免费开放博物馆的总数已经超过2400个。一些民办博物馆也积极响应政府的号召，主动实施了免费开放。② 学界对博物馆免费开放后的运营模式进行广泛探讨，各种论坛、会议开始聚焦“博物馆运营管理及其文化产品创意开发”等相关议题。2004年，“博博会”（博物馆及相关产品与技术博览会）创办，每两年举办一次，这是经国家文物局批准，由中国博物馆协会等共同主办的我国博物馆及相关领域唯一大型综合性行业博览会。至2012年，已经有500多家博物馆进入该平台进行交流。2010年2月，由国家文物局主办，故宫博物院和中国博物馆学会承办的全国博物馆文化产品开发工作座谈会在京举行。来自全国各地文化遗产管理机构、博物馆和博物馆文化产品开发服务企业的代表，围绕博物馆文化产品开发议题进行了广泛研讨并达成重要共识。2013年5月，

① 参见王学涛、刘怀丕：《博物馆：春天里的烦恼》，http://www.banyuetan.org/chcontent/gjgn/sz/201359/2367.html。

② 参见王艳蕊、王恒、董雪飞：《十年发展——每40万人拥有1个博物馆》，2012年11月2日《人民日报》（海外版）。

中国博物馆协会文创产品专业委员会成立，为中国博物馆文化创意产业界搭建起全国性的交流平台，也是博物馆第一次以产业化联盟的姿态出现在文创领域。

文物艺术品交易业成长势头良好。2002年修订颁布的《中华人民共和国文物保护法》新增了"民间收藏文物"一章，从法律的角度肯定了民间收藏的重要性，规范了民间收藏文物的合法途径，允许民间收藏文物可"依法流通"。顺应民众和市场对于文物收藏的需求，一系列相关法律法规对文物收藏和流通行为进行了规范，为文物艺术品拍卖市场的发展繁荣清除了障碍。收藏品市场已经覆盖了国内几乎所有的大城市，一些中小城市，甚至县、镇也都出现了收藏品市场。2012年3月底，国家文物局从文物鉴定资质、行业道德、文物评估、舆论导向、管理机制、交易市场六个方面，提出了一系列规范化措施。我国文物艺术品拍卖成交额已经进入亿元时代，到2010年，全国文物艺术品拍卖市场成交总额高达589亿元，排名世界第二。截至2011年12月31日，中国境内从事文物拍卖的企业数量已达309家。根据商务部流通业发展司、国家文物局博物馆与社会文物司和中国拍卖行业协会联合发布的《2011中国文物艺术品拍卖市场统计年报》统计，2011年，全国共举办779场文物艺术品拍卖会，上拍667720件(套)拍品，成交368305件(套)，成交率55.16%，成交额553.53亿元。

文物事业为区域经济发展做出了重要贡献。随着人民生活水平和精神文化需求的提高，各地积极依托文物资源发展文物旅游及相关产业，文物保护和利用成为促进区域经济发展的新亮点。北京故宫、秦始皇陵兵马俑、承德避暑山庄、敦煌莫高窟、丽江古城、平遥古城、杭州西湖等，每年吸引千百万国内外参观游览者。为了在维护文物安全的同时促进旅游业发展，2010年7月，国家旅游局与国家文物局共同签署《旅游发展与文物保护战略合作框架协议》，开启文物旅游战略合作的新局面。2012年12月20日，国务院出台了《关于进一步做好旅游等开发建设活动中文物保护工作的意见》，为妥善处理文物保护与旅游开发的关系提供了政策依据。

但是，在实践中文物工作也面临着新的困难与挑战。比如，在城市化、工业化进程中，规模空前的基本建设与文物保护之间的矛盾日益突出，文物工作受到城市建设、旅游开发等活动的严重冲击；盗掘、盗窃、走私文物的犯罪行为屡禁不止甚至十分猖獗，文物安全面临着严峻的形势。

三、党的十八大以来文物利用指导思想的重大推进

党的十八大以来，以习近平同志为核心的党中央从实现中华民族伟大复兴的中国梦的战略高度，提出了一系列治国理政的新思想、新理念、新观点，确立

了“五位一体”“四个全面”的战略布局。这是新形势下做好文物工作的科学指南。

习近平总书记对中华民族的优秀传统文化有精深造诣,对文物工作的重要性有精辟见解。还在20世纪80年代担任河北正定县委书记时,他就针对当地文物保护措施不力的现象严肃批评有关负责同志:“我们保管不好,就是罪人,就会愧对后人。”[①]在福建工作期间,习近平曾对三明市万寿岩遗址保护作出重要批示,要求认真妥善加以保护。指出:保护历史文物是国家法律赋予每个人的责任,也是实施可持续发展战略的重要内容。万寿岩旧石器时代洞穴遗址作为不可再生的珍贵文物资源,不仅属于我们,也属于子孙后代,任何个人和单位都不能为了谋取眼前或局部利益而破坏全社会和后代的利益。2002年4月,他在为《福州古厝》一书所作的序中写到:“保护好古建筑有利于保存名城传统风貌和个性。现在许多城市在开发建设中,毁掉许多古建筑,搬来许多洋建筑,城市逐渐失去个性。在城市建设开发时,应注意吸收传统建筑的语言,这有利于保持城市的个性。”“保护好古建筑、保护好文物就是保存历史,保存城市的文脉,保存历史文化名城无形的优良传统。”[②]担任浙江省委书记时,他又对一些地方将经济发展和文物保护对立起来的错误做法提出警示:如果说以前无知情况下的不重视还可以原谅,那么现在有认识情况下的不重视,那就是意识问题、政绩观问题。担任总书记以后,习近平以对人民群众和子孙后代高度负责的态度,从推进经济和社会发展的战略高度出发,对于在新形势下的文物工作进行了更加深入系统的思考,对文物工作的批示多达20余次,提出了一系列关系文物事业长远发展的重要思想。

习近平总书记关于文物工作的重要论述,为文物部门和广大文物工作者在党中央、国务院的领导下,以勇于创新的精神扎扎实实做好本职工作,努力推进文物事业的健康发展,为实现全面建设小康社会的宏伟目标做出应有贡献提供了科学的理论指导。

一是重新思考文物资源战略定位,深刻阐明文物工作重大意义。

中华文化源远流长,积淀着中华民族最深层的精神追求,代表着中华民族独特的精神标识,为中华民族生生不息、发展壮大提供了丰厚滋养。文物是一个民族繁衍生息的实物见证,饱浸着民族发展历史的沧桑与荣辱。2014年10月22日,习近平总书记为在法国国立吉美亚洲艺术博物馆举办的“汉风——中国汉代文物展”题写序言,指出:这次展览展出来自中国27家博物馆的

---

① 河北省委宣传部:《河北宣传年鉴(2014)》,河北人民出版社2015年版,第313页。

② 习近平:《〈福州古厝〉序》,2002年5月24日《福建日报》。

450多件精美文物，从多个侧面展示中国汉代多姿多彩的社会风貌，传递了中华民族不断进行文明创造的智慧结晶。从这份中国文化珍贵遗产中，法国和欧洲观众能够更为形象地了解中华文明的历史传承。2014年2月，他在北京市考察工作时提出，历史文化是城市的灵魂，要像爱惜自己的生命一样保护好城市历史文化遗产。北京是世界著名古都，丰富的历史文化遗产是一张金名片，传承保护好这份宝贵的历史文化遗产是首都的职责，要本着对历史负责、对人民负责的精神，传承历史文脉，处理好城市改造开发和历史文化遗产保护利用的关系，切实做到在保护中发展、在发展中保护。2016年3月，习近平总书记对即将召开的全国文物工作会议作出指示：文物承载灿烂文明，传承历史文化，维系民族精神，是老祖宗留给我们的宝贵遗产，是加强社会主义精神文明建设的深厚滋养。保护文物功在当代、利在千秋。李克强总理也在批示中指出：文物是宝贵的历史文化遗产，凝聚着民族记忆，是中华文明源远流长和生生不息的见证。加强文物保护，是要让优秀传统文化融入当代社会，厚植道德沃土，用文明的力量助推发展进步。这是以习近平总书记为核心的党中央，根据国家发展总体战略的根本要求，对文物资源和文物工作的价值意义作出的新判断和新概括，是文物工作理论的最重要的创新成果。文物资源和文物工作的重大意义，不仅体现在为中华民族优秀传统文化的传承提供了丰厚物质资源，而且为社会主义核心价值观的塑造提供了丰富精神滋养。文物工作担负着繁荣文化事业、促进发展和社会进步的崇高使命，应当为实现“两个一百年”奋斗目标、实现中华民族伟大复兴的中国梦做出更大贡献。

二是科学分析当前环境和形势，明确提出文物工作的根本要求。

我国文物事业经过60多年的发展，在广大文物工作者的辛勤努力下，在实践方面积累了大量成功的经验和做法，在文物的保护、管理和利用方面取得了重大成就。做好文物保护，是文物工作第一位的任务，习近平总书记对此十分关心。2013年8月，他在一份关于河北正定古城情况的报告上作出批示：“要继续做好这项工作，秉持正确的古城保护理念，即切实保护好其历史文化价值。”[①] 2013年11月，对筹建武汉中共中央机关旧址纪念馆的报告作出批示，强调“修旧如旧，保留原貌，防止建设性破坏”。位于黑龙江省哈尔滨市的日本侵华731遗址是目前世界上保存最为完整的细菌战遗址群，经过70余年的风雨侵蚀、冻融破坏，部分旧址破损严重甚至被挪作他用。2014年4月，习近平在反映该遗址群破损情况的报告上批示“应加强修护工作”。2014年9月，习近平总书记看

① 《习近平谈文物保护工作的三句箴言》，人民网，2016年4月13日。

到反映辽宁阜新“万人坑”遗址遭破坏的报告，写下大段批示：“国家确立的抗战纪念设施和全国爱国主义教育示范基地，是激发爱国热情、凝聚人民力量、培育民族精神的重要场所，应当受到严格保护。辽宁省委、省政府和国家文物局要以高度的政治责任感，迅速落实对阜新‘万人坑’死难矿工纪念馆的维修改善工作，尽早恢复其爱国主义教育基地功能。明年是抗战胜利 70 周年，中宣部、文化部、国家文物局等相关部门要高度重视，切实负起主管部门责任，对国家确立的抗战纪念设施进行一次排查，有类似阜新情况的，务必抓紧进行维修，切实做好保护、利用工作，充分发挥其在加强爱国主义教育、培育社会主义核心价值观中的重要作用。”①

在 2016 年全国文物工作会议召开之际，习近平总书记充分肯定我国文物工作的成就，同时指出了新形势下文物工作面临的严峻形势和艰巨任务，强调：要清醒看到，我国是世界文物大国，又处在城镇化快速发展的历史进程中，文物保护工作依然任重道远。李克强总理也说：我国是世界文明古国、文化遗产大国，文物保护任务十分繁重。文物工作面临的难题和挑战主要表现在两个方面：一个方面，我国是有 5000 多年文明史的文物大国，文物资源具有丰富的多样性，年代各异、种类繁多、数量庞大、分布不均、保存现状和保护要求差异悬殊；一个方面，我国经济社会发展正处在新型城镇化发展的进程当中，文物保护与城乡建设之间的矛盾相当突出。

以习近平同志为核心的党中央对做好新时期文物工作提出了总体要求。

首先是树立科学理念。某些人对文物资源的价值和文物工作的重要性缺乏认识，习惯于把文物看作包袱而不是财富，认为对于文物事业的投入是地方经济的负担，能省就省。习近平总书记严肃指出，各级领导要树立保护文物也是政绩的理念。其次是要贯彻“十六字”方针。习近平总书记在批示中进一步明确了文物工作的基本方针，那就是“保护为主，抢救第一，合理利用，加强管理”。贯彻这一方针，要秉持正确的保护理念，处理好传统与现代、继承与发展的关系，在保护中发展、在发展中保护，防止建设性破坏。在严格保护文物的基础上，有效挖掘文物蕴含的历史、文化和科学等价值，充分发挥文化的公共文化服务和社会教育功能。在推进新型城镇化中，始终坚持保护、传承和发掘中华优秀传统文化，让悠久文明的精髓融入现代生活，延续城市历史文脉，保留中华文化基因。最后，各级党委、政府和文物工作部门要严格履职。习近平总书记和李克强总理提出，各级党委、政府要增强对历史文物的敬畏之心，以无愧历

① 《留住历史根脉，传承中华文明——习近平总书记关心历史文物保护工作纪实》，人民网，2015 年 1 月 10 日。

史、无愧未来的强大责任感，依法履行管理和监督职责。各级文物部门要不辱使命，守土尽责，提高素质能力和依法管理水平，努力开创文物工作的新局面。要积极动员各方力量，努力形成全社会参与文物保护的新格局，让宝贵遗产世代传承、焕发新的光彩。

三是辩证看待保护和利用的关系，扎实推进文物的科学合理利用。

毫无疑问，保护是文物工作的前提和底线，强调文物保护的重要性，任何时候任何情况下都不为过。但是，单纯的保护不是文物工作的全部。如果不在科学、合理、适度的前提下，把文物自身的巨大价值充分地挖掘利用起来，文物价值只能是潜在价值而非现实价值。如何让静态文物活起来，是新形势下文物工作面临的一项极其重要的新任务。

习近平总书记对文物的战略价值有着深刻认识，一直关注文物和文化遗产如何与现代生活结合的问题。2013 年，他在中央城镇化工作会议的讲话中提出，新城镇建设"要传承文化，发展有历史记忆、地域特色、民族特点的美丽城镇"，"让居民望得见山、看得见水、记得住乡愁"。2015 年 1 月，他在云南考察时又说："什么是城镇化？城镇化就是要让农村和农民享受和城市一样的(公共)服务。必须留住青山绿水，必须记住乡愁。什么是乡愁？乡愁就是你离开后还很想念。"[①]2014 年 2 月，他到首都博物馆参观北京历史文化展览时指出，搞历史博物展览，为的是见证历史、以史鉴今、启迪后人，要在展览的同时高度重视修史修志，让文物说话、把历史智慧告诉人们，激发我们的民族自豪感和自信心，坚定全体人民振兴中华、实现中国梦的信心和决心。2014 年 9 月，又指示要处理好传统与现代、继承与发展的关系，让我们的城市建筑更好地体现地域特征、民族特色和时代风貌。

四是文物工作做得好不好，直接关系着国家文化软实力的建设。

在 5000 多年文明发展进程中，中华民族创造了博大精深的灿烂文化。作为国家文化软实力建设的一项重大战略任务，就是要使中华民族最基本的文化基因与当代文化相适应、与现代社会相协调，以人们喜闻乐见、具有广泛参与性的方式推广开来，把跨越时空、超越国度、富有永恒魅力、具有当代价值的文化精神弘扬起来，把继承传统优秀文化又弘扬时代精神、立足本国又面向世界的当代中国文化创新成果传播出去。

近几年来，习近平总书记一再强调要让收藏在博物馆里的文物、陈列在广阔大地上的遗产、书写在古籍里的文字都活起来。要注重发掘和利用，溯到源、

---

① 《习近平的三重乡愁》，中新网，2016 年 2 月 2 日。

找到根、寻到魂，找准历史和现实的结合点，深入挖掘历史文化中的价值理论、道德规范、治国智慧，推进文物合理适度利用，使文物保护成果更多惠及人民群众。习近平总书记的重要论述，具有鲜明的时代特征和现实指导意义，为做好文物和文化遗产的合理开发利用提供了根本遵循。文物的开发利用，要坚持科学性、合理性、适度性的原则。所谓科学性，就是按照科学规律办事，统筹规划，分清重点，有主有次，避免“一窝蜂”“大呼隆”。所谓合理性，就是遵守相关的文物保护法律法规，量力而行，有序推进，不要草率鲁莽，操切行事。所谓适度性，就是在确保文物安全的前提下进行开发利用，既考虑文物自身情况，也考虑社会实际需要，不搞粗制滥造，竭泽而渔。在文物的开发利用上，要下大气力研究发掘文物的价值，搞清文物所承载的历史和文化信息，所蕴含的道德品位和精神崇尚。要在“让文物活起来”上见实招，见真招，提高文物和文化遗产资源的利用率，不要总是“藏在深闺人未识”，而应让它们尽可能多地从库房里走出来，与广大观众见面，充分发挥其公共文化服务和社会教育功能，创造更大的社会效益。要积极适应互联网、大数据时代的特点，充分发挥现代科技的创新与支撑作用，主动采纳引进新技术、新成果，不断更新展示、传播手段和形式，以适应人民群众尤其是青少年不断提高的文化品位和欣赏要求。

经过 60 多年的探索和发展，我国文物事业取得了举世瞩目的辉煌成就，文物合理利用的指导思想不断丰富完善。习近平总书记关于文物工作的重要论述，更是为中国特色社会主义新时代文物事业发展提供了强大的思想武器和科学指南。现在，文物事业和文物合理利用工作受到党和国家前所未有的重视，受到全社会的广泛关注，迎来了难得的发展机遇。

党的十九大报告指出，要“加强文物保护利用和文化遗产保护传承”。这一要求，为新时代的文物保护利用工作指明了新的方向、提供了重要指导。

国家文物局党组先后发表了《以习近平新时代中国特色社会主义思想为指导，奋力开创新时代文物工作新局面》（2017 年 11 月 13 日）专题文章，并印发《关于认真学习宣传贯彻党的十九大精神的通知》（2017 年 11 月 14 日），要求文物系统按照中央的统一部署，精心组织、扎实推进，学习贯彻落实十九大精神。一要充分认识十九大的重大历史意义和深远影响，以十九大确立的一系列科学论断、重大方略为指导，以习近平新时代中国特色社会主义思想武装头脑、引领实践，不断开辟文物工作新境界；二要深刻把握全面建成小康社会、建设社会主义现代化国家的时代脉搏，前瞻 2020 年至本世纪中叶“两步走”的战略目标，高点立意，超前思考，统筹谋划文物工作新布局；三要深入研究中国特色社会主义进入新时代、我国社会主要矛盾转化给文物事业发展带来的新变化、提出的新要求，探讨文物工作服从、服务于人民日益增长的美好生活需要所要秉持的发展理念、所要开展的创新实践，在符合国情的文物保护利用之路上科学施策，精准发力，开启新征程，谱写新篇章，为社会主义文化繁荣兴盛做出更大贡献，让中华优秀传统文化在十九大绘就的中国特色社会主义宏图大业中绽放更加璀璨的光芒。

我们相信，通过坚持不懈的理论和实践探索，不断推动中华优秀传统文化的创造性转化和创新性发展，一定能够走出一条符合中国国情的文物保护利用之路。

第二节　文物利用学术理论研究的不断深化

随着 1949 年中华人民共和国的成立，我国文物利用工作开始起步并不断取得进展。到 20 世纪末，大致经历了从建国初的开拓创建，到“文化大革命”时期的曲折发展，再到改革开放后的恢复并且稳步发展这样几个阶段。学术界对文物利用的研究也基本上与之同步，并在每个阶段呈现出不同的特点，代表着对文物一般理论及文物利用理论相关问题的认识不断深化，一定程度上反映着国家文物事业的发展状况，推动着文物利用工作的稳步发展。

一、计划经济时代对文物利用理论的探索

1949～1956 年，文物事业得到党和国家领导人的高度重视，一大批文物保护法令陆续颁布，文物保护法规体系初步建立，从中央到地方相继设立文物保护机构，确立文物普查和文物保护单位制度，启动一系列重大文物保护和考古工程，遍布全国的博物馆体系逐步建立，一大批专业人才脱颖而出，奠定了新中国文物和文化遗产事业发展的基础。文物工作中保护与利用的规律也得到初步探索。为了妥善处理好当时基本建设与文物保护的关系，文化部提出了文物工作的“两重两利”方针，即“重点保护、重点发掘，既对文物保护有利，又对基本建设有利”。提出“中国博物馆的性质”是“科学研究机关、文化教育机关、物质文化和精神文化遗存以及自然标本的收藏所”；基本任务是“为科学研究服务，为人民群众服务”，简称“三性二务”。十年“文革”期间，文物事业遭受前所未有的劫难，文物专业队伍受到严重冲击，大量珍贵文物在动乱中被损毁。广大文物工作者在极为困难的情况下，努力开展工作，使很多重要文物免遭破坏。在文物利用方面，主要表现为一些图书馆、博物馆工作的恢复和文物对外交流。不可否认的是，文物除被破坏外，被不合理利用是这一时期的常态，不可移动文物尤其如此。

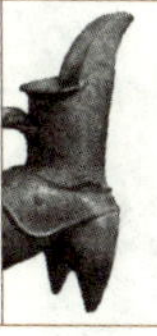

二、改革开放后文物利用理论的丰富与发展

党的十一届三中全会以后，随着党和国家工作重心的转移，文物战线在实际工作中拨乱反正，在文物保护、法规制度、对外交流、管理体制和队伍建设等方面开展了大量卓有成效的工作，文物事业逐步走向正确的发展轨道。同时，随着我国改革开放和现代化事业全面铺开，在城市化、工业化进程中，规模空前的基本建设与文物保护之间的矛盾日益突出，文物工作受到城市建设、旅游开发等活动的严重冲击；盗掘、盗窃、走私文物的犯罪行为屡有发生，文物安全面临着严峻的形势。文物工作在指导思想上也出现了分歧：文物工作是保护为主，还是利用为主？是保护利用并举，还是保护为主、利用为辅……如何处理好这些关系，成为这一时期文物事业迫切需要探索、解决的问题。在这一背景下，具有中国特色的文物利用相关理论的探讨从政府和学界两个层面逐渐展开。

1. 文物利用概念的提出

1982 年，殷德明在《文物资源的保护与利用》一文中较早地提出了“文物具有重大社会教育作用、科学研究作用和发展旅游事业的作用”，这种多元作用性的认识表明了文物利用的可行性和必要性。同时，他认为“文物是建设社会主义精神文明的一项不可缺少的重要资源”，将文物的概念上升至资源的高度，指明了文物利用工作在整个社会建设进程中的重要地位。他同时建议“在文物资源安全保护的基础上，必须最大限度地发挥文物的效能，为保护而保护，为安全而安全，是没有任何意义的”。但囿于改革开放之初的形势，该文对文物利用的落脚点和着眼点主要放在博物馆建设方面。作者认为，博物馆的本质属性是“文物收藏、宣传教育、科学研究三位一体”，“博物馆的建设关系到文物保护与利用的全过程”，因此“要在统一安排下，逐步建立健全各种类型的博物馆，使之在两个文明的建设中，既为经济基础服务，也为上层建筑服务”。[①] 这一论断时至今日也未过时，博物馆建设仍是文物利用最主要的途径和表现之一。

1984 年，高和发表了《浅谈文物利用与保护的关系问题》一文，第一次对文物利用和文物保护的关系进行了理论探讨。他在文中提出了三个重要观点：第一，文物利用特别是馆藏文物的利用具有广泛性，涉及文物的陈列、国内外展览、出版、科学研究、照相、工艺美术生产、临摹、复制、讲课、拍电影等等。“随着社会主义科学文化事业的发展，发挥文物作用的范围也会越来越广。”第二，必

---

① 参见殷德明：《文物资源的保护与利用》，《黑龙江文物丛刊》1982 年第 3 期。

须正确认识文物利用和文物保护的关系。"一般地说,保护文物的目的是为了利用,保和用二者是相辅相成的。"但对待文物不能等同于其他物品,文物的特点是毁坏了不能用新的东西代替。因此,利用文物"应该有个安全保护的前提"。"当利用文物和文物保护发生矛盾时,首先应该考虑文物保护问题。因为只有保护好文物,才能使文物长期地有效地发挥作用。"第三,对于利用文物的不同情况,要采取不同的对待方法。一是对必须直接用来进行陈列、展览、复制、照相、研究的文物,要强调解决好安全措施和安全设备;二是能以目录、编目卡、照片、图录、复制品等满足利用者需要的情况尽量不动用原有文物;三是对不合理利用文物的现象坚决制止。① 这篇文章虽然重点还是谈利用中的保护问题,但毕竟将文物利用作为文物工作的一个重要概念和内容提了出来。

2.引进和借鉴国外文物利用的经验

1983 年,《国外法学》杂志全文发表了苏联最高苏维埃 1976 年通过的《苏维埃社会主义共和国联盟历史文物保护和利用法》中译本,该法案明确提出了文物利用的概念并写入了文物利用的相关内容。法案在导言中指出:"在苏联,文物是为下列目的服务的:发展科学、国民教育和文化,培养苏维埃爱国主义的崇高感情,并对劳动人民进行思想和道德教育、国际主义和美学教育。""苏维埃文物保护和利用立法的使命,是积极促进改善历史文物保护和利用的工作,并进一步加强这方面的法制。"第一章"总则"规定:"苏维埃历史文物保护和利用立法,应调整文物保护和利用方面的社会关系,其目的是:保证文物安全,供这一代和子孙后代观赏,并有效地用于科学研究和宣传教育工作,以利于对劳动人民进行共产主义教育。""工会、青年组织、文物保护协会、科学协会、创作协会和其他社会组织以及公民,应协助国家机关实施有关保护、利用、发现、统计、修复文物和普及文物知识等措施。"第三章"保证历史文物安全:文物利用的程序和条件"中的第十三条题为"利用历史文物",其中规定:"历史文物应用来发展科学、国民教育和文化,发展爱国主义、思想和道德、国际主义和美学等教育。""准许把历史文物用于经济和其他目的,但不得损毁,不得破坏文物的历史和艺术价值。""把历史文物提供给国家、合作社和社会企业、组织、机构用于科学、文化教育、旅游和其他目的,应按苏联和各加盟共和国立法规定的程序办理,同时应遵守该立法所规定的条件。"第十四条题为"因利用历史文物而收入的资金的使用程序",其中规定:"因利用历史文物而收入的资金……应按规定程序记入管辖该文物的国家文物保护机关的专用账户中,并且只能由国家文物保护机关花

① 参见高和:《浅谈文物利用与保护的关系问题》,《文博》1984 年第 3 期。

在文物保护、修复、保养和维修的措施上。”第十五条题为“收藏或利用历史文物的企业、组织和机构的义务”，其中规定：“收藏或利用历史文物的企业、组织和机构，应对文物安全承担责任，并有义务遵守文物保护、利用、统计和修复规则。”[①]以今天的标准来衡量，这部法案对文物利用的规定仍然是不完整的，但它却是世界上少有的将文物利用作为专章和专条列入的文物法案之一，对新时期中国特色文物利用理论的建构和政策措施的出台起了重要的参考作用。

1986年，《瞭望》周刊特约记者黄昌瑞从意大利发回专题报道《意大利的文物保护和利用》，介绍了意大利有关当局重视文物的保护、整修和发掘以及利用它们来推动旅游事业发展的做法。文中写道：“意大利文物的种类很多，有古希腊、古罗马时代以及文艺复兴时期的宏伟建筑、栩栩如生的大理石雕像、形象逼真的绘画，还有考古发掘的化石、陶瓷、青铜器、铁器、石器等。意大利全国有一千四百个博物馆，有些是闻名世界的。在这些博物馆里，收藏着五百一十万件考古文物，艺术品二百零二万件，有关人种学的展品二十八万件，自然科学展品二千五百多件，书籍和档案文件三百八十五万件。每年到博物馆参观的国内外游客达二千六百万，仅庞培古城每年就接待二百万游客，乌菲齐画廊每年也接待一百多万参观者。”“因为文物古迹对游客有着极大的吸引力，所以，意大利有关部门就利用文物古迹来推动旅游业的发展。每年夏天，维罗纳、陶尔米纳等地的古老剧场里，总是组织演出大型歌剧和其他文艺节目。届时，古剧场内人山人海，绝大部分观众是外国游客。据说，一九八四年维罗纳露天古剧场夏季演出门票收入达七千七百万美元。”文中指出，意大利的文物利用之所以能在旅游业中发挥巨大的作用，一个根本的前提是文物保护、整修和发掘的工作做得好。“企业家们要求制定有利于旅游业发展的政策，并增加对这一部门的投资，其中包括增加对文物古迹保护的费用。”意大利文物的保护、整修和发掘的工作归政府文化遗产部及其下属的各地文物局管，每年用于这方面的费用占国家财政预算的0.2%，约5亿美元。除此之外，文保部门还从国家“就业投资基金”、国家修复文物项目计划以及地震、水灾等的救济款项中得到一定的资金支持。[②]意大利有关部门通过文物的保护和利用推动旅游业发展的经验，对于改革开放初期我国文保部门、旅游部门以及学术界正确认识文物利用与旅游业的关系也提供了某种启示。

3.地方领导对文物利用工作的重视

随着党的十一届三中全会确立的改革开放、以经济建设为中心的战略决策

---

① 参见严敬敏译：《苏维埃社会主义共和国联盟历史文物保护和利用法》，《国外法学》1983年第4期。

② 参见黄昌瑞：《意大利的文物保护和利用》，《瞭望》1986年第24期。

的全面实施，一些分管文物工作的地方领导同志，在实践中开始认识到文物利用工作为社会主义革命和建设事业服务的重要性，并提出了一些关于文物利用的具有建设性的观点。1985 年 8 月，时任北京市副市长的陈昊苏在北京市文物保护协会成立大会上发表了题为《创造·利用·保护——祝北京市文物保护协会成立》的讲话，特别提到了文物利用的问题。他在讲话中指出："在新的形势下做好文物保护工作，我认为应该处理好创造、利用、保护三者的关系。"他进一步论述说："对于现有文物的保护和利用应该很好地结合起来。保护为了利用，利用也是保护。比如一个古老的民宅，具有很高的历史价值，应该加以维修。但维修以后，还应该继续让人居住，或者改为博物馆，向公众开放，这就是利用。我们保护卢沟桥，禁止机动车通行，在机动车交通方面不再使用卢沟桥了，但要从旅游方面和宣传教育方面继续利用它。只要我们的利用是科学的、合理的，它就不会对文物产生破坏，相反是有益于文物保护的。在这个问题上，我们有些文物保护工作者是不是注意得不够？他们强调保护的用意是好的，但是为更好地保护文物，我们认为还是应该同时强调合理的利用，争取古老的文物用适当的方式为我们的现代化事业和人民的物质、精神生活服务。"①陈昊苏的这篇讲话有四个方面特别值得注意：一是强调了文物为现代化事业和人民的物质、精神生活服务的价值和意义，认为一部分文物工作者在这方面仍然重视不够；二是阐述了文物保护和利用的关系，认为保护是为了利用，利用也是为了保护，要把保护和利用很好地结合起来；三是较早地提出了文物"合理利用"的概念，指出文物利用只要是科学、合理和适当的，就不仅不会破坏文物，反而有益于文物的保护；四是提出了文物合理利用的具体内容，如继续让人居住、改为博物馆向公众开放，以及旅游和宣传教育等。

1986 年，历史学家出身的陕西省副省长孙达人在接受专访时谈了他对文物保护和利用的看法。针对文物界出现的对于近几年文物保护单位游客人数大幅增加有可能损害文物的担心，孙达人指出："把可供观赏的文物封闭起来，或者无故限制参观者，当然是不对的。让人们参观文物古迹，是一种新兴的、群众性的文化活动。那么多的人，不远千里，前来参观，从中受到历史的、爱国主义的教育，这是社会主义精神文明建设的一个重要内容，是文物事业空前未有的好形势，不必过于担心，更不要因噎废食。参观的人多，确实可能对文物产生一些不利的影响，甚至会带来某些损害，对此，应该采取积极的态度加以解决。譬如，多开发一些文物参观点以分散人流，加强爱护文物的宣传教育，采用现代科

---

① 陈昊苏：《创造·利用·保护——祝北京市文物保护协会成立》，《学习与研究》1985 年第 11 期。

学技术维护珍贵文物，以及某些文物以复制品替代等等。堵，不是办法，也堵不住。”他进一步阐述说：“科学的保护与积极的利用，这在发展我国文物事业中，不应是对立的两极，相反，应该是相辅相成的同一问题的两个方面。文物的保护是利用的前提，积极的利用必将促进保护。或者说，保护是为了利用，利用是保护的目的，也是保护的真正的动力。”

具体到文物的利用，以及利用何以是保护的动力，孙达人同志用文物保护和利用的实例进行了论证。他说：“有人曾经问我：为什么许多帝王陵墓和寺庙，保存了几千年，到社会主义时代却遭到了破坏？我的回答是：根本的原因就在于它们是否得到了利用。一座寺庙，如果香火不断，谁敢去毁坏它呢？相反，许多善男信女还掏钱布施，去维修它。帝王的陵墓也是如此。中华人民共和国以后，这种封建式的利用被废止了，这是完全应该的。但除了少数文物点外，多数并没有得到有效的利用，只靠行政命令宣布为文物保护单位，结果行政命令往往只是一纸空文。地方政府、当地群众由于没有感到这些文物古迹与他们切身利害相关，往往自觉不自觉地干出一些破坏文物的蠢事来。可以这样说，凡是文物得到积极利用的地方，文物保护工作也开展得比较顺利。秦始皇陵区在发现兵马俑、建立博物馆之前，那里的文物保护工作是谁也不重视的，‘文革’期间，甚至准备在那里建一个大工厂。现在不同了，陵区内稍有一些问题，各方面的反应就很强烈，政府部门也赶快前去处理。昭陵也是如此，由于发掘了几个陪葬墓，建立了昭陵博物馆，参观者不绝，昭陵的山体保护就比较好。相反，离昭陵十几公里远的唐肃宗的建陵，由于没有得到利用，炸山取石的事件就层出不穷，虽屡屡采取行政手段制止，但陵体破坏已相当严重。更明显的例子是长城。作为古代的防御工事，其军事上的功能早已丧失，但它是从人造卫星上能够看到的地球上的一大工程，每天吸引了成千上万中外游人前去瞻仰，不是连孩子们都发起募捐，修缮长城吗？因此，我以为，创造充分的条件和机会使文物得到利用，让国内外观众从中得到知识、得到享受、得到教益，文物事业就会欣欣向荣，不但收到极好的社会效益，而且也会反过来促进文物的保护。因为它已不再是少数主管部门的事业，而是广大群众文化生活的重要组成部分。孤立地讲保护，会使文物事业与广大群众脱离，丧失蓬勃发展的活力。”①

当时有一种错误认识，认为文物利用是赚钱的同义语，把文物利用的经济效益与社会效益对立起来，似乎接待的参观者一多，便必定是“向钱看”，必定是忽视文物工作的社会效益。孙达人同志批驳说：“文博单位在搞好保护与科研

① 参见王兆麟：《保护文物　利用文物——访陕西省副省长孙达人》，《瞭望》1986年第12期。

的基础上，积极搞好陈列和接待工作，以吸引更多的参观者，才能更好地发挥其社会效益。几百万中国人，自己掏钱，千里迢迢地赶来，心甘情愿地接受历史唯物主义、爱国主义教育，接受美的教育，成千上万的外国人，不远万里，来到中国，从中国的文物古迹中领略中国灿烂的古代文化，从而加深对中国的了解，促进中外文化交流，这不是极大的社会效益吗？有什么不好呢？当然，这方面的工作做得好，自然会带来经济上的收益。这是在努力发挥社会效益时派生出来的。应该看到，这方面的直接收益是有限的，它所起的更大的作用，在于它能促进旅游业的发展，并带动交通、邮电、建筑、商业服务、工艺美术以及农副土特产品等一大批行业的繁荣，这就可以间接地给国家创造很大的财富。所以，文物事业的经济效益，要从国家‘四化’建设的大局着眼。那种斤斤于本单位一点蝇头小利，并因此忽视社会效益，甚至忽视文物保护的做法，是不足取的和应该纠正的。”①显然，孙达人同志以一个历史学家和分管领导的理论素养和敏锐观察论述了文物利用与保护的关系，文物利用对于经济、社会和文化发展的推动作用，以及文物利用是文物保护动力的新观点。这些认识在今天仍然没有过时。

4.从“发挥文物的作用”到“文物合理利用”

改革开放初期，各级文物部门在文物保护和利用的关系上还存在着许多模糊的认识，很多人认为，“文物古迹开发利用”之说不可取，单纯从经济效益谈“利用”，是对祖国历史文化遗产缺失敬畏之心，是对文物珍贵、尊严的贬损，是对祖先劳动创造的辱没，也是对文物的历史、艺术、科学价值及其文化教育功能的抹杀，其结果只能是鼓励和助长各类文物破坏与犯罪活动，造成无可挽回的重大损失。因此，在20世纪80年代中国各级政府有关文物管理的正式文件中，基本看不到文物“利用”的字眼，而是使用了“发挥文物的作用”的提法。1987年国务院《关于进一步加强文物工作的通知》，以“充分发挥文物的作用”为第一部分的标题，全面深刻阐明“发挥文物的作用”的内涵、对象、特点和要求，以及“发挥文物的作用”的出发点和落脚点，要求广大文物工作者坚持正确方向，“广开思路，勇于探索，继续开辟文物工作直接为社会主义经济建设服务的新途径”，强调“加强文物保护，是文物工作的基础，是发挥文物作用的前提”，确定“当前文物工作的任务和方针是：加强保护，改善管理，搞好改革，充分发挥文物的作用，继承和发扬民族优秀的文化传统，为社会主义服务，为人民服务，为建设具有中国特色的社会主义做出贡献”。②

进入20世纪90年代以后，随着国家市场经济体制的逐步实施，文物利用

① 参见王兆麟：《保护文物　利用文物——访陕西省副省长孙达人》，《瞭望》1986年第12期。

② 参见彭卿云：《关于文物“利用”的由来与衍变概述》，《中国文物科学研究》2014年第1期。

的呼声又日益高涨，如何认识和处理文物保护和利用的关系再次成为各级文物部门关注的焦点。就在此时，党中央主管思想文化工作的李瑞环同志发现了问题的严重性，多次深入基层开展调查研究，把保、用之争作为调研重点，听取方方面面的意见。1990 年 4 月，李瑞环在陕西考察期间，就文物保护和利用工作发表了重要讲话。他指出，对文物应加强保护，科学利用。首要的、第一位的是保护。保护是利用的前提，离开保护，利用就无从谈起，就是在利用过程中也要注意保护。当然，文物也要充分地、科学地利用，从某种意义上说，利用是保护的最终目的。1992 年 5 月 8 日，在西安全国文物工作会议上，李瑞环再次谈到了文物利用的问题。他说："我们强调保护为主，强调把抢救放在首位，并不是否定文物的合理利用。从一定意义上讲，保护文物的目的最终还是利用。实践证明，合理、适度、科学的利用，不仅不会妨碍保护，而且有利于保护。这几年，许多地方领导利用文物发展旅游，增加对外交往，有效地促进了地方经济发展，由此，他们也更加关心并有更多的财力支持文物事业。一些地方的文物景点就是随着旅游业的兴旺而在有关部门支持下逐步恢复的，只有结合地方经济的发展，适应人民的实际需要，文物工作才能得到地方的理解和支持。当前，文物部门普遍反映经费困难，可以多想一点利用文物扩大经济效益的办法，以增强文物部门自身'造血能力'。在改革开放的形势下，把文物事业搞得更活一点，大有文章可做，要大力加以研究。比如　些外国人来华必看的珍贵文物点，票价就可以再适当提高一点，一些文物的展出方式也可以更加多样化、高档化，更具吸引力。但是，所有的文物利用，都要服从国家有关法规，在保护文物安全的前提下进行，都应当有助于保护。'无其器则无其道'，有了文物的存在，才谈得上文物的利用，如果文物消灭、流失了，不仅谈不上利用，连文物工作本身都失去安身立命的基石。"这是中央领导同志首次正式提到"文物合理利用"的概念。

1995 年，在第二次西安全国文物工作会议上，时任中共中央政治局委员、国务委员李铁映发表重要讲话，提出了"有效保护，合理利用，加强管理"的十二字方针，首次将"合理利用"确定为国家文物工作的指导原则。这是中国文物管理工作的重大理论创新和发展，也是中国文物保护史上的里程碑。1997 年，《国务院关于加强和改善文物工作的通知》中提出必须以党的十四届六中全会精神为指导，继续坚持 1992 年全国文物工作会议出台的"保护为主，抢救第一"的方针，贯彻"有效保护，合理利用，加强管理"的原则，正确处理好文物保护与经济建设的关系、文物事业发展中社会效益和经济效益的关系，建立与社会主义市场经济体制相适应的文物保护体制。充分发挥文物作用，为社会主义精神文明建设服务。要在有效保护、加强管理的前提下，充分发挥文物的社会教育作用、历史借鉴作用和科学研究作用。文物的利用必须服从和服务于社会主义精神文明建设的需要,坚持把社会效益放在首位,努力实现社会效益和经济效益的统一。2002 年,党中央、国务院主管文物工作的领导人李岚清同志在深入调查研究、广泛听取意见、认真总结经验的基础上,明确提出将“保护为主,抢救第一”的八字方针与“有效保护,合理利用,加强管理”的十二字方针合并,整合为“保护为主,抢救第一,合理利用,加强管理”的新十六字方针,同时载入新修订的《文物保护法》,使文物的“合理利用”具有了法律的意涵。这“十六字方针”也从此成为指导近十几年来中国文物工作的基本原则和思想,一直沿用至今。

5.“文物合理利用”概念的深化和延伸

20 世纪 80 年代以来,随着“文物合理利用”概念逐渐被纳入文物工作者的视野,关于文物利用的理论探讨也在不断深化,主要涉及以下几个方面:

(1)从文物保护和利用的矛盾、关系角度谈文物利用

文物保护和文物利用是矛盾的双方,这对矛盾的关系是一个永恒的话题,也成为文物工作者和学者们思考的对象。大部分研究者都认为文物保护是文物利用的物质基础,文物利用是文物保护的目的。文物的不可再生属性是文物区别于其他物品存在的一个基本点,这也决定了文物保护是第一性,文物利用是第二性,文物利用必须以文物保护为基本前提。进一步说,文物利用也是文物保护的一部分,合理的文物利用将会促进文物的保护。

文物工作方方面面,归纳起来就是“保护”和“开发利用”两个方面,如何科学把握和正确处理文物保护与开发利用的关系是极为重要的。众所周知,文物是以自身的价值和对它的研究成果及展示传播来发挥作用的,如果物之不存,其作用也无从谈起。但我们不能为保护而保护,因为物品最终是要消失的,保护得好只能延缓消失或减少消失,而不能最终避免消失。文物保护与利用不能偏废,不宜论重轻,而应相辅相成,相得益彰。只讲保护,不抓利用,是无力的保护,将使文物工作陷入自我封闭,难以发展的境地;只讲利用,不讲保护,是竭泽而渔,将对文物事业造成不可挽回的损失。放弃任何一个方面的责任,都是文物管理的失职,是对文物资源的浪费。因此,一方面,要把做好文物保护工作作为首要任务,坚持“保护为主,抢救第一”的方针,强化依法保护,为开展好文物利用工作奠定必要的基础,以保护促开发;另一方面,按市场经济发展的客观要求和运作法则,搞好文物及相关产业的开发,为更好地保护文物创造必要的物质条件,以利用反哺保护。[①]

① 参见潘洪:《论文物的保护和开发利用》,《科教文汇》2007 年第 20 期。

(2)从文物学角度谈文物利用

鉴于文物利用会破坏文物，会阻碍文物保护工作的担忧，有学者提出了建立文物学以为文物保护和文物利用提供更加科学的理论基础。

"学科意义上的文物学，是通过多学科的对话和交融进行新的整合而成，是人们对文物认识和利用的学问，是关于文物运行于信息传播规律的学问。"一个领域一旦构建其所属的学科，则证明着这个领域的各项工作的实践不再是仅仅依靠经验总结，而是将拥有科学理论的指导。一旦文物学作为一个学科发展起来，文物利用的概念问题和实践问题都会迎刃而解。现在对于文物利用问题的初步探索正反映了我国的文物学还处于稚嫩阶段。

20 世纪 80 年代，王世伦较早地提出了建立文物学体系的观点，而不仅仅单纯地认为保护是前提，开发利用是从属的。"为了切实保护文物资源，充分发挥它的社会效益，有必要开展文物学的研究，建立起我国文物学的体系，把文物资源的保护与利用建立在科学理论的基础上。""应当把文物史迹的保护开发与利用列为文物学领域中首要的研究课题。"构建文物学这种观点，有助于为文物利用提供科学的理论基础和路径指导，从而也有利于缓解文物保护和文物利用间的矛盾。

(3)从文物的商品性角度谈文物利用

正如保护与利用一样，文化与经济也是一对难以磨合的矛盾。文物利用不可避免地会涉及社会效益与经济效益，而这其中的杠杆平衡问题也很难控制。尤其是我国经济体制改革后，社会主义经济市场体制充分尊重市场的杠杆调节作用，充分尊重个体在市场中的权利，文物不仅被披上商品性的外衣，文物利用也逐渐有了市场运作的成分。近年来，从文物的商品性角度谈文物利用的学者不乏少数。

文物利用的商品性概念本质上是文物的价值和使用价值间的转换关系问题，也可以说是新表现、新构建问题。传统的观点认为，文物主要有三大价值，即历史价值、艺术价值和科学价值。从政治经济学的观点出发，梁安河认为，"文物是一种特殊商品，具有使用价值、交换价值和收藏价值"，上述文物三大价值就是文物今天的使用价值。文物也凝结了一般人类劳动，而这种价值和使用价值远非用当时凝结的劳动来衡量，而需要注入更多的历史因素和时间的沉淀。[①]

文物之所以成为文物，很大程度在于其脱离了当时的生产和使用条件，而

① 参见梁安河:《文物价值及其利用》,《咸阳师范专科学校学报》1999 年第 4 期。

被赋予了更多历史层次的文化价值，这种时代厚爱的新价值往往成为大众追求的一个热点，这种无形的内在价值反映在有形的物质表象上便是文化的经济诉求。在社会主义市场经济大背景耳濡目染之下，文物利用逐渐成为固态文化价值向社会效益和经济效益转变的途径。文物利用走进市场经营，文物利用进程的经济效益追求是既定的事实和不可逆转的发展潮流。蔡达峰就提出“文物的开发利用还是个资产经营问题”[①]。事实已经证明，也预示着文化繁荣和经济发展是可以兼顾的。这种将文物的开发利用认为是一个资产经营问题的观点极具时代特性，并有很大的研究、发展空间。但这种“文物经济”“文物产业”性质的文物利用，必须由专门机构进行严格的“宏观调控”。

社会主义市场经济条件下，虽然文物被贴上商品的标签，但其与一般商品的属性还是存在很大区别的。文物是一个民族独有的历史文化遗存，这就决定了文物利用不可避免地成为公共事业，或者成为社会公益事业的有机组成部分。因此，文物利用可以追求经济效益，但更要强调社会效益。马文治对此认为：“国家发展文物事业的目的主要是进行科学研究、思想教育、文化宣传、对外交流、振奋民族精神，而不是别的，如追求经济效益和高额利润等等。这既是文物事业的基本社会属性，也是文物事业的基本社会功能。”同时，他进一步提出：“把文物变价抵资、作股上市的做法同以往存在的种种对文物的‘不合理’利用一样，都是违背文物自身规律，有损于文物事业健康发展的。”[②]

(4)从文物信息利用角度谈文物利用

现代社会是信息社会、网络社会，更进一步讲是数据社会。文物利用不仅仅是文物实体的利用，也外延至文物信息的利用。文物信息利用的概念内涵，可以突破文物实体利用的时间和空间的限制，具有极大的发展前途。

20 世纪 90 年代末，张边绿等较早地认识到文物信息的重要性，“文物与信息是当代两种重要的资源”。同时，他认为：“文物是第一性的，而文物信息则是从属和反映文物外在形式及内涵特质的，是第二性的。第一性的事物决定第二性的事物”[③]。浙江省文物考古研究所张苹认为：“现代社会是信息社会，文物信息在文物事业中有着不可缺少的重要地位，是文物科研工作和文物普及工作的基础。”文物信息资源的开发和利用，对于文物科研领域的发展、精神文明和物质文明有重大的作用。[④] 宁家骏认为：“文物领域信息资源建设是改善公共文化

---

① 蔡达峰：《文物的开发利用》，《复旦学报(社会科学版)》1997 年第 4 期。

② 马文治：《文物的合理利用与作股上市》，《丝绸之路》1999 年第 5 期。

③ 张边绿、范培松：《文物信息简论》，《考古与文物》1994 年第 6 期。

④ 参见张苹：《对浙江文物信息资源开发利用的思考》，《学习与思考》1998 年第 7 期。

信息服务的重要途径之一，是文博行业加快信息化步伐，提高文化产品质量，增强文化产品供给能力，加强公益性文化信息基础设施建设，完善公共文化信息服务体系，将文化产品送到千家万户，丰富基层群众文化生活的必由之路”①。

第三节　21世纪文物利用理论、政策的新进展

进入21世纪后，党中央提出全面建设小康社会的战略目标，经济和社会发展的步伐日益加快。尤其是中共十八大以来，中央从“五位一体”总体布局的战略高度出发，大力发展文化产业，推进文化软实力建设，社会主义文化大发展大繁荣的局面开始形成。习近平总书记对文物和文化遗产工作给予前所未有的重视，他关于文物和文化遗产工作的重要论述，对文物资源和文物工作作出了清晰的战略定位，深刻阐述了文物保护的基本要求和文物科学利用的新理念，是文物工作指导思想的重大创新。党和国家相继出台一系列法律、法规和政策，为新形势下文物事业的发展指明方向，提供了科学依据。在新的形势与任务面前，学术界有关文物科学利用的研究注重理论与实践的结合，取得新的进展，对文物利用的基本概念、基本理论以及文物利用与相关产业或行业的关系，进行了更为深入的探讨，科学利用的理念被普遍接受。同时，学术视野更加开阔，选题更加多样，注重运用案例分析、数字化技术在文物和文化遗产利用中的作用，注重吸收国际上文物保护与利用的先进经验，提出了一些有价值、有见地的创新性观点，研究成果也更具实用性。

一、前沿理论研究的相关进展

最近十多年来，文物界和学术界对文物利用的看法逐渐趋于一致，绝大多数人都赞成“保护为前提，利用为目的”的“保用并举”观点。2002年10月28日，九届全国人大常委会第三十次会议通过的《中华人民共和国文物保护法》修改法案，提出了“保护为主，抢救第一，合理利用，加强管理”的文物工作方针。“十六字方针”是在准确把握新的历史条件下文物工作特点和规律的基础之上提出的，不仅反映了党和国家对新历史时期文物工作的根本要求，也为文物利用工作的长远发展提供了科学依据。学术界围绕如何正确理解和贯彻“十六字方针”进行了深入探讨。就目前已经发表的文章来看，论题以文物保护与利用

① 宁家骏：《加快文物信息资源建设，增强国家软实力》，《文博》2010年第2期。

合理协调为主，在文物保护和文物利用方面又主要侧重于文物的合理利用。新世纪的文物利用研究主要有以下突出特点：

第一，文物合理利用的理念被广泛接受。"十六字方针"提出后，在政府及其相关政策的支持下，各级地方文物管理部门普遍开展文物利用工作，积极拓展文物利用途径，使文物资源服务社会，惠及人民。多年实践证明，文物利用工作做得好，不仅可以实现文物的有效保护和传承，还可以促进当地经济社会的发展。对地方政府而言，文化软实力建设是一项重大战略任务，作为文化象征的文物事业在政府工作中的地位日益重要和突出，文物利用已经成为促进经济发展与文化传播的强大助力。从提起文物利用就唯恐避之不及，到重保护轻利用，再到积极作为，以保护为基础进行适度开发、合理利用，表明各级政府对文物和文物利用的认识在不断深化。学术界虽对文物保护的关注度不减，但随着从中央到地方各级政府对文物利用的重视，对文物合理利用的研究也异军突起，后来居上。

第二，不可移动文物的利用仍是研究的重点。一般来看，在现有文物利用的研究成果中，不可移动文物的利用受关注度远高于可移动文物。学术界也只有个别文章对旅游纪念品、汉画像石和博物馆展品等可移动文物的利用做了相关研究，如《陕西省"丝绸之路"旅游产品开发研究》《基于山西地域文化背景下的旅游纪念品涉及研究》《淮北汉画像石的文化特色及资源的保护与利用研究》以及《我国文物馆文物藏品利用研究》。其余大量文章都是讨论如何利用不可移动文物的。

第三，以大学为中心的文物利用研究渐成气候。利用区位优势，以大学所在地的文物资源和文物利用作为主要研究对象，成为高校博士、硕士学位论文选题的热门。在湘潭大学，2008 年的硕士学位论文《红色文化遗产及其开发利用研究——以湘潭市为例》、2009 年的硕士学位论文《湘潭市历史街区保护性旅游开发研究》，均以湘潭市的文物利用作为主要研究对象。在中国海洋大学，2013 年的硕士学位论文《青岛海洋文化资源及其保护与利用研究》《青岛海洋遗产保护性开发研究》，都以青岛市的文物利用为主要研究对象。此类研究不但提升了高校所在地的文物研究专业化水平，亦可为当地文物利用政策的制定提供参考。据统计，近十年来发表的 700 余篇有关文物利用的论文中，高校硕士、博士论文约占总数的 9%，而且相比于其他 91%的文章，这些硕士、博士论文含金量更高。以山东大学为例，从 2007 年到 2015 年的八年间，相关的学位论文就有：《东昌古城保护与旅游开发研究》（硕士论文，2007 年）、《青岛地区物质文化遗产保护与利用研究》（博士论文，2010 年）、《基于体验视角的牟氏庄园文化旅游产品开发》（硕士论文，2013 年）、《数字化生存下的历史文化资源保护与开

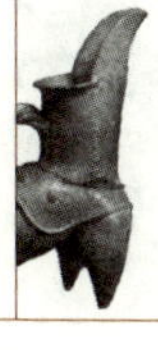

发研究——以陕西为中心》(博士论文,2014 年)、《我国文物馆文物藏品利用研究》(硕士论文,2015 年)等。山东大学是教育部首批设立“文化产业管理”本科专业的高校之一,故该校从“历史文化资源与文化产业”的角度研究文物利用的成果相对突出,王育济、于海广、崔大庸、任相宏、刘凤君、栾丰实、江奔东、郑群、胡正荣、刘晓静等都是这一领域的著名学者。他们有关文物利用理论的学术成果,既涉及不可移动文物利用的研究,也涉及可移动文物利用的研究,并且将数字化技术运用到文物利用的研究当中,相比于媒体或者其他群体的研究更加专业化。

第四,数字化研究已经成为文物利用研究的重要方向。2016 年 4 月发表在《科教导刊》的《现代技术在保国寺大殿保护中的应用》,介绍了保国寺古建筑博物馆自 2007 年开始构建的文物建筑保护监测系统。这一系统采用现代信息技术,对大殿及其环境采用现代技术,包括三维激光扫描、有限元分析、热红外成像、阻力仪、超声波等,进行信息采集、信息管理、分析与展示。经过 7 年多的监测,积累了不少数据,同时也发现了潜在的风险和问题,在大殿保护中发挥了重要作用。2016 年 1 月发表在《五台山学专论》上的《建设“数字五台山”是保护与利用的必由之路》一文,指出建设“数字五台山”必将对五台山世界遗产的保护与开发有着指导、引领和借鉴作用,带动五台山、忻州市乃至山西省经济社会的科学发展,从而产生良好的、巨大的社会效益和经济效益;亦将会对山西的文化强省建设和文化产业的发展注入新的活力和赢得新的绩效。文章还对“数字五台山”的内涵、技术系统蓝图、基本框架及主要内容等,提出了基本设想。2012 年发表在《图书馆学研究》上的《文物信息资源分类体系与开发利用机制研究》,阐述了文物信息资源建设的学术意义与社会意义,探讨文物信息资源开发利用中存在的产业链结构失调问题。同时,结合传统文献分类法和网络信息分类法的优劣势,对我国文物信息资源的朝代、质地、品类等分类标准进行了探讨。在此基础上,总结了文物信息资源价值转化性、可传播性、可增长性及效益公益性等基本特性,并对文物信息资源开发利用的政策机制、运作机制及市场资源配置机制等作了分析。2014 年山东大学博士论文《数字化生存下的历史文化资源保护和开发研究——以陕西为中心》,介绍了数字化时代文物利用的现状、前景以及新方法。

第五,文物利用与文化产业的关系得到充分重视。党的十七大报告明确指出:“在时代的高起点上推动文化内容形式、体制机制及传播手段创新,解放和发展文化生产力,是繁荣文化的必由之路。”要“运用高新技术创新文化生产方式,培育新的文化业态,加快构建传输快捷、覆盖广泛的文化传播体系”。这些新观念、新举措,充分体现出党中央站在时代发展的高度,对历史文化资源保护

与开发提出的与时俱进要求。2011年10月，中共十七届六中全会通过《中共中央关于深化文化体制改革推动社会主义文化大发展大繁荣若干重大问题的决定》，强调要全面认识祖国传统文化，古为今用，推陈出新，坚持保护利用、普及弘扬并重；加强对优秀传统文化思想价值的挖掘和阐发，使优秀传统文化成为新时代鼓舞人民前进的精神力量；加强文化典籍整理和出版工作，推进文化典籍资源数字化；加强国家重大文化和自然遗产地、重点文物保护单位、历史文化名城名镇名村保护建设，抓好非物质文化遗产保护传承；加快发展文化创意、数字出版、移动多媒体、动漫游戏等新兴文化产业；强调推进文化科技创新，要以先进技术支撑文化装备、软件、系统研制和自主发展，提高我国出版、印刷、传媒、影视、演艺、网络、动漫等领域技术装备水平，增强文化产业核心竞争力。上述方针原则的提出，为文物的保护与利用提供了坚实的政策依据和难得的发展机遇。

文化产业主要是指以文物、非物质文化遗产与博物馆等历史文化资源为开发对象的旅游产业，但也包括通过对文物的保护、修复、管理，交流、外展、评估鉴定咨询，复仿制、印刷、音像、相关演艺等各种产品和服务所形成的产业。其中，旅游产业最为重要、突出，文化产业中的许多门类也往往围绕旅游产业展开业务。依托专门机构与企业形成文物数字化保护、修复、管理、复仿制等业务的文博产业，则是文化产业中的一种新的业态。

发展以传统历史文化旅游资源为基础，以数字化技术为支持的文物利用，可以促进数字旅游产业的发展。数字旅游产业是通过一定的软硬件设备以及网络等渠道，为人们提供数字化旅游产品和数字化旅游服务的新兴产业。文物资源数字化中的数字考古、文物数字修复、数字管理、数字出版、数字展示、数字传播等内涵都是数字化时代媒体产业大发展的重要基础，既是传统媒体传播的技术基础，也是新兴互联网企业不断凝聚“注意力”的重要手段。文物数字化后，通过利用相关成果，动漫游戏创作者们稍加创意和运用一些创作技巧，很容易开发出系列性的文物类动漫短片和小游戏。用非物质文化遗产数字化成果创制动漫游戏产品，存在着巨大商机。市场不仅仅在于用户、玩家，更重要的市场还在于文化、非遗保护系统的“政府买单”，以及民俗景区景点对旅游产品的强大需求。通过文物资源数字化利用，还可以使广告创意素材来源更加丰富和便捷，即使是“泛专业人士”利用历史文化资源创意、制作相关广告，也会变得容易。

文化产业与信息产业是现代社会的两个超级产业，是一个国家软实力的重要标志。数字技术催生了信息产业与文化产业的全面汇流和融合，使得两个产业之间具有完全超出了传统含义的关联。信息产业的发展，使文化产业获得了全新的阐释与发展机遇；而文化产业的发展又为信息产业提供了丰富的数字文

化内容。两者结合得好，可以相得益彰，相互促进，共同发展。

第六，文物利用与城镇化的关系，引发了广泛的讨论。城市化建设特别是小县城城市化的建设，给地上地下的文物保护带来了新问题。在不断加快的城市化进程中，如何真正做到城市建设与文物保护双赢，发展与利用共存，是各地遇到的一个带有普遍性的问题。

与城市建设发生矛盾的主要是不可移动文物，即文物古迹、名人故居、古建筑或街区等。由于这些文物体量比较庞大，又多处于城市的中心，经常会因城市基础设施的改扩建遭到破坏。如襄樊宋明城墙被夷为平地，遵义会议会址周围的历史建筑被一拆而光，临汾古城墙因非法施工致三十座汉代古墓全部被毁，大量文物流失，"海上丝绸之路"的重要遗址漳州浦头大庙因开发商野蛮施工而被水浸泡，八达岭长城成为游人的"题字碑"，凡伸手可及的青砖上都被刻满"到此一游"等文字。凡此种种，不胜枚举。有些古城的改造，使得历史格局和古城特点难觅踪迹，一些文物古迹荡然无存，更多的则处于岌岌可危的状态。

为了协调文物利用和城市建设之间的关系，时任国务院总理温家宝指出，城市现代化建设与历史文化传统的继承和保护之间，不是互相割裂，更不是互相对立的，而是有机关联、相得益彰的，城市现代化建设与历史文化遗产浑然一体、交相辉映，既显示了现代文明的崭新风貌，又保留了历史文化遗产的奇光异彩。他还告诫全国的市长保护好自然与文化遗产，使之流传后世，永续利用，是城市领导者义不容辞的历史责任。2000 年签署的《北京共识》和《昆明宣言》，更传递了一个明确无误的信息，即只有积极保护和利用好历史文化遗产，才能有效地促进城市现代化进程。

在文物保护方面，各国都有许多成功的做法值得借鉴。如美国按独立战争前的样子恢复威廉斯堡世纪古城堡的风光，意大利的威尼斯则因完整保留了原有风貌而使"水城"名闻天下。尽管各国的保护体系不尽相同，但通常都包含法律制度、资金保障制度和行政管理制度三个方面。[①] 我国的一些法规目前多以政府或所属部门文件的形式出现，一定程度上反映出现行的保护体制仍较多地依赖行政管理，即依赖"人治"而非"法治"，加上文物古迹保护资金缺少制度保障，从而极大地制约了文物古迹保护的实际效果。

历史文物是城市建设的有机组成部分和重要的生产力因素，必须提高全民族的文物保护意识和自觉性。从社会学角度看，城市本身就是一种历史文化现象，城市的文物既是人类现代文明发展的基础，也是城市自身内涵不断丰富的

① 参见宋雪艳：《新时期我国青少年思想道德状况探析》，《中共郑州市委党校学报》2009 年第 2 期。

标志。现代化绝不是高楼大厦和立交桥的简单堆砌，而是完善的基础设施、良好的生态环境和深厚历史文化内涵的完美结合。对文物的保护反映了一个城市的文明程度。我们既要使城市的经济社会得到发展，提高现代化水平，又要保护好承载着自己城市历史的文物，使城市的面貌随着岁月的流逝更具丰富的内涵和深厚的底蕴，让现代化建设和文物保护协调发展。

二、PPP 模式在文物工作中的应用

在历史文化资源数字化保护与开发过程中，存在着政府模式、私人(个人)模式与企业模式三种基本的模式。但是，这三种模式都存在着难以克服的弊端，从而影响到历史文化资源数字化保护与开发。通过文物工作在实践中的摸索，新公共管理理论中的 PPP 模式也开始被引用到文物保护与利用中。

PPP 模式，即英文 Public-Private-Partnership 的首字母缩写，是指政府与私人或私营企业(机构)之间为了提供某种公共物品和服务，以特许权协议为基础，彼此之间形成一种伙伴式的合作关系，并通过签署合同来明确双方的权利和义务，以确保合作的顺利完成，最终使合作各方达到比预期单独行动更为有利的结果。在 PPP 模式中，合作各方通过协议的方式明确各方在项目每个流程环节的责任、风险、权利和义务，最大限度发挥各方优势，使项目建设一方面摆脱了政府行政干预和限制，另一方面又充分发挥私人资本在资源整合与经营效率上的优势，达到比预期单独行动更有利的结果。

PPP 模式一般包括十多个种类，如：建设—运营—转移，建设—运营—拥有—转移，建设—转移—运营，建设—拥有—运营，建设—转移，建设—运营—补贴—转移，租赁—建设—运营，购买—建设—运营，扩建后经营整体工程并转移，服务协议，运营和维护协议等。其中，前 6 种都针对新建项目，中间 3 种针对已有项目的扩建，后 2 种针对已有项目的维护服务等。现分述如下：

建设—运营—转移，是对公共项目投资、建设和经营的一种基本方式，发展最早，也较为完善。在政府和私人机构达成协议的基础上，由政府特许私人机构可以在一定时期内投入资金建设某一公共项目并管理和经营相应产品与服务。在建设与运营中，政府在保证私人资本具有获得利润的前提下可以对私人机构提供的公共产品或服务的数量和价格进行限制。特许经营期结束后，私人机构按约定应将项目成果移交给政府部门，转由政府指定部门经营和管理。

建设—运营—拥有—转移，主要强调项目设施建成后归私人机构所有。

建设—转移—运营，是指在项目建成后由政府先行偿还私人机构所投入的全部费用，取得项目设施所有权，然后按照事先约定由项目公司租赁经营。

建设—拥有—运营，是指由私人机构负责公共服务项目的投资与建设，并

拥有所有权，无需向政府部门转让，可以自行对其进行永久性经营。

建设—转移，是指私人机构进行融资建设项目，完工时项目直接移交给政府部门，利润直接从政府获得而无需通过项目经营取得。

建设—运营—补贴—转移，是指私人或私人机构在自负盈亏投资建设后的运营前期可以得到政府一定的补贴，特许经营期结束后再移交给政府。

租赁—建设—运营，是指政府与私人机构签订长期的租赁协议，由私人机构租赁已建成或存在的项目，向政府交纳一定的租赁费用，并在已有基础上对项目进行扩建，并负责其运营和维护，获得商业利润。

购买—建设—运营，是指政府将原有的项目出售给私人机构并由其进行改建、扩建，并拥有所有权和永久性的经营权。

扩建后经营整体工程并转移，是指由私人机构负责对已有工程项目进行融资扩建，完工后由私人机构在一定的特许期内负责对整体工程的经营和维护获得商业利润，特许期结束后再移交给政府。

服务协议，主要是指对一些特殊的已有公共项目工程由政府将服务外包给私人机构，但政府仍需负责运营和维护并承担融资风险。服务协议通常是相对的短期行为。

运营和维护协议，是指政府和私人机构签订运营和维护协议，由私人机构负责运营和维护，从而获得利润或其他效益。

通过 PPP 模式，公共设施与产品服务项目由合作的私人部门投资并运营，只有当私人或私人部门提供的公共产品或服务达到合同规定的标准时，才能获得相应的回报。私人部门进行投资，不仅可以减轻政府提供公共设施与产品服务的财政压力，更可以改变传统政府负责的项目中普遍存在的超工期、超预算、低质量等问题。在公共设施与产品服务项目建设与运营过程中，政府往往由于缺乏专业人才和信息专业技术而无法高效运转，难以提供令公众满意的产品与服务，而私人部门拥有专门的人才和部门，并且具备研发能力，掌握着市场上最先进最尖端的技术。PPP 模式可以最大限度提高资源利用的效益。此外，PPP 模式具有多样化，使得该模式下的公共设施与产品服务项目并非固定的模式，而是一系列可能的选择和组合，从而能够适应公共设施与产品服务项目复杂化的要求。总之，通过 PPP 模式可以解决公共设施与产品服务项目的资金、技术、人才、管理等问题，充分发挥政府部门、私人部门的优势与积极性，理顺内外部关系，能够达到优化资源整体配置的目的。[①]

---

① 参见赵东：《数字化生存下的历史文化资源保护与开发研究——以陕西为中心》，山东大学博士学位论文，2014 年。

三、数字化时代的文物利用新模式

1. 数字化时代对文物利用的新要求

数字化技术的迅猛发展,为文物的保护传承与开发利用注入新的活力。世界各国纷纷开展了相关项目研究和探索,国内一些地区也把文物的保护与利用纳入地域发展规划之中,大力发展历史文化资源的数字化。可以预见,数字化技术在文物保护与利用中的应用前景十分广阔。

国家对于文化领域信息化建设一向积极倡导、大力扶持。2001 年,《中华人民共和国国民经济和社会发展第十个五年计划纲要》中提出了"加快国民经济和社会信息化"的任务,并特别要求"推动信息产业与有关文化产业结合"。2005 年,国务院办公厅发布《关于加强我国非物质文化遗产保护工作的意见》(国办发〔2005〕18 号),明确提出要"运用文字、录音、录像、数字化多媒体等各种方式,对非物质文化遗产进行真实、系统和全面的记录,建立档案和数据库"。2006 年,《中华人民共和国国民经济和社会发展第十一个五年计划纲要》中强调:积极发展文化事业和文化产业,创造更多更好适应人民群众需求的优秀文化产品;加强文化自然遗产和民族民间文化保护,促进民族文化产业发展。2009 年发布的国家《文化产业振兴规划》提出,大力鼓励采用数字、网络等高新技术;支持发展移动多媒体广播电视、网络广播影视、数字多媒体广播、手机广播电视,开发移动文化信息服务、数字娱乐产品等增值业务,加快广播电视传播和电影放映数字化进程;促进互联互通和资源共享,推进三网融合;积极发展纸质有声读物、电子书、手机报和网络出版物等新兴出版发行业态;不断加强数字技术、数字内容、网络技术等核心技术的研发。2011 年,国家"十二五规划"纲要进一步指出:要"弘扬中华文化,建设和谐文化,发展文化事业和文化产业,满足人民群众不断增长的精神文化需求";"重视互联网等新兴媒体建设、运用、管理";"加强文物、历史文化名城名镇名村、非物质文化遗产和自然遗产保护,拓展文化遗产传承利用途径";"大力发展文化创意、影视制作、出版发行、印刷复制、演艺娱乐、数字内容和动漫等重点文化产业"。2011 年 10 月,中共十七届六中全会通过《中共中央关于深化文化体制改革推动社会主义文化大发展大繁荣若干重大问题的决定》,强调要全面认识祖国传统文化,古为今用、推陈出新,坚持保护利用、普及弘扬并重。2016 年,国家"十三五规划"中,文化数字工程成为国家五大战略工程,由文化部主抓,这对国家文物局推进文物利用的数字化将产生重要促进作用。

作为人类社会发展的重要资源,文物资源需要得到大力保护与开发。在当前,文物资源的保护与利用存在着比较大的矛盾,但是,两者又都不能忽视,既

不能一味地利用，也不能一味地保护，必须“在保护中开发，在开发中保护”。因此，各种业态的历史文化资源保护与开发的关系都要处理好。数字化方式的保护与开发，则在很大程度上能够妥善处理和有效协调保护与开发的矛盾，有助于不断促进历史文化资源的保护与开发手段。历史文物资源数字化保护与开发是当前数字化生存与文化大发展的产物，既能充分提升文物资源的利用水平，更好地实现对文物的保护，又可以极大促进文物事业和文化产业发展。

2. 文物数字化利用的规范与程序

文物的数字化利用可以分为几个步骤。其一是文物的数字化过程。具体是指通过数字考古、数字采集、数字存储、数字处理、数字修复、数字展示、数字传播等对历史文化资源进行转换、再现、复原，形成可共享、可再生的数字资源形态，并以新的视角加以解读，以新的方式加以保存，以新的需求加以开发利用。其二是数字记录。文物资源的信息不仅可以保存在数字磁带、光盘、U 盘、计算机等介质上，还可以利用多媒体网络数据库来存储和管理，使其完整有序、便于检索，并能够方便快捷地通过网络提供全方位的内容管理与服务，从而发挥效用。其三是数字处理。是指对数字记录信息进一步加工处理，从而更好地保护、展示和利用历史文化资源。数字处理过程包括数字编录、格式转换、编码压缩、图像处理、特征提取、数字建模、数字创作等。经过数字处理后，文物数字化的信息价值以及依托网络的服务水平将会得到大大提升。文物数字化包括了丰富的知识体系，涉及众多相关先进技术，已成为历史文化资源保护与开发重要的新路向，更加有利于历史文化资源保护与开发。

3. 秦始皇陵兵马俑博物馆在文物数字化方面的开创性实践

陕西省的历史文化资源非常丰富，也是较早采用文物资源的数字化保护与利用的省份，在这方面做了可贵的探索。该省对文物资源数字化有着强烈的客观需求，期望借此有效协调保护与开发的矛盾，推进文化信息资源共享工程建设，促进文化产业大发展大繁荣。省内的科研力量雄厚，也为历史文化资源数字化提供了充分的基础与条件。

从 1996 年起，秦始皇兵马俑博物馆就开始了数字化工作。当时，以二号坑考古发掘工作为契机，组织由考古专家、计算机专业人员、考古工作者组成的课题组，进行了兵马俑考古发掘信息处理系统条理化、规范化、科学化开发。该系统是以秦兵马俑坑及秦始皇陵园考古发掘信息处理为中心，采用计算机模块化程序设计，包括秦俑一号坑、二号坑、三号坑及秦始皇陵园内考古发掘资料，资料种类包括文字、照片、绘图、摄像、语音等。在这一系统中，分别按“编号”字段把陶俑、俑头、陶马、车迹、棚木、兵器、车马器、杂器等情况组织起来，形成了多个记录以及以“总登记号”字段将俑坑发掘记录的资料组织起来的数据库，这些

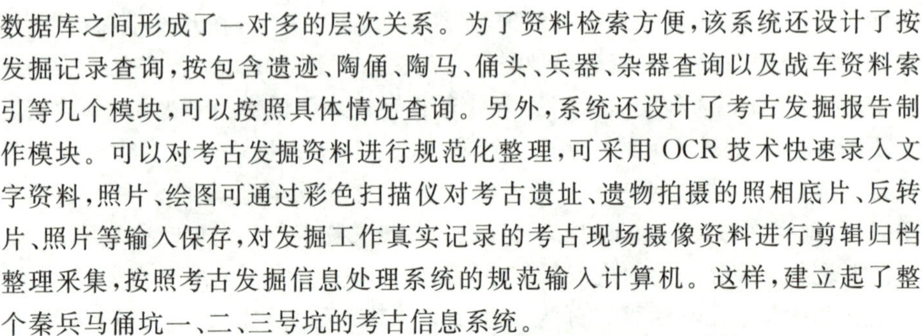

数据库之间形成了一对多的层次关系。为了资料检索方便，该系统还设计了按发掘记录查询，按包含遗迹、陶俑、陶马、俑头、兵器、杂器查询以及战车资料索引等几个模块，可以按照具体情况查询。另外，系统还设计了考古发掘报告制作模块。可以对考古发掘资料进行规范化整理，可采用 OCR 技术快速录入文字资料，照片、绘图可通过彩色扫描仪对考古遗址、遗物拍摄的照相底片、反转片、照片等输入保存，对发掘工作真实记录的考古现场摄像资料进行剪辑归档整理采集，按照考古发掘信息处理系统的规范输入计算机。这样，建立起了整个秦兵马俑坑一、二、三号坑的考古信息系统。

积累了数字考古与数字文物保护的一定经验后，秦俑博物馆在 2004 年与德国达姆斯达特建筑科技大学合作，申请立项了“虚拟帝陵开发”项目，获得国家外国专家局专项研究开发经费，由秦俑博物馆、陕西省考古研究所等单位联合组成课题组，攻关考古遗址的三维结构重建即虚拟再现。尔后，该馆配合德国巴州文物局专业人员，在三个俑坑以及秦始皇陵园多处设点进行 360°全景摄影。先后拍摄了秦兵马俑一号坑遗址五个过洞、秦兵马俑二号坑彩绘俑出土的探方、秦兵马俑二号坑探方隔墙、秦兵马俑三号坑遗址以及秦始皇陵园范围内几处不同地点。物体三维扫描各选用一件彩绘跪射绿面俑、将军俑和秦始皇陵园七号水禽坑出土的青铜鹤。经全景制作软件处理制作了考古遗址的全景展示。该项技术可应用于秦俑坑不同发掘阶段的考古发掘遗址现场数字化信息保存，也可将制作好的全景应用于博物馆网站、观众触摸屏展示、数字化考古发掘报告、博物馆介绍的多媒体光盘等用途。360°三维全景拍摄技术的运用，为秦俑馆不断研发虚拟展示打下了扎实的基础。2006 年，该馆又与西安四维航测遥感中心合作，共同开展秦俑二号坑遗址三维数字建模项目，采用数据采集等方式和流程，用三维激光扫描系统进行扫描，建立起精度达毫米级的三维数字模型，可在模型上真实测

西安兵马俑博物馆（摄影：李萌）

量并实现观众对遗址多角度、多方位的全面观察。该项目实现了文物遗迹信息的数字化存储保护与展示，研究人员可以在虚拟环境中再现或真实重现遗址建模当时的状况，使再现遗迹和重建遗址成为可能。2007 年，该馆与德国专门从事三维扫描的公司合作，对二号俑坑进行了测量数字化，利用激光三维建模技术获取了二号坑的三维数字模型，解决了大型遗址的数字化存储及应用研究问题。2008 年，该馆与微软亚洲研究院合作，研发了兵马俑虚拟漫游，有效解决了基于图像的绘制中数据庞大且不易采集的问题，成为陕西历史文化资源数字化保护与开发应用的一项显著性成果。同年，对两件彩色兵马俑，分别使用不同技术途径进行了高分辨率数字化、数据加工实验。同时，还进行了兵马俑三维模型的应用试验，获得高仿真兵马俑实体。2009 年开始，对兵马俑一号坑 100 套陶俑建立仿真三维数字模型，获得高仿真陶俑实体。

随着秦始皇兵马俑博物馆数字化考古与文物保护、展示的不断深入，2009 年，西北大学可视化研究所与秦始皇兵马俑一号坑考古队进行了一号坑第三次发掘的数字化探索工作。这次数字化工作非常深入，不仅通过获取陶俑碎片的表面、纹理、材质等离散数据信息并处理、拼接及虚拟复原，建立了 100 套陶俑仿真三维数字模型，而且通过场景数据采集、融合、模型网格化以及纹理映射等，对原始发掘现场进行了重建与展示。

经过诸多努力，陕西历史文化资源数字化保护取得明显成效。秦始皇兵马俑博物馆的数字化过程涉及文物考古、保护与博物馆收藏、展示以及数字化景区旅游等众多方面。陕西数字博物馆是我国首座省级文物行政管理机构创建、依托全省馆藏文物数据库信息和集观赏性、知识性、互动性为一体的大型综合数字博物馆，标志着陕西文物资源数字化迈出跨越性的一步，为国内外数字博物馆建设进行了重要的实践性探索。2010 年，由日本京都大学发起、西安交通大学承办的“世界历史文化遗产高精度数字化国际研讨会”在西安召开。陕西省内的多位专家学者就文物保护数字化及其分析和保护技术、文物数字化及其展示、分析、修复等先进技术应用领域取得的成果等，在会上进行了深入交流和讨论。2011 年 4 月，西安文物保护修复中心主任张颖岚应邀参加在北京召开的 CAA 第 39 届年会，以《文化遗产的数字化生存》为题作了主旨报告，在报告中提出了“文化遗产的数字化生存”的概念，认为“在可预见的未来，数字化将会成为文化遗产信息留存的主要方式”。

4. 高校和科研机构在文物数字化利用方面的贡献

历史文化资源数字化保护与开发属于科技界的前沿性课题，一些具有科研优势的高校与科研院所扮演了重要角色。以陕西省为例，高校与科研院所在理论研究和产品开发两个方面走在了前面，成为历史文化资源数字化研发的主力军。

西安交通大学等高校在计算机科学研究中具有突出优势；西北大学、陕西师范大学等对陕西历史以及文物、文化遗产的研究成果显著；西安工业大学等陕西省内高校也纷纷参与陕西历史文化资源数字化科研攻关。此外，北京师范大学等省外高校也关注着陕西历史文化资源数字化问题。上述高校在相关研究领域各自施展自己的特长和优势，在不同领域和方向取得突破。西安交大机械制造系统工程国家重点实验室，从事包括虚拟制造、仿真和优化调度、网络信息系统、数据库等数字化技术研究，在虚拟现实技术、多媒体技术等人机交互技术以及智能控制技术的开发与应用研究取得了突出成就。该校人工智能与机器人研究所开展的主要项目有：以计算机视觉与模式识别为基础的智能信息处理，视觉信号统计特性、初级视觉模型、计算机图形学和机器视觉信息计算模型研究；计算视频及面向图像和视频处理的超大规模专用集成电路设计；基于图像信息的智能控制与识别系统和各种图像处理方法与技术。依托雄厚的科研条件，西安交通大学于2010年、2011年连续两年主办了"亚洲世界文化遗产数字化国际会议"和"亚洲世界文化遗产数字化中日双边国际研讨会暨技术交流会"。在这两次会议上，方素平教授先后展示了"西安交通大学—京都大学文物数字化共同研究室的研究计划"和"亚洲世界文化遗产数字化技术"合作研究两项研究成果，介绍了针对大型平面文物非接触高清晰、高精度扫描装置等的研究计划及研究内容，以及"唐墓壁画数字化项目"中的应用情况，并就大型文物的数字化对技术和设备的要求等进行了总结。近年来，西北大学结合自身雄厚的文物考古以及在计算机信息技术方面的科研优势，与省内外高校、科研机构大力合作，不断推进考古与文物保护数字化技术。西北大学的图形学、图像处理的可视化与多媒体应用技术在全国处于领先地位，其重要的应用领域就是数字化考古。西安工业大学和西安碑林博物馆合作，完成了西安市科技计划项目"基于网络的数字博物馆虚拟技术研究及应用"。西安美术学院于春副研究员的课题"数字技术在中小型石窟摩崖造像调查中的应用"，尝试将数字技术运用于中小型石窟摩崖造像的研究。

陕西省考古研究院、陕西省文物保护研究院、陕西省社会科学院等科研机构，拥有强大的科研实力，对陕西历史文化资源保护研究与实践也做出了重要贡献。陕西省考古研究院是全国成立最早、规模最大的省级考古科研机构，主要承担陕西省境内的考古调查、勘探、发掘和研究任务，近年来持续不断进行数字化考古的探索。该院赵西晨研究员就以张安世墓的高分辨率影像采集方法及张家川三维数字化采集和信息记录方法为个案，研究"数字化技术在考古发掘中的应用"问题。陕西省文物保护研究院又称西安文物保护修复中心，是我国成立较早的文物保护研究机构，融合多学科于一体，集现代与传统方法于一

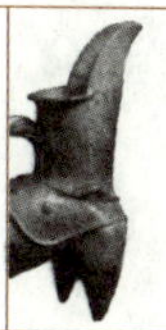

身，近年来在数字化文物保护修复研发方面成就突出。该院张颖良研究员先后发表了《GIS在考古学的应用现状和前景展望》《文化遗产的数字化生存》等重要论文。王展副研究员以水陆庵彩绘佛像为例，探讨了三维成像技术在佛像数字化中的应用，产生了较大影响。①

四、“文物合理利用”的专章入法研究

就“文物合理利用”的理论研究而言，2013年是具有标志性的节点。从这一年开始，国家文物局政策法规司就文物合理利用立法问题进行了相关课题立项，并组织召开多次论坛和会议，达成了“文物的合理利用需要法规保障”，“建设以《文物保护法》为主体，以文物行政法规、规章和地方性法律为补充，与刑法等多门类法律相协调的文物保护法律体系”等共识，形成了文物合理利用入法的思路突破。

鉴于文物利用中对一些热门景点进行不加限制的过度利用，只为经济效益不顾社会效益，甚至改变文物公共资源性质的错误利用，对文物的利用存在简单化、雷同化，乃至庸俗化问题等“不当”现象，国家文物局强调了文物合理利用要把握四个基本原则：一是要以保护为前提，对文物做到最小干预，尽可能创造有利于保护的环境条件；二是要建立在对文物价值深入研究、准确把握的基础上，增进对文物的正确认识和深入理解，坚持文化价值优先；三是要以服务公众为目的，突出文物的公共文化资源属性，不能为私人或特定人群服务；四是要尊重科学精神、遵守社会公德，发挥引领社会风尚、传播正能量的作用。

2013年下半年，国家文物局着手新一轮《文物保护法》的修订起草工作，其中的“重头戏”，就是“文物的合理利用”是否可以在《文物保护法》中设立专门一章，以及专章入法的具体法律条文表述。2013年6月至2014年6月，国家文物局连续向山东方面下达了三个相关课题，励小捷局长、董保华副局长以及国家文物局相关司处的负责人，也围绕着“文物合理利用”专章入法的问题三次到山东省及山东大学调研。其中2014年6月4日至6月6日，时任国家文物局局长励小捷、副司长何戌中等一行5人，河南省文物局陈爱兰局长一行2人，以及山东省文物局尤少平副局长，山东大学《中国历史评论》主编王育济教授、郑群教授等11人，在济南召开了一个小型讨论会。在励小捷局长的主持下，用两整天的时间，充分讨论了“文物合理利用”专章入法的问题。尽管在一系列具体认识和具体问题上仍存在很大分歧和争论，但也取得了两点原则性共识：

① 参见赵东：《数字化生存下的历史文化资源保护与开发研究——以陕西为中心》，山东大学博士学位论文，2014年。

首先，在《文物保护法》中建立“文物合理利用”的专章，是一个积极而重大的导向，是此次《文物保护法》修订对近30多年来中国社会发展基本趋势的一种积极回应。

其次，“文物合理利用”专章入法有两个“重心”。一个重心是“利用”，即鼓励、引导“利用”；另一个重心是“合理、合法”，强调的是“合理利用”的“刚性原则”，亦即利用时必须“合理、合法”，不允许过度利用，不能逾越法律的红线。在这一问题上设立专章，就是为了更有针对性地打击种种“不合法”的利用，更严肃、更有刚性地禁止种种“不合理”的利用。换言之，“文物合理利用”专章入法后，以往种种不合理的利用，就会上升为“违法”的层面而受到严厉制裁。

2015年1月，山东大学课题组提交给国家文物局的《在〈文物保护法〉中建立“文物合理利用”专章的研究》，就是在上述两大原则性认识的指导下完成的。整个研究报告约7万字，分为三章：“健全我国的文物保护法律体系”“《文物保护法》建立文物合理利用专章的论证”“文物合理利用专章立法条款及立法说明”，首次全面、系统地梳理了文物合理利用专章入法的各个方面（其中第三章法条部分以《文物合理利用：原则性共识与28则法条》为题发表于《中国历史评论》第7辑，上海文化出版社，2015年4月出版）。

2015年12月28日，国务院法制办通过网络公开了《文物保护法修订草案（送审稿）》。该草案新增文物“合理利用”专章，共计9个条款，对文物合理利用的原则、措施、基本要求等内容作了规定。对文物利用的具体工作，草案规定国务院文物主管部门会同国务院其他部门发布文物利用的指导性意见，县级以上政府定期评估利用情况，推广利用经验。

草案出台后，社会各界对设立文物“合理利用”一章存在较大分歧，一些文博界老专家和文物保护志愿者反对草案增设合理利用专章，而一部分学者和专家则认为草案增设“合理利用”专章是一个明显进步。各界争论的焦点并非否定文物利用，而是对何谓“合理利用”，以及对立法如何为文物合理利用作出安排有不同的立场和见解。反对草案增设“合理利用”专章，并不意味着他们反对文物的合理利用；支持草案设立“合理利用”专章的观点，则主要是基于规范和丰富文物利用的立场。

“文物合理利用”专章入法，一方面是为了促进文物的科学利用、合理利用，另一方面也是为了制止和惩罚各种文物的不合理利用，两方面相结合，实质上是对文物的一种更大的保护。

2016年4月12日，在贯彻落实全国文物工作会议精神座谈会上，国家文物局局长刘玉珠同志提出，要在文物的价值研究和挖掘上下足功夫，在“让文物活起来”上见实招，在展示传播上做文章，在公共文化服务、社会教育功能的发挥

上见成效，进一步明确了下一步文物合理利用工作的方向。

伴随着“文物合理利用”政策导向的日渐明晰，国务院、文化部、国家文物局连续出台了一系列促进文物利用的政策文件，为文物利用提供了良好的政策环境。可以肯定地说，近三年来(2013～2016年)是“文物合理利用”政策推进最为扎实有力的时期。归纳这些文件的基本精神，主要有以下几点：

第一，伴随着近30年来的经济发展和社会进步，人们对精神文化需求越来越强烈，迫切需要通过充分发挥文物的作用，满足公众的新期待。这就要求广大文物工作者要在坚持有效保护的前提下，做好文物合理利用工作，充分发挥文物的价值。文物管理部门则需要针对我国文物利用的历史与现状，深入开展相关基础理论研究，坚持正确的政策导向，采取合理的措施，处理好文物保护与利用的关系。

第二，在当前各国文化软实力竞争日益加剧的大背景下，文物作为国家和民族不可再生的珍贵文化资源，日益成为经济社会发展的基础资源、战略资源，在传承优秀传统文化、提升城市品位、塑造公民意识、丰富公共文化教育服务、发展文化创意产品、推动经济转型升级方面，发挥着越来越重要的功能。正确处理文物保护和文物利用的关系，在保护的前提下对文物进行合理适度利用，不仅是新形势的需要，也是广大文物工作者肩负的责任。

第三，近年来我国各级文物部门的文物利用工作虽然取得了一定的成绩，但在实践中仍然存在着“不够”和“不当”的问题。所谓“不够”，一是对文物的历史、艺术、科学价值的挖掘、研究、展示不够；二是在文物保护规划、维修方案中对利用的措施考虑不够；三是博物馆馆藏文物的利用不够；四是对现代科学技术、信息技术、网络技术的运用不够。所谓“不当”，一是对一些热门景点进行不加限制的过度利用；二是只追逐经济效益而不顾社会效益，甚至改变文物的公共资源属性；三是文物利用的简单化、雷同化、庸俗化。随着新时期经济社会体制改革的深入和城镇化进程的加速，文物利用也面临大量新的问题，如社会力量如何介入、法律法规如何保障、风险如何预防和评估等。因此，有必要充分认识和着手解决文物利用存在的问题，进一步深化文物合理适度利用的理念，提高文物利用工作的水平，让文物资源和文物遗产更好地服务于社会经济文化的发展，服务于广大人民群众的需要。

第二章 近年来我国文物利用的实践与理论启示

第一节 不可移动文物的合理利用

一、古城的整体式保护与利用

对不可移动类文物的整体式保护与利用，主要是在宏观层面上对历史城市和历史文化名城的整体格局进行合理布局、设计、整修和再利用。我国历史悠久，具有数千年的灿烂文明，因而各式各类的古城和古镇散布在国内各个地区。很多建筑风格古朴典雅、文化气息浓厚的古城受到游客们的追捧。

古城保护是文物保护工作的重要组成部分。搞好古城保护要秉持正确保护理念，坚持正确方向，重在保护古城历史文化价值，防止建设性破坏和过度商业化的问题。中华人民共和国成立以来，历史文化名城经受了三轮冲击，一是1958年的“大炼钢铁”时期，二是“文革”时期，三是近年来高速推进城市化时期。中国的城市往往存在着人口密度过高的问题，为容纳大量涌进城市的人口，许多古城在“改造”过程中，见缝插针建高楼，冲淡、淹没了老城的历史韵味，一些历史街区、古迹甚至被改造、拆除，弄得老城不新不旧，定位模糊。

本文认为，在当今国内旅游形势大好，人们的文化保护与利用意识逐渐增强的大环境下，应积极顺应城市城镇现代化趋势，将古城保护与利用和城市经济发展协调发展作为历史文化名城整体式保护与利用的重要战略原则。现以平遥古城和丽江古城作为典型案例，分析其保护和利用的发展历程，以便于具象化地剖析今后古城发展的优劣和问题，从而对今后历史文化名城的利用保护提供借鉴和启示。

平遥古城，位于山西省中部平遥县，是一座具有 2700 多年历史的文化名城。1997 年 12 月 3 日，联合国教科文组织在意大利那不勒斯召开的世界遗产委员会第 21 届大会上决定，将平遥古城以古代城墙、官衙、街市、民居、寺庙作为整体列入《世界遗产名录》。该城是目前我国仅有的以整座古城申报世界文化遗产获得成功的两座古县城之一。

平遥古城保存了完整的明清时期古代县级城池的原型。其方圆 6 公里的古城墙内，有 4 大街、8 小巷、72 条蚰蜒巷组成的古街巷，散布着 20 余座古寺庙、3797 户古民居、挨门逐户到处林立的古店铺，基本保存了明清时期的完整风貌，是研究中国政治、经济、文化、艺术和宗教发展的实物标本。[①] 其中位于东大街东段的清虚观是山西省重点文物保护单位。古城中还流传着明镜高悬、城隍爷、封鼎平陶、清虚观、火烧城隍庙、睡姑姑和药婆等美丽的传说。平遥也是盛产名人名家之地，廉颇、孙楚、孙绰、孙盛、雷履泰等人都在不同时代、不同领域为人类文明和社会发展做出了重要的贡献。

平遥古城遗产保护和利用的成功之处主要表现为以下几点：

首先，平遥古城的主要特色景点得到了充分的发掘和保护及修复。平遥古城的主要旅游景点为平遥城墙、平遥县衙博物馆、日昇昌、中国票号博物馆、平遥文庙学宫博物馆、清虚观、明清一条街、城隍庙、财神庙、镇国寺、双林寺、协同庆、华北第一镖局等，游客们可以通过景区销售的旅游通票一站式欣赏大多数景点。其次，平遥古城的当地特色美食得到了良好的宣传和推广。平遥古城当地的特色小吃有平遥牛肉、平遥碗秃、莜面栲栳栳等。第三，平遥古城的传统文化价值受到充分认可和重视。由于平遥古城较好地保留了其原真性，其文化标签得到了当地民众和世界各地游客的认可，平遥的老字号、老商号、老工艺等等也得到了较好的发掘和宣传。平遥古城每年都吸引数以万计的游客前来参观和旅游，同时还发挥了旅游扩散性的特点，辐射了乔家大院、云冈石窟等附近景区的繁荣发展。

平遥古城遗产保护和利用的不足主要是：

第一，平遥古城遗产遗迹遭到了一定程度的破坏。其中既有自然性破坏，也有人为性破坏。例如，平遥的古城墙内侧裸露的夯土层曾发生大面积脱落，给平遥古城造成了很大程度的破坏。同时，也有个别游客在古迹遗迹上进行涂鸦、刻字等不文明行为，虽然工作人员每天全线巡查，并定期进行清洁工作，但很多地方还是遭到了人为性破坏。

---

① 参见李永乐、陈远生、张雷：《基于游客感知与偏好的文化遗产旅游发展研究——以平遥古城为例》，《改革与战略》2007 年第 12 期。

平遥古城步行街(摄影:李萌)

其次,平遥古城的基础设施落后。目前,古城内尚有90余条中小街巷尚未硬化改造,给排水设施不配套,致使一些道路“晴天一身土,雨天两腿泥”;城市集中供气、供热和污水处理厂建设尚未起步,一半以上地段没有供水管道;古城内公共绿地面积缺乏,环卫设施简陋;城内无一处消防站,文物景点、重点民居和主要街道消防设施数量不足,存在较大的消防隐患。①

平遥古城作为整体式的不可移动文物类保护和利用案例,在一定程度上为今后的历史文化名城发展提供了借鉴。作为国内知名的旅游古城,平遥树立了旅游主体形象,带动了历史文化名城旅游业的发展,也促进了中国传统文化的保护和继承,推动了社会发展的良性循环。

与平遥相似,丽江古城的保护与利用也是不可移动文物中值得关注的一个案例。丽江古城位于云南省丽江市,又名“大研古镇”,坐落于玉龙雪山下,处于丽江坝中部,海拔2400余米,北依象山、金虹山,西枕狮子山,东南面临数十里的良田阔野,全城面积达3.8平方公里。该城始建于宋末元初,是元代丽江路宣抚司、明代丽江军民府和清朝丽江府驻地,至今已有800多年的历史。大研之名始于明代,因古城地处青山环绕的丽江坝子中心,像一巨砚,故取名大研(砚)厢。自古到今,以纳西族为主要居民。1986年被列为国家级历史文化名城,1997年12月4日被列入世界文化遗产名录。2011年7月6日,丽江古城景区被国家旅游局评定为国家5A级旅游景区。

---

① 参见范玉仙:《世界文化遗产平遥古城的保护与旅游管理模式研究》,青岛大学硕士学位论文,2004年。

丽江古城遗产的保护和利用模式可以概况为：

第一，建立规范的法律体系，依法对丽江古城进行保护和利用。1994 年 6 月，云南省人大常委会颁布了《云南省丽江历史文化名城保护管理条例》；1995 年12 月，颁布了《丽江纳西族自治县古城消防安全管理暂行办法》；2000 年 12 月，又颁布了《大研古城区消防安全管理办法》；2002 年，着手编制《世界文化遗产丽江古城保护规划》；2003 年 3 月，出台了《关于在丽江古城实行〈云南省风景名胜区准营证〉制度的通知》；2005 年 12 月 2 日，《云南省丽江古城保护条例》在云南省第十届人大常委会第十九次会议上审议通过，并于 2006 年 3 月 1 日起正式施行。1998 年，设立古城管理所，作为大研镇镇政府保护管理古城的直属机构。2000 年 6 月，丽江县政府成立了丽江古城保护管理委员会；2002 年2 月，在此基础上成立了由地、县政府主要负责人，地、县有关单位和部门，专家学者及古城居民代表组成的市级(原地级)古城保护管理委员会及其古城保护管理委员会办公室和古城管理有限责任公司。2005 年 10 月，随着形势的发展，依照《云南省丽江古城保护条例》的规定，成立了世界文化遗产丽江古城保护管理局，作为市政府的工作部门，替代了原来的议事协调机构古城保护管理委员会。

第二，充分发挥丽江古城的文化名片效应，发掘和宣传古城的文化价值和文化标志。丽江古城孕育了丰富多彩的古城文化，纳西古乐、东巴仪式、素神仪式、祈寿仪式等等都是丽江古城的文化标签。古城内有古街、古桥、木府、五凤楼等典型的丽江景观，还有风格独特的束河建筑群、白沙建筑群、纳西族建筑群等等。此外，丽江美食也是古城的一大特色，丽江凉粉、吹猪肝、丽江粑粑、岩巴玖、纳西火锅、纳西窖酒等都是既营养又美味的佳品。丽江古城的特产也是琳琅满目，其中比较有特色的有东巴挂毯、小凉山苹果、猪膘肉、东巴扎染、螺旋藻、纳西壁画等等。将这些美食文化、景观文化、建筑文化、特产文化充分利用和发掘，促进了丽江古城文化价值和经济价值的双重发挥。

第三，改善古城当地居民的生活质量，提高居民生活水平。通过提高绿化率，改善环境质量，加强公共基础设施建设，改善传统民居，提高抗灾防灾能力，保障丽江古城安全，最终达到人与自然、人与城市的有机协调，促进丽江古城的可持续发展。

丽江古城遗产保护和利用的不足主要表现为：

第一，丽江古城遗产遗迹遭到了一定程度的破坏。丽江古城的自然和人文景观遭到破坏的新闻近几年来一直存在。2006 年，盗砍黑手伸向“三江并流”林区，丽江严打破坏天然林的消息令人唏嘘不已。2008 年，云南丽江文笔海景观遭别墅开发商破坏。2013 年，丽江“玉龙雪山青松被砍”事件震惊游客。

第二，丽江古城遭遇过度商业化危机。今天的丽江古城，实际上已经成为商业经营者利用古城的建筑、街道开展主要面向游客的经营活动的场所，古城的商业活动与当地居民的生活缺乏有效的联系，致使古城内缺少真实的生活氛围，失去了丽江古城以日常生活为基础的贸易商业城市和生活城市的特质。①

就丽江古城的保护与开发整体而言，正如世界文化遗产丽江古城保护管理局局长和仕勇所说，丽江古城申遗成功十多年来，丽江人对世界遗产的态度已日益成熟和理性，世界遗产这个称号不仅仅给我们带来一种荣誉和骄傲，而更多的是给我们增添了为全人类守护好精神家园的神圣责任感和历史使命感。所以如何保护和保护什么，成为一个不断深化和扩大的过程。国家对于古城古镇的开发要讲求适度、适当，实现当地自然景观、人文景观和经济的协调式发展和可持续发展。丽江古城在过度商业化方面的状况给今后历史文化名城的保护、建设、发展和利用提供了经验教训。

二、片区式保护与利用

对不可移动类文物的片区式（或区域式）保护与利用，主要指的是在中观和微观层面上对历史地段和历史文化街区的修复、发展和再利用。历史地段和历史文化街区的保护要远比历史建筑和单体文物古迹的保护更综合、更复杂，其保护要素包括了历史建筑、街巷肌理、传统形态、街区功能等。由于历史地段和历史文化街区的建筑往往是在不同的历史阶段形成的，对它们的处理需要针对不同建筑的不同特点采用不同的应对措施，包括保护（即保护建筑的原有风貌）、整饬（局部改变但仍然保留部分原有风貌的传统建筑和通过整饬可以使其建筑风貌与历史街区的整体建筑风貌相协调的新建筑）、暂留（即针对一些应该拆除的不协调建筑暂时维持现状，待以后条件成熟时拆除或改建）、更新（主要针对与周边环境风貌有较大冲突的建构筑物，采取拆除更新的措施）。②

本部分尝试通过分析苏州观前街、北京南锣鼓巷的保护与利用的案例，来阐述我国在不可移动类文物的片区式保护与利用方面做出的成绩和存在的不足，从而为今后我国在历史地段和历史文化街区保护和利用方面提供借鉴意义。

苏州观前商业街区位于苏州古城的几何中心，它西起人民路，东至临顿路，北靠旧学前、因果巷，南临干将路，总占地面积 58.3 公顷，是苏州最繁华、最享有盛名的商业与文化中心。区内名店、老店集中，名胜古迹众多，空间布局和建

---

① 参见任洁：《丽江古城旅游的可持续发展研究》，《四川建筑》1999 年第 5 期。

② 参见周岚：《论历史文化名城的“积极保护，整体创造”》（上），《中国名城》2010 年第 4 期。

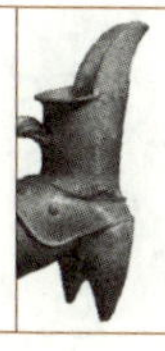

筑风格独特，街道与广场有机结合；历史文化与现代文化相互贯通；传统建筑、仿古建筑、欧式建筑、现代建筑以至于后现代建筑共存一体。[①]

苏州观前街保护和利用的成功之处主要体现为：

首先，观前街保留了传统古老的历史文化风貌，充分展现了苏州城市深厚的文化底蕴。苏州是我国历史文化名城，也是最具活力的特色魅力城市之一，观前街就像一道亮丽的风景线，给苏州这座城市带来了古朴典雅的气息和氛围。

苏州观前街(资料图)

其次，观前街集中了传统老街坊、老字号，形成了富有特色的传统街道特色。观前商业中心区是苏州市大店、老店、名店和特色商店的集中之地。大店主要有人民商场和第一百货商店等大的百货商店，老店有松鹤楼、稻香村等知名店铺；名店有美罗、豫园、金鹰购物中心等。这些名店老店的振兴和再开发，可重新发挥观前地区传统商业特色的优势。

第三，赋存着众多的游憩空间和丰富的游憩资源。随着人们生活水平的提升，闲暇时间的增多，对游憩空间的需求越来越强烈。观前地区集中了大量且多样的可供游憩的空间，一类是观前公园、小公园、碧凤公园、白塔公园、静思园等开放式的街头绿地，另一类是怡园、听枫园、鹤园、曲园等苏州古典园林。这些都说明观前地区在发展游憩产业方面蕴藏着巨大的潜力。[②]

苏州观前街保护和利用的问题主要有三点：

首先，交通混乱，停车矛盾突出。观前街设置步行街本应有利于繁荣商业，营造购物、观光、休闲的氛围，但由于缺乏合理的交通规划，反而导致该地区交通混乱，特别是街东端入口与临顿路交汇处没有机动车停放处，自行车停放也

① 参见张琼予、彭科、夏健：《苏州观前商业街区近三十年形态演变探析》，《苏州科技学院学报：工程技术版》2012 年第 2 期。

② 参见韩刚：《苏州观前街地区商业空间与游憩空间整合研究》，苏州科技学院硕士学位论文，2009 年。

占用临顿路的人行道，很大程度上阻碍了人流从东端进入。[①] 交通容量饱和，停车矛盾突出。根据调查，20 世纪 80 年代末，观前街商业区每天出入行人已突破 30 万人次，自行车 9.5 万辆次，日均停车 3 万辆次。[②]

其次，缺乏足够的绿色空间和开敞休闲空间。观前街地区仅有两处开敞空间——玄妙观和北局广场，一处被道教协会封闭，一处被占用为自行车停车场，而观东地段不但缺少开敞空间，还存在着房屋低矮、破旧失修、街巷路面不平、基础设施落后、绿化缺乏等问题。[③]

第三，经营理念陈旧，缺乏创新意识，这是老字号面临的根本问题。[④] 观前街作为历史文化街区，没有充分发掘出其与时俱进的现代化气息，很多老字号、老街坊墨守成规，不能利用一些现代化的手段和方式宣传他们的店面和特色产品，使得观前街的文化价值与其发展现状不符。同时，品牌意识、服务意识的不足和资金短缺、人才的匮乏也成为观前街的发展瓶颈。

就总体情况而言，苏州观前街是我国历史文化街区中保护和利用都较为成功的典型案例。街区既完整地保留了传统古老的街区文化特色，又灌注了众多现代化气息浓厚的时尚元素，同时作为苏州老城区居民的集中居住之地，观前街展示了苏州城市的文化形象和文化名片，为做好历史地段和历史文化街区的保护和利用提供了借鉴意义。

与苏州观前街相类似，北京南锣鼓巷的保护和利用也是值得关注的一个典型。南锣鼓巷是《北京历史文化名城保护规划》首批划定的 25 片历史文化保护区之一，是对明清北京城进行保护的重要组成部分。保护区位于老北京城中轴线的北端东侧，与什刹海隔路相望。东邻交道口南大街，西靠地安门外大街，北接鼓楼东大街，南临地安门东大街。南锣鼓巷地区建于元代，面积不到一平方公里，与皇城只一街之隔，至今已有 700 多年的历史，仍然保持着元代“鱼骨式”的胡同格局，是北京城内胡同系统最为完整的片区。南锣鼓巷作为北京城一道亮丽的风景线，具有得天独厚的地理区位优势，是集文艺气息、商业气息和时尚气息为一体的历史文化街区。除了古朴典雅的独特建筑风格和古老的街巷风貌，这里还孕育了茅盾故居、齐白石故居、绮园等文化名人的古老住宅，以及众多闻名遐迩的南锣美食、极具特色的酒吧风情街，培养了众多电影电视演员的中央戏剧学院也坐落于此。

---

① 参见陈泳：《传统商业步行街物质环境更新的探索》，《新建筑》1998 年第 4 期。

② 参见柯建民、吴新范：《苏州市中心观前街地区保护与更新规划研究》，《城市规划》1988 年第 3 期。

③ 参见陈泳：《传统商业步行街物质环境更新的探索》，《新建筑》1998 年第 4 期。

④ 参见顾燕新：《观前街老字号的历史和现状》，《经济与社会发展》2002 年第 6 期。

南锣鼓巷保护和利用的成功之处有：

首先，南锣鼓巷历史文化资源丰富，拥有得天独厚的区位优势。南锣鼓巷位于北京城的中央黄金地带，其地理位置有利于该片区经济文化的发展。同时，南锣鼓巷拥有悠久的历史，保留了大量完好的四合院建筑和名胜古迹，保存了传统古老的街道风貌，传递了古老悠久的南锣文化和老北京老四合院文化。据统计，在南锣鼓巷街区的1000多个院落中，保护完好的尚存数百个。

其次，南锣鼓巷结合其传统特色增添了现代化的时尚气息。近年来，街区所属的交道口街道按照“打造品牌，丰富品种，提高品级，提升品位”的原则，以文化创意产业为导向，实施了商业业态优化补偿政策，通过置换、限制、招商等方式，鼓励符合街区定位的商务休闲、文化创意等产业入驻，并给予资金扶持，扩大其商业经营规模。截至2009年3月，南锣鼓巷主街共有商户153家，主要以经营服饰工艺品、酒吧咖啡厅、特色餐饮业等为主。①

北京南锣鼓巷(摄影:李萌)

南锣鼓巷保护和利用的不足是：

第一，部分历史文化建筑遭到破坏。2011年12月，南锣鼓巷内某在建项目被指破坏南锣鼓巷风貌。2012年，《新京报》报道了南锣鼓巷秦老胡同37号院的北屋5间房子已被拆除3间。此外，南锣鼓巷内明清时期的洪承畴故居和詹天佑故居已经破败不堪，三六桥故居、花沙纳与徐世章故居也仅有文献可考而遗迹不存。

第二，北京城市人口增长较快，南锣鼓巷作为城市中央黄金地段，面临巷内人口激增和街区游客数量膨胀的双重威胁，不利于历史文化街区和建筑群的保

① 参见田继忠:《历史文化街区整体保护及有机更新的路径研究——以北京南锣鼓巷地区为例》,《经济论坛》2011年第11期。

护。街区内居住人口增长迅速,2006 年,街区人口密度高达 2 万人/平方公里,传统的四合院民居承载着高密度的居民生活。为扩充生存空间,居民在原有四合院的宅前屋后以及街巷内,使用简陋的建筑材料随意加建构筑物,不断侵蚀和破坏原有“胡同—四合院”的构成肌理。另外,由于街区空间有限,道路狭窄,停车位缺乏,再加上外部交通流量的大量引入以及居民拥有私家车比例的升高,导致街区的交通压力骤然增大,交通高峰时段车辆堵塞十分严重,街区可达性急剧降低。[①]。

第三,南锣鼓巷的商业化进程中存在过度竞争和恶性竞争现象。随着南锣鼓巷商业价值的快速提升,许多新进商户追求短期利益,在咖啡厅、文化酒吧、创意工艺品店等成熟行业扎堆发展,同业竞争愈演愈烈。而且许多店铺的创意产品,往往被别家抄袭过去,再以更低廉的价格出售。这种恶性竞争的结果是利润空间越来越小,店铺生命周期越来越短,而且严重影响了商家原创的积极性。[②]

对于南锣鼓巷来说,以保护为核心的适度开发才是更可持续发展的。北京正是因为有了许许多多这样的历史文化街区才为世人所仰慕、欣赏,对于这种历史文化街区,人们所看重的核心价值是其传统建筑文化。把它作为文化遗产保护的中心,以保护为目标和原则进行适度的开发,可以获得活力,可以获得文化遗产保护所需的经济支持,从而推动保护和发展之间的良性循环。[③] 南锣鼓巷作为较为成功的不可移动类文物(历史文化街区)保护与利用的典型案例,展示了北京的文化形象和文化名片,在历史地段和历史文化街区保护和利用方面提供了很有价值的借鉴意义。

三、区域整体保护与利用

近年来,我国大遗址的保护与利用一般采用区域整体保护与利用的模式,其中值得关注和总结的有“金沙模式”等。

四川成都金沙遗址是中国同时期遗址中出土金器最多、出土玉器最多的遗址之一,还是世界上同时期出土古代象牙最为集中的一处遗址。其中出土的太阳神鸟金饰图,成为当代中国文化遗产的标志。作为中国进入 21 世纪后第一

---

① 参见戴林琳、盖世杰:《北京南锣鼓巷历史街区的可持续再生》,《华中建筑》2009 年第 5 期。

② 参见田继忠:《历史文化街区整体保护及有机更新的路径研究——以北京南锣鼓巷地区为例》,《经济论坛》2011 年第 11 期。

③ 参见周浩明:《南锣鼓巷的过去,现在与未来——关于历史文化街区保护和发展的思考》,《艺术评论》2009 年第 3 期。

个重大考古发现，也是四川继三星堆之后又一个重大考古发现，金沙遗址被评选为“2001 年全国十大考古发现”，已被列入国务院公布的全国重点文物保护单位和中国申报世界文化遗产预备清单。

在此基础上建设的金沙遗址博物馆是一座为保护、研究、展示金沙文化和古蜀文明而兴建的遗址类博物馆，占地面积 30 万平方米，总建筑面积为 38000 平方米，由遗迹馆、陈列馆、游客中心、文物保护与修复中心、金沙剧场、园林区等部分组成，是一座集教育、研究、休闲于一体的现代化园林式博物馆。金沙遗址博物馆不仅是古蜀文化的展示与研究中心，也是青少年社会教育基地、市民的休闲娱乐场所，更是代表成都悠久历史文化的标志性景观。

在展陈内容的策划与组织方面，金沙遗址博物馆的成功之处是：

第一，主题鲜明，定位准确。金沙遗址博物馆建设的总体目标通过独特的古蜀文化内涵和独具特色的博物馆建筑和展陈设计，“让人们走进金沙，让金沙走进世界”。其展示内容，紧扣金沙遗址以及古蜀文化这一鲜明主题，全面挖掘与利用金沙遗址丰富的文化内涵和巨大的历史信息，展示金沙都邑宏大的气派、丰富的遗迹、众多的文物以及神秘、浪漫的诸多特点，体现其鲜明的地域特色和独特的文化特征，把大遗址保护与文物展示有效结合，充分反映现阶段考古发掘和文物保护的成果。

第二，结构严谨，层次分明。总体陈列内容的设计采取内外结合、虚实结合的原则。遗迹馆是金沙遗址大型祭祀活动场所的发掘地和展示地，是目前中国保存最完整，延续时间最长，遗迹、遗物最丰富的祭祀遗存。馆内以发掘现场的原生态保护展示为主，着力保持考古发掘现场本体的完整性与真实性，适当补充介绍遗迹遗物的发掘和出土情况以及考古的基础知识，游客置身遗迹馆可近距离地观看考古发掘过程，并亲眼目睹一件件珍贵文物的出土，亲身感受 3000 年前古蜀王国气势恢宏的滨河祭祀场面，现场了解其考古发掘工作的缜密繁复过程。陈列展示将遗迹馆发掘现场的原状展示、陈列馆的主题展示与室外文化景观的辅助展示三者相互结合，紧扣古蜀文化都邑金沙遗址这一鲜明主题，从发掘现场到历史复原；从自然环境、生活场景到神秘的宗教世界；从人们的社会生活到精神世界，强化了展览的叙事性和故事性，抽丝剥茧，逐层深入，也符合观众的参观心理。展陈整体结构严谨，层次分明。展板、说明文字则通俗易懂，简明扼要，尽量淡化展览的专业性和学术性。室内陈列和室外景观相互穿插、纵横交错，参观过程舒缓流畅，较好解决了观众参观中的疲劳现象。

第三，精心挑选，巧妙运用考古发掘成果。金沙遗址已发现的重要遗迹有大型建筑基址、祭祀区、一般居住址、大型墓地等，出土金器、铜器、玉器、石器、象牙器、漆器等珍贵文物 5000 余件，还有数以万计的陶片、数以吨计的象牙以及数以千计的野猪獠牙和鹿角，堪称世界范围内出土金器、玉器最丰富，象牙最密集的遗址。丰富的遗迹和遗物为展品的选择提供了足够的空间。撷取金沙文物的精华，发掘金沙遗址的亮点，完美地为主题内容的表达服务，是展陈设计中一个最有利的条件。

第四，博采众家，精益求精。作为展陈内容的主创人员，金沙遗址的考古发掘者与研究者对博物馆的展览设计并不熟悉，因此在内容大纲撰写之前，就考察调研了国内外很多优秀博物馆，查阅了大量关于博物馆展陈的资料，充分了解国内外先进的展陈理念、陈列方法和手段，同时认真提炼把握金沙文化独特的文化内涵。在此基础之上，与专家、学者以及设计人员等反复讨论与研究，形成了内容初稿；之后又将已完成的内容大纲初稿面向全国进行了一次内容方案设计的招标。国内外博物馆界许多著名的展陈公司和专家学者都积极加入，献计献策。通过这次内容方案招标，集思广益，开拓了思路，确立了信心。最终博采众家之长，几易其稿，形成了内容大纲与总体方案，为形式设计工作提供了有力的帮助。

金沙遗址出土的太阳鸟纹饰，被用为中国文化遗产标志

在展览形式与手段方面，金沙遗址博物馆也有许多可圈可点之处：

第一，借助高科技手段。金沙遗址博物馆在展陈形式上注重以现代科技展陈手段丰富展陈内容，使观众与展品有所交流。金沙博物馆的陈列馆里，拥有智能化系统，设有多媒体展览服务系统、藏品数据库系统，展出的上万件珍贵文物，均可以通过展品导航区的电脑一一检索。博物馆内还设有一个近120个座位的4D影院，放映4D影片，使古蜀国在悠扬而神秘的祭祀音乐和画面中再现于观众眼前。鉴于金沙遗址的发掘工作尚未停止，新的发现仍层出不穷，金沙博物馆采用了更替的手法不断向游客展示新的文物。

第二，兼顾文物保护与展示效果。博物馆主体结构采用大跨度钢结构，在最大限度地保证遗址完整性的同时，将古代文明和现代文明巧妙地相结合是建筑的别具匠心之处。遗迹馆内无立柱大空间的构造保证了祭祀遗迹的完整性，大跨度钢结构形式将建筑对文物本体的影响降到最低，可持续的建筑设计把文物保护与生态保护相结合，为考古发掘和文物保护工作创造了良好的条件。原生态展示的发掘现场、大型树根遗迹等既保持了历史遗存本体的完整性与真实性，也为刚刚走进金沙遗址的观众带来了视觉上的震撼。

“金沙模式”通过以政府出资为主的各种渠道筹资，由政府出地，将金沙遗址中心区域全部保护，在遗址上修建金沙遗址博物馆，同时成为城市公园和绿

地。开发商已购买的土地由政府用周边土地置换补偿。金沙博物馆的建成，也给成都市西边注入新的活力，成为成都市的文化、艺术中心，周边的房价均随之上涨，房地产升值的部分足以弥补并远远超过金沙遗址博物馆的土地花费和博物馆建设费用。同时，这一重要遗址还极大地提升了成都市的文化底蕴和城市品位，增强了城市竞争力，给成都市带来更大的隐性收益。金沙遗址博物馆的门票收入可长期支撑金沙遗址的运营、保护与研究经费。简言之，就是文物保护用地及博物馆建设的经费支出，由精品文化项目带动周边地产升值和城市经济繁荣来弥补。

“金沙模式”的最大成功是实现了遗址与城市的和谐共生。其本质在于充分调动相关利益各方的力量，积极发挥市场与政府两种手段，通过一系列措施和活动，使得城市的历史底蕴和文化内涵得到了提升，遗产周边地产开发和城市建设得到了促进，文化产业市场被激活，市民文化生活得到满足，公众文化遗产保护意识得到加强，最终实现多方共赢局面。在此过程中，金沙遗址本身得以最大限度的保护和利用，文物的保护、研究、展示工作获得充足的资金和广阔的平台，成为了我国文化遗产保护事业的成功案例。

第二节　博物馆馆藏文物的利用

一、我国博物馆的建设现状

国家文物局 2016 年 6 月更新的数据显示，目前全国登记注册的博物馆已达到 4692 家，其中国有博物馆 3582 家，非国有博物馆 1110 家，分别占全国博物馆总数的 76.3%和 23.7%。全国共有 4013 家博物馆向社会免费开放，占总数的 85.5%。近年来全国博物馆每年举办陈列展览超过 2 万个，年观众人数约 7 亿人次；每年举办各类教育活动 20 万次，博物馆在公众生活中的作用更加凸显。[①]

二、我国博物馆建设的问题及其解决方案

我国博物馆无论从数量上、类型上还是社会功能上来看，均取得了骄人的成绩，但是也存在很多不足。

---

① 参见王丽娟：《我国公共博物馆馆长的现状分析》，2016 年 6 月 7 日《中国文物报》。

我国的博物馆在数量和举办活动的场次方面增速很快，但是很多博物馆在建设上显得草率，缺乏充分论证和长远规划，即为什么建博物馆、建成后的博物馆要发挥什么样的功能、要发挥什么样的社会效用等并不明确；有的地方政府将博物馆建设当成了普通的公共建筑，采用招投标的形式，实行代建制，代建方缺乏相关专业素养，博物馆使用方在建设过程中又没有话语权，导致一些建设出现规划不合理、设计有缺陷、建筑质量不达标、后期改造困难等问题；不少博物馆在建设之前，对后期运营缺乏规划，忽略了博物馆的延伸发展，如文物保护、学术研究、社交活动、文创产品等，很大程度上限制了博物馆功能的充分发挥。①

民营博物馆和中小型博物馆均面临着资金匮乏、生存艰难的问题。由于博物馆数量越来越多，分配到各家博物馆手中的补贴就越来越少，而就连政府的补贴也要征重税；很多民营博物馆的运营全靠私人出资，压力巨大；有时如果要办展览，博物馆还要倒贴钱。为了解决这一问题，政府应当加大投入力度；博物馆需要创新筹资方式，可以与企业合作，实现一定程度上的商业化；搞好自身文化产业的开发，增加收入；努力吸收社会资金；更新管理方式，开源节流，向管理要效益。②

我国博物馆普遍存在人才缺乏的问题，中小型博物馆尤其如此。中小型博物馆由于资金缺乏、平台有限，难以吸引专业人才，极大地限制了自身的发展。此外，我国的博物馆从业人员大都是博物馆专业毕业，对文化产业比较陌生，缺乏产品设计和营销的才能，这会影响博物馆文化产业的发展。博物馆可以考虑适当引进文化产业、市场营销等专业的人才，或者针对馆内员工定期进行相关培训，国内高校的博物馆专业也可以适当调整人才培养计划，增加文化产业、设计和营销的相关课程。③

民营博物馆既能有效整合零散的社会资源，推动我国博物馆事业的发展，又容易摆脱体制机制的束缚和意识形态的纠缠，这是其优点。但是也存在很多问题：有的博物馆借博物馆之名进行文物的非法收售交易；文物缺乏甄别，有以假充真的现象；借建博物馆之名，骗取政府的优惠政策，违规经营；容易陷入商

---

① 参见杨曼、黄芮：《试析国内博物馆发展中出现的问题》，《艺术品鉴》2015 年第 12 期。

② 参见李宏杰：《市场经济下博物馆多元化筹资的思考》，《文物春秋》2000 年第 4 期。

③ 参见周杏桃：《探索我国博物馆产业发展问题》，《办公室业务》2013 年第 9 期；张东燕：《中小型博物馆发展的问题与对策》，《时代文学》（下半月）2014 年第 4 期；陈呈：《浅谈博物馆文化产业的发展问题》，《中国博物馆文化产业研究》2015 年。

业牟利的泥潭。[①] 对此，政府和社会应该从立法和机构建设方面入手，提高准入门槛，加强监管。可以借鉴国外的先进经验，使政府、社会组织尤其是基金会参与其中，履行监管的职能。

三、博物馆立法

中华人民共和国成立以来，政府适时出台了一系列与博物馆事业相关的规章制度[②]，但是在很长一段时间内，都未能制定出一部专门性、系统性的博物馆法。2008 年 3 月 2 日，国务院法制办全文公布了《博物馆条例(征求意见稿)》及其说明，向社会各界征求意见，经过多年的讨论和修改，最终于 2015 年 1 月 14 日国务院第 78 次常务会议通过。这是新中国首部规范博物馆建设与发展的行政法规，为博物馆科学定性、准确定位、合理定责及博物馆规范管理提供了基本准则，对博物馆社会服务作了明确要求，对博物馆的设立、变更、终止程序，藏品管理，社会服务功能以及公平对待国有博物馆和非国有博物馆等方面均提出了全新的要求。在博物馆设立、变更、终止程序方面，《博物馆条例》考虑到不同类型博物馆在监管机构和登记管理制度方面的差异，针对国有博物馆、藏品不属于古生物化石的非国有博物馆和藏品属于古生物化石的博物馆分别作出了相应的规定；在藏品管理方面，《博物馆条例》从藏品取得、藏品安全保护、藏品使用管理三个方面分别提出了细化要求。此外，为充分发挥博物馆社会服务功能，《博物馆条例》还对博物馆开放管理、举办陈列展览和开展社会教育服务活动等方面给予了明确规范。《博物馆条例》堪称一部全面推进博物馆事业可持续发展的里程碑式的法规。伴随着《博物馆条例》的颁布与实施，中国的博物馆管理体制也进入了一个全新的"《博物馆条例》时代"。

但是，在进入《博物馆条例》时代之后，博物馆管理法规体系也面临着新的挑战：《博物馆条例》的施行，在博物馆的备案制度、博物馆的教育功能、博物馆商业经营活动的管理、陈列展览的备案管理、博物馆评估等方面给博物馆的管理带来了新的问题；《博物馆条例》与《民办非企业单位登记管理暂行条例》《博物馆管理办法》等部门规章、《北京市博物馆条例》等地方性法规之间存在矛盾；《博物馆条例》施行后，博物馆管理领域仍然存在法律空白，需要继续推进博物馆法制建设。

做好博物馆管理领域的立法工作，建立以《博物馆条例》为中心的博物馆管

---

① 参见曹兵武：《从私藏到公享——谈从民间收藏到民间博物馆发展的相关问题》，《中国博物馆》2014 年第 1 期。

② 参见孟庆龙：《我国博物馆立法的回顾与思考》，2013 年 11 月 27 日《中国文物报》。

理法规体系，首先要通过对现行法规的系统梳理和对博物馆管理实际情况的深入调研，按照"依法治国"总要求，结合博物馆行业发展的实际情况，研究制定具有可操作性的《博物馆管理法制建设规划》，对未来一段时间我国博物馆领域法律、行政法规、规章、规范性文件制定、修订工作进行统筹安排，规划出《博物馆条例》时代博物馆管理法规体系的基本框架。

通过对现行法规体系的系统梳理，应当及时提出对于不符合《博物馆条例》时代法律环境要求的现行规定进行修订，消除法律冲突，废止过时规定。修订、改造现行法规的任务大致包括以下三个方面：第一，可以研究制定《博物馆条例实施办法》，对《博物馆条例》各项规定加以细化，明确规定执行的具体标准和要求，并替代现行的《博物馆管理办法》；第二，应当尽快修订《博物馆藏品管理办法》，对博物馆藏品的接收、鉴定、登账、编目、建档、库房管理以及提用、保养、修复等方面的关键问题加以细化规定，替代 1986 年颁布的《博物馆藏品管理办法》；第三，制定部门规章层次的《博物馆评估管理办法》，替代博物馆评估方面原有的《全国博物馆评估办法》《国家一级博物馆运行评估规则》《国家二三级博物馆运行评估规则（试行）》《非国有博物馆运行评估规则（试行）》四部规范性文件；第四，要按照《博物馆条例》的新要求，对《依法没收、追缴文物移交办法》《文物拍摄管理暂行办法》《文物复制拓印管理办法》《文物出境展览管理规定》《文物入境展览管理暂行规定》等执行时间较长的规范性文件进行重新审查，对与《条例》规定相冲突的条款进行修订。此外，在地方层面还要推动有关立法机关对《北京市博物馆条例》等相关地方性法规及时修订，避免不必要的法律冲突。

制定新法规，一是完成《博物馆条例》规定的立法任务，主要包括制定《博物馆商业经营活动管理办法》《博物馆教育活动管理办法》等法规，其中《博物馆教育活动管理办法》需由文物、教育部门制定联合规章；二是根据《博物馆条例》施行的新要求制定配套法规，主要包括《国有博物馆备案办法》（需要同机构编制部门共同制定）、《非国有博物馆备案办法》（需要同民政部门共同制定）、《古生物化石类博物馆备案办法》（需要同国土部门共同制定）、《陈列展览备案管理办法》等等；三是根据博物馆行业管理的实际需求，推动将原有的通知、意见类规范性文件上升为规章或法规类规范性文件，并结合博物馆行业的新发展不断制定适应时代要求的新的规范文件，例如，可以在《关于推进博物馆理事会建设的指导意见》基础上制定《博物馆理事会工作规则》，在《关于进一步加强博物馆安全工作的通知》基础上制定《博物馆安全防范规定》等。

除了上述三个方面以外，积极推动行业立法，也是构建与完善博物馆管理

法规体系所应当关注的一个重要问题。[①]

四、我国博物馆文物利用的现状

博物馆对馆藏文物的利用方式大致可以分为以下五种：陈列展示、配合学校教育、辅助科学研究、开发文化衍生产品、利用数字资源。

1. 博物馆文物利用中的问题及其解决方案

(1)文物展出率偏低

我国博物馆建设发展很快，馆藏文物数量很多，但是总体来看文物展出率偏低。国家文物局在 2013 年对央地共建的 9 个博物馆馆藏文物展出率进行统计，发现最高的不足 5%，最低的仅 1.2%，平均不足 2.8%。而新建的一些市县博物馆，馆藏文物少得连一个基本陈列都充实不起来。

为了提高文物利用率，各地博物馆应当改变过去重保护、轻利用的思想，增强“让文物活起来”的意识，增加文物展出活动的场次和数量，使博物馆的社会效益尽可能实现最大化；促进各博物馆之间的交流，促进文物藏品资源共享，为此可以尝试建立博物馆联盟、总馆长制等方法；对国有博物馆通过调拨、交换、借用等方式，优化馆藏文物结构，加强展览项目交流；大型博物馆可以不同方式对中小型博物馆给予扶持；在展出前对观众的需求进行调研，努力推出适应观众需求的、有创新性、有趣味性、有前沿性的展览。[②]

(2)博物馆之间发展不平衡

不同层次的博物馆之间差距较大。国家级、省级的博物馆各方面条件较为齐全，但与基层民众接触最密切的县市级中小型博物馆无论在馆藏数量、人才构成、经费支持、技术手段上都不能与大型博物馆相提并论。若想切实提高我国博物馆的利用效率，中小型博物馆应当是加大投入力度的重点区域。

(3)对外交流需要更加重视

随着社会发展一体化和经济全球化的发展，国内不同博物馆之间和国内外博物馆之间的合作也在尝试着联合办展、合作研究。例如：2014 年 4～5 月河南博物院与内蒙古博物院合作举办“匈奴与中原——文明的碰撞与交融”临时展览；2014 年 7～10 月广东省博物馆与美国宝尔博物馆合作举办“最早的美洲人——北美原住民文化展”。但是，这种合作仅仅局限于部分省市级博物馆。不少博物馆的封闭意识和保守思想还比较浓厚，不愿意将本馆的藏品与别的博

---

① 参见李晨：《论“〈博物馆条例〉时代”博物馆法规体系的构建与完善》，《中国博物馆》2016 年第 1 期。

② 参见《让博物馆的文物活起来——全国博物馆陈列展览质量座谈会综述》，2014 年 8 月 15 日《中国文物报》。

物馆分享，这种狭隘思想必将影响我国博物馆文物利用的整体水平。[①]

近几年，我国国家层面的文物对外交流成绩斐然。2015 年 6 月 26 日，国家文物局与文化部驻外干部交流座谈会在北京大学举行，国家文物局副局长顾玉才主持会议，文化部外联局副局长赵海生以及驻美国、加拿大、日本、新加坡、尼泊尔、巴基斯坦、白俄罗斯、意大利、瑞士、丹麦、比利时、坦桑尼亚等国家和地区的 30 余位驻外干部，国家文物局办公室以及直属单位相关负责同志参加会议，针对我国文物对外交流事业的经验和不足进行了深入的探讨，充分体现了国家对推动文物对外交流的重视。[②]

政府间的交流与合作深入发展。党的十七大以来，政府间签订文化遗产领域交流与合作协定的数量不断增加，已与秘鲁、印度、意大利、菲律宾、希腊、智利、塞浦路斯、委内瑞拉、美国、土耳其、埃塞俄比亚、澳大利亚等 12 个国家签署了打击文物盗窃、盗掘和非法进出境双边协定或谅解备忘录，并在信息交流、人员培训、文物返还等方面取得了实质性的合作成果。

与国际组织的交流与合作日益紧密。中国先后加入了国际博物馆协会(ICOM)、国际古迹遗址理事会(ICOMOS)和国际文化财产保护与修复研究中心(ICCROM)等 3 个与文化遗产有关的国际组织，以及《保护世界文化和自然遗产公约》《关于禁止和防止非法进出口文化财产和非法转让其所有权的方法的公约》《关于被盗或非法出口文物公约》和《武装冲突情况下保护文化财产公约》等 4 个国际公约。加入这些国际组织和国际公约，不仅丰富了国际文化遗产法律法规体系，也促进了我国文物保护法律法规的完善和与国际接轨。2010 年，我国成功获得国际博物馆协会第 22 届会员代表大会主办权。2006 年，国际古迹遗址理事会国际保护中心在西安成立。我国代表通过竞选担任国际古迹遗址理事会副主席，国际博物馆协会亚太地区主席、副主席，国际文化财产保护与修复研究中心理事等职务。中国在国际文化遗产保护领域的地位不断提高，对外合作与交流不断扩大，拥有了更多的话语权。

文物出、入境展成为亮点。目前每年出入境展览约 400 项，展览的水平和质量不断提高，学术水平得以提升。文物展览走向世界，成为中华民族优秀传统文化的承载者、传播者。特别是在中法文化年、中意文化年、中俄国家年等重大外事活动中，文物展览作为"外交使者""国家名片"密切配合国家外交大局，面向世界传播中华文化，帮助各国人民深切了解中华民族的悠久历史和文明进

① 参见魏巍:《我国博物馆文物藏品利用研究》，山东大学硕士学位论文，2015 年。

② 参见郭晓蓉:《国家文物局与文化部驻外干部交流座谈着力推进文物对外交流与合作》，2015 年 6 月 30 日《中国文物报》。

程，了解中华文化对全人类做出的巨大贡献，真切感受当代中国改革开放带来的繁荣昌盛、和平崛起的形象，以及对未来充满的信心。同时，我国接待了来自各个国家和地区的文物展览，拓宽了广大民众了解世界历史文化的渠道。

中外文化遗产保护理念更加融合。这些年来，我们着眼于中国文物事业的长远发展，吸纳百家之长、兼集八方精义，以更加自信的心态、更加开阔的视野，积极参与国际文化遗产保护领域的对话与交流。通过与国际文化遗产保护理念的交流、碰撞，中国文物事业获得了新鲜血液，始终保持蓬勃生机与旺盛活力，实现了一次又一次的飞跃。

近年来，我国成功承办国际博协亚太大会、第 28 届世界遗产大会、第 15 届国际古迹遗址理事会大会、第 2 届文化遗产保护与可持续发展国际会议、东亚地区文物建筑保护理念与实践国际研讨会、城市文化国际研讨会等重要国际会议；陆续形成《上海宪章》《苏州宣言》《西安宣言》《绍兴共识》《北京文件》《城市文化北京宣言》等文件。这些文件的出台，进一步丰富了国际文化遗产保护理论，推动了中国文化遗产保护理念走向世界。①

（4）洛阳博物馆在馆际交流方面的经验

洛阳博物馆抓住馆藏文物数量多、精品多、典型代表器物多的优势，积极举办出国文物交流展览，让洛阳博物馆的文物精品走向世界。1983 年 3 月，洛阳博物馆组织洛阳出土的两周、两汉、西晋、北魏及隋、唐时期珍贵文物 130 件套，在日本冈山举办了《中国古都洛阳秘宝展》，引起很大轰动，随后日本冈山市与洛阳市缔结为友好城市。1989 年 4 月，洛阳博物馆又在日本东京、神户、冈山等地组织举办了为期 5 个月的“大唐三彩展”，这是第一次唐三彩的专题展览，展品种类齐全、数量众多、影响较大，更进一步加深了日本各界人士对洛阳的认知和了解。此后，每年来洛阳博物馆参观的日本客人络绎不绝。1998 年 10 月至 1999 年 8 月，洛阳博物馆组织 100 余件套文物精品，先后在韩国国立扶余博物馆、国立庆州博物馆、国立中央博物馆等四个国立博物馆举行了《洛阳文物名品展》，大大提升了洛阳在韩国的知名度，此后，洛阳市与韩国扶余郡签约缔结为友好城市，并吸引大批韩国客人来洛阳考察。2005 年 9 月至 2007 年 8 月，洛阳博物馆组织馆藏青铜器精品，在澳大利亚新南威尔士艺术馆举办了《早期青铜器展》，由于展览影响深远、观众喜爱、效果较好，由原计划展出一年，经双方协商并报国家文物局批准，使展览往后延期一年。精美的文物展品深深地吸引了澳大利亚观众，引起了澳大利亚各界人士的广泛关注。

---

① 参见《文化遗产保护 30 年——访国家文物局局长单霁翔》，《国际人才交流》2008 年第 4 期。

洛阳博物馆积极主动参与国家文物交流中心、河南省文物局、国家博物馆、首都博物馆、陕西历史博物馆组织的大型外展活动。先后参与了赴日本“女皇武则天和她的时代展”“世界四大文明·中国文明展”“中国国宝展Ⅱ”“遣唐使展”，赴香港“华夏文明之源”展，赴韩国“英雄时代展”“黄河文明展”，赴法国“神圣的山峰展”，赴意大利“丝路遗宝展”，赴墨西哥“佛教慈悲女神——中国古代观音菩萨造像艺术展”等20多个展览。2001年，与龙门石窟研究院合办“龙门石窟佛教文物展”在比利时安特卫普人类博物馆展出，得到各界人士的高度评价。2004年，洛阳博物馆连续参与了6个大型文物外展活动，特别是由河南省文物局主办的“洛阳之梦·唐三彩展”，是以洛阳唐三彩为主体在日本举办的大型唐三彩展览，120多件套唐三彩精品先后在日本新潟、东京、山口、宫城、爱知、岛根等城市著名的博物馆、美术馆巡回展出一年，在日本全国引起强烈反响，众多日本各界名流及观众目睹了精美的展品，对此展览给予了高度评价。

2004年10月，洛阳博物馆镇馆之宝重达8吨的东汉精美巨雕——石辟邪，第一次出国赴美展出，美国大都会博物馆先后数次派出专业人员来洛阳博物馆考察并协商制定包装、运输方案，经过双方努力终于使这件瑰宝乘专机赴美国参加了中国“走向盛唐”大型文物展览。此件文物作为重器在大都会博物馆最重要的位置——序厅展示，观众达30多万人次。在这件东汉石雕的整个搬运过程中，洛阳电视台、洛阳日报社等新闻媒体进行跟踪报道，普及了文物知识，扩大了博物馆在社会的影响。

洛阳博物馆藏汉代石辟邪(资料图)

2008 年，洛阳博物馆还作为丝绸之路的东方起点之一，参与国家文物局在日本举办的“大丝绸之路展”，在意大利举办的“汉唐·交流与融合展”及在西班牙、南非举办的“华夏瑰宝展”。通过文物外展交流，极大地提升了洛阳及洛阳博物馆在国际上的知名度。

洛阳博物馆在做好文物外展的同时，还利用自身藏品优势主动举办国内巡展。如 20 世纪 80 年代初举办的“古都洛阳出土唐三彩展”和“康熙皇帝母后珍宝展”等，先后在广东、海南、广西、福建、江西、湖南、浙江等 7 省 10 多个城市，进行了长达 8 年之久的巡回展览，博物馆全体人员均参与了巡展活动，不但从中学到了外地博物馆的管理经验，增长了见识，还极大地鼓舞了工作人员的士气，达到了社会效益与经济效益双丰收。近几年，又先后多次协助国内兄弟博物馆举办文物展活动：参加了由陕西历史博物馆主办的陕、晋、豫三省“武则天与唐代女性展”；由河南博物院主办的“西周中原列国文物瑰宝展”及“国家宝藏河南博物院建院八十周年特展”；由开封博物馆举办的“河南文物精品展”等，做到了互相学习、取长补短、增长见识、锻炼队伍，达到了预期的效果。

为加强唐代两京地区的文化交流，2006 年 3～7 月，洛阳博物馆组织挑选馆藏唐三彩精品 80 余件套，在陕西秦始皇兵马俑博物馆成功举办了“洛阳寻梦·绚丽夺目的唐三彩展”。展览的内容方案、形式设计由两馆合作完成。布展期间洛阳博物馆派出最优秀的讲解员现场讲解，并承担了开幕式讲解任务，受到秦始皇兵马俑博物馆的高度评价。

洛阳博物馆藏北魏泥塑人面像残件，被称为“东方维纳斯”(资料图)

在办好形式多样外展的同时，洛阳博物馆还积极进行文化交流。如在赴韩“洛阳文物名品展”结束后，从 2000 年开始，洛阳博物馆与韩国国立扶余博物馆双方互派专业人员进行考察学习。第一阶段，每年互派一名专业人员进行为期一个月的专业学习。洛阳博物馆派出的专业人员主要是在韩国扶余博物馆学习考察文物修复、博物馆管理及韩语翻译。第二阶段，双方互派两名人员进行为期半个月的综合学习考察。8 年来，前后有 20 多名工作人员在韩国各大博物馆进行考察学习，至今仍未间断，进一步加深了两馆之间的友谊，促进了中韩两国文化交流的健康发展。[①]

2. 博物馆的文化创意产业

博物馆应该放弃片面追求文物保护、耻于言利的旧思维，改变传统服务理念，创新博物馆的经营方法，促进文化资源的开发利用。依托自身的资源优势，发展文化创意产业，一方面有助于博物馆最大程度地实现服务社会、服务群众的职能，另一方面可以使博物馆从中获得经济效益，增强自身造血功能，改变过分依赖政府财政补贴的现状。

博物馆依托独特的文化资源优势，依靠人的创造力和想象力，借助现代科技手段，开发文化产品，服务社会、服务群众，这就是博物馆发展文化创意产业的基本思路。博物馆发展文化创意产业，有高知识性、高附加值、高融合性的特点。博物馆发展文化创意产业可以有多种形式，包括主题文化展览、主题衍生产品开发、主题出版物、主题旅游开发、主题专题教育、小型商业会展和文化活动等。我国博物馆的文化创意产业发展已经取得了很大的进步，但是总体而言仍然处于探索、培育和发展的起步阶段，尚有较大的发展空间。为此，总体来看，我国博物馆可以从以下几方面入手：健全博物馆文化创意产业产品门类；提升博物馆文化创意产品创新水平；培育博物馆文化创意产业专门人才；建立博物馆文化创意产业激励机制；完善博物馆文化创意产业融资方式。[②]

陕西省博物馆位于十三朝古都西安，因其丰富的馆藏文物而被誉为“古都明珠、华夏宝库”。近十年来，陕西省博物馆非常重视利用本馆的文化资源，开发文化创意产品，包括文物仿制品、印刷品、音像制品、旅游纪念品等，产品种类日益多样化。同时注意打造陕西省博物馆商店联盟，便利文化创意产品的销售工作。[③]

3. 流动博物馆

所谓“流动博物馆”，是相对建有固定馆舍的博物馆而言的，它没有固定的建筑设施，只是将一个区域博物馆能够展出的资料制作成可拆装的活动展板（有条件时也可展出文物标本），在一定区域进行流动式展出的博物馆。

建立流动博物馆，时常举办一些相应的活动，是适应我国国情、创新博物馆的办馆方式、使博物馆功能实现最大化的必要举措。我国目前的博物馆基本情

---

① 参见《发挥馆藏优势，加强对外交流》，2015 年 9 月 22 日《中国文物报》。

② 参见邢致远、李晨：《浅议博物馆文化创意产业的模式与产品》，《中国博物馆文化产业研究》2015 年。

③ 参见《欢迎您把博物馆“带回家”》，2014 年 5 月 8 日《三秦都市报》。

况是人多馆少，而且区位分布不均，不同博物馆之间资源分布不平衡、总体利用率低。为了缩小博物馆之间的资源差距，使之更好地服务群众、服务社会，博物馆应当大力开展流动展览活动。

近年来，多家博物馆对此进行了卓有成效的尝试。

广东省流动博物馆由广东省文化厅于 2004 年创办，在当时是全国首创。广东省流动博物馆将展览触角深入到学校、社区、部队、乡镇以及贫困山区，还通过各种渠道与港澳文博机构、东盟成员国和法国等进行交流。①

四川省博物馆在全省范围内开展了“大篷车”流动博物馆系列活动。从 2010 年开始，“大篷车”深入革命老区、少数民族地区、边远山区、地震灾区和军营，在更大范围内实现了博物馆的社会价值。②

新疆博物馆自 2010 年推出流动博物馆以来，利用馆内独具特色的文物资源，多次送展览下基层、下社区、进校园、进宗教场所，至 2014 年已经举办巡回展览 100 多场，发放宣传材料 23 万份，遍及天山南北，影响巨大。③

2011 年，云南楚雄州流动博物馆建立，积极践行博物馆“六进活动”，即“进学校、进工厂、进军营、进社区、进农村、进机关”，为老百姓提供了高品质的文化服务，实现了楚雄州的社会公共资源优化配置。至 2015 年 6 月，楚雄州流动博物馆共举办展览 72 场，接待基层观众 35 万人次，发放宣传资料近 4 万份。④

通过以上实践，各地博物馆积累了丰富的经验和教训。总结起来概述如下：①展览陈列要有针对性和计划性；②对展出场地要因地制宜；③要努力提高观众的参与度，而且观众互动要有针对性；④建立文物出库展出安全体制机制。

4. 从数字博物馆到智慧博物馆

与传统实体博物馆相比，数字博物馆是运用数字技术和艺术，如虚拟现实技术、三维图形图像技术等特种视效技术，将现实存在的实体博物馆，以三维立体的方式完整呈现于网络上的博物馆。将整个博物馆环境虚拟化，参观者能在虚拟的博物馆中随意游览，观看馆内各种藏品的仿真展示，查看各种藏品的相关信息资料。

传统实体博物馆因观念、技术、场地、展陈能力限制，以及出于对文物保护

① 参见曹桂梅：《论如何做好巡回展览工作——以广东省流动博物馆为例》，《客家文博》2014 年第 2 期。

② 参见黄超：《流动博物馆：创建展览新模式——四川省博物院服务民众的实践》，《四川省干部函授学院学报》2011 年第 1 期。

③ 参见张晓楠：《新疆“流动博物馆”打造民族团结新阵地》，2014 年 6 月 20 日《中国文化报》。

④ 参见苏晖、余结红：《楚雄州流动博物馆：把文化大餐送到百姓身边》，2015 年 6 月 29 日《中国文化报》。

的考虑，所展示的文物信息量往往不足，大量藏品没有展出机会，而且在时间、空间、展示形式上也受到诸多局限，制约了博物馆社会教育和文化传播的功能。为此，数字博物馆应运而生。

数字博物馆为传统实体博物馆带来了革命：将实体的文物以数字化的形式展示给观众，借助多媒体、虚拟现实等方式在实体博物馆内搭建数字展厅，以实现传统展览不具备的展示功能；依托互联网，搭建网上虚拟博物馆，实现藏品在线展示。目前，国内许多博物馆均在努力开拓数字化管理、展示的平台。

从数字博物馆的展示方式来看，可以分为三种基本类型，即实体博物馆的数字化展厅、基于互联网的数字博物馆和移动互联数字博物馆。这三种数字博物馆，由于目标参观人群不同，供观众参观的方式不同，数字艺术化采用的方式和技术也相应不同。简单来说，实体博物馆的数字化展厅是指将实体博物馆的藏品结合现代的数字媒体技术，丰富实体博物馆中的展览形式，这对实体博物馆的展览而言是一个较好的补充和完善，观众所接受到的信息是展品实物以及和实物相关的数字信息的展示。互联网数字博物馆是指利用计算机互联网技术、数字信息化处理技术，将传统实体博物馆的藏品，以及博物馆的功能经过数字艺术加工完整呈现于网络上的博物馆，供观众以普通计算机终端通过互联网浏览方式对博物馆进行参观的形式。该种类型的数字博物馆需要建设专业的计算机服务器，对藏品进行专门数字艺术处理，并开发相应的计算机程序。[①]

中国的数字博物馆建设从 20 世纪 90 年代起步，逐步进入快速发展阶段，现在已经取得了显著的成绩：从“博物馆数字化”“博物馆上网”到“数字化博物馆”“数字博物馆”，从启动“大学数字博物馆建设工程”“中国数字博物馆工程”到“北京中医药数字博物馆”“北京数字博物馆平台”“中国数字科技馆”开通运行，一批数字博物馆、数字科技馆突破时间和空间的限制，方便快捷地为社会公众提供公益性信息资源服务，成为展示中华历史文化的舞台。

在信息网络环境中，博物馆的服务内容可以大大拓展，达到及时更新、快捷检索、多媒体化展示文物、方便与公众互动等良好的效果。

故宫博物院在数字化方面作出了很多努力，如：制作与故宫文化有关的视频和影视作品，如紫禁城的营膳记等；开展文化资产数字化应用研究，这个项目是故宫博物院和日本凸版印刷株式会社共同开展的，运用虚拟现实（VR）技术开发再现康乾盛世紫禁城金碧辉煌的雄姿；不断探索新媒体的应用，让更多的人把故宫文化带回家，在 iPad 应用方面也做了一些尝试，目前已在苹果商店推

---

① 参见李敏：《数字艺术在数字博物馆中的应用——以百度百科数字博物馆设计为例》，《美术大观》2014 年第 1 期。

出故宫的iPad应用“胤禛美人图”“清代皇帝服饰”“紫禁城里的祥瑞”“清代皇帝的一天”“韩熙载夜宴图”等节目[①]；经营的微博号“故宫博物院”目前已经有了208万关注者(时间截至2016年12月)；经营了多个微信公众号，如“微故宫”“北京故宫文化服务中心”“故宫珍赏”“每日故宫”“故宫淘宝”等，影响均较大；开发了多款与故宫博物院有关的应用软件(APP)，内容丰富、功能齐全，大大满足了普通民众了解故宫博物院的需求。

除此之外，南京博物院、上海博物馆、陕西省博物馆、金沙遗址博物馆、莫高窟、台北故宫等在数字化方面均有很大发展和创新。

百度百科数字博物馆于2012年1月4日上线，至2014年5月18日已经改版至3.0版本，全面升级为平台。截至2016年，已上线的百度百科数字博物馆共有中国国家博物馆、三星堆博物馆、中国园林博物馆等200余家。在呈现方面，数字博物馆通过文字、图片、录音解说、立体Flash、虚拟漫游、高空俯瞰等多种方式，全景展示了各家博物馆的权威信息和独家藏品知识，极大丰富了用户的感官体验。

百度百科数字博物馆举办过几次专题活动，如“博物馆奇妙夜”“百年国博”等，还根据用户的实际需求适时地推出了百度百科数字博物馆虚拟体验(AR)等服务。

在2013年的5月18日国际博物馆日，百科数字博物馆开展了“博物馆奇妙夜”的专题活动，活动页汇聚了20余家合作博物馆专家智慧，盘点博物馆藏品。其中“夜探博物馆”项目，更是首次为百度百科的40多位忠实用户提供了一场奇特夜间博物馆科普体验。

5月18日19点，在国家动物博物馆中，参观者们先来到馆内的4D剧场观看了名为《剑齿王朝》的4D影片，随后，在动物博物馆馆长黄乘明和中国科学院动物研究所博士张劲硕的带领下，参观了濒危动物厅、鸟类动物厅与昆虫厅。百度百科相关负责人表示，此次推出“博物馆奇妙夜”活动，是希望通过让用户们感受到晚间博物馆的新奇，引发他们的浓厚兴趣，从而达到科普的目的。而作为线上知识分享平台，百度百科也一直积极与专业机构开展着深入的合作，为用户带来丰富多样、更权威的科普知识。

在中国国家博物馆成立百年之际，百科数字博物馆和中国国家博物馆制作百年国博专题，走进国博开展精彩线下活动，从国博历史到传世典藏无所不包。

---

① 参见单霁翔:《数字世界中的故宫博物院——在2013年北京数字博物馆研讨会上的发言》,《融合·创新·发展——数字博物馆推动文化强国建设(2013年北京数字博物馆研讨会论文集)》,2013年5月30日。

百科数字博物馆计划将这种新颖的形式，覆盖到国内顶尖的各大博物馆，以满足用户对博物馆文化深入了解的需求。

百度百科数字博物馆虚拟体验（AR）是利用计算机生成一种逼真的视、听、力、触和动等感觉的虚拟环境，通过各种传感设备使体验者“沉浸”在一个逼真的博物馆环境中，实现体验者和展品直接进行自然交互。它是一种全新的人机交互技术，是以交互性和构想为基本特征的计算机高级人机界面。体验者不仅能够通过虚拟现实系统感受到在客观物理世界中所经历的“身临其境”的逼真性，而且能够突破空间、时间以及其他客观限制，感受到在真实世界中无法亲身经历的体验。这一服务的操作程序是：①进行体验前先准备好一台摄像头正常工作的电脑；②推荐使用 A4 纸张打印所提供的识别图形，以获得最佳的体验效果；③如无打印机，可使用大屏幕手机或带有 LED 屏幕的数码相机进行拍摄，再将拍摄后图形对准摄像头即可体验。[①]

百度百科数字博物馆集合了传统博物馆的资源优势，更充分体现了互联网的技术优势，综合运用了多媒体、二维码、虚拟现实等多种先进技术对藏品进行了全方位的展示，广大网民可以通过电脑和手机等多种途径访问。通过百度百科数字博物馆这一全新的数字化网络平台，可以轻松了解全国多家博物馆的专业藏品信息，感受中国传统文化的博大精深。

然而，数字博物馆建设目前存在诸多问题：数字化建设千篇一律，甚至滥用声光电技术；虚拟博物馆内容空洞、信息匮乏；信息单向传递导致的时效性、真实性、交互性和现场体验感不强，观众反馈差；博物馆之间信息交流差，系统不兼容，形成一个个信息孤岛；数字展厅观众寥寥无几，播放展览背景的多媒体影片少有观众看完，大厅自动导览机几乎无人问津；同时，观众普遍反映数字展示平台不够醒目，内容较为简单空泛，影片时长控制不合理，不考虑观众切身感受等诸多问题。因此，智慧博物馆应运而生。

智慧博物馆针对数字博物馆技术主导的误区，注重以需求为驱动，重新梳理和构建博物馆各要素，提供“物、人、数据”三者之间的双向多元信息交互通道，借助物联网、云计算、大数据，实现以人为中心的信息传递模式，从而实现博物馆服务、保护和管理的智能化自适应控制与优化。

智慧博物馆是信息化博物馆、数字博物馆、智能博物馆的高级发展阶段，利用物联网等多种信息化技术以及新能源、节能减排等各种低碳技术，并与文物保护、文化传承等博物馆的需求完美融合，完善并创新博物馆的运营模式，以安

---

① 参见李敏：《数字艺术在数字博物馆中的应用——以百度百科数字博物馆设计为例》，《美术大观》2014 年第 1 期。

全健康的智慧系统为基础，通过便捷、高效及文化服务的智慧系统来达到更好地为教育、研究、欣赏服务的目的，征集、保护、研究、传播并展出人类及人类环境的物质及非物质遗产。①

目前，智慧博物馆建设尚处于起步阶段，博物馆距离实现智慧化还任重道远。然而，国内众多博物馆结合自身特征，不断作出有益的尝试，无疑将推进博物馆从数字化向智慧化的转型升级。

智慧服务，以公众需求为核心。

以公众服务需求为核心，用多维展示互动形式，实现公众与博物馆藏品的高度交互，为公众提供无处不在的服务，是智慧服务的内涵。

目前，国内诸多博物馆在如何利用现代技术为公众提供最佳的展示效果方面，做了许多有益尝试。2015 年 9 月，敦煌莫高窟推出了全球首部展现文化遗产的 3D 球幕影片《梦幻佛宫》，运用国际领先的数字球幕技术，6 台超高清投影仪同时播放，在球幕影厅实现了分辨率高达 7680×4320 的逼真虚拟洞窟效果，让人仿佛置身窟中，尽情感受千年壁画的绚烂和辉煌。

一些博物馆尝试将本馆特色与数字技术相结合，打造独具特色的数字展示方式。湖北省博物馆对镇馆之宝——曾侯乙编钟及其他 7 件乐器进行高精度文物模型复原，对文物复原件及部分原件进行真实录音，并且统筹在一个平台上，通过触控屏进行操作。这套“3D 古乐器演奏系统”使众多游客能够以手指敲击或者弹奏的方式对“乐器”进行自由演奏，并且不会对文物造成伤害。②

充分利用手机、平板电脑等移动设备，实现博物馆展示与体验、教育与研究、分享与传播功能，是智慧博物馆的重要特征。故宫博物院推出的“3D 故宫”iPad 应用软件，就可以通过虚拟的主人公的视角游览故宫，系统还带有每个景点的语音讲解，可以使用户将有趣的历史知识与全景式故宫图像结合起来，使观众足不出户领略故宫的魅力。

智慧保护，文物保护防患于未然。

智慧保护的理念要求在智能感知技术和无损检测技术的基础上，对博物馆藏品的健康状况和影响因素进行定量监控分析，在文物损坏前掌握其各项特征，实现文物的预防性保护，并形成一套完整的“监测—评估—预警—调控”预防性保护流程。对此，许多博物馆也已作出一定成果。

此外，许多博物馆对文物保护如何从“抢救性”向“预防性”转变，作出了积极尝试。上海博物馆文物保护与考古科学实验室对 200 多种藏展材料进行测

---

① 参见张孝兵：《一种智慧博物馆解决方案浅析》，《机电工程技术》2016 年第 Z1 期。

② 参见海川：《博物馆智慧化路径》，《新经济导刊》2015 年第 3 期。

试，运用标准化方法，绘制出《藏展材料适用性等级表》。成都金沙遗址博物馆则开展了文物保存环境监测系统建设一期工程，即在展厅布设环境因素传感系统，建立全国馆藏文物保存环境监测平台，对包括大气温湿度、土壤温湿度、二氧化碳、光照紫外线、有机挥发物等进行监测和相应的调控设施，系统实现自动预警功能，能够及时、迅速地解读数据，实现自动化分析等。

智慧管理，应对庞杂数字信息。

面对数量庞大的藏品及藏品记录、每天多则数以万计的观众，如何以智能控制技术为支撑，优化博物馆管理模式和工作机制，为博物馆决策提供支持，是智慧管理的重要要求。

据南京博物院院长龚良介绍，南京博物院已将 RFID（无线射频识别技术）应用于文物管理，对每件文物进行藏品档案文字录入、图片资料扫描和数码照片处理、摄像数字化处理，为每件文物建立唯一的身份凭证，并将 RFID 标签与文物藏品数据库相结合，使管理人员便于完成文物藏品管理、查询、统计报表方面的工作。同时，南京博物院还将 RFID 技术应用于库房文物管理，在文物入库前预先录入电子标签，此后文物进出库房，系统会进行自动扫描，并将扫描信息录入计算机，为文物管理提供有效的管理依据和手段。[①]

第三节　我国的文物市场

2016 年 4 月，在全国文物工作会议召开之际，国家主席习近平对我国文物工作作出重要指示。习近平特别指出："各级党委和政府要全面贯彻'保护为主、抢救第一、合理利用、加强管理'的工作方针，切实加大文物保护力度，推进文物合理适度利用，使文物保护成果更多惠及人民群众。"[②]习近平的重要指示为我国当前文物工作指明了方向，同时也表明在加强文物保护的前提下，切实推进文物合理利用，既符合党和政府的相关政策要求，同时也符合最广大人民的根本利益。在统筹好保护与利用二者关系的基础上，推进文物的合理利用，不仅有利于充分发挥文物的经济效益与社会效益，推动经济社会协调发展，同时也能让广大人民群众共享文物改革的丰硕成果。

文物利用具有多种形式，文物市场是对文物的直接利用，它是指文物在进

---

① 转引自孟欣：《从数字化到智慧化：智慧博物馆呼之欲出》，2014 年 10 月 30 日《中国文化报》。

② 新华社：《习近平对文物工作作出重要指示》，2016 年 4 月 12 日，http://politics.people.com.cn/n1/2016/0412/c1024-28270894.html，2016 年 6 月 18 日访问。

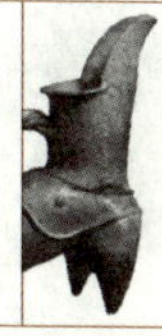

入商品流通领域后所形成的交易市场。文物在进入市场之后便成为了一种特殊的商品，它不仅具有一定的经济价值、政治价值、文化价值和社会价值，同时具有重要的历史价值、艺术价值、科学价值及审美价值。同一般商品不同之处在于，文物具有厚重的历史性，它形成于遥远的过去，具有不可再生性。我国文物有着数量多、类型全、价值高等特点，在世界文化遗产中占有重要地位。中华人民共和国成立以来我国文物市场经历了不同的发展阶段，随着社会主义市场经济的快速发展，当前我国文物市场日益呈现出多样的发展特征，同时也面临着严峻的发展难题与现实考验。因此，加强对文物市场的规范化建设，健全文物市场的管理机制，对推动文物市场的健康发展，促进文物的合理利用，造福于广大人民均大有裨益。

一、我国文物市场的发展现状

我国的文物市场自古以来便已出现，特别是北宋末年、康乾盛世及清末民初之时，一度形成了我国文物市场发展的三次高峰。中华人民共和国成立伊始，我国正处于由新民主主义向社会主义转变的过渡时期，在对资本主义工商业进行社会主义改造之前，一度允许私人性质的文物交易，文物市场也以或隐或显的形式存在着。三大改造的完成标志着我国正式进入社会主义社会，而一切私人性质的工商企业被收归国有或公私合营，传统的文物市场也不复存在。1960年，国务院批准了《关于改变文物商业的性质和管理体制的方案》，正式将纯商业性质的文物商店改为实行企业管理的文化事业单位，国营文物商店也由此成立，并作为国家文物部门的派出机构，对文物实行统购统销。随着此后相关政策的陆续出台，国营文物商店的文物交易垄断性质与在文物交易领域的绝对领导地位日益确立。1980年代以来，随着改革开放政策的推行，国营文物商店的高度统领地位受到冲击和动摇，特别是古玩市场的再度兴起以及拍卖市场的强劲来袭，其“一统天下”的格局已不复存在，我国文物市场也呈现出国营文物商店、古玩市场以及拍卖市场并存的多元发展格局。

1. 国营文物商店

国营文物商店是我国计划经济体制的产物，其成立有着特定的历史因素与时代考量。回顾国有文物商店成立的历史背景不难发现，其自成立之日起，即由原来纯商业性质的私人企业改变为实行企业化管理的文化事业单位。国有文物商店的职能表现为半公益性、半经营性，以国家强有力的指令性计划为调控手段，实行资源的统一配置。国营文物商店主要负责将一般文物供应国内外市场，以满足文物爱好者的需求，同时通过商业手段，广泛搜集流散在社会上的传世文物。同时，它还为博物馆、科研单位和大专院校等文博单位提供藏品和资料，其完成的情况也一度成为检验文物商店工作业绩的主要标准之一。可以说，这一特有的文物经营模式，对中华人民共和国成立初期的文物保护起到了十分关键的作用。[①]

在计划经济体制下，国营文物商店在抢救保护文物、促进文物博物馆发展，以及承担特殊时期的对外经济使命等方面发挥了重要作用。相比于其他同业机构来说，国营文物商店有着独特的优势。当前我国的国营文物商店一般都有着悠久的经营历史，业内信誉良好，且文物库存相对比较丰富，其中还不乏精品。更为重要的是，它还储备了一定的文物鉴定人才，在国内文物鉴定领域占据着举足轻重的地位。不仅如此，国营文物商店长期以来的经营与发展，形成了其特有的经营网络，拥有着较为广泛的客户群体。[②] 直至现在，国营文物商店虽然面临着严峻的生存危机与挑战，但仍然是我国文物市场的重要组成部分，发挥着重要的作用与价值。

2. 古玩市场

我国的古玩市场历史悠久，市场形态也具多样化的特征。从历史上考察，古玩市场一般都是自发形成或者历时多年延续下来的，是艺术品市场中比较平民化、大众化、层次低，但人气旺的市场。国外的古玩市场的主要存在形式为旧货商店及一些艺术品博览会；而在国内，由众多古玩店铺“集群组合”而成的古玩城，已经成为古玩市场中最主要的经营模式。我国的古玩市场形态有：专业性古玩市场（如古玩城、古玩街）、地摊、古玩集市（如北京潘家园古玩交易市场、长沙清水塘古玩墟集）以及虚拟市场（网上市场）。诸如古玩城、古董店、艺术品市场、旧货市场、收藏市场、艺术品博览会、网络交易等文物交易行为，都可视为古玩市场。从中可以看出，古玩市场呈现出低端化、多样化与群聚化等发展特点。

古玩市场的快速发展，同我国的经济改革密切相关。20 世纪 80 年代以来，随着社会主义市场经济体制的逐步建立，古玩市场也呈现出迅猛的发展势头。加之普通民众对于古玩的热情居高不下，收藏兴趣的民间化倾向更是助推了古玩市场的勃兴，而“捡漏”的心态更是使各地古玩市场人气爆棚。经过 30 多年的发展，古玩市场在经济发达、交通便利、历史文化资源丰富的城市相对而言较成规模，北京的潘家园古玩交易市场便是一例。这些市场大多分布在文庙、孔庙等人群聚集区，且多由依托的单位进行监管、巡查或指导，市场以自发形成、地摊式的流动销售为主，店面式经营为辅，经营品种表现出特别的区域文化特

---

① 参见王娟：《艺术市场与国有文物商店经营的现状与思考》，2015 年 6 月 2 日《中国文物报》。

② 参见刘红：《文物商店经营状况调查与分析》，2015 年 7 月 24 日《中国文物报》。

色和收藏偏好。[①] 从现有的文物保护法规来看，尽管当前的古玩市场并未取得应有的法律许可地位，但不可否认的是，古玩市场已成为我国当前文物市场的有机组成部分，是我国文物市场大众化的重要体现，理应受到社会各方的重视。

3. 拍卖市场

同国营文物商店、古玩市场相比，我国的文物艺术品拍卖市场起步较晚，但发展却丝毫不逊于前两者，且日益成为我国文物市场的主力军与领航者。外国的职业拍卖市场已有上百年的历史，而我国的艺术品拍卖市场，则从 1992 年首场北京国际拍卖开始。经过 20 多年的发展，我国的拍卖市场取得了备受鼓舞的佳绩。从 1992 年首场北京国际拍卖会仅成交 300 万元，到 2010 年全国文物艺术品拍卖市场成交额高达 589 亿元，增长了 19633 倍，我国的文物艺术品成交额已超过英国，排名世界第二。自 2009 年出现亿元拍品，把我国文物艺术品带进亿元时代，截至 2011 年秋季，在中国大陆产生的超亿元的中国文物艺术品已经有 27 件，使中国文物艺术品的国际交流中心，从英国的伦敦、美国的纽约、中国的香港，转移到中国首都北京。[②] 我国的文物拍卖市场可谓经历了跨越式的发展。

回望我国文物拍卖市场的发展，大致经历了三个时期。1992～1995 年是模仿与探索时期。这时的文物拍卖刚从国外引进，对于毫无经验的中国人而言，基本上沿用了国外的拍卖形式与相关法则，参照了其基本经验与拍卖流程。1996～2000 年是发展成熟时期。在此期间，随着《中华人民共和国拍卖法》的颁行，我国的文物拍卖市场获得正式的法律地位，这对国内的文物艺术品拍卖起到了积极的规范与保护作用。也是在此期间，开始有单件拍品超过千万元人民币成交，季交易额突破 10 亿元人民币。2003～2011 年则是高速腾飞时期。这期间，我国文物与艺术品市场最高年交易额接近千亿元人民币，单件拍品成交额超过亿元人民币，亿元俱乐部由此形成且不断壮大；北京、上海、杭州等地举行的拍卖会经常人满为患，中国成为仅次于美国的全球第二大文物与艺术品交易市场；海外中国文物大量回流，中国客户的身影遍布于纽约、伦敦、巴黎等国际拍卖会上，格外引人注目。从以上发展经历我们不难看出，虽然影响我国拍卖市场的因素很多，但关键的影响因素则在于中国经济的发展趋势与总体格局。[③]

从近年来我国文物艺术品拍卖市场的相关统计数字，亦可一窥其发展概

---

① 参见邢致远：《规范古玩市场，促进文物收藏回归理性》，2014 年 5 月 6 日《中国文化报》。

② 参见赵榆：《中国文物拍卖市场二十年》(上)，《荣宝斋》2012 年第 4 期。

③ 参见邵建武：《冬咋去，春咋回——关于 2013 年中国文物与艺术品市场》，2014 年 1 月 12 日《人民日报》。

况。《2012中国文物艺术品拍卖市场统计年报》显示，当年全国共举办788场文物艺术品拍卖会，共1775个专场，上拍563915件（套）拍品，成交269749件（套），成交率47.84%，成交额288.52亿元。[①]《2014中国文物艺术品拍卖市场统计年报》则显示，当年全国文物拍卖企业达396家，注册资本47.48亿元，从业人员4280人；共举办911场文物艺术品拍卖会，成交拍品32.79万件（套），成交额315.47亿元。[②] 截至2015年12月底，我国文物艺术品拍卖企业达436家，从业人员6000多人，年交易额300余亿元。[③]

我国文物拍卖市场已经成为文物市场中交易额最多、影响力最大、指向性最强的重要一环。不过，随着近年来我国经济结构的调整，经济增长速度放缓，经济结构不断优化组合，我国的社会主义市场经济发展也进入新常态。在这一大的经济背景下，我国的文物市场也开始出现新的变化。在经历2009～2011年的高速增长之后，我国的文物市场正处于理性回归、结构调整、优胜劣汰的阶段，且在未来一段时间内将重新打造行业的市场定位及其社会功能，调整经营思路和构建市场诚信。

从以上分析可以看出，国营文物商店有着较长的经营历史，因其信誉良好、藏品质量较高，加之拥有一批知名的鉴定队伍，故而一直存在至今。不过随着古玩市场及拍卖行的冲击，国营文物商店也面临着复杂的生存难题。古玩市场是文物市场中最活跃的部分，它体现了文物的大众化、平民化倾向，同时也助推了文物热潮的兴起。不过古玩市场也是赝品最多、市场监管最不利的场所，加之其一直没有获得应有的法律地位，如何对之正确引导一直是挥之不去的难题。拍卖市场虽然兴起较晚，但在我国经济快速发展的大潮之下，其发展势头迅猛且规模日益壮大。但随着我国经济发展的放缓，拍卖市场也面临着调整优化的挑战。另外，除了国营文物商店、古玩市场以及拍卖市场，同样属于文物市场组成部分的还有流动摊贩，然因其流动性大、规模较小且吸引力有限等特点，故而影响力也十分微小。

二、我国文物市场面临的发展问题

1. 文物市场相关法律法规不完善，缺乏有效法律依据

文物市场的规范发展，离不开法律法规的约束和引导。新中国成立以来，

---

① 参见蔡萌：《2012中国文物艺术品拍卖市场统计年报发布》，2013年8月5日《中国文化报》。

② 参见刘楠杰：《解析〈2014中国文物艺术品拍卖市场统计年报〉》，2015年9月1日，http://www.peoplearts.cn/News/News_35382_1.html，2016年6月18日访问。

③ 参见赵榆、余锦生：《新常态下的2015年度中国艺术品拍卖市场》，《收藏家》2016年第2期。

我国的文物立法工作取得了有效进展，除了《文物保护法》外，我国还制定了一大批文物保护行政法规，其中现行有效的全国性行政法规有 690 多件、地方性法规有 8600 多件。[①] 然而当前我国的文物法律法规仍很不完善，许多细节之处仍有待进一步深化。

以《拍卖法》为例，为了规范拍卖行为，保护拍卖活动各方当事人的合法权益，我国立法机关特别制定了《拍卖法》并于 1996 年颁布实施。近几年来，随着我国文物艺术品拍卖市场的迅速发展，知假拍假的行为也甚嚣尘上，《拍卖法》第 61 条也由此成为众矢之的。该条规定，若拍卖人、委托人在拍卖前声明不能保证拍卖标的的真伪或品质，则对买受人因拍卖标的瑕疵而遭受的损害无须承担瑕疵担保责任。虽然该条款对于促进拍卖企业健康发展，警示竞拍人提高谨慎态度，从而保护竞拍双方合法权益均有所助推，但由于该条款规定过于笼统，缺乏具体的可操作性，因此在实践中往往问题丛生。因此，该条款非但没能发挥既定的作用与价值，反而成为拍卖方推卸责任的保护伞，这对于竞拍者而言无疑会造成巨大的风险与压力，对于拍卖市场的发展明显不利。再如，2002 年修订的《文物保护法》，只赋予了文物拍卖公司和文物商店经营文物的合法地位，古玩市场虽广泛存在，其合法地位一直付之阙如。随后制定的《实施条例》，对设立文物商店的条件要求是拥有 200 万元注册资本，5 名中级以上文物博物专业技术人员等，如此高的要求在实践中很难广泛适用。如此种种，均表明关于文物市场的相关法律法规均不甚完善。

2. 政府各有关部门缺乏有效的配合，文物市场监管力度不足

文物市场的管理工作牵涉到文物、工商、公安、海关以及税务等多个部门，而当前政府各有关部门在统一配合方面明显不足。以古玩市场为例，根据《中华人民共和国文物权益保护法》的有关规定，没有经过文物行政部门的批准，任何单位和个人均不得从事文物经营活动。但是如今全国各地均建立了文物收藏市场，它们未经文物部门的批准，却获得了工商管理部门的许可。而经过转换后，又成为古文物市场、旧货市场或其他各种形式的古玩店及典当行，工商管理部门可以进行监管，但是文物部门却没有管理的权限，如此便导致了文物收藏市场的混乱。由于古玩旧货市场和文物鉴定经营活动长期未得到有效监管，文物的违法违规经营和损害消费者权益的行为未被及时遏制，造成文物造假贩假形成产业链、虚假鉴定遍布、法律禁止的出土文物交易常见于市，地下交易更是屡禁不止。

① 参见崔璨：《我国文物立法存在的问题及反思》，《湖南工业大学学报（社会科学版）》2013 年第 3 期。

权责不明自然容易导致监管不力，由此也给不法分子造成可乘之机。虽然近年来各部门联合执法的行动屡有发生，但是，无论是从效力还是从影响力上来看，似乎均有进一步发展的空间。各部门之间缺乏统一有效的合作机制，也进一步限制了相关执法行动的展开，无论对国营文物商店、古玩市场，还是对拍卖行的监管，各部门建立起统一的联动机制不可或缺。

3. 文物市场假货泛滥，赝品充斥市场

由于法律制约的缺失，加之执法机关的疏忽，文物交易市场中假货大行其道已成为严重影响文物市场秩序的重大难题。国营文物商店因其国有的性质，加之其重视信誉，且拥有着较高水平的鉴定队伍，所以其售假现象并不多见。但是对于古玩市场及拍卖市场而言，假货的身影到处可见。近年来，文物艺术品出现造假狂潮，其范围之广、品种之全、数量之多令人瞠目结舌。据业内人士估计，全国参与文物造假与营销的人员达 30 万至 50 万之众。文物仿制工厂分布全国各地，更多的是家庭小作坊。如造假，河南等地以陶俑、青铜器闻名，山西以青铜、木雕佛像为主，陕西、山东、浙江以古陶瓷为主，江苏、安徽、辽宁以古玉为主，浙江、上海以字画为主，江西则以官窑陶瓷为主，产品销售到全国各大拍卖公司。北京的文物造假几乎包含了所有门类，尤以书画、古家具为最多，出现了古旧家具一条街、古家具城等。[①] 这些造假基地不仅颇具规模，甚至成为当地一大产业。

其实，上述文物复制行为倘若依法做好相关标识并无大碍，但是不做任何标记而以假乱真、以次充好的现象比比皆是。如在古玩市场中，商家并不会告知消费者所售货物的真假，这需要消费者自身的评判，而责任自负也使得消费者的合法权益无法得到有效保障。而许多拍卖公司更是以拍卖赝品为主。一些黑心拍卖行知假拍假的行为并不鲜见，而拍方不负责真假，亦使得消费者成为最大受害人，这其中最主要的还是利益在作祟。一些无良拍卖公司明知是赝品却当真品炒作，有的专门购买、定制赝品拍卖，以牟取暴利。还有的鉴定人员与贩假者由于利益、人情等关系而相互勾结，一些贩假者甚至以拍卖所得的60%给拍卖公司的相关人员作为诱饵和条件。甚至有学者认为，现在中国的收藏市场，95%的人用 95%的钱买了 95%的赝品。这一现象如无监管制约，不仅会使得消费者丧失信心，也会使得文物市场的发展面临严峻的信任危机。

4. 文物市场鉴定规范缺失，文物鉴定乱象丛生

文物在进入市场流通之前的鉴定至关重要，然而我国文物鉴定市场可谓乱

---

① 参见李彦君：《文物造假泛滥成灾，文物市场亟待整顿》，2010 年 2 月 2 日《人民日报》。

象丛生，而鉴定秩序的缺失无疑会成为文物市场发展的重大障碍。普通的古玩市场本身就没有文物鉴定可言，而国营文物商店在鉴定走向市场的问题上仍众说纷纭，拍卖市场上由于受利益驱动，拍方买通鉴定专家以互相牟利的行为屡见不鲜。2011 年，华尔森集团总裁谢根荣假造汉代金缕玉衣，包括一名故宫博物院"泰斗级"玉器鉴定专家在内的 5 名声名显赫的鉴定专家集团，集体鉴定为"罕世珍品"，最终酿成骗取银行贷款的重案。如此鉴定不仅造成巨大经济损失，而且引起诚信危机，充分暴露出在经济利益驱动下，我国文物艺术品鉴定市场的失范现象。这种胆大包天的行为，受利益驱动以假乱真，与拍卖行、造假者、藏假者联手瞒天过海，其社会破坏力令人震惊。

不仅如此，随着近年来文物收藏节目的兴起，鉴宝、砸宝等行为成为节目的重要形式，一些所谓鉴宝专家的简单评判，甚至直接决定了文物的生死，这种既没有法律效力、又缺乏科学性的鉴定结果，无不令人产生怀疑。凭经验与感觉的鉴定也会使普通大众对鉴定行业心生疑惑，不健康的舆论导向对于文物鉴定难免产生不良影响。伪专家大行其道、真专家凤毛麟角，在真假难辨的鉴定专家圈，专家们的学术权威频遭质疑。在文物市场上，所谓的鉴定专家层出不穷、良莠不齐；鉴定证书随意买卖也成为公开的秘密，颁发证书的机构五花八门，或者颇有官方气息，或者颇有学术色彩。而事实上，目前国内没有一个权威的专门机构对鉴定专家的资格进行认证；任何鉴定证书也均不具备法律效力，不承担任何法律责任，只代表鉴定者的个人意见。文物鉴定的乱象由此可见一斑。

5. 互联网冲击加剧，文物市场发展面临新难题

随着我国互联网技术的快速发展，文物市场也面临着更为复杂的生存环境与发展挑战。线上文物市场的逐渐形成，以互联网为媒介的文物交易日益增多。在大数据时代背景下，文物市场的生态空间不仅进一步扩大，其流通模式、交易手段、展示方式也将面临重要变革。以拍卖市场为例，互联网毫无疑问将成为改变传统拍卖生态的重要力量。传统的拍卖运行模式，从拍品的征集、图录准备、报批，再到预拍和拍卖，往往会耗时半年左右。而互联网拍卖平台的搭建，不仅能将拍卖的筹备周期大大压缩，而且将会吸引更多买家群体的加入，进一步优化买家群体组合，推动中小拍卖企业的发展，相关的接待成本也将充分节省。因此，对于传统的拍卖企业而言，从自身的运作模式、管理机制、从业理念等方面作出适当调整，以适应互联网发展所带来的冲击，便显得至关重要。[①]

虽然互联网的发展对当前传统的文物市场造成很大的冲击，但无论是管理

① 《2016 文物拍卖市场年度峰会：互联网时代，不是你想象》，《收藏》2016 年第 11 期。

部门、文物经营者还是消费者，似乎都没有做好充分的应对准备。线上拍卖的相关规范严重缺失，赝品泛滥，消费者权益遭到严重破坏。传统的文物商店、拍卖行虽然意识到新媒体对其将产生不可小觑的冲击，但对于如何应对显然准备不足。

三、解决文物市场发展瓶颈的应对策略

1. 完善相关法律法规建设，推动立法工作走向深入

要继续完善相关法律建设，对《文物保护法》《拍卖法》等相关法律中不具体之处应该做进一步的修改与完善，对一些操作性差、执行力度难的条款可考虑删除，要明确法律责任，将相关规定落到实处。在修订过程中，应对文物市场的发展与监管作出具体的立法指导。可考虑给予古玩市场以应有的法律地位，将文物商店、古玩市场及拍卖市场作为文物市场统一的经营主体，在具体管理上可以区别对待、分层管理。也可考虑从立法层面建立起完善的文物市场准入机制、退出机制、信用机制与惩罚机制，从而促进文物市场的良性健康发展。除此之外，还应推动《文物市场法》《文物利用法》及《文物鉴定法》等立法建设，努力形成较为完备的文物法律体系，从而为文物市场的发展保驾护航，使相关机构与人员做到有法可依、有法必依。

2. 加强各部门间的协调合作，提升对文物市场的执法能力与监管水平

文物市场的管理工作需要文物、公安、工商行政管理、海关等部门的协同合作。各职能部门要履行好各自的职责，相互协作，加强文物市场的准入审批和监管，对无证、无照的非法经营者有计划、有步骤地治理整顿，坚持市场内监管与市场外打击相结合。对于问题特别突出的违法、违规经营文物的活动和非法文物市场坚决予以取缔。要不断健全市场规则，避免法律的空白和尴尬；要明确执法责任，按照各自的管理权限加强市场管理，保证文物市场健康、有序的发展。

各部门还应及时通报市场监管重大问题和重要信息，开展经常性的多部门联合执法行动，集中查处销售假文物欺骗消费者的非法活动，重点打击购销国家禁止买卖的文物行为，对市场监管中发现的盗窃、盗掘和走私文物等违法犯罪线索进行立案侦查，以净化文物市场经营环境，保障国家文物安全，切实鼓励民间文物合法收藏。

对文物市场的管理和规范，文物部门要担负起更大的责任，特别是基层一线的文物执法人员要依法行政，文明执法。文物部门要加大对执法人员文物专业知识的培训力度，改进思想作风和工作作风，提高执法人员的整体素质和业务水平，造就一支高素质的文物执法队伍，有效提高依法管理文物市场的能力。

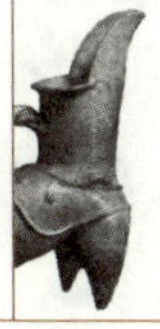

3.加强文物市场诚信机制建设,提高市场准入门槛

文物市场到处充斥着假货,这除了与政府部门监管不力、文物鉴定体制不健全有关外,还与诚信机制的缺失有关。作为市场经济的一部分,文物市场同样面临着诚信建设的难题,因此,加强诚信机制建设便至关重要。国营文物商店、古玩市场或拍卖市场,都应将诚信建设放在突出的位置。可以发起诚信经营倡议书,通过联合签名的方式宣扬诚信理念,形成隐性的诚信制约与规范。还可以考虑建立起失信的惩罚体制,对于知假拍假、知假售假、以假乱真等扰乱市场秩序的行为,一经发现便严肃处理,尤其要特别注意提高失信主体的市场再入门槛。管理部门可考虑成立专门的诚信管理机构,在全国形成统一的诚信管理网络,可尝试建立诚信信息数据库,对失信行为记录在案并形成定期通报制度,使相关人员不敢轻易触碰诚信底线。

加强文物市场的诚信建设还需要其他方面的配合,特别是相关法律法规的健全和完善。除此之外,还应该考虑建设诚信奖励机制,鼓励从业人员形成诚信意识与诚信理念。要借助于媒体的宣传,特别要善于利用新媒体平台,加大诚信宣传力度,从而建立起良好的诚信经营环境与社会氛围。

4.推动文物鉴定工作发展,建立文物鉴定的合理机制

文物鉴定是一项十分复杂的工作,其解决的不是眼力对错的问题,不能一劳永逸地制定一种标准,更重要的是在于形成一种鉴定机制。这种机制要超越国家文物鉴定委员会及文物市场的概念,需要客观评估整个文物市场的现状。文物鉴定要特别重视科技的运用,应借助高科技手段增强鉴定的可靠性和公信度。在重视科技进步的基础上,要进一步强化法制、自律及他律的管理能力建设,制定相关的管理办法、标准与工作流程,并用科学的方式、方法将其落到实处。针对我国文物艺术品鉴定市场存在的突出问题,要尽快建立并完善相应的管理体制与体系,完善行业组织,充分发挥中国文物艺术品鉴定市场行业组织的管理、组织、监督与自律作用,不断完善中国文物艺术品鉴定市场行业组织与政府监管部门及文物艺术品市场管理部门的对接机制。要尝试建立文物艺术品鉴定资质的年度审查制度,建立动态管理机制。还要考虑建立惩罚机制,一旦发现鉴定机构或人员出具虚假鉴定、不诚信鉴定时,可以按照社会危害的大小,在经济处罚、鉴定资质、追究刑事责任等方面设计处罚措施。

还需要特别注意的是,我国文物系统中集中了大批的高水平文物鉴定人员,但是这些鉴定人员往往只负责对国有文物商店或其他馆藏文物的鉴定,并不负责对市场流通中的其他文物进行鉴定。而与之相对应的则是那些民间鉴定专家,他们则主要对民间文物进行鉴定。两支不同的鉴定队伍彼此缺乏交流与对话,而且双方还有互不服气之态。对于国有文物鉴定专家而言,他们在学

识层面更具优势，而民间鉴定专家在经验上更胜一筹，且后者对于市场的灵敏度要强于前者。所以二者之间加强沟通与交流便尤为重要，应该尝试建立起系统的交流机制，以促进文物专家鉴定队伍的发展。对国有文物商店的鉴定专家也可以适当放开进行有偿鉴定，可尝试统筹文物博物馆系统的专业资源，面向市场满足文物鉴定需求。

在法律制度层面上，要对从事文物艺术品鉴定的机构和鉴定人员提出资质要求，规定不具备法定文物艺术品鉴定资质的机构和人员不得进入文物艺术品鉴定市场从事艺术品鉴定工作。同时，国家要逐步建立分级、分类的文物艺术品鉴定机构资质管理机制，明确对不同资质的鉴定机构进入不同鉴定市场的范围。

5. 提升网络应对能力与水平，加强网络市场的管理

随着互联网技术的快速发展，当今社会已进入大数据时代。近几年网购行业的发展更是突飞猛进，互联网购物平台的搭建为我国经济发展注入了新的活力，传统文物市场也面临着严峻的生存考验。大数据时代下如何应对网络市场的冲击，成为文物经营主体不得不考虑的问题。能否跟上时代的步伐，成为传统文物市场商家急需解决的问题。对于国营文物商店、古玩市场以及拍卖行而言，都可借助互联网媒介，扩展销售空间，提升服务质量，推动经营方式的变革。各经营主体应该结合实际情况，制定出灵活有效的应对策略，可通过店铺主页、第三方平台、客户端及微信等互联网平台，既可以打造商品宣传的前沿阵地，又可以建立直接的网络销售模式。商家也可以根据互联网平台提供的相关数据，对客户的偏好、交易情况及营业实况展开分析，以作出适时调整。

信息技术的跨越式发展对政府监管部门也提出了更高的执政要求。文物部门等相关管理机构，应该制定相应的规范条例，加强对互联网平台文物市场的管理，特别要加大对出售假冒文物、非法文物行为的查处力度，以规范文物市场的健康发展。同时，应推进互联网文物市场的立法建设，建立起合理的网络交易准入机制，尤其要特别注意加强网络诚信体制建设，建立合理的申诉机制。对于文物收藏爱好者而言，互联网购物平台的出现为个人的消费提供了更为多样的选择，但网购的风险相比而言会更大，也更为突出。所以，消费者应该擦亮双眼，理性选择，学会利用相应的申诉渠道，维护自身的合法权益。

第三章　国外文物利用的经验与理论

第一节　英国文物利用的范例与启示

英国历史源远流长，有着丰富的文化遗产，在对文化遗产的保护和利用上，兼顾发展与保护，将传统与现代和谐地融合在一起，逐渐形成了完备的法律体系、健全的体制机构。对英国文化遗产保护利用的几个成功案例进行分析，有助于我们发现我国文化遗产保护利用中所存在的不足和问题。

一、约克古城:历史遗存与现代城市的有机结合

1. 约克古城概况

约克是一座古老的城市，是一座以军事要塞为起点，逐步发展成政治、经济、宗教中心的城市，坐落在北约克郡的奥斯河(Ouse)和福斯河(Foss)间，处于今天的伦敦到爱丁堡的中点。其独特的地理位置，使约克成为历史上兵家必争之地。约克城的历史反映了英国历史的主要脉络，可以说是英国史的一面具体而微的镜子。英王乔治六世曾经说过，“约克的历史就是英国的历史”，英国发生的一切重大事件，约克几乎一样不少地经历过。从罗马人统治、盎格鲁-萨克森人的到来、维京海盗劫掠，到诺曼征服，再到内战烽火，都在约克演绎过。在历史的长河中，约克几乎一直是决定英国命运的关键所在，其丰富的考古和文化遗址在英国独一无二。

有史记载的约克历史开始于罗马不列颠时期，作为防御北方克尔特人的重要军事堡垒，约克有着举足轻重的地位。盎格鲁-萨克森时期，约克更是成为重要的城市，成为军事、政治和宗教重地。415 年，盎格鲁人占领约克，城市易名为 Eoforwic，并成为这时期的七国之一诺森伯利亚的首都。作为首都的约克自然

约克古城(资料图)

经历了相当长的繁荣时期。北欧海盗侵犯,自然不会放过繁华的约克。866 年,维京人占领该城,在维京人统治下,约克成了重大的内陆港口,成为通向北欧的广大的北欧人贸易商路的有机组成部分。1066 年,征服者威廉在黑斯廷斯(Hastings)击败哈罗德之后,成为了英国的统治者。他在平息了约克的反叛后,立即在奥斯河两旁建筑了两座木质堡垒,直到今天其遗址还隐约可见。在中世纪,约克发展成重要羊毛贸易中心、汉萨港口、英格兰北部省份的宗教中心。亨利八世统治时期,伴随着宗教改革对天主教的打击,特别是解散修道院对约克的冲击很大。工业革命时代,约克逐渐成长为一个独特的工业城市。在乔治·哈德森(George Hudson)的影响下,约克成为铁路中心和制造业中心。近几十年,约克的经济已经从制造业转移到服务业上,教育和旅游成为该城的重要行业。所以今天的约克主要是一座古城,有着发达的旅游业。

2.约克古城的保护与开发

早在 19 世纪,英国就已经初步萌发了古城保护的嫩芽。古城保护意识是在城市发展的进程中出现的,约克古城的保护是古城保护者与市政机关反复斗争的结果。1800 年,正处于约克制造业大发展的前夜,约克古老的破烂的城墙似乎成为制约城市发展的瓶颈。市政当局认为其年久失修,维持费用巨大,所以想拆除约克城墙。尽管当时的英王乔治三世和许多保护城墙者大力反对,但市政机关还是拆掉了三座堡垒、四个城门和几段城墙。后来,城墙保护者逐渐

组织起来，在1831年着手筹集经费恢复部分城墙。1855年，约克最后一次试图拆毁城墙，幸运的是，该提议被否决，从此，约克城墙作为历史遗迹不断被恢复。今天的约克以古城墙闻名于世，它是整个英格兰古城墙中保留最完整、最长的。20世纪，随着旅游业的发展，约克的历史内核成为城市的重要资产，不再被认为是沉重的负担，古城保护意识上升为大家的共识。1968年，约克古城被规划为保留区域。约克还挖掘近代的历史遗产，增添了许多新的吸引眼球的东西。比如1975年建立的国立铁路博物馆，90年代开放的维京人中心，还有贴近民众生活的日常生活博物馆（又称民俗博物馆）。

漫长的历史给约克留下了无数的历史遗产，使约克成为一个天然的历史博物馆。约克古城保护和开发的，不是僵死的几个景点，也不是死气沉沉的圈围起来的老建筑，而更多的是生机勃勃的古城古街。约克还有仍在走人的石头街，也就是临近约克大教堂的古代小巷。小巷大多是鹅卵石铺砌的行人街道，如石头街（Stonegate）、下彼得街（Low Petergate）、铜街（Coppergate）。其中，石头街早在维京人占领约克之前就已存在。今天石头街保留了许多中古时代的房屋，同时也是约克购物区的主要街道之一。从石头街延伸到周围，也都是有着中古风情的迷人街道，其中，"肉铺街"（Sham-bles）是约克最具历史意义的街道。这条街道是保存完好的中古街道，实际上是屠户街，房屋二、三层都有向外突出的骑楼，二楼比一楼凸出，三楼比二楼凸出，呈阶梯状。越往顶楼，街道两旁边的房间就越接近。之所以建成这样，是因为需要楼上突出的地方悬挂出售的猪肉，利于通风，不易变质。今天的"肉铺街"，街道、建筑、生活基本保留中世纪原貌：鱼市、肉铺、面包店、打铁铺等等。

约克的古城开发，善于变废为宝，把考古发掘、历史感生动地表现出来。这在约维克维京中心（Jorvik Viking Centre）得到很好体现。这里原是位于内城区的一片考古发掘现场，但却成为展示历史的窗口，约克最受欢迎的景点之一。1976年，约克市发现了世界上保存最完整的维京人遗址，经过5年的考古发掘，出土文物4万多件，遗址被完整地展露出来。为了向世人展示考古研究成果，在约克考古基金会资助下，维京中心得以在维京遗址上兴建，并于1984年正式对外开放，展示了活生生的维京人生活。中心第一部分是维京时代约克的简介和说明，借助彩绘的图画和遗物，反映维京人在约克的足迹。第二部分用投影方式，自今而古倒叙英国服饰的变迁，逐步把观众拉回到9世纪的维京人时代。接着乘坐缆车"穿越时光"进入考古现场，运用立体的场景、生动的配音、逼真的气味，再现了维京人的家居生活、市场买卖、渔猎耕种。除了人物塑像和考古实物外，还可听到市场嘈杂的叫卖声，闻到鱼腥味，在村庄里可以听到鸡鸣狗吠，甚至可以闻到维京人茅厕散发的臭味。时光车的设计不仅有效地控制了人流，

而且控制了行进的速度。约维克维京中心的互动设计把死的历史变成了活的历史。穿着维京人服饰的工作人员分散在各个角落，或者以说故事的方式向参观者解说维京人的衣着服饰，以及所代表的生活含义；或者向观众示范，比如在钱币展台旁边，就有工作人员示范钱币的制作，观众甚至可以亲自上手操作，制作的钱币可以留作纪念；最后，是展示考古遗址和出土文物，在遗址上观众还可以模拟考古发掘展示历史的形式寓教于乐，所以这里成为约克最受欢迎的旅游景点之一。也许，正是过去与现在的交融，使约克成为英国仅次于伦敦的第二大旅游城市。①

3. 经验与启示

从约克的历史与古城保护开发的经验可以看出，英国的城市保护与城市发展是有机融合在一起的。首先，英国的古城与古迹的保护思想是在城市发展中逐渐成长起来的。19 世纪约克城墙之拆除与重建的斗争，恰恰反映了古城遗址保护意识并不是自发产生，而是城市发展本身对古城的巨大挑战所致。其次，约克的古城保护和开发在很大程度上离不开民间人士的支持与努力。英国的各种保护历史遗产的组织不计其数，仅全国性的就有古迹协会、不列颠考古委员会、乔治团体、古建筑保护协会、维多利亚协会、英国遗产保护组织、英国历史保护信托组织、建筑遗产基金会等。通过热心人士和民间组织的努力，英国古城古街古迹的保护和利用更多的是一种民间共同的意愿，而不仅仅是政府行为。约克虽然只是个案，但我们不难从中看到英国古城保护及开发情况及英国人务真求实、不务虚荣的思想。

二、哈德良长城：历史文化遗产保护利用与社区发展互动的启示

1. 哈德良长城概况

社区参与世界遗产保护利用在国内外备受关注。英国世界文化遗产哈德良长城（Hadrian's Wall）的保护利用与社区发展的良性互动，较好地实现了遗产保护、旅游利用和社区发展的多赢，值得我们借鉴。

英国哈德良长城是古罗马帝国精心修筑的位于英格兰北部的边境防御工事，长 73 英里（117 公里），连接东西海岸，从东部纽卡斯尔泰纳河边的沃胜德，一直延伸至西部苏尔威湾的波尼斯，穿越了纽卡斯尔和卡莱尔城区，以及诺森布里亚和卡布里亚宽阔的农村。哈德良长城包括城墙、瞭望塔、里堡和城堡等，城墙后面有要塞、军营、道路和不少居民区，为驻军提供支持。它完整地代表了

① 参见陆伟芳：《历史遗存与现代城市的有机结合——英国约克的古城保护》，《城市观察》2011 年第 3 期。

罗马帝国时代的戍边系统。联合国教科文组织把这一军事区划为具有世界意义的历史文化遗产。哈德良长城既是当时军事领域中的重要组成部分，也有力地说明了当时罗马人的技术水平、战略思想和地质学的发展。

由于哈德良长城穿越了英格兰北部多个行政区，所有权复杂，而且不同地段的地貌也大不相同，从西部的盐沼到中部壮观的丘阜再到东部人口稠密的城市，对哈德良长城的保护也提出了不同的要求。保护和管理工作十分复杂，且操作难度大。由于管理得当，哈德良长城的遗产利用与保护已经形成了良性循环。对遗产的保护大大扩充了哈德良长城的旅游开发空间，景区从 1987 年获得世界遗产资格时的 5 个增加到现在的 11 个，所创造的就业机会达 6000 多个，年收入高达 1.34 亿英镑，当地居民深受其惠。①

2.哈德良长城保护开发与周边社区发展的互动

哈德良长城的中心位于英国主要的农业区，四周是工作区和生活区。哈德良长城的旅游利用，与当地社区有紧密的关系。比如当地社区可持续的农牧业的发展，使哈德良长城所在地的人文与自然景观不至于发生巨大变化；社区的旅游设施如商店、酒吧、旅店等，也是哈德良长城旅游发展的重要依托。在理念上，管理者把当地居民和他们的经济活动视为遗产保护的敌人，相反，在对遗产保护时考虑他们的需求，获得他们的理解与合作。比如在选择新的考古发掘地点时，哈德良长城管理规划会把失业率较高的地区作为优先考虑对象，因为新的考古发掘景点将创造新的就业机会。

哈德良长城在 1996 年制定了解说战略，把解说作为一种促进交流、激起思考和获得新知的工具，促进了世界遗产地资源管理、游客快乐和行为管理，以及社区的发展。哈德良长城的解说，强调遗产各部分和与之相联系的其他部分的关系，以及与所有有价值的事物之间的关系，包括它的地理位置、景观和自然栖息地。解说还强调遗产内容的统一性，以及文化遗产和自然遗产的相互依存性，提升对城墙的历史认知度，能鼓励游客去探索遗址地的其他部分，以便获得关于它的更广泛的正确评价，并理解与整个哈德良长城相联系的遗址地在功能和场所方面的特殊性。

哈德良长城旅游的繁荣，使区域经济和地方经济受益。在哈德良长城开发的过程中，制定了一项“繁荣与企业”计划，这是一项致力于发展新行业和地方供应链，同时通过这些行业和它们的消费者，增进当地居民对世界遗产特殊品质的理解，促进当地社区和经济可持续发展的计划。计划的具体措施有：在考

---

① 参见邓明艳、罗佳明：《英国世界遗产保护利用与社区发展互动的启示——以哈德良长城为例》，《生态经济》2007 年第 12 期。

哈德良长城(资料图)

古资源的保护与管理中,雇用当地人才并发展其技能;引导顾客购买那些展示哈德良长城的当地产品;在全国范围的规模经济和支持地方产品的地方经济间找到平衡等。这一项目促进了哈德良长城方圆10英里内750家中小企业的发展;反过来,又增强了当地居民对哈德良长城文化遗产价值的认知,恢复了当地居民对于拥有哈德良长城的自豪感。

3.哈德良长城保护利用与社区发展互动的启示

哈德良长城遗产保护与当地社区发展形成了良性互动。这一做法不是单纯发展景区或城乡,而是把乡村发展与遗产保护和利用紧密结合起来,通过一些项目和发展计划,相互促进,共同发展。目前,我国遗产景区和当地社区的发展呈彼此分离状态,遗产景区主要专注于自身的旅游开发,当地社区的景观建设和发展也很少考虑对遗产的影响。社区参与遗产保护只是象征性地参与景区门票是否涨价的听证会,或者部分遗产地在做旅游规划时,对社区居民进行一些简单的调查。因而,我国在世界遗产文化传播、保护和有效利用上,还有很大的差距。哈德良长城保护利用与社区发展互动的案例启示我们,应该加强社区参与遗产保护的意识、发挥解说的管理功能、在遗产保护利用中寻求遗产地城乡的发展机会、培养遗产地居民的认同感和主权感、建立相关组织和机构协调监测遗产保护和社区发展。

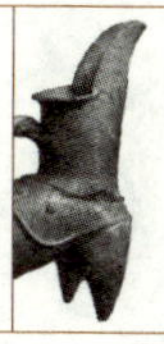

三、邱园：历史公园遗产的有效保护与科学利用

历史公园是具有一定历史，蕴涵深厚且丰富的文化信息，记载一段城市特殊记忆，现今作为城市公园对公众开放，承担新功能的公园。国际上对历史公园遗产价值的关注始于20世纪中叶。英国对历史公园的保护意识起源较早，现在已拥有了先进的保护理念及较完善的保护体系。英国邱园(英国皇家植物园)是历史公园保护的一个成功案例。邱园是世界上历史最为悠久的植物园之一，距今已有250年历史，曾经是属于私人的皇家植物园，1840年转变为开放性公园，2003年被联合国教科文组织(UNESCO)列入世界遗产名录。邱园的遗产保护与管理使邱园不仅做到了遗产价值的保护，也实现了邱园的当代发展，成为现代植物园的典范。

1. 邱园概况

邱园的前身，由伦敦泰晤士河南岸里士满(Richmond)花园及南面的邱园两个花园组成。里士满花园由布里奇曼(Bridgeman)、肯特(Kent)设计，1764年，由万能布朗(Brown)进行改造，开启了不规则植物种植。1759年，乔治二世王妃奥古斯塔(Augusta)在里士满花园东面另建了一个花园，以收集世界各地的植物。该花园由钱伯斯(W. Chambers)主导设计，1762年在花园中设计建成的50米高的仿中国传统塔的砖塔，是当时的标志性建筑之一。1781年，王妃的儿子乔治三世买下附近的荷兰式建筑(即现在的邱宫)，并于1802年将邱园与里士满花园合并。1840年，维多利亚女王将这块皇家花园移交给了英国政府，将其正式命名为皇家植物园邱园，并向公众开放，威廉·胡克(William Hooker)爵士成为第一任园长。奈斯菲尔德(W. Nesfield)对整个植物园重新进行了规划，设计了赛恩透景线、中国塔透景线、布罗德路和冬青路等路线，形成了邱园的基本框架和疏林草地式的园林景观。1840～1886年，两任胡克(William Hooker及其子Joseph Hooker)园长在位期间，先后建成了棕榈温室(1848年)、标本馆、图书馆和博物馆，以及乔杰实验室。1885年起，邱园单独辟出大片游乐场地，为公众提供休闲娱乐。到1886年，第三任园长(William Thiselton-Dyer)继任后，游乐场地与植物园区被整合，景观格局上重塑了湖面岛屿的边界，原来砂砾铺成的塞恩和中国塔透景线重新用草坪铺就。1911年，日本园(Japanese Gateway)建成。二战后，邱园迎来了复兴与发展，棕榈温室被修复(1959年)，先后建成了进化馆(1952年)、艾顿温室(1979年)、高山植物温室(1981年)和威尔士王妃温室(1987年)。1987年后，邱园开始致力于植物的保护、修复与更新，并到中国、日本等国收集新的植物。在20世纪最后的十年，邱园继续建造新建筑并对已有建筑进行修复。

2. 邱园遗产的有效保护与科学利用[①]

英国皇家植物园(RBG,Kew)和英国历史皇宫管理局(HRP)是邱园的直接管理者,共同合作确保邱园的持续维护,保证其突出普世价值的延续。其他的管理成员还包括:世界遗产地保护组织(WHS Steering Group)、英国遗产委员会(EH)、英国古迹遗址保护协会(ICOMOS UK)、大伦敦组织(GLA)、泰晤士景观政策(TLS)及一些地方的保护组织如邱园保护协会等。这些组织机构共同对邱园的遗产保护提供咨询、建议及财政帮助。英国建筑遗产保护体系通过设立保护区、登录历史建筑、注册历史公园与园林景区三种制度共同对邱园进行保护。划定的邱园保护区(Kew Gardens Conservation Area)内包括了整个遗址地范围,而邱园的部分缓冲区又同时位于艾尔沃斯滨河保护区(Isleworth Riverside Conservation Area)内。邱园中有44座构筑物被选入登录历史建筑,其中包括6座Ⅰ类、5座Ⅱ★类和36座Ⅱ类建筑。此外,邱园还是英国Ⅰ类注册历史公园与园林景区,由英国遗产和历史园林协会负责协助确定影响邱园的规划实施。

英国邱园(资料图)

2002年,邱园被选定预备申请世界遗产,此时英国遗产保护开始进入改革阶段,更加重视历史保护以及发展变化需求之间的平衡。邱园制定的遗产保护管理规划,在坚持了保护历史遗产价值的同时,也实现了其在当代的发展需求。在2002年管理规划的指导下,中国塔透景线(Pagoda Vista)、塞恩透景线(Syon

① 参见周向频、刘曦婷:《英国历史公园遗产保护与发展策略:邱园的启示》,《国际城市规划》2014年第1期。

Vista)及宽敞路(Broad Walk)都增加了新的植被,柑橘温室等古建筑及历史景观也得到了修复和重现,新建了景观构筑物与游憩体验项目。2006年,戴维斯高山植物温室(第三代高山温室)开放,并建成由花岗岩和青铜建造的萨克勒曲桥(Sackler Crossing Bridge);2008年,建成18米高、200米长的新的树顶走道(Treetop walkway)及展示植物地下生长情境的地下走廊(Rhizotron);并依托原有和新增的景点在河边的丛林中建立了一条新的游赏景观路线。2002年制定的管理规划取得了很好的成效:一方面,通过透景线的维护、重植等保护项目,增强了邱园的遗产价值;另一方面,新建的景观项目运用当代的景观建筑语言,为游客提供了新的体验,其中一些还获得了建筑和景观大奖,增加了邱园的吸引力。2011年,邱园联合英国遗产委员会等机构,在评估2002年的世界遗产管理规划基础上,制定了2011～2016年新的规划。新的规划认真分析和评价了2002年管理规划的效果及不足,如:①外部历史环境保护的缺失;②基地与泰晤士河的联系没有提升,滨河特色没有展现;③景点展示或讲解系统不完善,展示效率不高;④针对单体历史建筑的详细保护策略没有形成等。规划的基本目标是制定一套管理框架,保存邱园的"突出普世价值"并进行可持续利用,在遗产保护的同时增设新的展览和设施,艺术性地展现邱园在21世纪的角色。新的规划也包括游客体验与教育、可持续发展以及科学研究等内容。具体的规划方案针对邱园现存的主要问题,提出了具体的规划措施:①打造滨河景观带,重新建立基地与泰晤士河的联系;②强化并保护已有的透景线;③在2002年规划游览道的基础上,打造新的游览环线;④重新设计南部入口空间。

邱园的成功有赖于英国完善的保护与管理体系的支撑,更重要的是采用了先进的保护方法,即基于遗产价值评估的规划与管理措施——通过评价确定邱园的突出遗产价值,对体现这些遗产价值的景观与建筑进行突出的保护、加强与利用。其他新建和改建项目的目的则是在不破坏突出遗产价值的基础上,实现邱园的当代使用与发展。针对邱园内不同时期的建筑遗存,相关部门提出了针对性的保护措施,采取了保存、修复等方法:年代久远的建筑遗存严格保存,如中国塔目前已不对外开放;对于1840年到二战前建成的温室及建筑采取保护与修复措施,并且延续原有的使用功能,只有少数建筑进行功能置换;二战后新建的温室及建筑则继续发挥当代的使用功能,有的可根据需求重建(如2006年戴维斯高山植物温室已是第三代高山温室),保持科技与展览内容的不断创新。景观上,对1840年以前的景观遗址等进行保存;景观透景线、景观与泰晤士河的关系等突出的遗产价值的景观结构,通过植被的更换与维护措施进行强化。这些也体现了历史公园区别于建筑的特殊性,即景观元素的生命性。最后,邱园的新建项目则主要以满足邱园新的使用功能,丰富体验的多样性为目

更具有当代社会的使用价值。虽然中国大运河的情况要复杂得多,但作为同在世界遗产的保护管理框架下具有相同属性的活态遗产,英国庞蒂斯沃特水道桥及运河的保护管理还是有很多经验值得我们借鉴的,比如:建立协调管理机制,加强法律法规的协调与完善,加强规划控制引导,加强监测及公众参与。

庞迪沃斯特水道桥(资料图)

第二节　法国文物利用的理念、政策与法规

一、法国博物馆与文物利用

1. 古建筑再利用的博物馆化:巴黎奥赛火车站博物馆

古迹建筑再利用运动开始于文艺复兴的 14 世纪,进入现代社会,一座具有历史价值的建筑因为保存而再利用为博物馆,是文化资产得以延续使用的方式之一。法国的博物馆大多都是这种形式,以古建筑为媒介,借由博物馆的空间机能使用展现老建筑的新生命。如众所周知的卢浮宫由皇宫改造而成,奥赛博物馆是由火车站改建的,小皇宫美术馆、法国国家建筑与文化遗产之城由万国博览会建造,巴黎历史博物馆由私人会馆、马赛地中海考古博物馆由救济院、马赛地区中心库房由旧烟厂等改造而来。利用已有文物古建作为博物馆舍建筑,

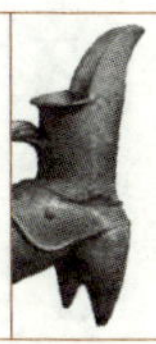

将古迹建筑博物馆化，能够为城市社会民众带来更浓厚的历史文化氛围，增加其尊重、爱护文化遗产的意识。

巴黎奥赛火车站博物馆(资料图)

奥赛火车站的旧址最初是19世纪中期法国皇家骑兵营和奥赛宫殿，后来又被当作行政法院和皇家审计院的所在地，1789年法国大革命时原有建筑毁于战火。1898年，在举办巴黎万国博览会之前，巴黎奥尔良铁路公司从政府手中买下这块土地，用于修建新火车站。车站还成为当时举办艺术品拍卖和戏剧演出等重要艺术活动的场所。可见这座美丽的建筑在其建成之初就已经具备了相当的艺术气韵。[①] 奥赛火车站在建筑的外部设计上吸收和利用了古典主义设计灵感，与一河之隔的杜勒丽宫和卢浮宫遥相辉映。火车站内部的主大厅长138米，宽40米，高32米，看起来极为宏伟壮观。在当时，奥赛火车站可以说是法国最华丽、最繁忙的火车站。1900年，巴黎世博会举行时，奥赛火车站已经成为巴黎重要的交通枢纽。然而，随着电力机车技术的进步与社会经济的飞速发展，奥赛火车站的运输能力已经越来越不能满足社会的需求，并逐渐变成了一座少有人问津的空车站。1939年，奥赛火车站最终被废弃，一度面临着被拆除的境地。1945年后，这里又先后被用作战地医院、大会堂、剧院和演讲厅等。到了20世纪70年代，由于奥赛火车站与卢浮宫隔河相望，不少巴黎市民和建筑师认为这座荒废的车站有碍观瞻，主张将其拆除，改建成现代化的酒店或者大型会展中心。当时的法国政府没有采纳这一观点，而是将其以艺术博物馆的身

① 参见彼得·J.加特纳：《奥赛博物馆》，刘鑫译，中国铁道出版社2011年版，第4～21页。

份展现出来，使这座精美的建筑得以完整保存。[①]

这一做法最重要的价值在于，在受到严格的历史建筑保护性改建的前提下，对这座百年老建筑的服务性与情感化改建设计，不但完整地保留了其原有的历史情感与风貌特征，而且很好地“适用”了其新的展览功能，并散发出了新的、更为持久的建筑艺术魅力！奥赛博物馆改建的成功经验，对于像我国这样近代历史建筑的保护与开发正处于起步阶段的国家来说，是非常具有学习和研究价值的。在我国，目前只有极少数具有极大特定历史价值的近代历史建筑被较好地保护与利用起来，大部分具有较高历史研究价值的历史建筑则处在缺少最为基本的保护，甚至无人过问的境地。越来越多的具有一定历史价值和不同建筑风格的近代历史建筑在缺少相关法律保护和政策支持的情况下，不断地被城市新建设的大潮所淹没。[②]

2. 博物馆的个性化塑造：示例与启示

法国在博物馆藏品个性的塑造上有一定特色，例如：卢浮宫重点展示了古埃及、罗马时期及 1848 年以前的绘画，1848 年以后的绘画、雕塑、家具和摄影作品则重点由奥赛博物馆来展出。吉美博物馆源于个人收藏家的藏品原本类型多样，但 1945 年卢浮宫将亚洲藏品拨付给吉美，吉美将希腊、罗马藏品转给卢浮宫，从而吉美成为以东亚文物为特色的法国国立亚洲艺术博物馆。此外，法国国家建筑与文化遗产之城对于建筑标本的展示、巴黎历史博物馆对于城市历史的收藏都有自己的特色。

我国博物馆的特色和展示，呈现出重复性的情况。国内博物馆在特性的呈现方式上，较多表现在作为地表的馆舍和建筑层面，而在馆藏的独特性、展览和社会教育的体验模式上缺乏个性化的设计和创新。

3. 博物馆文物利用的现代化技术：示例与启示

Museofile 是法国文化与传播部建设的在线博物馆信息系统，早先包括所有法国营运中的博物馆与博物馆管理方面的信息。1997 年在推出网络精简版后，除提供民众博物馆地址、电话等基本信息，以及典藏特色、服务与活动等讯息外，还与一家专门为机动车族提供路程计算服务的网站签约合作，让民众在上网规划旅程时，能顺带获取目的地附近的博物馆信息；反之，在查询博物馆信

① 参见卫东风、孙毓《从奥赛车站到奥赛博物馆的启示——旧建筑改造的成功案例解析》，《南京艺术学院学报(美术与设计版)》2007 年第 10 期。

② 参见郭红亮：《一座老建筑的前世今生——由巴黎奥赛火车站改造看历史建筑的保护与利用》，《辽宁工业大学学报(社会科学版)》2013 年第 1 期。

息时，也可通过电子地图，了解博物馆所在的地理位置，并计算路程。[①] 文化与观光这两种为不同目的而设的信息服务系统，是有其合作可能的。这不但提高了博物馆的能见度，而且更有利于信息传播与利用。法国遗产学院的网站，即INP网站，主要为新生培训提供专业性资料、法国遗产方面的资料和国际性资料。INP中心主要有资料中心和图书馆。资料中心主要是藏品保管资料和建筑资料。图书馆主要是有关藏品修复的资料。资料中心不断编制文件，为新生培训班提供帮助。资料中心数据库现有16000多条资料信息。此外，文化部其他部门、CIMMOS、国家图书馆与国外机构都有合作关系。资料中心每周都有藏品展出目录介绍。目录中主要有两部分内容，一是修复方面，二是藏品方面。资料中心也对公众和专家提供服务。

旅游热已成为一个明显的社会现象。博物馆是浓厚的文化结晶，是一个立体的“百科全书”，可为旅游经济提供一种软性的文化类旅游资源；而旅游经济也能为博物馆的发展带来新的增长空间和市场契机。有必要借鉴法国的做法制定一种统一的合作与管理制度，利用信息化网络把博物馆与旅游业方面的信息资源有机结合起来。

4.中小型遗址博物馆与生态博物馆的范例

法国中小型博物馆开发利用的一个典范是菲尼斯特省的水磨坊博物馆。

该博物馆利用当地一家小型水磨坊，将其改造成博物馆。博物馆分为两部分，一是遗址部分，二是陈列展览部分。遗址部分包括水磨坊的动力小水车、水库、磨房和面包加工房、管理人的家庭住房、生活菜地以及接待粮食加工工人的场所和一条小街道。属于遗址的内容是按原汁原味的原则保存的。该水磨坊直到1964年还在运行，所以，到70年代将其开辟成博物馆时，遗址面貌基本保存完好，甚至室内的家具也基本没有变化。除了水磨仍旧可以运转外，其他如烤面包房等设施基本上处于静止的陈列状态。管理人员可以为观众表演提闸放水，启动水磨磨小麦。观众也可以随便走进磨坊主人的家庭，体味当时的生活情调。文物陈列部分则是离遗址不太远的小型博物馆，该馆建立在小水库旁边，公路一侧。馆前有一小型停车场，周边整治得像一座小公园。完全现代化的陈列馆建筑分为展览和管理两部分。展览部分将水磨坊所在地区的农业和农村的历史、民俗进行了介绍，陈列了一些比较重要的民俗文物。

这种结合遗址建设博物馆的思路在当地十分流行，如菲尼斯特省的达乌拉斯文化中心就是依托一座废弃的古代教堂改造成的一座博物馆。该博物馆由

① 参见郭灿江：《法国博物馆信息网站和网页设置对我国博物馆藏品信息化建设的启示》，《中国博物馆》2007年第4期。

三大部分组成:一是一座中世纪或者更早一些的旧教堂,该教堂除保留了部分附属建筑外,主要建筑都是断垣残壁;二是该教堂所在的庭院;三是利用原有的建筑改造而成的博物馆。遗址部分基本上是按原貌保存的思路设置的,因为主要是石材构筑,所以其保护方式还是就地保存,并没有刻意地修复。博物馆内部也仅仅是增加一些比较现代化的陈列展橱和灯光,室内的格局和吊顶、墙面等基本保持原样。室外庭院的创意是:原来的池塘、草地还是原样保护,但一些废墟内却开辟成小型植物园,将该省出产的植物栽种其中,并一一设立说明牌介绍;另外,水中养殖了当地的主要水生动物如鱼虾之类,院子里还放养着小型家畜和家禽。

这种设想,使来参观的人不但了解到当地的历史文化,而且还可以了解到当地的主要动植物特产。自然和人文的内容,在一座不大的博物馆内一目了然,历历可数。

5. 建立生态博物馆

生态博物馆是法国首先提出来的,其做法就是将自然和人文遗存有机结合起来,形成一个具有小流域特征的生态文化小区。菲尼斯特尔省的"河流之家"博物馆和水磨坊博物馆的建设思路基本一样,也是遗址和陈列两大块。但这里的遗址和水磨坊不同:水磨坊是文化类的遗址,而河流之家则是以自然为主的遗址,严格说起来实际上是一块小流域。① 博物馆截取了一条未被污染小河的中上游,作为自然遗址部分,这里受到了严格的原始状态的保护。另外,在河岸上建立一座小型陈列馆,陈列展出该地区有关水、河流的自然生态、历史民俗等内容。陈列馆建设的巧妙之处是将序厅直接建在河边,一面大玻璃墙将河流的断面截出,使观众通过玻璃墙可以清楚地了解河床构造、河水的流动、河岸水草植物、河中游动着的鱼虾等动物。

二、法国城市公园与历史街区的活化

1. 卢森堡公园

卢森堡公园是巴黎市区最古老的城市公园,从 1615 年开始建造至今,见证了巴黎许多重要的历史事件,它也是巴黎市区第一个开放为城市公园的皇家宫苑。卢森堡公园至今仍是一座古老而充满历史文化的城市公园,是巴黎乃至法国其他任何城市公园都无法代替的,它更因为自身的历史文化而成为巴黎最具代表性的旅游胜地之一。卢森堡公园存在 400 多年里经历了多次的变迁,从其

① 参见张从军:《法国和日本民俗资源开发利用的启示》,《民俗研究》2002 年第 4 期。

发展史上看，却始终秉持着对历史文化的传承，公园里的布局、传统建筑、植物种植特点等，都是对历史文化的体现。在进入现代化的今天，经过了400年时间洗礼的卢森堡公园，除了注重在细节上展示历史文化，还注意与现代公园的服务性相结合。例如在公园室内外经常举行不定期的文化展览，将传统工艺融入生活——传统木制帆船、浓缩的传统农舍、古老的体重器等等。

卢森堡公园(摄影:张安之)

卢森堡公园至今并未放弃它的历史文化的体现，即使在现代化的今天，它注重的仍然是传统。今天的中国每个城市都有其城市公园，中国也有自己最具历史文化的公园，但现在我们见到是被钢筋水泥、现代化建筑侵蚀的，古老的建筑仅作为一角甚至被隔离的公园。目前，在全球化进程加速的情形下，面对传统文化的被挤压、被覆盖的状态时，人们必须意识到保护传统的重要性，政府相关部门也应该意识到发展经济的同时一定要重视对当地历史文化的保护。

2. 历史街区复兴——雷恩市城市中心区①

1970年以来，雷恩市逐步以城市中心区复兴为突破点，建立了综合性的城市可持续发展政策框架。其中，遗产保护成为协调住房、旅游、交通等多种城市功能平衡发展的重要政策工具，成为雷恩市城市规划与发展中最值得借鉴的经验之一。

雷恩市虽有近700年的建城历史，但早期的历史遗迹在1720年的城市火灾中几乎付之一炬，近代的主要城市设施也曾在二战期间被完全破坏。当今雷

---

① 参见高璟、林志宏等:《遗产保护:城市可持续发展的平衡之道——以法国雷恩市为例》,《国际城市规划》2012年第1期。

水上交通管理和监督。[①] 地区层面上，法国国家航道管理局在法国的各个大区都有分属机构，隶属于图卢兹的米迪运河的管理权就下放到法国国家航道管理局下属的图卢兹水运行政部(Service de la navigation de Toulouse)，因此，这个地方行政机构就承担了运河管理的主要工作。

《法国公共水域及运河条例》第 241～244 条对米迪运河的管理作了很详细的规定。条款指出，运河水主要由两个部门维持：运河管理部门(即法国航道管理局)和地方公社(公社法语为 commune，是法国最小的行政单位，相当于我国的村镇)。对这两个部门的分工，在条例中都作了细致的划分。比如：运河引水渠的所有事物均由运河管理部门统一管理；而其他供给运河水的自然河流或与运河不相交但仍在运河行政范围内的引水渠，一部分由运河管理部门管理，一部分由地方公社管理。条例第 245 条对于运河上桥梁的管理权属作了解析，即运河本体上的桥梁归运河管理部门维护，而非运河直属的则由各个地方公社管理。

米迪运河所属的地方政府 Midi-Pyrénées 和 Languedoc-Roussillon(法国的大区，类似我国的行政省)并不是运河的所有者，也不对运河的管理负责。但是这些地方政府(同时包括覆盖运河支流加隆河道的 l'Aquitaine 地区)会提供米迪运河维修和整治的部分经费(另一部分经费由国家提供)。因此，在保护和发展运河的过程中，国家和运河所属大区是互相合作、共同支持的关系。

现在作为世界遗产的米迪运河，自 17 世纪开凿以来就有比较完备的法律规定，最早是 1666 年的穆郎法令(L'Edit de Moulins)，而后 1956 年颁布的十月法令(le Décret d'Octobre)，其中共有 58 项条款是专门针对米迪运河的。现今共有两部法律适用于运河的管理：《法国公共水域及运河条例》(Code dudomaine public fluvial et de la navigation intérieure)和《个人集体所有权普适条例》(Code Général dela Propriété des Personnes Publiques)。[②]

《法国公共水域及运河条例》内条款普遍适用于法国的自然河流及运河，其中第 235～246 条是专门针对米迪运河管理的。这些条款对于米迪运河遗产构成，运河上的水利设施、附属建筑物的管理权属以及维护运河的具体单位作了详细的阐释。而《个人集体所有权普适条例》则对个人和国有财产所有权及管理权属作了阐释；1996 年"申遗"成功以后，虽然没有针对米迪运河的新法律颁布，但是出台了很多管理章程(Outils non Réglementaires de Gestion)用以规范遗产管理。比如《米迪运河遗产管理手册》(Cahier de Gestion Concernant

---

① 参见张元：《法国米迪运河的遗产保护和管理研究》，东南大学硕士学位论文，2011 年。

② 法国航道管理局：《法国公共水域及运河条例》，2010 年。

l'Ensemble du Site Classé du Canal du Midi），它的内容包括各种运河遗产的现状描述，比如运河驳岸、植被、构筑物、设备等等，对关键性问题和保护措施作相关的规定，目的是为国家管理机构提供一定的建议并保证相关法律的实施。《米迪运河景观建设规章》（Charte d'Insertion Paysagère du Canal du Midi）明确规定了保护区划（Zone Tampon）。这部规章颁布以后，被发送到运河相关的各个市镇，作为指导运河保护和建设的基本规章制度，做到了管理有章可依。运河相关管理领域另外还有更详细的指导手册，比如《建筑和船闸、运河住宅和景观管理手册》（Cahier de Prescriptions Architecturales et Paysagères des Ecluses et Maisons Eclusières）、《诺鲁兹分水岭管理手册》（Cahier de Gestion du Seuil de Naurouze）、《植物管理方案》（Plan de Gestion des Plantations）等等，它们对于运河的建筑、运河工程和植被管理作了很详细的阐述。

四、法国文物利用的法治理念与顶层设计

对遗产进行法律保护的根本目的是通过保护，使遗产更好地服务于当代人和后代人的物质文化生活需要。因此，在遗产保护过程中既要考虑到对其原有价值的保留，同时也应考虑到遗产的开发、利用等问题。从各国的具体规定来看，遗产价值的保留主要体现在对其“真实性”和“完整性”的保护上，这也是遗产保护的基本原则。法国实践这一原则的主要做法是对遗产及其所处的历史环境予以整体保护。传统意义上的遗产多指单个的物质遗产，在保护方式和方法上也只注重对遗产本身的保护。这种保护的不足之处在于忽视了遗产的完整性，割裂了遗产与过去的历史联系。为更好地保留遗产的价值，法国于1962年8月4日通过了著名的《马尔罗法》，确立了“历史街区”的概念，即对具有历史、审美等价值的建筑物所在地特定范围内的区域予以整体保护。

但是，由于历史街区在设立程序上较为严格，设立周期较长，且赋予了法国建筑师较大的权限，因而在实践中容易导致权力的滥用。为应对这种情况，1983年1月7日颁布的《关于在国家、大区、省和市镇之间管辖权的划分》第83-8号法律第69～70条创立了“建筑和城市遗产保护区”，1993年1月8日“有关景观”的第93-24号法律第6条将保护区的范围扩大到景观，并在文化价值范围内增加了保护区的审美或历史价值，最终设立了“建筑、城市和景观遗产保护区”，即将成片的具有审美、历史或文化价值的社区、景观或其他场所划定为保护区，适用特殊的法律规定。建筑、城市和景观遗产保护区的确立，意味着法国被动的遗产抢救和保护让位于积极主动的遗产管理，而这种管理的核心目的是在整体保护的理念下，以更好地保留和重现遗产的各种价值。如果说1887年和1913年的《历史古迹法》是对文化遗产进行个体保护的典型范例，那么1943

年对历史古迹周边的保护、1962年设立的"历史街区"、1983年设立的"建筑、城市和景观遗产保护区"以及《城市规划法》对历史古迹的保护，则是对文化遗产进行整体保护的标志。这些法律法规的颁布实施使得城市建筑遗产的保护范围不断扩大，从对单个历史古迹及其环境的保护，逐步扩展到对成片的具有特定价值的区域予以整体保护，并将建筑物所处的环境从自然环境逐步过渡到历史环境、社会环境及与其他建筑物的关系上，遗产的真实性和完整性在这种转变中得到切实的尊重和体现。在对遗产原有价值进行保护的同时，法国文化遗产法也注重根据时代发展对遗产加以开发利用，但这种开发和利用并非完全建立在市场化的基础之上，国家在这个过程中始终扮演着主导角色。例如：法国将国家及公共机构所有的历史古迹低价对外开放；对个人所有的历史古迹，通过税收优惠政策鼓励其对外开放；设立免费参观日、文化遗产日、25岁以下的公民以及教师可免费参观文化遗产；如卢森堡公园是法国参议院所在地，公园免费向公众开放，参议院所在地也可定期免费参观。应当说，法国政府为民众参观和了解民族文化遗产提供了各种便利和机会，在一定程度上提高了民众参与文化遗产保护的意识和热情，同时也宣传了法国的历史文化，促进了其旅游业的发展。

第三节　美国文物利用的法治理念与成就

美国通常被认为是一个历史不长、古迹不多的国家，这主要是从欧洲殖民的历史得出的结论。但自20世纪初以来，从发掘的大量遗址中，人们发现，北美这块丰腴的大陆，在欧洲殖民者进入以前，也存在着悠久的历史。更重要的是，美国人终于从殖民文化的阴影中走出来，承认在这块大陆上存在着自己的文化积累，美国人应当保存自己的历史。这一观念的转变使得美国在文物保护与利用方面取得了相当令人瞩目的成就。

一、全方位的文物保护

由于美国联邦制度的特殊性，与其他国家相比，针对文物的保护利用，美国联邦、州和地方政府有不同的政策措施，形成了完善的法律保障体系。

美国是现存历史最悠久的共和立宪制国家，法律体系十分完善。联邦、州和地方市、郡、镇等都有立法权，不同层次的法律在相应行政范围内发挥作用。历史遗产保护的相关法律也是如此，逐步形成了从历史场所登录、保护组织机构、保护程序、保护技术、保护咨询、保护资金来源、税收制度，以及历史遗产保

护与社会经济发展的相互关系等涵盖面广、内容丰富的“立体化”法律体系，为促进保护活动有序而广泛开展起到了重要作用，也使历史遗产保护从最初的博物馆式保护和关注历史教育过程，逐渐发展到复杂的规划和经济行动。[①]

1. 联邦层面的保护与利用法律

1906 年，美国颁布了第一部历史遗产保护的联邦法律——《古物保护法》，授予总统指定保护具有重要历史和科学价值的标志物、史前遗址的权力。该法律也是世界上较早的历史遗产保护立法。之后，随着历史遗产保护观念和保护方法的发展，联邦政府相继出台了一系列遗产保护法律。1916 年《国家公园组织法》(The National Park System Organic Act)，建立内政部国家公园管理局及其组织机构，负责历史遗产保护；1935 年《历史场所保护法》(The Historic Site Act)，制定了具有重要价值的历史场所、建筑、构筑物及考古学遗址的保护政策，包括程序及方法；1949 年《国家历史保护信托基金法》(The National Trust for Historic Preservation)，制定国家历史遗产保护基金会的职能和运行方式，进一步明确历史遗产保护的相关政策，促进公众参与历史遗产保护；同年《联邦财产和管理服务法》(Federal Property and Administrative Services Act)，为历史遗产的保护、利用、处置和记录，建立了一个经济有效的管理系统。1966 年制定的《国家历史保护法》(The National Historic Preservation Act)是迄今为止美国历史遗产保护的主要法律依据。该法律及其修正案建立了历史场所国家登录制度，完善了历史遗产的保护体系，明确了联邦、州及地方政府的保护机构的相互关系及其各自的责任和权力。1969 年《国家环境政策法》(The National Environmental Policy Act)，激励人和环境的和谐共生，消除环境污染，保障人的健康与福利，加强对生态系统重要性的理解，包括对历史、文化、自然环境的保护。1972 年《特殊水域保护区法》(National Marine Sanctuaries Act)，规定对具有重要生态、娱乐、历史、科学、文化、教育、美学价值和意义的水域环境进行保护、管理、可持续利用；1976 年《公共建筑合作利用法》(Public Buildings Cooperative Use Act)，结合商业、文化、娱乐、教育等设施和活动，合理和有效利用具有历史、文化、建筑学意义的建筑。1996 年《美国历史战争地保护法》(American Battlefield Protection Act of 1996)，对美国成长和发展具有重要意义的战争地进行规划、研究和保护。为了促进保护行动的一致性，联邦政府部门还出台了许多保护导则和技术标准(Guidelines and Standards)，指导各州、地方的保护决策和保护项目的实施，如 1976 年制定的《历史建筑保存、修缮、修复及重建

① 参见李和平:《美国历史遗产保护的法律保障机制》,《西部人居环境学刊》2013 年第 4 期。

标准》、1983 年内政部制定的《考古学和历史保护标准与导则》等等，这些也成为历史保护法律体系的重要组成部分。

2. 州与其他地方层面的保护利用法规

在国家立法逐步完善的同时，各个州也制定了相关的历史保护法规，有些州参照《国家历史保护法》制定了相应的保护法律，如纽约州《历史保护法》，其内容与《国家历史保护法》相似。有些州则完全根据自身历史遗产的特点制定保护法规，如得克萨斯州 1969 年的《古迹法》突出了对公共土地上历史遗产的保护。此外，各州还针对其社会经济发展需求和历史遗产保护需要，制定相关保护法规，如针对重大工程项目建设高速公路、环境保护、水利工程等出台法规，加强历史遗产保护。

与联邦法律相比，州层面的历史保护法律往往制定更高的保护标准，并覆盖了联邦法律未涉及的较为具体的历史保护相关问题。如马里兰州通过《精明增长和邻里保护法案》控制城市蔓延式发展，致力于保护历史性社区、农场和开敞空间，宾夕法尼亚州制定《历史地区保护法》促进地方政府划定历史街区(Historic District)，并加以有效控制、保护和利用。

由于担负着保存地区历史、发展经济、改善住房、复兴城市的具体任务，地方立法主要致力于历史遗产的认定和针对历史遗产的保护条例导则，更具有针对性和实践性。如南卡罗来纳州查尔斯顿(Charleston)市 1931 年建立了美国第一个活化的"历史街区"，制定了历史街区区划条例，注册保护的历史建筑有 572 幢，并将历史保护与城市建设有机地结合起来，成为美国其他城市历史街区保护利用的蓝本；芝加哥市 1968 年通过了《芝加哥建筑地标条例》，目前列入保护的城市地标有 309 处，使芝加哥成为著名的"近代建筑博物馆"。[①]

二、美国建筑遗产的保护和利用

由于建筑遗产的研究涵盖了其物质实体、文化价值、环境意义和社会作用等诸多方面，因此建筑遗产保护已经成为时代的显学。对这一领域的关注可以使现代社会开始从全新的角度认识历史建筑遗产，而这些建筑遗产反过来也在影响和重新界定我们的生活。

1. 弗农冈：文物良性利用的开端

华盛顿总统故居弗农冈(Mount Vernon)的保护是早期建筑保护的重要事件，一般的学者都将其作为美国建筑保护与良性利用运动的开端。

---

① 参见李和平：《美国历史遗产保护的法律保障机制》，《西部人居环境学刊》2013 年第 4 期。

美国弗农冈华盛顿故居(资料图)

华盛顿是美国第一任总统，深受美国人爱戴，随着时代发展，对国家的自我认同与荣誉感，使美国人更多地关注自身的历史和伟大人物。作为美国的创立者之一，没有其他人能像华盛顿一样受到宗教般的狂热追捧，与他生活有关的一切都成为保存的对象和爱国主义的载体。[①] 位于弗吉尼亚的华盛顿故居弗农冈，则是与其关系最密切的建筑遗产。1853 年，一群商人计划将弗农冈买下，改为带有赛马场和沙龙的旅馆，利用它靠近首府华盛顿的地理位置和优美的河畔风光来吸引附近的有钱人。将华盛顿将军的故居与墓地和当时认为低俗的商业活动联系在一起，是许多人都无法接受的。此时，一位女士，安·康宁海姆，开始试图依靠个人的力量拯救华盛顿故居。1853 年末，康宁海姆向所有南方的妇女们发出呼吁，并组建了一个妇女组织——弗农冈女士协会，来宣传其保护计划和募集保护资金。这是美国最早的保护组织。1858 年，这一妇女组织用 20 万美元买下了弗农冈。时至今日，弗农冈女士协会依然拥有并管理着这一财产。

在弗农冈女士协会接手之际，除了一些自然破损，以及华盛顿家人搬出后，一些慕名而来的参观者造成的些许破坏，这座建筑依然保持完好。康宁海姆雇

① 参见王红军:《美国建筑遗产保护历程研究——对四个主题事件及其相关性的剖析》，同济大学博士学位论文，2006 年。

1931 年,查尔斯顿历史区域区划条例正式出台,查尔斯顿成为美国历史上第一个历史保护区。当地还建立了一个建筑审议委员会,对查尔斯顿历史区域中的建设项目的外观进行审查。这些创新的管理方式是政府与保护者合作的结果。政府还雇用了来自莫里斯·诺勒斯(Morris Knowles)匹兹堡规划事务所的詹姆斯·艾伦(James Allen),对查尔斯顿的历史保护区进行了详细的规划。[①]

海滨小镇查尔斯顿(资料图)

查尔斯顿整个市区共有 3000 多幢历史建筑,堪称国家历史地标。全城有许多画廊和演出场馆,每年在春末召开 Piccolo 斯伯雷托艺术节时,这些地方都会人头攒动。Piccolo 斯伯雷托艺术节于 5 月末到 6 月初举办,届时在全城的各大剧院、教堂、公园、商店门口和街道均有活动,被人们视为关于艺术的一场盛宴。自 1977 年始办,该艺术节已发展成为国际知名的音乐、歌剧、戏剧和舞蹈庆典,它吸引了世界各地的表演艺术家竞相参加。

4. 洛厄尔:工业精神与工业遗产旅游战略

洛厄尔(Lowell)是美国第一个工业城市,位于东部的马萨诸塞州(Massachusetts),最早以纺织工业而闻名于世。19 世纪早期,资本、劳动力和创新技术汇集到洛厄尔的梅里麦克(Merrimack)河岸,产生了洛厄尔的纺织工厂。洛厄

---

① 参见王红军:《美国建筑遗产保护历程研究——对四个主题事件及其相关性的剖析》,同济大学博士学位论文,2006 年。

尔纺织工业的繁荣持续了一个多世纪。二战以后，伴随着美国纺织工业整体的下滑，洛厄尔也开始走向衰落。20 世纪 50 年代，洛厄尔的布特棉布厂(Bootte Cotton Mills)和梅里麦克工厂(Merrimack Mill)先后关闭。到 60 年代，一些倒闭的旧工厂成为城市更新的牺牲品。梅里麦克工厂被全部拆除，没有留下任何历史痕迹。为了在城市进行更多的房地产开发，有些人甚至提出要将洛厄尔城市的里程碑——运河也填埋了。这时，洛厄尔的一些有识之士提出了刺激城市经济、使城市再生活力计划，其中，建设一个以劳动和工业历史为基础的工业历史公园是该计划的核心。[①]

城市议会经过对莫根计划的多年研究和讨论，于 1974 年落成洛厄尔州立工业遗产公园(Lowell Industrial Heritage State Park)。1978 年，美国国会确定建设洛厄尔国家历史公园(Lowell National Historical Park)和建立洛厄尔历史保护委员会(Lowell Historic Preservation Commission)，其目的是帮助国家历史公园的发展，激励对洛厄尔城市商业区建筑和运河的历史保护，发展与该公园主题相关的文化项目，将原来的州级工业遗址公园提升到国家级，集合联邦政府机构与许多团体的精力、资金与智慧，创建一种以保存与诠释工业遗产为主题的新型国家公园。这也是美国第一个大范围规划建设的工业历史社区。它通过保护和修复一些重要的工业建筑遗产、大型生产设施和其他商业街区、工人住宅等，保存多种类型的工业遗址来诠释该城市的纺织工业遗存。

整个洛厄尔城市就是一座露天工业遗址博物馆。它由分布于城市各处的 19 个历史遗址组成，在这些遗迹中，有的建设为工业遗址博物馆，有的利用旧建筑改造为其他文化设施，还有的则保持着遗迹原貌，作为地方历史遗产被保护起来。如圣安妮教堂(St. Anne's Church)是 1825 年梅里麦克制造公司为其工人及新来的居民建造的教堂，保持原貌；莫根文化中心(Mogan Cultural Center)坐落在一座 19 世纪 30 年代棉布工厂建造的联排工人住宅中，20 世纪 80 年代经修复后成为文化中心，展示"劳动人民：工厂姑娘、移民和劳动者"的主题陈列。布特棉布厂博物馆(Boott Cotton Mills Museum)是这座历史公园的核心，它是一座工业遗址博物馆，陈列展览占据了原工厂 6 号厂房的两个楼层。第一楼层是一个原状陈列的 20 世纪 20 年代的编织车间，放置着 55 台可以运作的"布商 E 型"(Draper Model E)织机，用以再现当年的生产场所。其中有一部分采用动态展示，伴随着编织机械运作中发出的杂乱而又有节奏的声音，参观者能体验编织车间纺织工人在工作场景中的真实感受。二楼有两个主题展览，一

① 参见吕建昌：《从绿野村庄到洛厄尔：美国的工业博物馆与工业遗产保护》，《东南文化》2014 年第 2 期。

个是关于“劳工历史”的展览，另一个题为“洛厄尔：美国工业的梦幻”的展览。展厅内窗户密封，纺织机静态陈列，安静无声，解说员以第一人称讲解，显得真挚而亲切。[①] 二楼安静的展示方式与一楼热闹的动态陈列形成明显的对比。

洛厄尔布特棉布厂(资料图)

洛厄尔国家历史公园以“美国工业革命发源地”为品牌，同时又以美国最早的纺织工业历史为特色。今天，洛厄尔国家历史公园已成为美国最为成功的露天工业遗址博物馆。工业遗产旅游战略的实施，使美国工业遗址博物馆稳步发展，成为推动当今城市经济文化发展的一个重要因素。

5.对中国的启示

国内的建筑遗产保护虽起步较晚，但在最近十年发展迅速，公众的历史保护意识也逐步得以建立。一些城市也陆续出台了相应的法令法规，并开始建立建筑遗产登录制度，指定了一些优秀历史建筑。但对于城市来说，政府指定的保护对象极为有限。即便是开展工作较早的上海，迄今也只确定了近 600 栋保护建筑，而这一数字相比于伦敦、柏林等城市则少得可怜。美国的建筑遗产保护得益于其完善的保护体系、市场化的运作方式和良好的市民参与机制，其部分经验可以作为今日我国建筑遗产保护的借鉴。

(1)国内建筑遗产保护缺乏保护对象的分级制度和相应技术标准。目前的相关法律，基本上还是以文物保护的态度来面对城市中的大量建筑遗产。事实

---

① 参见吕建昌：《从绿野村庄到洛厄尔：美国的工业博物馆与工业遗产保护》，《东南文化》2014 年第 2 期。

上如同美国近200年的历史建筑一样，中国近代城市中并非所有建筑遗产都是文物，也不可能将列入保护名单的建筑都作博物馆式的保存。指定的历史建筑保护单位数量非常有限，城市中很多可以更新和再利用的建筑遗产并没有列入保护名单当中。[①]

（2）应将市场作为历史保护的依托。国内建筑遗产保护的市场化已逐渐起步，但仍未形成良好的运行机制。政府的拨款极为有限，虽然近年来，我国的历史保护投资不断增加，但考虑到历史遗产的庞大基数，这些投资仍是杯水车薪。因此，在逐步理清产权的前提下，学习美国的经验，吸引各方投资，依托市场机制进行建筑遗产的保护和经营管理势在必行。

（3）普及历史保护教育，鼓励市民参与，保护弱势群体的权益。美国建筑遗产保护与利用更多的是一种由下而上的运动，其动力更多地来自社会基层。当前，国内建筑遗产保护中的居民参与尚未形成，历史保护在市民阶层的推广度还不够，但更重要的是缺乏相应的政策和途径，在决策过程中弱势群体难以表达自身利益。为此应当发展第三方力量，即非政府组织在保护与利用中的作用，完善规划程序，特别是规划议案提出机制，建立公开的设计审议制度，为市民提供相关技术服务，打破技术壁垒等；还应建立循环基金，为市民自发的保护行为提供资金支持。

三、美国的遗产廊道与文物利用

遗产的形式和内容是很多样的，其中河流峡谷、运河、道路以及铁路线都是文化遗产的重要表现形式，也是一种线性廊道。遗产廊道（Heritage corridor）是美国针对区域性遗产提出的一种战略性保护方法，是拥有特殊文化资源集合的线性景观，通常带有明显的经济中心、蓬勃发展的旅游、老建筑的适应性再利用、娱乐及环境改善等内容。它的出现与美国文化遗产自身特点、国家公园模式的衍化，以及美国绿道实践的早期探索都有关。从20世纪80年代中期至今，美国陆续建立了几十个类似的保护区域，在运河区域的保护与开发利用方面积累了丰富的经验。[②]

1. 伊利运河国家遗产廊道

伊利运河（Erie Canal）是一条影响了美国历史的航道，它将哈德逊河与五

---

① 参见王红军：《美国建筑遗产保护历程研究——对四个主题事件及其相关性的剖析》，同济大学硕士学位论文，2006年。

② 参见龚道德、张青萍：《美国国家遗产廊道的动态管理对中国大运河保护与管理的启示》，《中国园林》2015年第3期。

大湖连接，是沟通美国东海岸与西部内陆的第一条快速运输通道，现属于纽约州运河系统的一部分。自 1817 年正式破土动工以来，伊利运河系统的兴建和改善工程持续了上百年，大致可分为三个阶段。1817～1835 年，初步完成了总长 489 英里（约 787 公里）的伊利运河、奥斯威戈运河（Oswego Canal）、卡普兰运河（Champlain Canal）和卡尤加塞内卡运河（Cayuga），河道约 1.2 米深、12.2 米宽。1835～1918 年，随着船运交通的增长，州政府进行了运河扩大工程，将通航能力提升至 240 吨，最小河道断面扩大为 2.1 米深、21.3 米宽。这两个时期，出于骡马拉纤的需求，运河驳岸设计为纤道形式。1918 年至今，由于蒸汽、机械式船舶的出现对航道提出了新的要求，在 20 世纪初，纽约州由驳船运河法案（Barge Canal Act）授权，在原运河系统的基础上扩建了驳船运河（即纽约运河系统），并运用新技术优化了部分运河线路。运河航道的最小深度拓宽至 3.8 米，所有船闸改为电动控制，通航能力提升至 3000 吨并维持至今。

（1）各种资源的利用

伊利运河国家遗产廊道的重要性体现在，它通过大量特有的历史和文化资源，将促进地区、纽约州，乃至国家特质形成的那些特定人物和事件传达给现代游客。完整性和真实性是该廊道历史资源保护的首要考虑因素。美国对伊利运河历史与文化资源保护的首要策略是建立元素尺度上的保护设计导则，包括直接涉及的遗产单体和沿线聚落、自然保护地等廊道资源保护导则的制定，如根据不同破坏程度制定相应的河道保护策略等。

丰富的自然资源是伊利运河廊道地区的历史和文化发展的基础。这一地区拥有独特的肥沃土地、充沛的水资源，以及多样的动植物资源，这使它因运河的开通而迅速成为商业贸易中心。今天，这些自然资源成为遗产廊道的自然基质，也是许多游憩活动得以开展的基础。

（2）市场与营销策略

旅游业在纽约州的经济结构中一直扮演着重要的角色，但 2006 年以前的各类旅游规划，并未将纽约州运河系统作为重要的独立旅游产品。因此，伊利运河遗产廊道营销推广的目的，在于将独立的遗产旅游、自然资源保护、户外休闲游憩、遗产解说教育活动等加以整合，形成品牌效应。同时关注遗产廊道的可持续性，在资源保护和地方经济增长之间寻找平衡，不仅创造良好的游览体验，而且提升当地居民的生活质量。其营销与推广主要包括以下几方面。

平台架构。与散点式短途旅游不同，遗产廊道将被视作整体旅游目的地，这种做法将增加访问者的停留时间，即伊利运河成为串联一系列相关景点的线索。因此，建立架构统一的发展平台，减少重复工作是首先应当满足的条件。这个工作平台，包括成套的廊道视觉形象设计，跨行政区的高级管理机构，互利

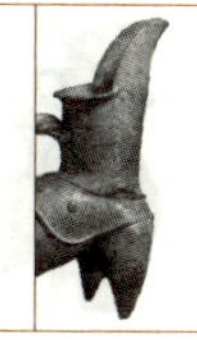

发展的协作伙伴关系，以及功能完善、交互良好的门户网站等等。在这套体系中，由伊利运河国家遗产廊道法案授权的廊道委员会作为核心管理者，积极推动上述各项工作。

网站建设。官方网站(www. eriecanalway. org)成为重要的管理工具和对外窗口，除基本的宣传和发布功能外，还提供了知识介绍、活动参与、教育培训等一系列功能，使用者可以方便地规划旅游线路和查询相关信息。

产品开发。廊道旅游者的目的地选择反映了不同的活动需求，潜在的廊道旅游者可大致分为三类：第一类，历史文化旅游者，如关注水利交通、水利工程、妇女权利运动、地下铁路等特定主题的宗教团体或民间组织。第二类，户外探索型旅游者，包括骑自行车、远足等健身爱好者，自然和生态旅游爱好者，冬季运动爱好者，以及划船、野营、打猎、钓鱼等户外活动爱好者等。第三类，其他旅游者，包括摄影爱好者、古董商品收集者和艺术爱好者等。针对上述不同人群规划不同的旅游产品，从而延长廊道旅游者的停留时间，刺激地方经济增长。对历史文化旅游者来说，历史、文化资源的真实性和完整性是最重要的旅游产品，这需要管理者强化历史遗迹的维护，改进解说设施，并保证阶段性更新。此外，还应考虑旅游者的其他需求，如提供冬季家庭旅馆、地域特色商品售卖等。

举办活动。伊利运河遗产廊道长期致力于通过承办各类运河相关活动肄立广泛知名度，同时也增加了公众对廊道的认知机遇。2010 年 9 月，运河城市罗彻斯特就承办了第 23 届世界运河会议，接待了来自 17 个国家的 400 余位参会代表。会前罗彻斯特滨水区举办的社区集市、运河游船、骑行等活动吸引了超过 1 万人前来参加。2010 年，运河慢行道庆典、骑行伊利运河、路易斯马克世界运河之旅等超过 300 个活动顺利举行，是 2005 年的四倍之多。其中，新年历摄影竞赛、运河奔腾等活动已逐渐形成传统。这些活动通过网站、宣传折页等多手段进行推广，吸引了越来越多的廊道访问者。

设施配套。除必要的解说设施外，购物、餐饮、住宿等配套设施也是影响遗产廊道游览体验的重要方面。遗产廊道的系统性使得某些季节性、区域性较强的景点扩大了游客范围，因此与之相关的配套设施需要合理发展，而这些也带动了区域的经济发展。莫哈克河谷和阿尔巴尼地区的旅游经济给当地居民创造了 507 个工作岗位，游客每年给当地零售业带来约 3800 万美元的收益，其中 1400 万美元用于支付工资。

2. 对中国的启示

我国有着丰富的大型线性文化景观遗产，主要以大运河为代表。过去我们对这类遗产资源的动态性与复杂性认识明显不足。近年来，人们对这类文化遗产项目的特征与定性有了深一层的思考，但在具体的保护与利用经验上还非常

遗址感受19世纪初殖民地时代的军事生活。[①] 同时古城区内旅馆众多,联系导游以及购买相关书籍都十分方便,给游客创造了十分便捷而舒心的旅游体验。除此之外,魁北克省、市政府时常和相关研究机构合作进行相关的科学研究项目,提高了古城区的利用和管理水平。例如魁省的拉瓦勒大学就是重点合作对象,其多所院系为古城区提供遗产维护、展示及建筑学的专业培训。与此同时,古城区发挥其社会功能,多次举办大型历史文物等图片展览,而这些展览大多面向学生,为他们提供了了解城市历史、历史文物的机会。

魁北克古城一角(资料图)

从魁北克历史古城的开发利用可以看出,不可移动文物要想得到较大程度的利用,必须建立在较好的保护之上。除了政府的有效管理,同时还需要和相关研究机构、智库合作,听取专业人士的建议。只有在充分的保护之下,方能更好地利用。这样不可移动的历史文物,最好的利用就是开发旅游,这就对旅游开发的水准有很大要求,只有使游客的旅游体验得到充分满足,才能使利用的效力最大化。当然仅仅以旅游来盈利是不行的,还要发挥其社会功能,使其更好地回馈社会。只有这样,不可移动文物的利用方能朝着可持续的方向发展。

二、可移动文物的利用

加拿大将可移动文物的来源认定为图画、雕塑、手稿、书籍、艺术材料、相关

---

① 参见季发:《加拿大世界文化遗产的保护和利用》,山东大学硕士学位论文,2008年。

科学类作品以及乐器，这些文物可以是来自加拿大本土的也可以是来自国外的。[①] 这就意味着加拿大的可移动文物，包括公共博物馆、私人博物馆或者是私人文物收藏，可以进入市场特别是国际市场中。为了更加充分地利用可移动文物，加拿大联邦政府特意制定了《文物进出口法》。

《文物进出口法》1985 年出台，在 2014 年 11 月 1 日完成了最近一次修订。《文物进出口法》有 16 条主要内容，52 条规定条例。其中最为重要的内容便是加拿大文物出口管控条例，主要对几种文物进行出口管控：(a)任何出现在加拿大领土、领海、岛屿以及内海，且具有考古学、历史学、艺术学以及科学价值的文物；(b)由加拿大原住民制造或者与其有关的物品，且这些文物的市场价值超过 500 加元；(c)一些在加拿大制造且时间超过 100 年的具有艺术性的文物，如玻璃器皿、陶器、纺织品、木器以及贱金属制品，且这些物品的市场价值超过 500 加元，还包括家具、木刻品、贵金属制品以及其他具有艺术性的物品，且这些文物的市场价值超过 200 加元；(d)相关书籍、文献、照片、录音以及其他收藏品，且这些文物的市场价值超过 500 加元；(e)素描画、版画、油画以及水彩画，且这些文物的市场价值超过 1000 加元；(f)还有其他市场价值超过 3000 加元的文物。上述物品年限没有超过 50 年且持有者仍然活着的，则不在该管控条例规定范围之内。除此之外，该法还规定由加拿大海关署成立文物出口许可办公室，负责文物出口等相关内容，还会指派相关机构和人员作为专业审查人员来监督该法律的执行，同时还规定了 10 条关于文物出口的相关注意事项以及相关程序。

《文物进出口法》还有一个亮点，便是规定设立了审查委员会，全称为加拿大文物出口审查委员会。该委员会成员主要经由加拿大文化遗产部部长推荐，再通过总督任命产生，包括委员会主席在内不超过 9 个人。该委员会的主要职责是：(a)根据该法第 29 条，审核文物出口许可证的申请；(b)根据该法第 30 条，决定相关进行通过现金交易的申请；(c)根据该法第 32 条，决定收取在交易过程中产生的相关税额。最后，该法还对违法的行为规定了相应的处罚措施，如：(a)情节较轻的处以 5000 加元以下的罚款或者 12 个月以下的监禁，或者以上两种处罚同时生效；(b)情节较重的处以 25000 加元以下的罚款或者 5 年以下的监禁，或者以上两种处罚同时生效。

可移动文物可以进入市场进行交易，这本身就是对文物的一种利用。但是只有制定了相关严格且标准的法律对这样的交易进行规范，才能对整个文物交

① 加拿大文化遗产部：http://canada.pch.gc.ca/eng/1459261353609，2016 年 7 月 2 日访问。

易市场起到稳定作用。加拿大《文物进出口法》着重对于文物出口作出详细的规定,不仅仅是出于保护的目的,更是为了使文物的交易能够更加有序且合法。

三、文物利用的青少年项目

加拿大文化遗产部除了对不可移动文物和可移动文物这样的实体进行利用之外,还用另外一种形式将文物利用融入到社会中来,特别是利用文物针对青少年展开了一系列项目。

第一,给青少年提供相关的暑期工作机会。这种工作机会主要提供给需要寻找和研究课题有关的暑期工作的在校高中生、大学预科学生以及大学生,而且这样的工作机会不仅仅可以赚取工资,还可以收获与文物相关的体验。文化遗产部提供两种文化项目:一是双语项目,主要基于加拿大多元文化社会背景下的移民国家的特点,这个项目可以让学生有机会提高第二外语的能力,还有机会走遍加拿大,学会加拿大某个少数族群的语言,主要是让学生感受移民国家的魅力;二是在相关文化遗产机构工作,提高学生文化遗产领域相关技能并同时获得一些实用型的知识,例如学会人工制品的保存、保护、研究、演绎以及推广,或者将新媒体应用在博物馆、档案馆、图书馆、文化中心以及遗产遗址等领域。对于申请项目的学生条件做了相应的限制:必须是加拿大公民或是永久居民,或者是取得加拿大难民身份(非加拿大籍的学生需要取得工作签证,而还在等待成为永久居民的学生则不允许);必须在加拿大能够合法工作;年龄为16～30岁;愿意为工作贡献足够的时间;在接受工作之前必须是全日制在校生;完成工作后需要返校继续完成学业;身体有缺陷的学生可以申请非全日制工作。[①] 工作时间6～16周不等,学生每周需要完成30～40小时的工作量。

第二,给毕业生提供实习的机会。文化遗产部同样提供了两种文化项目:一是英语和法语国际实习项目,学生有机会到语言学校、教育机构、翻译公司、视觉和艺术表演公司、影视公司以及文化遗产公司工作。二是提供与文化遗产有关的实习项目,分为国内和国外:国内首先是在博物馆、档案馆、图书馆以及遗产遗址等文化遗产相关领域实习,其次是在文化遗产保护机构实习,再次是从事艺术品管理或实践实习;国外则是在与博物馆学有关的机构实习。实习时间为4～12周,实习生每周同样要完成30～40小时的工作量。

第三,给青少年在国家公园、历史遗迹以及海洋保护等相关领域提供诸多项目。一是"我的国家公园通行证"项目,这个项目提供给学生的机会是,通过

---

① 加拿大文化遗产部:http://www.pch.gc.ca/eng/1359484003285/1359484079115,2016年7月3日访问。

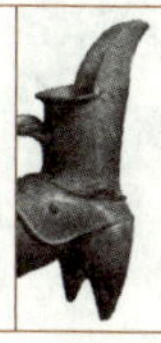

国家公园、历史遗迹以及海洋保护三个领域的互相联系，来探索和学习加拿大丰富的历史以及奇妙的自然风光。二是“国家公园探险”项目，分别针对儿童和青少年，全国各个省的国家公园和历史遗迹都可以申请。三是“国家公园大使”项目，就是每年雇佣两名青少年作为国家公园的形象大使，其主要职责是鼓励其他青少年能够参与到探索国家公园中来，并和他们分享一些参与这些活动的奇妙经历。

可见，加拿大十分注重将文物（不管是可移动文物还是不可移动文物）与年轻人相结合，通过年轻人参与相关的文化遗产项目，来让他们感受加拿大历史与文化，并和他们未来的发展相结合。

通过这些活动，极大拓展了文物利用的空间，使得文物价值得到了充分实现。

四、博物馆的盈利与创收模式

加拿大的博物馆可谓异彩纷呈。例如：加拿大农业和食物博物馆，主要展示的是农场以及连接加拿大与世界的农业科技与技术；加拿大航天博物馆，主要展示的是加拿大人探索宇宙的历史；加拿大历史博物馆，主要展示的是加拿大的整个历史发展过程，诉说加拿大历史往事；加拿大移民博物馆，主要展现来自不同地域的移民到加拿大后的生活状况；加拿大战争博物馆，主要展现加拿大军队的发展历程以及所经历的战争；加拿大科技博物馆，主要展示加拿大的科学技术以及影响世界的发明。这些大多都是国家级的博物馆。当然加拿大还有许多具有地方特色的博物馆，这里就不一一赘述了。

加拿大的博物馆不再像以往的博物馆那样只是作为文物收藏的机构，相反，它们更多的是利用自己所收藏的文物来盈利创收以及服务于社会。

第一，展览。毫无疑问文物展览是博物馆的功能之一。加拿大的众多博物馆平时会开设许多历史文物展览，这些文物展览的展品不仅仅局限于加拿大的文物，也会展览众多国外的文物。为了满足更多不能亲临博物馆参观的游客，他们还开通了网上观展的业务，对文物感兴趣的人们可以登录博物馆的官网，参观网上的展览。

第二，博物馆提供了诸多学习的机会。例如博物馆会和诸多学校展开合作。加拿大历史博物馆就和诸多学校合作，鼓励学生加深对塑造加拿大历史的人物、地点以及事件的理解。其中有提供相关工作坊项目，这样的工作坊一般安排在博物馆内部的某个工作室内，时间大约 45 分钟一次，鼓励学生动手操作

魁北克古城鸟瞰(资料图)

并应用小学和中学的所学知识来思考一些“大想法”。[①] 还会开展相关研究工作,例如博物馆内部就组成诸多领域的研究团队,他们常年研究博物馆所收藏的历史文物,形成研究报告,并且还会定期举办讲座。感兴趣的人们也可以登录博物馆的官网下载研究团队的研究报告或者购买博物馆的相关研究出版物。

第三,博物馆拥有自己的商店。这样的商店不仅有实体的商店还有网上商店。游客们可以通过这些商店购买相关的纪念品、相关的书籍,以及众多的历史文物仿真品。这些商店还推出了和该博物馆有关的文化衫、玩具、音像制品、游戏等等,这可以使感兴趣的人更好地感受博物馆及其所藏历史文物的魅力。

第四,众多博物馆利用新媒体进行宣传。几乎每一个博物馆都拥有自己的社会网络账号,他们通过这些目前流行的社会媒体来打响自己品牌,通过宣传促使更多人进入博物馆,感受历史文物所带来的震撼。

---

① 加拿大历史博物馆:http://www.historymuseum.ca/learn/school-programs/,2016年7月5日访问。

第五节　日本："文化财"全方位利用的理论与实践

日语"文化财"翻译成中文即是"文物"。[①] 日本对文化财的利用亦可以理解为对文物的利用。日本在文物保护与研究方面，无论是理论、理念、技术、法律还是实践上都处于世界前列。国内在这方面也早有关注和研究，尤其在文物利用日益成为我国文物工作的一个热点问题和实践难点问题的情况下，通过了解和研究日本文化财利用的经验，有助于我们对我国文物利用问题进行深入的研究和探索。

一、日本文化财体系

日本在文物保护和利用方面之所以处于世界领先水平，是因为其有一套完整且成熟可行的文物体系，我们称之为"文化财"体系。

1. 文化财的定义

关于文化财的定义，日本文部科学省文化厅对其的解释是，"在我国久远的历史中诞生和培育的，至今还保存和传承下来的贵重的国民财产"[②]。为此，日本以《文化财保护法》为基础，将国宝、重要文化财、史迹、名胜、天然纪念物等重要文物指定、选定并登记成册，试图通过为文化财的现状变更或对外输出设置一定的限制，安装保存修理或防灾设施，以及对公有化的史迹进行补助等措施来保存文化财。同时，通过对文化财公共设施的配备进行补助，试图扩大展览会等文化财鉴赏机会等手段谋求文化财的活用。可以看到，日本文化厅在推进本国文化财利用时，首先明确的是文化财的范围并将其登记在册，其次是对其进行保护，最后才是进行合理的利用。在这里，日本人用了"活用"一词。一个"活"字将日本人对文物利用的基本原则生动地体现了出来。由于文物的不可再生性，如果过度开发利用，使其受损造成不可挽救的破坏的话，文物本身也就失去了可利用的价值。所以，合理利用，加强管理是文物利用的基本原则。而日本人对文化财的"活用"就体现在合理利用（如扩大展览会等文物鉴赏机会），加强管理（将文物登记在案）这两个方面。

---

① 余彭年：《现代日汉双解词典》（修订版），上海外语教育出版社 2012 年版，第 1450 页。本书在解释"文化财"一词时，引用的就是文化财保护法对"文化财"的定义。其内涵要远大于中文"文物"之意。

② 引自日本文化厅官方网站，http://www.bunka.go.jp/seisaku/bunkazai/，2017 年 6 月 10 日访问。

2.文化财的分类

日本颁布的《文化财保护法》第一章第二条，明确规定了“文化财”分为以下六个种类：有形文化财（包含建造物、绘画、雕刻、工艺品、书迹、典籍古文书等有形文化所产生的在日本历史上、艺术上，并且在考古资料及其学术价值上有较高价值的物件和历史资料），无形文化财（包含演剧、音乐、工艺技术等无形文化所产生的在日本历史上和艺术上有较高价值的事物），民俗文化财（包含衣食住、职业、信仰、年中行事[①]等有关风俗习惯、民俗艺能、民俗技术以及与此相关的衣服、器具、家屋等对国民生活推移演变的理解不可或缺的物件），纪念物（包含在日本历史上和学术上有较高价值的贝冢、古墓、都城遗迹、城市遗迹，有较高艺术和观赏价值的庭院、桥梁、峡谷、海滨、山岳以及在学术上有较高价值的、包含栖息地在内的动植物和包含奇异自然现象在内的地质矿物等名胜古迹），文化景观（指某地域的人们的生活职业与该地风土形成的景观地，其对国民生活和职业的理解不可或缺），传统建筑物群（指有较高价值的与周围环境融为一体、形成历史风致的传统建筑物群）。[②] 上述分类属于法律上的分类。而在行政上，日本的文化厅也有自己的一套分类体系，它将文化财分为种类别文化财、其他文化财和世界遗产与无形文化遗产三部分。其中种类别文化财即是法律上文化财的六个种类，其他文化财包括了选定保存技术和埋藏文化财。

从文化财的细致分类可以看出，日本在文化财的管理和利用方面的理念是非常先进的。文化财的种类远远超过了在中国意义上的文物。对文物的利用，首先应该明确文物是什么，有哪些属于文物，这些文物又有什么特点。只有明确了这些问题，才能在文物利用工作中具体问题具体分析，做到物尽其用，在保护中充分利用文物的市场和文化价值。同时，日本重视无形文化财、民俗和自然景观的保护和利用，通过立法明确规定了它们是文化财体系中的重要组成部分。文物不仅仅是有形的由人类创造出来的物品，非物质文化和自然景观也是文物的重要组成。这种观念是需要得到我们中国文物保护利用工作者重视的。

3.文化财的认定和登记

在明确了文化财的内容和分类后，就要对分布各地的文化财资源进行认定和登记，以便政府或文化财拥有者能更好地保存、保护和利用它们。这一制度是在平成八年（1996年）修改《文化财保护法》时正式引入的。具体认定和登记的方式是，“重要的文化财由国家指定、选定和登记，进行重点的保护。文化财

---

① 年中行事：在日本，会有每年定例举行的仪式或祭祀礼。

② 引自日本国立国会图书馆日本法令索引总务省法令数据系统。

的指定、选定和登记由文部科学大臣向文化审议会进行咨询，并接受其报告”[①]。在无形文化财和民俗文化财方面，除了制作指定的记录之外，其他必要的措施由文化厅长官选择，应尽可能去制作记录。最后，还规定了国家指定的文化财，对应其种类，对改变现状进行一定的限制，同时实行文化财修理的国库补助，为其保存和利用采取各种必要的措施。

二、文化财利用的精细政策与专业精神

日本在行政制度上开始重视文化财保护的时间较早，最初可以追溯到明治四年(1871 年)由太政官颁布的古器旧物保存方。但是对于文化财的利用，却是随着时代的发展，文化财保护对象不断扩大，保护方式不断更新以及为更好地传承文化财而逐渐受到重视的。目前，日本文化财利用的主体是国家(文化厅)、地方公共团体、文化财所有者和国民。其中，国家在文化财利用方面扮演着最重要的角色，主要体现在制定相关法律政策、提供资金支持、对文化财相关设置的建设和运营等。但地方公共团体、所有者和国民也在文化财利用方面发挥着积极有效的作用。

1. 关于日本文化财利用的政策

国家政府层面的政策。负责推动文化财利用的机构是文部科学省文化厅。文化厅制定的文化财利用政策包括以下几个内容。①重要文化景观的利用：通过修改文化财保护法，将登录文化财制度的范围从重要文化景观、民俗技术扩大到美术工艺品、纪念物、有形民俗文化财，以便更加切实有效地推行文化财的利用。②古墓壁画的紧急保存利用：例如对国宝级文化财高松塚古墓壁画，特别是对史迹キトラ古墓的壁画开展永久性保存的工作。③推动史迹公有化：为了应对因城市化的发展而出现的史迹保护、整备和利用问题，政府将协助地方公共团体紧急实施史迹公有化事业。④史迹等整备利用事业：政府将协助对年久失修或自然老化的史迹或天然纪念物的生态环境，以及历史道路进行充分策划的整备和利用事业。⑤埋藏文化财发掘调查：政府将对因开发和调整而进行的文化财埋藏分布调查，为保护重要遗迹而进行的内容确认调查，为记录保存而进行的发掘调查，以及为出土文物的保存处理和公开利用而开展的事业进行辅助。⑥无形文化财等的次世代传承和发展：政府将帮助重要无形文化财的保有者、保有团体、文化财保存技术的保有者，保存团体进行传承和技术磨炼；同

① 引自日本文化厅官方网站，http://www.bunka.go.jp/seisaku/bunkazai/shokai/gaiyo/，2017 年7 月 2 日访问。

时，将无形文化财制作成影像记录，以进一步普及传统文化。[①] 从上述几点内容可以发现，文化厅在推动文化财利用方面的作用，主要体现在扩大文化财利用的范围，积极推动无形文化财和民俗文化财的利用，协助各类文化财所有者有效地保护和利用文化财，为文化财的有效利用提供行政上的便利。

地方层面的政策。推动文化财利用的机构是地方公共团体。地方公共团体是文化财保护、管理和利用的主体。这是因为多数文化财实际上是分布于各地的，与所在地的文化有着密不可分的关系。文化财的保护与利用，地方文化的发展，本来就是地方公共团体的任务。所以，国家与地方公共团体合为一体，综合推进文化财利用事业是不可或缺的。[②] 多数地方公共团体，在其区域内会保有国家指定之外的文化财。为保护和利用它们，地方公共团体会制定文化财保护条例，并以此为基准，把对本地而言有价值的文化财进行指定，以谋求对其的保护与利用。地方公共团体还要单独为文化财所有者对其文化财的管理、修理、公开等事业予以援助。同时，地方公共团体还应为文化财的公开和调查研究而设立美术馆、博物馆、历史民俗资料馆等设施，为地下文化财施行发掘调查，通过社会教育或学校教育组织有关文化财的学习活动、文化财的爱护活动和以一般居民为对象的文化财知识普及启发活动。[③] 可以看出，地方公共团体在文化财利用方面进行的工作是与国家的政策同步的，其政策可以说是国家政策的缩小版，如指定文化财、对文化财利用施行援助等。但不同的是，地方公共团体需要组织文化财宣传活动，对文化财的利用更具有公益性。

2. 税收政策、补助金和支援制度对文化财利用的支持

为了促进文化财的国有化和公有化以及推进其保护和利用，日本政府施行了减免让渡所得税、减轻遗产税等措施。具体政策如下：

在国税方面：①减免让渡所得税政策。个人的动产及建筑物被认定为重要文化财的，在平成十九年(2007 年)十二月三十一日之前，让渡于国家、地方公共团体、独立行政法人国立博物馆、国立美术馆、国立科学博物馆时，免征让渡所得税；个人的未被认定为有形文化财中的重要文化财，但被认可具有其同等价值的文物及重要的有形民俗文化财，在平成十九年十二月三十一日之前，让渡于国家、地方公共团体、独立行政法人国立博物馆、国立美术馆、国立科学博物

① 引自日本文化厅官方网站：http://www.bunka.go.jp/seisaku/bunkazai/shisaku/，2017 年 6 月 28 日访问。

② 引自日本文化厅官方网站：http://www.bunka.go.jp/seisaku/bunkazai/shisaku/，2017 年 6 月 28 日访问。

③ 引自日本文化厅官方网站：http://www.bunka.go.jp/seisaku/bunkazai/shisaku/，2017 年 6 月 28 日访问。

馆时，只征收让渡所得税的二分之一。②让渡所得的特别扣除政策：个人或法人的作为重要文化财的建筑物和被认定为史迹名胜天然纪念物的土地，让渡于国家或者地方公共团体、独立行政法人国立博物馆、国立科学博物馆时，承认2000万日元(约合16.8万元人民币)的特别扣除(所得税)或损金算入(法人税)。③减轻遗产税(赠与税)的政策。重要文化财的遗产税按照其财产评估价的70%扣除，登录有形文化财的遗产税按照其财产评估价的30%扣除，传统建筑物的遗产税按照其财产评估价的30%扣除。④减免地价税政策。重要文化财、重要有形民俗文化财、史迹名胜天然纪念物等，或地方公共团体认定的与文化财相关的土地，或者传统建筑物群保存地区内的一定土地，免除地价税；被看作非征税的文化财中试图用于保存和利用的与其有关的土地，以及与登录有形文化财相关的土地地价税，按土地价格的一半征收额度减免。

在地方税方面：①被认定的重要文化财、重要有形民俗文化财、史迹名胜天然纪念物或被认定为重要美术品的住宅或地基，免征特别土地保有税、城市规划税。②被文部科学大臣公示为重要传统建筑物群保存地区内的传统建筑物文物(被用于风俗经营的除外)，免征固定资产税及城市规划税。③被文部科学大臣公示为登录有形文化财或登录有形民俗文化财的房屋，作为登录纪念物的房屋或与其地基形成重要文化景观的房屋以及与其相关的地基，在征收固定资产税和都市规划税时，按二分之一减免。④作为重要传统建筑物群保存地区内的传统建筑物的房屋地基，根据当地市町村的情况减免税额的二分之一以内。①

通过对文化财的减免税，各类文化财的主体或所有者都变相地得到了国家和地方政府的财政补助。国家和地方政府兑现了《文化财保护法》及其他文化财相关法规中对文化财的保护和利用进行补助、援助或支持的条款。为各类文化财的保护、管理和利用提供了资金支持，可以有效地防止因缺乏保护文物资金而选择过度开发利用文物的市场价值，导致唯经济利益是从，文物利用工作出现本末倒置现象的发生，从而有助于文化财的合理利用与保护。

文化财补助金及支援制度是除文化财免税政策之外，另一种推进“文化财”利用事业的制度。此项制度始于昭和五十四年(1979年)，其目的是根据《文化财保护法》的宗旨，为了文化财的合理保存管理和利用，以及给文化财保护提供充足的资助。其补助对象除指定的文化财种类外，还包括“利用文化财建筑物等进行地域活性化事业”“生动的历史！史迹等综合利用整备事业”“有地域特色的埋藏文化财利用事业费”等文化财利用补助项目。其被给予补助的主体为

---

①　引自日本文化厅官方网站：http://www.bunka.go.jp/seisaku/bunkazai/shisaku/，2017年7月2日访问。

文化财所有人、管理团队、地方公共团体、法人和保存技术保持者等。关于补助金的交付，规定由申请人提出申请，由文化厅长官接收申请并审核。审核条件多达 20 项，满足条件后文化厅长官通知交付决定。若申请人对交付决定不服可以异议；若申请通过，申请人将签订执行合同并提交业绩报告书，最后就是补助金额的确定和交付。整个过程正规严谨，并由法律规定作为依据，避免用于文化财利用的补助金落实不到位或挪作他用。

在文化财补助金及支援制度之下，还有一种文化财指定捐款制度。这一制度是指在修复国宝、重要文化财（建筑物、美术工艺品）等国家指定文化财的情况下，文化财的所有者（修复者）可以扩大一般募集捐款的范围，用来充实修复费用，在得到财务大臣的承认后，捐款的法人、个人会得到税制上的优惠待遇。这一制度可以促进社会上的企业或个人对文化财事业的关注和投入，帮助文化财保护和利用事业获得更多的资金支持。

此外，还有复活文化遗产地域活化性事业、传统文化亲子教室事业、传统音乐普及促进支援事业、故里文化财森林系统推进事业、NPO 文化财建筑物管理利用事业、NPO 文化财建筑物管理利用的自立支援模型检讨事业等一系列补助金及支援制度。这些制度都有效地推进了日本文化财利用事业的发展。

3. 文化财利用的主要机构

作为推进文化财利用事业主体的日本政府，为了能提供灵活的行政服务而设立了独立于政府的组织——独立行政法人。目前，“独立行政法人国立文化财机构”包括东京国立博物馆、京都国立博物馆、奈良国立博物馆、九州国立博物馆、东京文化财研究所、奈良文化财研究所、亚细亚太平洋无形文化遗产研究中心，共七家机构。由四家博物馆负责收集、保管有形文化财并向全体国民提供参观服务，并与三家研究机构一起推进以保护和利用为目的的有关文化财的调查研究。[①]

为达成上述目标，国立文化财机构开展了以下业务：①开展为公众提供参观收集、保管有形文化财相关的演讲会，刊行出版物以及与之相关的普及教育。②利用博物馆为文化财保护或利用为目的的事业提供便利。③普及有关文化财调查研究的成果，并促进成果的利用。④收集、整理并提供有关文化财的情报和资料。⑤为地方公共团体及博物馆、文化财相关调查研究机构的职员提供上述①～④项业务的服务。[②] 从上述国立文化财机构开展的业务来看，其主要

---

① 引自独立行政法人国立文化财机构官方网站，国立文化財機構について，http://www.nich.go.jp/kiko/purpose/，2017 年 6 月 25 日访问。

② 引自独立行政法人国立文化财机构官方网站，国立文化財機構について，http://www.nich.go.jp/kiko/purpose/，2017 年 6 月 25 日访问。

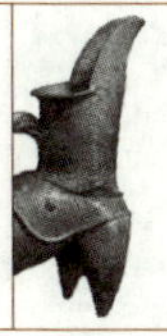

为文化财利用提供相关调查、研究，其成果将为文化财的有效合理利用提供理论上的支持。独立的文化财研究机构依靠其强大的研究实力和教育实力，为政府制定文化财利用的相关政策提供指导，保证“文化财”利用事业沿着科学的方向发展，促进了文化财利用效率的提高。

国立文化财机构除了为政府提供文化财利用相关政策的智力支持之外，其自身也是文化财利用事业的实践者。尤其以四大博物馆为主，到 2015 年，四大博物馆的收藏品总计 125766 件，寄存在博物馆的文化财多达 11844 件。2014 年一年的时间，共有总计 370 多万人参观了博物馆。[①] 其主要的文化财利用事业包括：收藏品的整理与继承，向国内外宣传文化财的历史及传统文化，推动以日本博物馆为中心的全体博物馆活动活化性[②]，推进文化财保护方面的国际合作等。[③] 以平成 27 年（2015 年）为例，作为日本人文性综合博物馆的东京国立博物馆，共举办了 300 场文物展示活动。较有特色的展示有，以“日本美术的流传”为题的从绳文时代到江户时代雕刻与陶器展，奈良时代的法隆寺从皇室献纳而来的 300 件宝物展览，以及在黑田纪念馆举办的日本近代画家黑田清辉的作品展等。收藏从平安时代到江户时代以京都文化为中心的文化财的京都国立博物馆，在 2015 年新开放的名品陈列馆——平成知新馆，展出了从馆里 13000 多件收藏品中挑选出来的陶瓷、绘画、书法、工艺品等。同时，京都作为日本传统文化——落语的发祥地，京都国立博物馆每年都要举办 4 次以“京都·落语博物馆”为题的演出，与此同时还会举办音灯华野外音乐会。以佛教美术及奈良文化财为收藏中心的奈良国立博物馆，在 2015 年举办了“名匠三代——木内喜八·半古·省古的木工艺术”等 5 场特别陈列展，2014 年举办了“天皇皇后两陛下伞寿[④]纪念第 66 回正仓院展”等 3 场特别展。以侧重收藏日本和亚洲诸地区文化交流文化财为中心的九州国立博物馆，主要的展览活动分为三个部分：文化交流展（平常展），话题展（特集陈列）和特别展。例如在 2015 年举办了名为“柿右卫门·继承的技艺与美”的话题展，和名为“战国大名——九州群雄和亚洲的波涛”的特别展。[⑤] 从上述各大博物馆对自身所拥有的文化财的利用中，

---

① 数据来自《平成 27 年度独立行政法人国立文化财机构概要》，第 5 页。

② 其具体内容包括：博物馆收藏品调查研究成果出版物以网络等各种形式扩大公开的途径；招揽海外优秀的研究人才进行学术研讨和交流；在考虑保存状态的同时，将收藏品借给各地公立、私立博物馆进行展览，并为各地公私立博物馆进行人员、情报、业务指导。

③ 引自《平成 27 年度独立行政法人国立文化财机构概要》，第 5～7 页。

④ 伞寿：指八十岁寿辰。因“伞”字的草体形似“八十”，故称“伞寿”。明仁天皇出生于 1933 年 12 月 23 日。

⑤ 引自《平成 27 年度独立行政法人国立文化财机构概要》，第 8～14 页。

我们可以看出，日本的国立文化财机构在文化财的一般利用和综合利用方面形式多样，内容丰富，组织成熟，可以说充分利用了文化财的文化价值和市场价值。

表 1 收藏品

合计			东京国立博物馆			京都国立博物馆			奈良国立博物馆			九州国立博物馆		
总数	国宝	重文	总数	国宝	重文	总数	国宝	重文	总数	国宝	重文	总数	国宝	重文
125766	130	954	116268	87	634	7109	27	180	1877	13	111	512	3	29

表 2 寄托品

合计			东京国立博物馆			京都国立博物馆			奈良国立博物馆			九州国立博物馆		
总数	国宝	重文	总数	国宝	重文	总数	国宝	重文	总数	国宝	重文	总数	国宝	重文
11844	195	1208	3064	56	256	6.001	86	623	1984	53	324	795	0	5

表 3 博物馆来馆者数

合计	东京国立博物馆	京都国立博物馆	奈良国立博物馆	九州国立博物馆
3734433 人	1913643 人	539134 人	476993 人	804663 人

平成二十六年(2014 年)日本四大博物馆相关数据

三、日本文化财利用实例

1. 国有财产的利用实例

文化厅所属的文化财是国有财产，它们由文化厅公开和利用。

在史迹·建筑物方面，北海道函馆市的五棱郭公园是一个典型例子。五棱郭建于 1864 年，按西洋筑城法修建而成，是德川幕府箱馆奉行所址，以作为明治维新最后一战——箱馆战争的舞台而著名。它是一个呈五角星状的要塞，被高 5～6 米的工事所包围，石垣、沟渠都良好存留着。1913 年，种植千株以上樱花树成“五棱郭公园”，1922 年被指定为史迹，1952 年指定为特别史迹。目前门票价格 630 日元。向民众开放参观的国有史迹·建筑物还有旧岩崎家邸庭园、平城宫迹和姬路城。

在美术工艺品方面，文化厅通过防止贵重文化财遗散和向海外流出，以购入文化财并妥善保存等手段，将美术工艺品通过国立博物馆和各地博物馆的展览会向公众开放。

2. 国宝·重要有形文化财(建筑物)的利用实例

关于如何利用文化财(建筑物)，日本文化厅认为，应该在维持其本来的机能和用途的情况下，加深对文化财的理解，将新的机能和用途附加在文化财之上，给人们提供可以切身亲近的机会。当然，这是以建筑物继续有效的使用，提高保存的意识，继续维持管理为前提的。因为有多样的文化财建筑物，所以就不能期望利用形式是一样的。应当准确地依据建筑物的特征、条件，灵活制定利用计划。[①]

例如：①高岛屋东京店，此百货商店为了继续使用，随时代变化的要求，在别处配备了停车场、事务所等设施，别具匠心地使之与百货商店统一起来的同时，实施了抗震改修。这是满足现代需要的同时继续使用文化财建筑物的利用设计。②岐阜县的和田家住宅则是为了继续居住而设计文化财利用方案的。以白川村荻町重伝建地区为中心，为了能在公开开放利用的同时可以继续居住，既加强了对隐私的照顾，又公开了部分房间。③福冈县的旧福冈县公会堂贵宾馆是被改造为商业设施加以利用的。具体做法是将第13届九州冲绳八县联合改进会来宾宿舍与城市公园的一部分整合起来，把从福冈县西方冲地震修复后的空间加入进来加以利用的。[②]

高岛屋东京店（资料图）

① 日本文化厅：《国宝・重要文化财建造物保存・活用の進展をめざして》，第8页。
② 日本文化厅：《国宝・重要文化财建造物保存・活用の進展をめざして》，第8页。

和田家住宅(资料图)

旧福冈县公会堂(资料图)

3.登录有形文化财的利用实例

登录有形文化财制度,以建筑物可以轻易进行各种各样的利用为特征。目前为止常用的利用方式,是将其打造成事业资产或观光资源。另外,关于修理

或管理的事宜还要征求文化厅的意见。[①]

具体实例有：①岩手县世嬉造酒厂。将造酒设施改造成商店加以利用。此文化财建筑物是大正 8 年建造的造酒厂设施。在所有者积极有益地继承建筑物所在地区传统文化的思路下，将其利用成博物馆或土产料理店。由于要谋求复活传统文化，提高服务，所以着手建立地区内长期有亲和力的设施。②静冈县旧五十岚牙科医院。将历史建筑物改造成居民活动据点加以利用。它是位于东海道宿场町的木质结构西洋风格的医院建筑。该地的居民以"旧五十岚邸研究会"为中心，用日常的管理、维护等各种居民参加活动的形式活用该建筑。近年来，在完善前人智慧的基础上，进行了文化财在现代地区实现防灾任务的验证工作。③佐贺县深川家住宅。吸引群众扩展公益、建设街道式的利用。NPO 法人佐贺县 CSO 推进机构进行了深川家住宅的管理与利用。但他们没有仅限于管理与利用，还计划将遍布于市内的其他登录文化财等包含连带进活动中，同时进行观光志愿导游培训等，开展各式各样的团体及个人合作组织活动等。[②]

4. 传统建筑物群保存地区的文化财利用实例

对于该类文化财的利用，文化厅主要制定了"保存修理"和"收购"两种利用方式。"保存修理"就是通过维持传统建筑物现状，或复原受损严重的建筑，加强抗震力，通过设计使传统景观跟上时代的特点，与生活环境融为一体。"收购"就是市町村讨论该地区保有的文化财土地与建筑利用计划，并将其收购，在文化财区域内建设公共设施、导向设施、交流设施等。具体实例有，香取市佐原的传统建筑物修理，使其更加坚固，围墙的拆除也使其正面外观得到修复。金泽市东山东传统建筑物之外的建筑修复工程，主要是调和建筑线周围的传统建筑，修景基准是将屋顶，外墙等的历史风貌调和改造。长崎市东山手将保存地区内的洋馆、公共设施收购进行利用。[③]

5. 非盈利组织（NPO）文化财建筑物管理利用事业实例

文化财建筑物的保存与利用，是以其所有者和行政机关为主体进行推动的。但是，文化财建筑物多种多样且数目众多，又受到国民的高度关注，故有志于文化财建筑物利用和地域发展的 NPO 法人或市民团体增加起来。作为 2014 年文化厅制定的文化财利用新制度，NPO 规定了特定非盈利活动法人或市民团体，可以在文化财建筑物的适当维护管理和积极利用方面提出方案。文化厅

---

① 日本文化厅：《建物を地域と文化に——登録有形文化財建造物制度の御案内》，第 4 页。

② 日本文化厅：《建物を地域と文化に——登録有形文化財建造物制度の御案内》，第 4 页。

③ 日本文化厅：《歴史を活かしたまちづくり——伝統的建造物群保存地区制度のご案内》，第 6 页。

根据现实性、具体性、自立发展性等几个方面选定提交的方案，以“管理利用事业”的名义进行委托管理利用。①

具体实例有：青木繁“海之幸”诞生之家・小谷家住宅的管理利用计划。该计划的实施团体是安房文化遗产论坛，事业经费1340000日元，事业区域在千叶县馆山市富崎地区。其利用计划内容包括：推行馆山まるごと博物馆的街道建设活动，推进人才培养和文化普及启蒙，以实现当地渔村活性化为目标，设立“海之幸”会以募集4600万日元的修复基金等。

四、日本文化财利用的特点及其启示

综上所述，笔者认为日本文化财利用有以下几个特点：

（1）将文化财的利用有机地融入文化财保护之中，做到了文化财保护与利用关系的平衡。从日本文化财利用的方式和法规上看，日本文化厅和各文化财所有者，对文化财的利用是建立在对其保护的基础上的。如在有形文化财建筑物的利用方面，各利用事业主体首先考虑的是修复或维护建筑物，其次利用方式要符合建筑物的特点，不会违背其原始风貌，努力寻找保护与利用的切合点。很好地平衡了文物利用的公益性和市场性。

（2）扩大文化财的选定范围，将更多的拥有历史、文化、艺术价值的各类有形、无形文物和自然景观纳入文化财保护和利用事业中。从日本文化财体系中，可以看到日本文化财不仅仅包括那些国宝级文物和非物质文化遗产，还包括了很多地方性有形、无形文化财和自然景观。这些地方性文化财与当地文化历史紧密相关，是当地人民重要的精神象征。通过将它们纳入国家文化财体系中，可以更好地保护和利用它们，提高文化财利用的效率以及公益和市场价值。

（3）实施各种文化财利用事业公开透明。日本文化财利用事业从企划、集资、实施等过程都会在网站上公示。有助于规范文化财利用事业的行为，加强监督，防止为追求经济利益过度开发利用而造成文物的破坏。

（4）日本文化财利用事业各主体参与性强，形成了全方位立体型的参与模式。推动日本文化财利用事业的主体包括了国家层面的文化厅，地方政府层面的地方公共团体，社会层面的非营利组织（NPO）以及独立行政法人国立文化财机构和民众。各主体间可以单独推进某一文化财的利用，也可以几个主体间通力合作。当然，国家层面的文化厅是推动文化财利用事业的最重要主体，它制定相关法律，负责审议通过其他文化财主体的利用事业方案，监督利用事业的

---

① NPO等による文化財建造物の管理活用事業，日本文化厅官方网站，http://www.bunka.go.jp/seisaku/bunkazai/joseishien/npo_kanrijigyo/index.html，2017年6月26日访问。

进程。同时,日本民众有着极高的文化财保护与利用意识和参与热情,有力地推动了文化财产业的发展。

日本五棱郭公园(资料图)

第六节　俄罗斯圣彼得堡:大型历史名城科学利用的理念与成效

圣彼得堡是俄罗斯第二大城市,建城历史虽短,但作为俄罗斯昔日的首都,不仅有着气势宏伟的建筑群,独一无二的城市全景与标志性建筑,而且处处都蕴藏着浓厚的文化底蕴,因此已经成为俄罗斯国家特色和复兴的标志。这座经历了近 310 年风雨的历史文化名城,拥有 1000 多个保存完好的名胜古迹,是世界城建艺术的珍品与联合国教科文组织保护对象。其特色保护与利用理论无疑凝聚了全俄罗斯的智慧与才华,认真解读其经验,可以为我国历史文化名城建设提供借鉴。

一、圣彼得堡的概况与城市特色

圣彼得堡是一座有着“世界上最美的城市”之美誉的城市,是 1703 年彼得一世在波罗的海滨涅瓦河三角洲上建造的,当时建城的目的是作为对外通商门户。1712年,首都由莫斯科正式迁至圣彼得堡,此后的200多年里,它一直是沙皇俄国的政治、经济和文化中心。1918年3月,苏维埃政府将首都又迁回莫斯科。历史上该市三易其名:1703～1914年,它被命名为圣彼得堡;1914～1924年,去掉了名称中的日耳曼语系色彩,将其更名为彼得格勒;1924年列宁逝世后,为纪念列宁改名为列宁格勒。1991年,苏联解体后又恢复了它的历史名称——圣彼得堡。

圣彼得堡是一座水上城市,由近百个岛屿及河滩组成,并由几百座桥梁连接起来。河面面积占全市总面积的10.2%,由于河流纵横,风光秀丽,素有"北方威尼斯"之称。此外,因为培养了格林卡、柴可夫斯基、肖斯塔科维奇等著名艺术家,圣彼得堡也被赋予"诗人的城市""音乐家的城市""舞蹈家的城市"等美誉。作家普希金、莱蒙托夫、高尔基等人都曾在此生活和从事创作,在许多脍炙人口的文章里称赞圣彼得堡美丽的身影。

圣彼得堡现有1000多个保存完好的名胜古迹,其中有宫殿、庭院和大型建筑物548座,纪念碑32座,经典园林137座,博物馆50多所,此外还有大量的桥梁、雕塑等。较为著名的景点有:建于18世纪早期的彼得保罗要塞、彼得保罗大教堂、彼得大帝的夏花园及园中的夏宫等;建于18世纪后期的斯莫尔尼宫、阿尼奇科夫宫、冬宫等;建于19世纪初的喀山大教堂、102米高的伊萨大教堂(世界四大教堂之一)等;建于20世纪的艾尔米塔什博物馆(世界四大博物馆之一)等;郊区著名的景点有沙皇夏季别墅、巴甫洛夫斯克别墅区等。1989年10月17日,列宁格勒历史中心及郊区的历史景区被列入世界文化遗产名单之内。在迎接纪念建市300年之际,俄罗斯联邦政府对城市进行了拆迁、修缮、改造和扩建,使之重现18、19世纪的辉煌。今日的圣彼得堡,基本完好保持着昔日帝国首都与文化名城典雅雄伟的气度和风貌,堪称西欧古典文明与俄罗斯传统相结合的杰作。有报道称:"彼得时代的旧俄罗斯依靠全新的圣彼得堡走向强盛,新俄罗斯却要借助旧时代的圣彼得堡重返大国之列。"历史文化名城圣彼得堡的城市特色主要有以下几点①:

1.经典园林众多

彼得大帝是圣彼得堡城市建设的主要设计师,由于他当时游历了众多的欧洲国家,因此非常具有欧式特色的大尺度的、规则式园林在圣彼得堡的园林景观中体现得较多。当时许多欧洲园林师和建筑师参与了皇家园林设计,如俄罗斯空前辉煌壮丽的皇家园林彼得宫就是模仿凡尔赛宫进行设计和营建的。彼

---

① 参见吴妍、马建章:《历史文化名城圣彼得堡城市特色与保护经验研究》,《城市发展研究》2012年第7期。

圣彼得堡(资料图)

得宫始建于1705年,当时仅仅是一座花园和木屋,彼得大帝为了从圣彼得堡到喀琅施塔得海军基地有途中休息的地方,在1714年决定在此修建一座比欧洲任何一座宫殿都要气派和豪华的郊外行宫,并于1723年初步建成,但1725年,随着彼得大帝去世,建设工作受到了一定的影响,直到1885年,彼得宫的建设才结束。彼得宫总面积约100万平方米,包括11个花园、30座宫殿和楼阁,数量众多的花园建筑和大量的喷泉、雕塑,并在宫殿中拥有大量的珍贵文物。该园林的设计方案几经更改,但是无论哪个版本的规划设计,勒诺特尔式园林特点都表现得十分强烈,如大宫殿的轴线控制全园、整体布局沿中轴线对称或拟对称布局及运河、林荫道、模纹花坛等等。同时,这些规则式的园林能够与俄罗斯的民族特性相结合,形成了独具特色的俄罗斯规则式园林。

2.水景设计和公园类型丰富

由于圣彼得堡位于芬兰湾涅瓦河的入口处,水资源十分丰富,除城市内的涅瓦河以外,还有叶卡捷琳娜二世时期开凿的运河。因此,园林内大规模的水景多就近引园外的水入园内造景,同时也仿造欧式园林建造了众多大面积的规则式水池、喷泉。所以彼得宫以造型别致、数量众多的喷泉闻名于世,被称为"喷泉之都"。

随着城市的建设,圣彼得堡城除传统的宫廷园林、公园、花园和小游园外,多座纪念性园林、文化休息性公园、大型综合性公园、生态森林公园逐渐创建起来。如基诺夫中央文化休息公园、海滨胜利公园等，扩大了园林绿化面积，丰富了城市绿地种类。1917 年，圣彼得堡城区共有公共绿地 10.3 万平方米，其中公园、花园和小游园总面积为 1.5 万平方米。到 1940 年，又扩建了城区内的 6.83 万平方米绿地，郊外的森林公园总面积达到 14.8 万平方米，此类面积的剧增可见其公园的数量及类型的丰富。

特别值得一提的是，纪念性园林在圣彼得堡城市建设中占有十分突出的地位，如此大规模的纪念性园林景观在其他城市可以说是比较少见的。但是在圣彼得堡这座城市，几乎可随处见到纪念性的公园、广场、雕塑，它们都在生动地描述着某个伟大人物的事迹或一段辉煌的历史故事。这些具有纪念性的文物建筑除了具有文化休息的综合功能外，还具有教育和鼓舞人民的作用，圣彼得堡的冬宫与皇宫广场就是纪念性园林的代表作。

3. 精美的建筑

圣彼得堡的城市特色以建筑的精美闻名于世，素有“地上博物馆”之称。这里的建筑物虽没有莫斯科的那样金碧辉煌，但大都高雅华贵、富丽堂皇，呈现出 18～19 世纪欧洲古城的风貌。尽管各个时期建设的建筑风格各有差别，如巴洛克风格、古典风格、帝国风格、浪漫风格、折中风格及现代风格，但却保持着一种惊人的和谐，其中唯美的古典主义风格是圣彼得堡建筑最主要的特点，喀山大教堂就是一个最鲜明的例子。在保罗一世和亚历山大一世统治时期，城市中修建了很多整齐的街区和宏伟的建筑群，使当时的圣彼得堡充满了帝国的气概。当时圣彼得堡著名的建筑师罗西提出“用建筑群进行思维”的理论，他在城市中布置几个重要的广场，同时在广场周围建造了一系列整齐精美的建筑群。到 19 世纪，古典主义建筑备受推崇，于是停止了普通街区的建设，经过 50 年的大力推行古典建筑，圣彼得堡的每一部分都具有古典风格要求的“严整、和谐的面貌”。1842～1843 年，禁止按照“标志性建筑”建造单调、同一类型的建筑（古典建筑），提出建造多种风格、多种色彩建筑的必要性，这时建筑的形式才开始从历史主义拓展为圣彼得堡式。1855 年，沙皇签署最高命令，规定涅瓦河边主要交通道路旁边的“建筑立面在进行建设之前应送给沙皇陛下进行审核”，以此形成了保留至今的严整、和谐的建筑面貌。19 世纪末 20 世纪初不仅是圣彼得堡首都庄严的“新古典主义”建筑风格形成的时期，而且也是进行大规模城建探索的时期，许多大型建筑兴起，像艾尔米塔什博物馆等大型建筑都是在这个时候建造起来的。

4. 独特的雕塑

雕塑是装扮圣彼得堡这座历史名城的小品，同时也是城市精神的指引，是

地标性质的景观，是圣彼得堡城市特色不可分割的一部分。从雕塑中可以看到俄罗斯民族的发展历程和民族发展的文脉。从雕塑分布的位置来看，整座城市中的雕塑是从老城区向周边的新城区辐射，这同时也见证着圣彼得堡市的发展历程。俄罗斯帝国时期有名的城雕有：青铜骑士、亚历山大纪念柱、罗斯特拉灯塔、库图佐夫像、尼古拉一世像、凯瑟琳二世像、普希金像等。根据雕塑的特点可以划分为装饰性、纪念性、组团性、功能性、娱乐性几种类型。其中纪念碑式雕塑和装饰性雕塑是俄罗斯乃至世界雕塑艺术的经典之作。装饰性雕塑主要是以雕塑的形式作为整体形象的细节来丰富和美化环境空间，这在圣彼得堡是数量最大的一种雕塑类型。从皇村凯瑟琳大殿屋顶上优美的造像、巴洛克式精湛的山花、柱饰，再到皇宫广场高大凯旋门上的胜利女神战车，随处可见此类佳作。反法西斯战争胜利后，以战争胜利和爱国英雄为题材的纪念性雕塑、纪念碑、装饰画等大量涌现。纪念性雕塑通过不同主题，让游人从精神上理解到城市和俄罗斯民族历史文脉，提升民族的人文精神和引发民族的自豪感。其中具有代表性的作品是地标性雕塑“青铜骑士像”和“彼得大帝”，这两座雕塑被称为圣彼得堡这座历史文化城市的精神和人文精髓的象征。

圣彼得堡尼古拉一世铜像（资料图）

圣彼得堡青铜骑士雕塑(资料图)

二、科学保护利用的思路与经验

1.保护历程曲折

这座经历了近310年风雨的历史文化名城,其保护历程也不是一帆风顺的。苏联成立初期,社会政治领域的变革在城建方面也引发了巨大变化。初期文化遗产政策出现重大失误,由于当时社会实用主义盛行和对宗教及旧知识分子的轻视,大批教堂和修道院被拆除和改造,庄园也被用作公社的仓库。1917～1923年,最著名的方案和竞赛作品都是关于历史建筑区的:《瓦西里耶夫岛调整方案》(1919年)、《彼得格勒区调整方案》(1919年)、《打通十字岛建设街区方案》(在十字岛上建设"花园城市"的提议,1917～1919年)、《将彼得洛夫与比洛格夫沿河大道用桥连接起来的方案》等。

直到1933年,政府对于文化遗产的态度才得到转变,通过了《关于保护历史文物》和《关于保护建筑文物》的决定。20世纪20年代开始不断进行一系列的解决城建问题规划方案,如:在1917～1924年编制了重要的城建方案集,将彼得格勒城市改造不同阶段的城建方案编制于一册;1923年编制《彼得格勒调整规划》;1925编制《列宁格勒调整方案》;1927年编制《列宁格勒区域体系规划》;1934年编制《列宁格勒规划设计方案》;1938～1939年编制《列宁格勒森林、公园区域规划方案》;1948年编制《列宁格勒城市总体复兴方案》;1956年编

制《1959～1965年居民建筑、文化及生活建筑、公共建筑分布规划》;1966年编制《列宁格勒周边地区规划方案》。从此,圣彼得堡不再一味地进行城市版图的粗放型发展,而转向规划与建筑体系的精细改造方面。

1976年,最高苏维埃又以法律的形式颁布《历史文物古迹的保护和利用》,扩大了保护范围,古迹不仅包括个别的建筑物和构筑物,还包括城市建设方面建筑群、建筑综合体、街道广场以及园艺作品和自然风景等。在旧城改造方面,苏联政府提出不应把文物古迹仅仅看成是怀旧的或反映历史丰功伟绩的物证,还要看作是反映现代生活的一种现象;制定了严格的修复和规划程序,最大限度地保护历史遗迹。

在列宁格勒市区及周边地区20年总体规划(1985～2005年)方案中,明确了列宁格勒发展方向,解决问题的重心是保护列宁格勒历史建筑,对于城市历史中心来讲,第一次确定了联合保护区,在郊外带有皇宫的历史中心地带也建立保护区,于1989年被列入世界文化遗产目录。1991年,苏联政府签署特别决议,对列宁格勒历史中心进行修复改造。21世纪初,为迎接建城300周年,俄罗斯联邦政府和地方财政共投入30多亿美金对城市进行拆迁、修缮、改造和扩建,使圣彼得堡的面貌发生了巨大的变化,主要街道旁的楼房都按照外部修缮、内部改造的方案进行施工,包括各景点和主要河道及桥梁,新开放50多个历史景点,原来占据这些历史景点的国家和军队机构都已迁走,同时也搬迁了30多家工厂。经过修缮的圣彼得堡全城都重现古典主义风格的特色。2005年12月21日,圣彼得堡通过《关于圣彼得堡城市总体规划以及圣彼得堡境内的文化遗产保护地区边界》的法律,至此,圣彼得堡的保护与利用得到了最有力的法律保障。

2.老城整体格局基础上的扩建

18世纪,俄罗斯从意大利和法国引进了“干道广场体系”。圣彼得堡以海军部大厦为焦点,用三条放射形城市干道控制了城市,使城市庄严宏伟,标志性建筑的形象得到充分展现。在海军部东西两侧,东部建有冬宫和总司令部办公楼围合成的冬宫广场。西部则是以青铜骑士像为主体的开放式广场,其北侧直接面向涅瓦河。在这东西1000多米长的范围内,空间之变化、景观之更替都反映着俄罗斯民族在18、19世纪曾有的辉煌。圣彼得堡市的中心区,自建设之初基本格局始终未发生过大的变化,正是这种相对稳定的统一性和各时期的微差赋予了城市空间特定的魅力。除此之外,圣彼得堡城市空间遵循了西欧古典城市的体系,即由中心向外延伸形成区域,由几个中心或标志性的建筑空间相连形成街道。于是以广场、街道为主的点、线空间构成了清晰完整的城市空间框架。对比城市最早和最新的城市规划,当时政府对老城区整体格局的继承和保护清晰可见。1717年,沙俄首都开始进行第一个统一的总体规划设计,同年,设计师布隆很快就提出了著名的“理想方案”，但该方案仅仅停留在17世纪初的“城市—堡垒”式的设计水平上，因而决定了它的失败。但这个规划却成了俄罗斯这座涅瓦河上的首都的战略性发展计划，它第一次统一将岛屿纳入被运河所环绕的椭圆形城市里，对于现在的城市所形成的独具特色的文化基调产生了重要影响。在2005年城市总体规划方案中，虽然城市整体扩大不少，但仍保持着老城区的路网形式，街道原有的线形、空间尺度，老城区整体格局依然保持着原有的面貌。

3. 古典建筑的保护与利用

俄罗斯修复科学院主席普鲁金指出，要建立“建筑历史环境保护的新概念，从空间环境及人道精神两方面解决文物建筑古迹及建筑历史环境的保护问题”。圣彼得堡城市建设遵循着一系列的措施，较好地保护了俄罗斯的历史遗迹，大量的教堂和建筑艺术作品得到修复和重建。到20世纪后期，如何在建筑中表达民族性和地方性得到重视。在民族化的过程中普遍采用两种方式：一种是直接沿用传统民族特性；另外一种是深入挖掘地方和民族文化中的精髓，通过一定的建筑形式来表达。这些方法在具体的建设中都取得了较好的效果。至今，圣彼得堡老城区没有一幢摩天大楼，300年前的街道和建筑依然保持着原貌，即使新建的建筑也传承着原始风貌，从风格、形态、色彩、高度几方面对城市面貌进行保护，这都是历代规划设计积淀而成的。如在1919年完成的《彼得格勒分区方案》，根据建筑类型、建筑层数以及临街建筑前面宽度的不同，划分出3个区：第1区（中央区）为临街建筑密集区；第2区（中间区）为绿地周围的分散住宅区；第3区（边缘区）为主要以绿地为主，带有个别建筑的区域。每个区都有自己的建筑规范，规划确定具体建筑及建筑群的特殊规划类型、建筑形态类型与结构类型。值得一提的是，在第1区保留了很多革命前的市区建筑物。

4. 历史文化街区的修复与改造

历史文化街区的修复与改造是比较困难的一个议题，但近十年来，圣彼得堡成功地在涅瓦河畔历史街区完成了若干历史建筑的修复和改造。所取得的成果体现在建筑历史环境保护的所有方面，包括城市建筑、建筑美学、功能布局、自然景观等等。其特色是不仅对街区历史风貌进行了保护和恢复，还调整了城市街区布局、完善了基础设施，扩大了公共空间，提高了街区舒适度，同时也取得了现实的、社会的、经济的、环境的等各方面的效益。如在圣彼得堡十月区68号街区的改造中，利用拆除保留价值不大的破旧建筑地块建造幼儿园，通过合理组织庭院间步行交通腾出的可利用空间营建绿化及休闲设施，利用新开辟的阳台赋予建筑以亲切感。其技术经济指标也得到明显提高，如在整体用地面积没有减少的前提下，削减建筑用地0.44万平方米，建筑密度也从约70%下

降到 54%，绿化面积增加了 3978 平方米，文化服务设施增加了 2600 平方米，使改造后的街区景观质量、环境质量和居住质量都得到了很大程度的改善。

三、文化遗产保护的立法与管理

1. 现行文化遗产保护的法律

2000 年以后，由于联邦民法典、城市建设和土地法典，以及《俄联邦文化遗产(历史文化古迹)法》的公布，从立法方面改善了文化遗产保护的构成体系，促使圣彼得堡文化遗产项目的数量及质量都有明显的提升。

现行的国家法律，主要为 2002 年颁布的《俄联邦文化遗产法》。这项法律的颁布在联邦和地方都起到了积极改善和发展文化遗产保护法律基础的作用。该法明确了历史城市和历史聚居地的依法保护的具体内容。俄联邦关于文化遗产保护法律的一个重要特征就是由一项总要的法典(法律)统筹其他次一级或地方性的法律法规。从俄罗斯关于文化遗产保护的法律来看，关于历史城市保护，在法律层面上得到充分的肯定和重视。《俄联邦文化遗产法》是一部统筹性法律。此前，俄罗斯包括前苏联国家的文化遗产保护相关的法律法规中，始终是以"历史文化古迹"相关的法律作为主线，在经过不断完善、修订后，如今添加新的内容形成了现行的俄罗斯文化遗产保护法律体系。历史城市的保护管理工作在《俄联邦文化遗产法》的框架之下，与城市建设工作进行协调。此外，苏联时期的其他法律法规，在俄罗斯联邦文化遗产的保护中依然起着积极作用。如苏联部长理事会于 1982 年 9 月 16 日颁布的《关于批准历史文化古迹保护与利用的相关事务》(第 865 号决议)。苏联文化部于 1986 年 5 月 13 日颁布的《关于批准不可移动的历史文化古迹的统计、保存、维护、利用和修复条例》(第 203 号令)。苏联文化部于 1986 年 1 月颁布的《关于苏联不可移动历史文化古迹的保护区划定》(第 33 号令)。这些法规的效力，在俄罗斯历史城市保护方面仍然起到积极而又行之有效的作用。①

在地方层面，通过与城市规划建设相关的地方性的保护法律法规的制定，进一步完善历史城市中的建设和文化遗产保护的问题。作为世界文化遗产城市圣彼得堡，以及获得历史城市资格的城市，还另有重要的专项法律法规进行规定。其地方层面的法律法规包括《圣彼得堡文化遗产保护条例》和《关于"圣彼得堡文化遗产保护区范围"的规定》。2005 年 12 月，圣彼得堡立法会议通过了《圣彼得堡总体规划和圣彼得堡地区文化遗产保护区范围》的法律。根据地

① 参见张松、李文墨:《俄罗斯历史城市的保护制度与保护方法初探——以圣彼得堡为例》,《中国城市规划年会论文集》,2013 年。

方法律《圣彼得堡土地使用和建设条例与圣彼得堡地区文化遗产的保护区规范》确定各类保护区的实施规范。圣彼得堡是俄联邦主体地区中，首次将文化遗产保护纳入到城市建设和投资发展的统一体系当中的城市。

2. 文化遗产保护的管理机构及其职能

根据古迹保护与使用的立法规定和城市建设法典的要求，圣彼得堡历史中心区和城郊需要执行特殊的城市建设管理制度。为了确保圣彼得堡历史中心区和城郊历史文化遗产的安全性，需划定保护区。在保护区内所执行的城市建设管控内容，是根据相关的立法并结合该地区的建设和修复原则而确定的。这些监控内容的执行情况，随时受到相关部门的监测。在城市历史环境的修复过程中，把是否符合以保护历史文化价值为目的作为监测内容。联邦意义、地方意义的文化遗产维护和修复工作，以及确定已公布文化遗产的历史文化价值，都是由历史文化古迹的公共监督、利用和保护委员会（КОМИТЕТ ПО ГОСУДАРСТВЕННОМУ КОНТРОЛЮ，简称 КГИОП）负责处理。

圣彼得堡历史文化古迹的公共监督、利用和保护委员会，是俄联邦政府直属的在圣彼得堡地区进行文化遗产保护管理方面的行政机构，是俄罗斯联邦文化遗产保护监管局的全权代表。这个官方管理机构的职能，基本上由三大部分组成：首先是负责古迹的公布、统计及相关信息的保存和管理；其次是负责对文化遗产项目保护的监督工作，这里包括了使用古迹时行使的保护义务、利用古迹进行生产活动的协调以及最终成果的监管工作，负责编制古迹鉴定文件和办理变更古迹所有权的相关手续。

国际上对于圣彼得堡保护与利用的评价，虽有争议，但基本上予以肯定，视为典范。中俄两国虽然国情不尽相同，但 30 余年随着市场经济体制逐步建立完善，其城市改造开发对历史城市保护产生的极大影响和出现的问题是相似的。作为一个珍惜本民族文化传统和力求通过法律法规来管理各项事务的国家，通过圣彼得堡的案例分析，可以看到俄罗斯历史城市保护制度和保护方法确实有一些经验值得我们学习。

圣彼得堡在 1988 年就对其历史中心区作出明确的整体保护区划定。圣彼得堡较早地对历史中心区进行整体保护，保护了城市文化遗产及其历史环境，最终获得世界文化遗产的称号。同时在制定城市发展战略过程中，将文化遗产的保护真正地纳入到城市发展和土地投资当中，使得遗产城市的保护与发展相互促进。

圣彼得堡这座古都正以其独特的气质魅力吸引着世界的瞩目，灿烂而辉煌的历史积淀与文化传统创造着和谐的城市面貌。我国也拥有许多类似的古都城市，应该说，圣彼得堡作为一座世界闻名的历史文化名城，在城市的保护与利用的措施与经验方面，有很多地方是值得我们去学习的。如何在城市快速发展的今天，

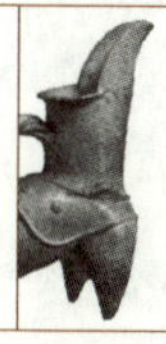

让城市在继承传统的同时又迸发出新的活力将是我们未来深入研究的课题。

我国的历史文化名城制度创立不算太晚，我国特大城市和省会城市在历史名城中所占比例很大，这些城市都面临着如何处理保护与发展关系的问题。截至目前，我国已公布国家历史文化名城129个（截至2016年5月4日），其中有4个直辖市和19个省会属于特大城市型的历史文化名城。就历史文化名城的保护与利用而言，中国可与圣彼得堡相媲美的城市寥寥无几。过去的30多年间，我们仅仅注重对单体文物及少量历史文化街区的保护，而忽视对历史城区的整体保护与利用。随着时代发展，人们对城市特色及城市中的历史环境、人居环境质量越来越重视。在原有的古城区、旧城区内大拆大建，大肆建设仿古建筑，试图借此刺激新一轮的城市开发和“城市复兴”，这种方式是错误而不可取的。在快速城市化背景下的今天，作为历史文化名城的特大城市，需要在考虑地方文化传承和历史文化遗产保护的基础上重新审视发展方式。城市的发展战略必须考虑历史文化特色和文化遗产资源优势。圣彼得堡保护开发的理念、经验，对我国历史文化名城的保护与开发有着重要的借鉴意义。①

① 参见张松、李文墨：《俄罗斯历史城市的保护制度与保护方法初探——以圣彼得堡为例》，《中国城市规划年会论文集》，2013年。

第四章　中国特色文物合理利用理论体系的构成与创新

中国特色文物利用理论始终是以党和国家的基本指导思想为指导的（见第一章第一节），是伴随着文物保护和文物利用的科学实践而形成的，它主要体现在以下五个方面。

第一节　中国特色文物合理利用理论的概念内涵和基本原则

一、文物利用的概念界定

所谓文物利用，是在充分认识文物自身所具备资源属性，充分挖掘和发挥其蕴含的巨大历史、艺术、科学价值的同时，通过各种科学有效的方式和手段，在战略资源的高度上利用文物，创造出更好、更大的社会及经济效益。一方面回报社会，一方面反哺文物保护，形成保护和利用共赢的良性发展。

二、文物利用的内涵

1. 文物利用是文物价值的实在性表现

文物具有最基本的三大价值，即历史价值、科学价值和艺术价值。因为文物这些内在的固化价值属性，才使文物利用具有了最基本的可行性与必要性。从本质上说，文物利用就是文物价值的实在性表现。文物脱离了原来的生产和使用环境，原本的使用价值基本上已经退却。当今，文物的这种内在价值就是其利用的源泉。

历史价值是文物的首要价值。作为历史的产物，文物打上了历史的烙印，是社会生产力和生产关系的见证，是民族历史文化的象征，在历史的演变中成

为人类思想和社会实践的原始记录。文物作为真实的历史遗存，从侧面反映一个社会的经济、政治、文化、军事等方面的状况，具有证史、补史、纠史的重要作用，为当今科学研究提供最原始的证据。在社会主义精神文明建设进程中，文物历史价值所发挥的民族教育作用尤其重要。

其次，文物产生时都融入了历史阶段的科学技术，是生产者智慧的反映。文物的适时生产价值与生产力水平是相一致的。文物的科学价值就体现在其蕴藏了产生时代的科学技术水平和科学技术信息。从一定意义上讲，文物科学价值的利用向历史价值利用方向靠拢。

文物更是一个民族灿烂文化的结晶，是艺术世界的瑰宝。文物的艺术价值是从美学角度来讲的，如消遣娱乐、审美欣赏等，这在博物馆等场所的展览活动和收藏行为中最能够体现出来。当今社会，文物艺术价值的现实性转变是文物利用的主要内容，如遗址遗迹开发与旅游业结合，博物馆数量增加、种类丰富、质量优化等。文物的展览性和收藏性利用并不归因于文物有实际上的使用功能，而主要归结于它的艺术价值，作为一种观赏性的物品而存在，作为一种文化符号而存在。现实中，这种艺术价值往往使文物成为保值增值的物品，甚至可以说是保值增值的商品，它在现代市场中占有一席之地，分量也将不断增加。

2. 文物利用具有资源属性外延

文物不仅是一种实物存在，更是一种珍贵的资源。站在资源的高度看文物，则文物利用的方式和手段会更加丰富，文物利用的效益诉求将会更加多元化。

作为实物存在，文物的利用途径主要为证史补史、科学研究、展览观赏、景观游览等，文物一旦被赋予资源高度的外延内涵，其就可以脱离有形的物质载体而单独存在，于无形的信息传播活动中进行文物知识的普及、宣传教育、地域交流与协作等活动，可以开发为文物产品而广泛流行。此类活动都是可以超越时间和空间而长久、广泛存在的，借助技术平台推动文物利用的信息化、现代化和全球化。例如，一个博物馆的接待能力受自身条件限制，而降低了文物利用效果的优化，但数字博物馆的信息传播能力就远远超过一般意义的博物馆，在宣传教育和文物信息检索方面具有无可超越的优越性，在条件允许的情况下可以成为整个地球村共享的信息资源。当然，文物（信息）资源外延意义上的利用并不能替代传统的文物利用方式，只是说在当今信息网络化的社会中，这种资源属性基础上的文物利用会为大众提供更为便利的渠道，有极为广阔的发展空间。

另一方面，文物利用上升至国家战略资源的高度，就必须作为公共文化事业的有机组成部分充分发挥其社会效益，促进社会主义精神文明建设。从这个

意义上讲，文物利用的第一效益诉求应当是社会效益。开发利用文物资源，要为国家科学研究、文化繁荣、思想教育、对外交流、提高民族自信心和自豪感、增强民族软实力服务。相对于此而言，文物利用的经济效益是第二性的，是从属的。随着社会主义市场经济的不断深化发展，文物市场也日益繁荣，文物旅游、文物交易、文物产品等都层出不穷地充斥在市场之中。但是，文物利用的经济效益追求必须不能以损害社会效益为代价。从一定意义上说，文物并不单纯属于某一个个体，文物属于历史，属于民族，属于人类。此外，文物还是一种不可再生的资源，必须把文物利用也作为文物生命延续的一部分，而不能够成为其生命的终结者。将社会效益诉求作为第一性，正如将保护作为第一性一样，文物只有存在了才有利用的可能，而社会效益诉求往往比经济效益诉求更能保障文物的生命安全和永续利用。

三、文物利用的基本原则

1. 文物保护与文物利用同步的原则

文物保护是文物利用的基础与前提，文物利用是文物保护的目的，文物利用应当向着有利于文物保护的方向发展。

文物保护为文物利用提供物质基础，文物的不可再生性让文物的生命更加脆弱，文物只有存在了才可能进一步进行文物利用，文物利用也必须要为文物保护服务。只有二者之间的相互积极作用，文物资源才不会衰竭。因此，必须要把文物保护和文物利用贯穿于文物生命延续和文物工作的全过程。值得注意的一点是，坚持文物保护与文物利用同步的原则，并不局限于把文物传承给我们的子孙后代，同时也需要在文物工作的全过程、各方面注意向文物不断注入时代的信息与文化，将在时间发展轴上所积累的时代信息与社会文化同文物一并传承下去。

2. 社会效益和经济效益兼顾、社会效益优先的原则

文物是人类社会活动的遗存，是历史的产物，是人民群众共同智慧的结晶。文物根本上是属于国家的，属于民族的。因此，文物利用根本上理应是社会公共性、公益性文化事业，同时也应是产业性、经营性事业。只有坚定这个信条，文物利用工作才能够在全面兼顾社会效益和经济效益的基础上，又毫不动摇地坚持社会效益优先的原则。

文物是国家的公共文化遗产，文物资源的利用应当以发挥其公益性为第一要义，必须坚持社会效益优先的原则。要最先考虑对社会和大众的公益作用，通过各种形式的实现途径，发挥文物资源的内在价值，使其更好、更高层次地为广大人民群众服务，实现“便民、利民、惠民”的目的。在具体实践中，应该从非

盈利性、参与性、利他性和教育性等方面统筹规划。

应当利用文物，将文物开放，给予每位公民接触到文物的平等的机会，追求受益社会化、大众化、公益化，以文化传播和社会教育为基本功能，为大众进行历史文化熏陶和素养提升营造积极的文化氛围，让大众亲身参与、体验、感受文物营造的历史文化空间感。这也是保障公民文化权利的途径之一。另一方面，文物利用坚持社会效益优先的原则还体现在利用文物的同时不能以损害其他任何的自然、人文利益为代价。即是说，文物利用必须要保护文物所处的自然环境，珍惜自然文化资源，维护文物的真实存在状态，不损害当地百姓的切身利益，要全面考虑社会各方的利益。

文物利用的经济效益并不等于文物利用的社会效益，二者之间存在着本质的区别。承认文物利用的经济效益，坚持文物利用的社会效益与经济效益兼顾的原则，是理性地将文物作为一种珍贵的历史文化资源进行开发与利用，并不是把文物作为榨取利益的来源与筹码。这也是必须坚持文物利用的社会效益优先原则的客观原因。

3.以政府为导向、多方参与的原则

文物不同于一般的社会资源，其具有共享性、社会性、公益性、脆弱性、不可再生性、广泛性、多样性等特殊属性。因此，从客观上讲，文物利用就不仅仅是政府一个行为主体的工作，它应该是整个社会共同承担的责任，必须依靠社会各界的参与才能推动文物利用事业的全面发展。从主观上讲，利用文物过程中坚持以政府为导向、多方参与的原则也是政府职能优化、社会转型的必然要求。

文物是我们共同拥有的民族财富，是发展社会公共性事业的宝贵资源。共享需要共建，共建才能降低社会运营成本，提高社会发展效率，充分发挥文物的社会属性。其次，文物的不可再生性是区别于其他资源的显著特点。文物经历了历史的长河，生命力极为脆弱，一不小心便会荡然无存。如果我们无法将文物继承下去，无法将民族的历史文化传承下去，这无疑是历史的断代，是文化的毁灭。从根本上讲，文物利用本身就是文物生命历程的一部分。为了不断壮大文物的生命力，将文物世世代代遗传下去，我们就必须摆正主人翁的姿态，充分发挥当家做主的地位，积极投身到文物利用的工作中去，这是我们每个人义不容辞的责任。此外，文物的数量庞大，种类丰富，不均匀并带有隐藏性地分布于各地，仅仅依靠政府宏观的控制力并不能对文物进行微观性、细节性利用，这就需要我们“就近取材”，需要社会各界充分发挥各自的特长、优势与能力，在文物利用工作中扮演不同的角色，如技术支持者、资金支持者、策划管理者、意见提供者、交流宣传者、监督维护者、志愿服务者等等。

随着社会改革的不断深入，我国政府正处于从事务型向服务型转变的时期。政府不再事必躬亲，而是深入推动社会自理自管、共建共享，为社会发展提供政策性引导与规范，发挥宏观监督作用，充分调动社会各方面的积极性与创造性，让一切有助于社会发展的力量充分迸发活力。因此，从主观上讲，对于文物利用工作，政府应充分认识到文物利用的重要性，进而在体制、管理、监督等多方面出台一揽子方案，充分发挥政府在文物利用工作中的主导地位。在实现方案的过程中，应当放权于社会，在政府宏观监管的背景下，充分鼓励、引导、支持社会各界共同参与到文物工作中，广泛听取群众、专家、社会组织的意见与建议，充分发挥民主，使原则性与灵活性充分结合，尽可能调动社会力量的积极性，尤其是要激发非营利性组织和社会团体的作用。一个发达的社会，社会组织的能力是不可估量的，它们往往会成为社会管理创新和进步的引导者，成为政府进行社会管理的积极合作者。西方发达国家社会组织行为日趋成熟，而我国的社会组织力量还有待挖掘。只有依据文物生存的背景环境，针对各地不同种类的文物，充分发掘和利用不同角色、不同层次的社会力量，广泛开拓全民参与意识，保障公众对文物资源的知情权、参与权、监督权和受益权，拓宽各种主体参与文物利用工作的渠道，才能使文物利用成为一项社会自觉行为，成为一项全民运动。

4. 充分利用现代高科技手段的原则

首先，文物保护利用现代高科技手段。

在各种科学技术手段高速发展的今天，在文物利用工作中使用高科技手段已成为大势所趋，借助现代高科技进行文物保护和文物利用是文物工作显著的时代特点之一。利用现代高科技进行文物保护应当贯穿在文物工作的整个过程当中，包括不改变文物原状，采用先进的科学技术对文物进行整理、研究、保存等，主要体现在文物的前端保护和后期维护两方面。

文物的前端保护是指由于受到当代保护技术的限制，在文物出土以前就对其采取保护性措施，降低出土前受损的可能性，避免出土后因保护不当而受到破坏。文物的前端保护主要体现在古迹遗址类文物的保护上。如借助遥感技术、物理勘探技术、潜水技术和生化技术等技术手段在文物出土前对其进行预防性保护。过去，对此认识不足，曾有过惨痛教训，如明十三陵中的定陵就因当时保护技术条件不足而盲目地进行挖掘，从而使文物出土后就自然受损。现在，我国很多遗址遗迹忌惮于此，不敢进行考古挖掘。在此情形下，现代高科技手段对文物的前端保护就显得格外重要。秦始皇陵就是最好的案例。

文物的后期维护是指对出土文物的受损部分进行修复、维护，恢复文物的历史原貌，降低进一步受损的危险性。文物经历了历史的磨砺，受到自然因素和人为因素的双重影响，实体存在不同程度的损害。为了文物现世的利用和后

世的传承，必须采取修复和保护措施。以前，文物保护技术水平比较有限，文物的修复和保护技术主要依靠人的手工工艺经验与技巧，虽然可以发挥专业人员的主观能动性，但文物的危险系数还是比较高。近年来，文物保护技术领域已经培养了高素质的专业人才，在传统的文物修复与保护技术继承发扬的同时，文物保护、修复技术越来越多地借助计算机和网络等现代高科技。这不仅可以提高工作效率，非接触性的高科技保护技术还能够最大限度地降低人为因素对文物的损害，从而提高文物修复的质量。如计算机断层摄影技术、计算机辅助文物修复技术、有限元分析方法、计算机图像处理技术、三维虚拟现实技术、三维激光测量技术等，可以将文物的三维数据进行测量、记录、转化、重构，从而为文物的形状、大小、色彩等方面的修复和研究等文物保护工作提供较为准确的数据依据和方案选择。另一方面，文物是属于历史时空的存在，其对生存的物理环境有一定的要求，因此，利用现代高科技对文物的存在环境进行模拟性创造与维护，适时进行环境监测与控制，如对光、温度、湿度、风等物理因素和人为性因素的科学把控，保证其安全，为延长文物寿命提供有利的环境。

其次，文物展示利用现代高科技手段。

在文物的展示上，同样要采取高科技手段。文物展示利用现代高科技手段主要表现为文物的数字化和网络化，拉近文物信息与社会大众的距离，提高利用率。随着信息时代的深入发展，人们对数据和信息的需求呈现出即时性、多元性、共享性、交互性的特点。要利用文物来促进社会经济发展，推动文化进步，丰富大众生活，就必须要打造文物信息利用的便利化、生活化。计算机技术、网络技术、数字存储和传输技术的发展为文物利用打造了一个信息化的文物展示平台。其有储量大、传播即时、跨越空间障碍、多媒体化、共享性等诸多优势，能使文物的展示更加生动形象、亲民便利。

文物信息的数字化和网络化，可以将文物自身所蕴含的物理特征、历史文化信息、技术信息、人文信息等信息脱离文物实体单独存在，以数字化的形式存储、集成、重组，形成文物信息检索系统、文物资料信息管理系统、博物馆藏品管理系统、地理信息管理系统等诸多文物信息系统和数据库，可以不受时空的限制，不对文物实体本身有任何的损耗，为文物信息的检索、传播提供极大的便利，同时在一定程度上缓解了文物现实利用的承载压力，可以起到保护珍稀文物的作用。现在，已经涌现出很好的实例，如故宫博物院组建了资料信息中心、构建了国际性网站，故宫博物院与日本凸版印刷株式会社合作了数字故宫项目，浙江大学开发了敦煌石窟虚拟漫游与笔画复原系统，秦兵马俑博物馆与西安四维航测遥感中心合作了“秦俑博物馆二号坑遗址三维数字建模”项目等。数字博物馆和文物信息数据库数量不断增加，内容不断丰富。3D 技术和虚拟

技术等可以对文物进行三维可视化展示，刺激大众的积极性和互动性，使其方便地、如身临其境般地接受历史、文化、艺术的熏陶，从而更好地实现文物的价值。

第三，文物产品设计与制作利用现代高科技手段。

文物产品设计与制作利用现代高科技手段，主要是指文物复原和修复产品、基础设施产品、替代产品、衍生产品等，在设计和制作两个过程利用现代高科技手段，与文物原件相似，为文物工作和其他领域的工作在不违反法律法规的前提下提供“以假乱真”的效果。如应用于消失文物的复原，受损文物的修复，安全柜台等基础设施产品生产，建筑工作、影视行业的模型替代品制作，文物旅游中的纪念品等文物衍生品生产等。文物产品的设计可以利用文物数据库中集成的文物信息、数据，以及文物展示中 3D 和虚拟等技术的多维、多媒体性，从而提高设计的科学性、美学性和效率性；而在制作方面则可以在充分保留传统工艺的基础上，利用现代材质和工艺技术，提高文物产品制作的真实性和效率，并为文物的保存提供更为适宜和安全的空间。文物产品的大众化和普及化在当代文物利用活动中极富灵活性，可以起到宣传文物信息、知识和提高社会文物意识的重要作用，从而赋予文物以新的生命力。

5. 以法治为导向的原则

法律的强制力可以有效调整文物利用秩序规范，坚持以法治为导向的原则是文物利用的必要保障。

一方面，我国应不断建立和健全关于文物保护和利用的法律法规体系，使文物利用工作的开展有法可依。中华人民共和国成立以来，我国在文物领域不断出台一些法律法规。1950 年，中央人民政府颁发了新中国第一个保护文物的法令《禁止珍贵文物图书出口暂行办法》，此后，又在 50 年代相继颁发《古文化遗址及古墓葬之调查发掘暂行办法》《古迹、珍贵文物、图书及稀有生物保护办法》等。1962 年，在总结文物保护的经验教训以及文物政策得失的基础上颁发《文物保护管理暂行条例》，它是新中国第一个内容较为全面的综合性文物行政法规，是中华人民共和国成立十几年来文物保护政策系统化、规范化和制度化的结晶，基本确立了新中国文物法制建设的基本思路和文物法规的基本框架，并为此后的考古发掘、博物馆建设、文物保护单位、古建筑修缮等文物行政规章制度的制定提供了原则性指导。[①] 此外，60 年代还出台了《古遗址古墓葬调查发掘暂行管理办法》《关于博物馆和文物工作的几点意见》《文物保护单位保护

---

① 参见郑滨：《1860～2009 中国文物保护历程研究》，山东大学硕士学位论文，2010 年。

管理暂行办法》等。我国文物领域早期的法律法规虽然还很稚嫩,但已为文物保护提供了政策依据和法规保障,确立了我国文物保护的基本思路,构建了文物保护的最初政策框架,为我国文物保护的全面发展奠定了基础。这些法规的主体是文物保护,文物利用的概念还未涉及。

直到 1982 年,在《古建筑维修管理利用的办法》和《文物保护暂行条例》的基础上,《中华人民共和国文物保护法》正式出台。这是我国文化领域第一部由国家最高立法机构颁布的法律,也是文物领域的第一部正式法律。相对于之前的文物法律法规,《文物法》最大的发展就是加入了文物利用的内容。但是,我国文物领域法律法规尚不健全,还需进一步发展,需要进一步与信息、建筑、旅游等其他领域法律体系相融合、相衔接。相对于文物保护而言,当今文物相关法律法规中关于文物利用的内容更是少之又少。所以,必须要强化管理,加强立法,推动我国文物利用的法律细化、系统化、全面化。通过立法,解决管理混乱,各种规范相互干扰的困境,明晰责任主体,使文物的利用工作趋向科学化、规范化。

另一方面,在有法可依的基础上,必须坚持有法必依,执法必严,违法必究。对此,要建设一支强有力的文物执法队伍,以相关法律法规为基础,对文物资源利用过程中出现的违法违规行为进行整治,从而确保文物利用工作健康、有序的开展。当今,尤其要对文物违规利用、文物旅游过度开发、文物保存安全、文物市场混乱等方面加强法律规范,使文物利用工作在坚持法治为导向原则的基础上朝着科学化、规范化、法制化的方向发展。

6. 与国际接轨的原则

首先是遵循国际上通行的利用原则。

虽然各国的文物利用具有复杂性和多样性,但在千变万化的实践中仍存在着许多通用的原则,可以相互借鉴。“求同存异”才能更好地协调共性与特性的关系,发展出具有我国特色的文物利用工作。

2000 年,经中国国家文物局批准通过了《中国文物古迹保护准则》,它是在《中华人民共和国文物保护法》(1982 年版)和相关法规的基础上,参照以 1964 年《国际古迹保护与修复宪章》(《威尼斯宪章》)为代表的国际文化遗产保护原则制定的。这是我国文物工作遵循国际通行原则的明显例子。我国在开展文物利用工作时必须以国际通行的利用原则为最低标准尺度,再从国情出发因地制宜,这是共性和特性的关系表现。

20 世纪前期,以《雅典宪章》为代表的国际文化遗产原则主要以实现文化遗产的保护为目标。二战以后,世界进入了现代城市发展的阶段。这一时期,国际上关于文化遗产保护的共识性原则主要是在城市文化背景下发展的,如《国际古迹保护与修复宪章》(《威尼斯宪章》)、《保护世界文化和自然遗产公约》、《关于历史地区的保护及其当代作用的建议》(《内罗毕建议》)、《马丘比丘宪章》《佛罗伦萨宪章》等。这些文件开始引导世界各国进行文化遗产修复保护实践活动,直至今日仍旧发挥着重要的作用。在关注城市化发展对文化遗产保护的影响的基础上,充分考虑了如何开展利用工作,使之不但可以得到长久的保护,而且能对城市的文化内涵有所丰富,体现了保护基础上利用概念的发展。20 世纪 80 年代后期,历史文化遗产理念在全球化的大背景下开始更加重视保护与利用的相关问题,如古迹遗址保护本身、文化旅游等特定问题。各国文物相关机构单位会根据《保护历史城镇与城区宪章》(《华盛顿宪章》)、《奈良文件》和《文化旅游宪章》《北京宪章》这些国际原则性文件和自己国家的情况制定原则性文件。这种遵循主要是原则上的遵循。

其次是采取国际上行之有效的利用方法与模式。

一方面,我国文物工作起步晚,文物利用的概念更是近年来才受到关注与重视。因此,在文物利用的过程中,我国应当广泛借鉴国外的成功经验,包括文物修复、文物安全保护措施、法律法规体系建设、文物市场调整、文物旅游发展途径、文物产品开发、文物利用社会化、非营利组织在文物利用中的作用、博物馆经营、历史文化城市或街区利用等等方面。我们需要取长补短,与时俱进,取其精华,去其糟粕,积极吸纳国外利用文物的时代新经验。

另一方面应特别注意的是,借鉴国外有益经验并不等于照搬照抄,于其他国家使文物利用达到最佳效果的措施对于我国来说并不一定适用。所以,我们借鉴的是理念,是思路,是架构,而不是将国际上具体的实践方式按部就“搬”。我们应当立足国情,从我国文物存在的现实情况出发,取长补短,因地制宜,为我所用,即所谓的“师夷长技以制夷”,充分论证,积极摸索,最终走出一条具有中国特色的文物利用的现代化道路来。

再次是兼顾“引进来”和“走出去”。

坚持与国际接轨的原则,还要求我们充分认识全球化进程带来的机遇与挑战,积极抓住国际交流的机会,兼顾“引进来”和“走出去”,树立我国特色文物品牌,让我国文物工作经验、文物形象、文物特色、文物利用优质方式等内容走出国门,走向世界。这不仅有助于增加相互交流,自觉改善我国文物利用现状,还可以吸引国外友人前来感受我国文物的风采和中华民族传统历史文化的魅力,也可以借助现代高科技帮助他国利用我国文物信息资源进行学习、研究和利用,营造一个文化多元化的地球村。

综上所述,文物利用所要坚持的原则本质上是与“科学发展观”重要思想的内涵相一致的,以人为本,全面、协调、可持续发展。

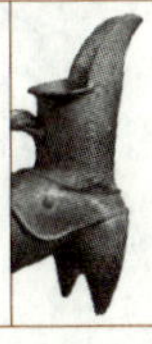

一方面，文物的利用最终要落实到“人”，也就是人民群众这个主体上来。以人为本的方针，具体到文物资源的利用工作中来，就是要把开发、利用、保护的根本方向指向最广大人民的利益，采取多种途径的实现方式，以人民群众的物质精神文化需求为导向，充分挖掘文物的各种内在价值。另一方面，充分调动各方面的积极性、主动性、创造性，集中更多力量投入到文物利用的工作中来，从而实现“在共建中共享、在共享中共建”的良好格局。

在对文物资源的利用中，应该遵循适度、均衡、可持续发展的原则。坚持文物资源的保护与利用的统一，社会效益与经济效益的统一。具体来讲，就是要把对文物资源的利用与保护有机协调起来，在利用前、利用中都要注重保护，同时避免保护对利用形成束缚，从而更合理地实现文物资源的效益最大化，更好地解决在基础建设、城镇化、旅游资源开发中如何实现文物资源利用与保护的难题，避免走入相互制约、相互破坏的死胡同，营造一种互惠互利的良性循环。在此过程中还要重视现世的文物创造，以及信息、文化对文物的不断注入与传承，最终推动文物资源利用的全面协调可持续发展。

第二节　中国特色文物合理利用的关系理论

一、文物利用与文物保护的关系

文物是中华民族的宝贵财富，是支撑推动民族信念和民族进步的基石和动力，是宝贵的文化资源，是人类文明的凝结物，是不可再生的宝贵文化资源，具有独特性、稀缺性、不可再生性等特点。文物本身蕴含着许多无形而真实的历史信息，使之成为重要的旅游资源。然而，文物具有不可再生性，一旦受损，很难恢复原样。文物被破坏后，文物所在旅游点的吸引力必然降低，进而严重影响旅游事业的科学发展。可见，文物的科学利用必须以文物的保护为前提，要正确处理好文物利用和保护的关系。“保护为主，抢救第一，合理利用，加强管理”，是贯穿《文物保护法》的基本原则。它全面准确地揭示了文物保护与利用的关系，要求我们既要做好文物保护工作，又要抓住机遇，发展旅游经济，对文物合理利用。反过来，文物的合理利用又是对文物保护的促进和支撑，两者相辅相成，互相促进和发展，将两者有机地结合起来才是对文物最恰当的处理方式。

1. 文物保护是文物利用的前提和基础

文物保护是文物工作的首要任务，也是文物开发与利用的前提。一切历史、科学和旅游价值都依托于文物本身，失去或破坏了文物本身，所有的价值也就不复存在。所以，我们应该而且必须永远把保护放在首位。文物作为一种特殊资源，是人类在长期社会活动中创造的物质和精神文明实物载体，是历史上遗留下来的社会发展水平的代表性实物，它积淀着丰富的历史信息，是前人留给我们的宝贵财富。然而，文物存量非常有限，并非取之不尽、用之不竭，它凝聚着前人的智慧与心血，形成于一定的历史文化环境。各类文物的遗存，不论数量多少，珍贵与否，都不可再生，毁坏一件就少一件。

2. 文物的合理利用是文物保护的促进和支撑

如果说文物保护就是纯粹意义上的保护，就是为了保护而保护，则失去了保护的意义。任何奇珍异宝一旦束之高阁，外人难睹其貌，也就不能真正体现其价值。保护好文物资源，目的是要对文物进行合理的开发与利用。文物作为一项重要的资源，具有很重要的作用。具体而言，文物有史料、借鉴、教育和旅游四大作用。史料作用：可以证实文献的记载，修正其谬误，补充其缺失。对无文字记载的史前社会，则是研究与恢复其社会面貌的实物史料。借鉴作用：文物是中国优秀文化遗产的重要组成部分。发展新的科学技术和文化艺术，需要继承和发扬中国优秀文化遗产，从中不断吸取营养。割断历史，不在前人创造的文化财富的基础上去创新和发展，是空谈发展。教育作用：文物是进行爱国主义教育、革命传统教育、历史唯物主义和辩证唯物主义教育以及科普教育的形象与生动的教材。文物的教育作用形式是多方面的，举办展览，丰富观众知识就是有效措施。旅游作用：文物是旅游业的重要资源，文物景点是许多旅游城市发展旅游事业的重要支柱，也是其经济发展的主要产业之一。为了发挥文物重要作用，合理挖掘其内在价值，我们必须首先保护好文物。但反过来，文物保护的目的是进行文物利用，单纯对文物进行保护，而没有充分挖掘文物的内在价值，最大化发挥文物效用，是与当前的市场经济运行机制不相适应的。①

在保护好文物的前提下对其进行合理利用，不但不会造成文物的破坏，相反还会促进文物的保护。合理利用，是一个内容宽泛、层次丰富的概念，利用文物负载的信息（包括文物的造型、纹饰及其他文化内涵等）发展文化产业是一种合理利用。文物的展示、展览、服务于旅游和地区经济发展，兼作对外文化交流的使者等等也是合理利用。从根本上说，合理利用是对文物的最好保护。

合理利用文物资源能够收到社会效益和经济效益，而无论哪种效益，都是对文物的一种保护措施。这样，“保护—利用—保护”的良性循环一旦形成，就

---

① 参见闫海滨：《从文物开发利用与保护的关系看文物旅游事业的科学发展》，《科学之友》2010 年第 2 期。

会形成一种双赢的局面。[①] 合理利用与保护是不矛盾的。对于文物的保护开发，我们既要反对不利用，又要杜绝滥用。我们需要做的是找到文物利用和保护的平衡点，这既为文物保护工作搭建平台，又为文物利用提供更广阔的空间。

3. 文物保护和文物利用相辅相成，缺一不可

文物保护是文物工作的首要任务，但不是文物工作的唯一任务，文物的合理利用也是文物工作的重要任务。文物的利用包括对文物进行历史的、科学的研究，利用文物进行爱国主义教育，增强民族凝聚力等许多方面，当然也包括合理利用文物资源创造经济效益。文物利用必须在有效保护的前提下进行，必须始终把社会效益放在第一位。强调社会效益，但并不排斥经济效益，而且要争取好的经济效益，使经济效益能够反哺到文物保护工作上。如果只讲保护，不讲利用，就保护抓保护，就难以使文物工作得到党政领导的重视和支持，就难以解决好文物保护经费严重不足的矛盾，就难以尽快改变文物单位长期“守着金山讨饭吃”的尴尬局面，就难以调动和维护广大文物工作者的工作热情和积极性。在社会主义市场经济条件下，经济收入是文物保护经费的重要来源之一，也是文物事业快速发展的物质基础。我国文物众多，文物保护的任务相当繁重，文物保护经费全靠国家包下来，既不现实，也不符合国情。因此，在我国目前文物单位经费普遍紧张的情况下，重视文物工作的经济效益显得更为重要。在实际工作中，我们既要反对片面强调文物的开发利用，造成国家文物资源的流失和破坏，也不赞成为了强调文物事业单位的公益性而放松甚至放弃文物资源在对外开放中获取应有的经济效益，给文物作用的发挥造成不应有的损失。[②] 有效地保护文物是合理利用文物的基础，合理地利用文物是有效保护文物的动力，两者是辩证统一的关系。

二、文物利用与文化产业发展的关系

1. 文物是文化产业发展的重要载体

文化产业，简而言之，就是文化资源的产业化。文化产业的核心就是文化资源。虽然对于文化资源概念，还没有一个统一的权威性界定或阐释，但文化资源的一般特征和属性还是为人们所知的。文化资源是指凝结了人类无差别劳动成果的精华和丰富思维活动的物质和精神的产品或者活动。文化资源所涉范围广泛，而文物古迹类资源作为文化资源整体中的重要组成部分，理当在

① 参见闫海滨:《从文物开发利用与保护的关系看文物旅游事业的科学发展》,《科学之友》2010 年第 2 期。

② 参见万建怀:《谈文物的保护与利用》,《南方文物》2005 年第 4 期。

文化产业发展的过程中得到足够的重视。按照文化产业对文物资源的潜在产业优势要求,我们应该把注意力主要集中于那些能够完成或者有较大希望完成资源优势向经济优势转变的文物资源。我国的文物品种丰富,上下年限跨越很大,许多文物品种都有其辉煌的发展历程,代表着不同时代的经典杰作,具有强烈的时代特征。如陶器,在中国起源很早,江西万年仙人洞已发现9000年前的陶片,至新石器时代中晚期,已发展成绚丽多姿,具有多元地域特色的陶器文化。而到今天,不光陶瓷,像玉器、漆器、书画等文物部门的资产,经过现代化的复制、创意和传播,都已经发展成为文化产业中的重要门类,这显然与对文物的传承与利用是紧密联系的。

众所周知,文化产业被称为"内容产业",主要是因为文化产品本身在文化产业整体产业链条中具有核心地位和关键影响,也就是人们常说的文化产业"内容为王"。因此,对于包括文物资源在内的文化资源的筛选梳理就是一项基础而有必要的工作。选择哪些文物资源来服务于文化产业的内容创意,必须要对不同的文物资源进行科学的评估和度量。文化产业发展对文物资源的需求,应本着适度有效的原则,不是对文物资源刨根问底式的掠夺,更多的是依赖于文物资源的符号与形象的创新性挖掘与再造。从目前文化资源考评的整个体系上看,文物评价是所有资源评价中相对成熟和完整的一个系统。尽管如此,文物评价的主观性还是极大地影响到了资源品相的可比性。这种影响显著地表现在文物拍卖会上。比如一件陶器和一件名人字画在价值上的差异,就不可简单地以价格上的差异来衡量,即文物商可以左右它的交易价格,但不能客观地界定出它的资源价值。所以,作为一项基础性的工程,对于文物资源的各项要素评估工作,应当尽快实现标准和程序的规范化、科学化,这样才能为文化产业的发展增添健康的元素。

中华民族在漫长的社会活动中遗留下的具有历史、艺术、科学等价值的遗存,是传统文化的真实写照。我们在新时期提升国家的文化软实力,就是要对文物所承载的传统文化进行现代性的阐释与再造。我们的邻国韩国的国际竞争力之所以提高迅速,关键就在于做到了传统文化的继承发展与现代工业文明和知识经济的深度融合,确立了正确的"文化立国"政策,从而使其文化软实力大大增强。

文化软实力提升依赖于制度吸引力的增强,这就需要对文化管理体制进行改革。针对文物部门的文化事业机构改革,既是公共文化服务体系构建的必要环节,也是在为文化产业的发展打下坚实的社会基础。文化事业与文化产业在价值诉求上的相同面,使文物成为了文化软实力提升的有力抓手,这就要求文物管理部门应当对文物资源的管理进行更科学、更符合社会主义市场逻辑的安

排。改革将使文物部门更新服务理念，改变单纯、被动管理文物资源的现有局面，将传统的文物部门与商业、旅游部门之间的对立或者不和谐转变为通力合作的有机协同，从内部增强中国文化产业的生命力和竞争力，从而促成宏观层面的国家文化软实力的提升。

对外文化传播能力的提升，对于国家文化软实力的构建同样具有积极的意义与影响。文物作为对外文化传播的重要媒介，发挥着不可替代的作用。2006年5月，美国《新闻周刊》评选出一些进入新世纪以来世界最具文化影响力的国家文化及其形象符号，代表中国的文化形象包括汉语、故宫、长城、苏州园林、孔子、道教、《孙子兵法》、兵马俑、丝绸、瓷器、京剧、少林寺、中国功夫、《西游记》、针灸、中国烹饪等，这其中不乏中国最具代表性、最负盛名的文物古迹。我国拥有灿烂悠久的传统文化，地上文物、馆藏文物和地下文物弥足珍贵、数不胜数，它们不仅是中华文明的缩影，也是提高我国国际影响力、树立我国国际形象、壮大我国文化产业和文化市场的重要依托，是提高我国可持续国际竞争力的重要资源。文物的对外交流展示是彰显大国文化软实力，充分表达文化自信的重要体现，这也应是实现中华民族伟大复兴的中国梦的内在要求。

2. 良好的文化产业发展可以促进文物的保护利用

(1)更新文物保护利用理念

良性的文化产业发展是对文化资源的优化配置及其价值的发现与实现。将文物资源合理有序地开发融入到文化产业发展的整体之中，可以促进文物保护利用理念的更新。首先，对于文物的保护利用，应走出原有的国内思维，把它放入到经济全球化和文化多样性的世界范畴中考虑。文物体现了一个国家、民族或群体的成就、价值和信仰，在塑造共同的身份认同感和归属感进程中发挥着重要作用。保护文物是对国家、民族历史和传统的尊重，是传承和发扬民族文化的需要，是人类文明进步的重要体现。同时，文物保护利用还对文化产业的发展产生重要影响，与一国的文化产业独特性和竞争力打造，文化安全的构建有着内在联系。其次，要正确处理文物资源的保护利用与新型城镇化建设的关系。新型城镇化对于产业形态和产业结构有着更高的要求，不少地方根据自身特色和潜在资源优势来大力推动形成新的文化产业发展格局。分布于城镇，尤其是乡村地区的文物资源如何与新的产业体系协调发展，如何融入新城镇的发展体系都是必须要解决的关键问题。努力把古遗址、古建筑、近现代遗迹等文化资源融入现代创意科技元素，科学地与文化旅游产业相结合，已经是一种必然选择。再次，文物资源的保护利用走向一个大整合阶段，传统的文化事业单位(如博物馆、档案馆)对文物管理利用的体制不断变革，融合政府、企业、民众等多方力量参与的文物保护利用体系正在逐渐形成。文物资源(包括实体资源、符号资源等)开始在不同主体之间有序流动,全体系大格局的文物保护利用局面也正在初步实现。

(2)提升文物保护利用方式

现代文化产业发展的最典型特征就是文化与科技的深度交融。新兴的计算机网络技术、移动互联网技术、物联网技术、3D 技术等一项项技术革新,给文化产业的发展带来了全新的视角与机遇。也正是由于这些新兴技术的融入与结合,使得传统文化产业向现代文化产业升级转型。文物资源参与其中,也给文物自身的保护利用带来了新的技术手段,创造了新的发展模式。运用先进的科学技术,博物馆数字化趋势日益增强,实体博物馆与虚拟博物馆并存局面已经形成:建立更透彻的物件感知,利用任何可以随时随地测量、捕获和传递信息的设备、系统或流程,传递博物馆物质元素之间的状态变化,并促发系统适应性的改变;建立更加全面的互联互通,消灭信息孤岛,使人与人、人与物之间形成系统化的协同工作方式;在感知和互联互通的基础上形成深入的智能化运作体系,在数据基础和协同模式的支持下,获取更智能的洞察并付诸实践,进而创造新的价值。[①] 这种智慧化的博物馆模式,模糊了实体博物馆和虚拟博物馆的界限,能够有效地融合两者的优势,有望推进博物馆快速进入精细化运作的阶段。此外,文物保护利用,尤其是文物利用方面,已经走出传统的文博单位,向更广范围、更深层次拓展。文物所传达的历史信息、内容信息和符号信息等,越来越多地被应用于影视拍摄制作、文化旅游产品开发、创意设计展示等多个领域,许多新的功能与价值被挖掘出来。而且,随着文化产业发展的深入,新的理念和技术的不断出现,文物保护利用的手段方式也会越来越丰富多样。

(3)拓展文物保护利用资源

文化产业的介入为文物的保护利用提供了新的视角,拓展了更多可支配资源。在市场对资源配置起决定性作用的环境下,文物资源能够接触到的资金流、信息流、技术流以及人力资源呈现大幅度的增长,这为文物科学保护利用提供了更多可能。随着文物资源的价值再发现,使得文物利用的理念和方式更为成熟。文物古迹与文化旅游产业结合,通过有序的开发和良好的经营管理带来了丰厚的经济收益,这些收益对文物保护的反哺,为解决文物保护工作中财政经费投入不足的问题找到了一条合适之道。不少其他行业的公司企业也对文物资源及其相关的文物产业抱有浓厚的兴趣,以多种形式进入文博行业。或是直接进行艺术品拍卖收藏,参与文物市场交易和文物资本的运作经营;或是与

① 参见李双江:《实体博物馆与虚拟博物馆融合发展:智慧博物馆》,《科教导刊》2015 年第 34 期。

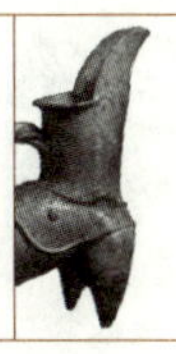

文化事业单位合作，通过多样的方式使企业与传统文化的传承发展联系起来，履行企业社会责任，从而提升企业社会形象。这些都为文物事业的发展带来了丰厚的资金和成熟的技术支持。当然，最为关键的是，由于媒介的传播，文化产业的运作使文物进入社会公众视野的频次会大为增多，引起的社会关注度会大幅攀升。“注意力”是一种稀缺资源，而当有更多的注意力投射到文物保护利用上来时，人们对文物的热爱之情会进一步被激发，对文物价值的理解和文物的重要意义会随之进一步加深，文物事业和文物产业发展的社会基础也会更加牢固。

三、文物利用中的利益分配

利益相关方或利益主体是一个管理学概念，产生于19世纪60年代。管理学中，利益相关方是指那些能够影响企业目标实现，或者能够被企业实现目标的过程所影响的任何个人和群体。但文物是一种价值广泛的不可再生资源，其利用应当符合可持续发展的价值要求。因此，从可持续发展的角度，文物利益相关方的概念应该从更宽泛的意义上去考虑，因为这涉及了人类（政府、企业、居民、旅游者等）与非人类（资源、环境）、当代人与后代人等广泛的利益，因此，文物利用中的利益相关方实际上包括了人类的与非人类的、现实的与潜在的利益主体。根据文物利用所涉及的领域、不同领域利益主体的利益性质、相关程度和影响方式，可将文物利用的利益相关方分为三个层次，即核心层、支持层和边缘层。

在文物利用工作中，上述三个层次的利益相关方中重要性较大的是核心层的政府和企业、支持层的非盈利组织，以及边缘层的社会大众。

1. 责任主体（政府）

文物是中华民族灿烂历史文化的有效载体，历史的变迁使其原有的私人属性发生改变，并逐步沉淀为准公益性的公共文化产品。它作为公共文化产品所具有的非竞争性和非排他性，决定了它的第一责任人和主要保护者与利用者应当也必须是政府，包括中央政府和各级地方政府。

（1）政府对文物产业化的阻碍性与现实性

国有文物是国家财产的一个重要组成部分，国家对其拥有占有、使用、收益和处分的权利。国家是国有文物所有权的唯一主体，未经国家授权，任何国家机关、地方政府和社会组织都无权对国有文物进行占有、使用、收益和处分。否则，便是侵犯国家所有权的非法行为。在现行文物所有权制度下，国家文物局和各级文化（文物）行政管理部门是国家授权国有文物的合法经营管理者，依照法律进行管理。然而，我们必须承认各行政机关及其内部机构之间各利益群体

的庞杂性和政府组成人员自身所可能存在的逐利性，这些都将会不可避免地对文物利用过程中文物国家所有权的行使造成障碍，甚至有可能使得文物这一国家所有权理论下“神圣不可侵犯的财产”，成为缺乏保障和“经常被蚕食的财产”。特别是在面对文物产业化所能带来的巨大经济效益时，这种国有文物单位“所有权和经营权分离”的做法，将更会进一步造成侵犯文物国家所有权的非法行为。因此，从理论上看，在现行的文物国家所有制下，文物有其不适宜所有权和经营权分离以及产业化经营的理由。

然而，社会经济的转型和文化产业的发展，对文物的利用提出了更高的要求，使得文物资源发展文化产业成为当前社会的一种大趋势。因此，我们需要思考的不应该再是文物适不适宜产业化经营的问题，而应该是立足实际，去思考如何在最大程度上规避对文物国家所有权的侵害，并在此基础上有效地实现文物的权利分离和更好地推进文物产业化经营。

(2)政府的社会利益诉求

从政府的产生来看，政府应当代表人民，政府理应是公共利益的代表者、促进者，而不应仅仅是维护自身利益的经济人。政府在对文物利用特别是产业化经营过程中不能有功利性，应该更多地看到文物的无形价值，尊重公民享受文化成果等方面的文化权利，看到其价值的传承在城市乃至国家的发展过程中所发挥的深层次作用。

作为一种国家遗产和公共资源，文物“承载了一座城市和国家的历史和记忆”，与民族文化的传承与创新息息相关。文物中所蕴含的巨大文化价值与精神含量，可以对渴求知识的人们产生巨大感召力，并通过这种感召使文化在社会范围内实现流动，它不仅能为经济发展提供产业发展机会，而且能够为国家社会发展提供精神支持和凝聚力。我们必须清楚地认识到，文物作为民族文化历史沉淀的重要成果，饱含了民族的智慧和历史的记忆，文物利用事关国民特性的守护、核心价值观的建设，以及国家的文化面貌和水准，加之政府有保障人民群众基本文化权利、满足人民群众日益增长文化需要的责任，从这种意义上来说，文物利用应以社会效益最大化为价值取向，体现全体社会成员的共同利益，使文化成果为人民群众共享，承担起对历史文化传承和民族精神培育的使命。

(3)政府的经济利益诉求

在以经济建设为核心的社会发展阶段，政府对经济利益的诉求乃属常态。但政府经济利益的诉求必须保持在合理的限度之内，一旦政府这种经济利益诉求过度，那么文物利用必然呈现畸形状态。

同时，政府是人类的一种组织，它的一切活动都是由组织内的这些人来决

定的，这些个体具有有限理性经济人的特征和机会主义倾向，在决策的过程中必然产生外部性。政府行为的外部性是政府在制定公共政策“履行其公共服务职能过程中产生的副作用”。以对文物的旅游开发为例，政府通过为公众提供与相应文物相关的公共文化产品弥补了市场不足，在满足公民精神文化需求和提升公民个人素质的过程中，客观上为服务对象之外的其他社会成员带来经济上和非经济上的收益(既可能是正的，也可能是负的)，比如其中可能存在政府的经济收益、所授权经营企业的经济收益、对社会的公共收益等诸多方面。

与市场中供给与需求可以用准确的价格等来衡量不同，文物利用的形式与途径多为公共文化产品投入，但公共需求难以用具体的数量指标来预测和量化，使得为满足社会公共需求而采取的政府行为缺少准确的衡量标准而易于过度或不足，从而产生外部性。同时，在行政过程中，不能排除行政机构及官员利用其手中掌握的自由裁量权，通过公共选择改变游戏规则，或进行管理性交易引起市场外部变化，间接改变所有参与方的成本与收益，使政策的实施结果有利于自身。在文物的利用中，中央政府、地方政府和微观主体之间有着较强的利益相关性，三者之间的博弈将在极大程度上决定文物利用未来的主流发展方向。因此，必须通过良好的制度建设来协调各方利益，促进共享公共利益观念的形成，并通过公正的程序和有效的监督来确保制度的真正落实，推动实现共同利益和共同责任的创新，从而进一步引导文物的有序利用。

2. 利益主体(企业)

(1)文物利用能为企业创造巨大利润空间

文物利用蕴含着巨大的利润空间，这牵动着各大文化产品及服务的生产商和供应商们的神经。作为中华民族历史发展的成果，文物本身所包含的历史文化价值，与当前人们的普遍价值取向及内在精神文化诉求之间良好的嵌合性，能够很好地为文物利用的市场化和商业化提供基础环境。同时，近年来随着民众文化自觉意识的觉醒，和精神文化需求的日益增长，文物的综合价值越来越受民众关注，文物市场异常活跃，文物的市场价值不断增值，文物利用已经逐渐发展成为市场经济中的一个新的增长点。2003 年，国家统计局《中国文化产业发展报告蓝皮书》也把文物、遗址纳入文化产业研究的范畴。面对巨大的经济利益，各大文化产业产品及服务的生产商和提供商们，绞尽脑汁地对文物的利用进行各种创意构思，力图通过抓住消费者眼球来实现最终的获利。而事实上，许多参与其中的开发商、承包商在文物利用中确实也获得了不菲的收益。

(2)企业参与文物利用的弊端

追求经济利益是企业生存和发展的根本宗旨和追求。但当前一些企业过于注重文物利用中的经济效益，可能很多都并不关心文物利用所带来的社会价

值，亦不关心文物利用中所要传达的审美取向和艺术价值，对于文物的利用是否低俗或被歪曲表达，甚至是对于文物在利用中是否会遭受破坏也始终觉得事不关已。其一味表达经济利益诉求而觊觎文物的经济价值，导致各种伪文化和虚拟化现象大量涌现，部分文物的利用形式呈现粗鄙化、浅薄化的趋势。同时，一些企业在对文物进行旅游开发的过程中，过度开发利用文物资源、导致文物破坏或损毁，甚至擅自拆除文物古迹和历史文化街区、村镇以及历史建筑的例子更是比比皆是。可以看出，鼓励企业参与文物产业化利用存在一定的弊端，甚至会造成文物保护与利用的失衡状态。

（3）企业参与文物利用的重要性

文化需求的多样性，决定了不论是文化产业的发展还是文化事业的发展，都需要有多元主体与之相适应。文物利用的产业化发展要走向成熟，单单依靠政府部门或文化事业单位的努力是很难实现的，必须要引入市场机制，鼓励企业参与到文物利用及其产业化经营中来。这样做，有利于形成多元主体竞争的格局，能够有效加快推进文物利用的产业化。

虽然企业在参与文物利用过程中自身的逐利性可能会导致文物保护与利用的失衡，但是企业拥有强大的生产能力和市场竞争力，在涉及文物利用中具体文化产品及服务的生产与供给时，拥有比政府更多的优势，而企业在参与文物利用的过程中，其对部分职能的承担，也有利于政府职能的收缩，促进政府顺利转型。同时，企业参与文物利用，在为企业带来经济效益的同时，客观上也能为政府进行文物保护提供支持，进一步推动文物的永续利用。以文物的旅游开发为例，文物单位与旅游经营单位相互合作，科学合理地对相应文物资源进行旅游开发。一方面，观赏性文物资源能够为企业的旅游开发提供资源基础和依托载体，拉动旅游经济的增长；另一方面，旅游服务带来的更多客源和经济收益，能够为文物保护的资金提供财源。二者虽不是谁也离不了谁，但彼此又互相促进。因此，从这个意义上来说，应该积极鼓励企业作为文物利用主体结构的重要组成部分参与到文物利用中来，通过引导其主体意识和自身优势的发挥，促进文物利用有序的市场化发展。

（4）企业参与文物利用的整体价值最大化原则

文物的社会性和文化性，决定了经济功能不是文物利用发展的单一目标，企业对文物的利用要兼顾发挥文物利用的社会功能，譬如文物的文化价值和艺术价值等，赋予了文化产业教化与审美的功能。只注重眼前经济利益而忽视企业社会价值发挥的短视行为，虽然会使企业暂时得到蝇头小利，却容易失掉民心，使其失去发展的支撑基础，不利于企业的长远发展。同时，文物作为历史沉淀的不可复制性，决定了企业在对文物的利用过程中要强化文物保护，注重文

物利用的可持续性，"竭泽而渔"的破坏性利用方式，只会使企业失去赖以生存的文物资源基础。

当然，企业参与文物利用，不仅要摒弃唯经济论的错误思想，同时也要警惕掉入过分强调其他单一功能的怪圈。当前某些文物的利用中，也存在一些泛意识形态化或艺术审美偏执化的倾向，虽然能有效发挥文物利用的审美功能和教化功能等社会价值，却不免容易曲高和寡，缺乏市场，很难达到产生实现经济效益的目的，容易逐渐打消企业自身参与的积极性。

因此，企业参与文物利用，必须要有广阔的视野，注重实现整体价值的最大化，多角度、多方面地综合考量和筛选文物利用的内容和形式，必须要兼顾文物利用各项功能的有效发挥，使之形成可持续性盈利的商业模式。

(5)企业参与文物利用的主体意识发挥

企业参与文物利用的主体意识发挥，一方面要求企业在寻求整体价值最大化的原则下，要充分关注政策走向、技术手段的更新与变迁、人民群众文化需求和生活方式的变化以及产业发展趋势，制定企业的发展战略，并在相应的战略框架下整合各方资源，促进战略的实施。

另一方面，企业参与文物利用的主体意识发挥，要求企业有效地将文物利用上升到商业模式，注重产业链条的打造，实现文物利用从文物到产品服务的生产，再到营销方式和营销渠道的拓展创新等一系列过程的提升。众所周知，文化产品的吸引力有赖于创意的发挥，而创意的产生，在很大程度上取决于文化元素的有效应用。企业应从有限的文物资源中充分挖掘各类文化元素，通过创意的渗透和技术的应用，生产具有特定文化内涵的产品和服务，以满足消费者层次不同、类型多样的无限的文化需求。同时，要采取一系列的文化适应和沟通策略，使嵌合进相应产品与服务营销活动和营销理念中的文化元素，与社会所欲求的、含义丰富的文化之间建立某种联系，通过策略的调试，达成与社会公众全新的利益共同体关系，从而实现文物利用的相关产品及服务到达消费者。这不仅要求产品及服务的包装策划宣传，要注重暗合社会文化背景和消费者的文化诉求，同时也要强调产品营销渠道的选择和营销方式手段的创新，要紧跟社会科技文化的发展潮流和消费者生活方式的转变。

3. 非营利组织

到目前为止，"非营利组织"(NPO)的概念学术界依然没有统一的界定。NPO 是一个自美国发源并向世界流传的新名词，其中不仅包括基金会、慈善筹款协会等公益类中介组织，也包括社交联谊、互助合作、业主和专业协会等互益类组织，还包括私人创设的学校、医院、社会福利服务机构、艺术团体、博物馆、研究机构等服务类组织。1973 年，美国学者 T. 列维特(T. Levitt)首次使用第三部门(Third Sector)这个名词,用以统称这些处于政府和私营企业之间的社会组织。国际著名的管理学大师彼得·德鲁克曾在 1994 年提出,知识社会必然是由三大部门组成的社会:一为公共部门,即政府;另一为私人部门,即企业;还有一个为社会部门。这个社会部门就是第三部门。党的十八届三中全会通过的《中共中央关于全面深化改革若干重大问题的决定》中提到“培育文化非营利组织”。司法部原副部长肖建章指出,近几年非政府组织已经成为提供社会服务、吸纳劳动就业、优化资源配置、促进经济发展、参与社会管理、推进民主政治、协调社会关系、维护社会稳定的一支重要力量,在促进各项事业发展和构建社会主义和谐社会中发挥了积极作用。由此可见,非营利组织确有其独特的功能与影响力。非营利组织有产生于又高于社会大众的独立性和连通性,既可以以一个独立的组织发挥作用,又扮演社会大众和政府、企业、营利性组织等部门单位联系的桥梁角色,将基层意志传达至上层。因在文物利用中,非营利组织以文物利用的可持续发展的社会效益为目标,无经济利益诉求,其主要功能与作用是文物利用制度完善的诱导者和合作者、资金的筹集者和提供者,以及文物利用实践的监督者。

(1)大学

现代大学有着传播知识、培养人才、科学研究和服务社会的四大基本功能。大学以组织利益和社会效益为追求,不以营利和追求经济效益为目的,同时它的收入不以任何形式分发给组织本身的任何成员,是文物利用中密切相关的非营利组织。大学是文化传承的极为重要的载体,在大学中既有针对文化及文物知识进行的普遍性通识性教育(即所有学生所必修的文化类课程),也有对应的专业设置(如历史学、考古学、文化遗产学、文物保护学、文化产业学等)进行的系统化专业学习。大学作为社会组织的一部分,一方面教育要受到社会的政治、经济、文化、科学技术等的影响和制约;另一方面教育必须为一定社会的各个方面服务,通过其特殊的产品形式——学生和服务(包括科研、技术、社会服务等),反作用于这些方面。在我国现有的情况下,大学教育体系就是要受到社会主义市场经济体制的制约并为其服务。大学通过遵循一般的教育规律和发挥自身的教育资源优势,可以定向性为文物保护利用等方面输送大量人才,为文物利用事业的发展奠定较强的人力资源基础。同时,大学针对文物利用方面的科学研究也是极具导向性的,选择什么范围、什么层次的课题来进行研究,对文物利用的发展方向与发展模式施加着不同效果的影响。并且基于课题研究的广泛性,既有文物利用理论方面的基础研究,也有实践层面的应用研究,这也有利于文物利用中遇到的各种问题和挑战的顺利解决。大学还可以通过与文物利用相关的政府部门、商业性企业以及其他组织开展各种合作,选择双方感

兴趣的热点话题进行咨询合作，从而参与到政府的民主决策和企业的生产经营管理当中去，实时地发挥自己的功能与作用。此外，大学还是普通社会民众接触文物保护利用方面知识的重要窗口。大学通过定期或不定期的知识讲座、专题培训等形式，来促进文物利用知识在社区间的有益传播，以回应民众有关文物保护利用知识的期待，和达到相关法律法规的普及。

（2）行业协会

行业协会是一种非营利组织，是社会中介组织和自律性行业管理组织。行业协会是联系政府和行业内企业的桥梁、纽带，在行业内部发挥着服务、自律、协调和监督的多种功能，同时也是政府的助手和参谋，承担着一定的自律自我管理的产业发展职能。与文物利用相关的行业协会组织很多，像博物馆协会、文化市场协会、文化企业协会等等，同时这些行业协会存在着类型和地域上的划分，存在着涉及领域的不同。文化发展是我国社会主义建设的重要内容，文物利用是我国文化市场发展繁荣的必然选择，是社会主义市场经济体制不断完善，促进资源合理有效配置的必然要求，这也对建立和健全文物利用的相关行业协会提出了迫切的要求。服务会员是行业协会的第一要务。协会发展的终极目标就是要使会员通过协会的发展得到更多的实惠，结合文物利用的主题，就是要促进相关文化企业在文物资源开发利用方面增收。在企业服务方面，可以发挥如下作用：①充分发挥行业协会对市场把握准确、熟悉生产技术的优势，加大培训和宣传力度，为会员提供产、供、销等各个方面的信息服务以及人才、技术、职业培训等服务，引导企业生产适销对路的文化产品。②积极为发展文物利用产业牵线搭桥，在互惠互利和利益共享的前提下，经常性地开展一些会员单位之间、协会和社会其他产业之间的协作与交流，逐步拓展业务范围。在此基础上适时组织赴国内外发达地区学习考察活动，开阔眼界，启发思路。③以改革为动力，打破部门、产业和地区分割的局面，加强有关文物利用类文化产业之间融合、嫁接和渗透，通过多业联合扩张等方式，整体推进产业的发展和升级。[①] 同时，要学习科技产业发展的经验，加大文物利用中信息科技元素融入力度，增添多类复合性的文物利用的产业形态，形成一种与不断发展中的文化消费结构相适应的开放的文物利用产业形态体系。

（3）文化基金会

基金会，是指利用自然人、法人或者其他组织捐赠的财产，以从事公益事业为目的，按照一定条例的规定成立的非营利性法人。基金会分为面向公众募捐

---

① 参见黄星：《论文化产业协会在文化产业发展中的作用》，《福建论坛（人文社会科学版）》2011 年第 12 期。

的基金会和不得面向公众募捐的基金会。基金会是对兴办、维持或发展某项事业而储备的资金或专门拨款进行管理的机构。文化基金会,是在慈善性捐助观念的基础上形成的非营利性组织,由国家、政府的拨款或企业、私人的捐助而设立,以这种拨款和捐助作为文化活动的主要经费来源。通常由捐资人自己或指派代表组成基金理事会,并由该理事会聘用文化经理人或首席执行官承担文化部门的具体经营事务。我国的文物利用及文物资源产业化运作在人力资源的质量、投入资金的数量、管理水平的高度、创新机制的建立等方面,跟文化竞争力强的国家还存在很大的差距,利用文化基金会的方式,发挥文化基金会联系广泛、资源密集的优势,来促进我国文物利用事业的快速健康发展,不失为可行的有效方式之一。文化基金会的文化融资和管理机制,可以资助与文物相关的文化产业、文化事业透明高效发展。与传统的"零距离"的直接管理模式相比,借助于文化基金会等非营利组织的"一臂之距"的间接管理模式,可以有效打破原有文物资源被分布在不同行政部门管理的樊篱,冲破原有体制间的办事效率低下、管理职能落后的弊端。相关文化基金的合理介入,会为政府主管部门避免直接干预文物利用及文物相关产品的创意创作活动,采取经由文化基金会等文化中介机构来作为中间环节拨款的方式,经过专家的评审把资金间接地分配给艺术组织、艺术家和有关受到专项扶持的文物利用类企业。这为文化事业单位的体制职能改革提供了新的路径和模式,也将为新时代的社会治理结构和模式的改善作出有益探索。

4.受影响方(民众)

作为文物利用的受影响方,人民群众既应是文物利用的主要受益者,也应是文物利用的重要参与者。民众权利是否得到满足和主体意识是否有效发挥,将直接影响到文物利用工作开展的最终成效。

(1)文物利用要为了群众

公民的文化权利与人民群众的主体性,决定了文物的利用与管理必须要充分关注人民群众的权利主体性,要以关注人民群众的切身利益为出发点。公民的文化权利作为继政治权利、经济权利之后公民权的又一项重要内容,赋予了公民包括享受文化成果、参与文化活动、开展文化创造和文化创作成果得到保护等四个方面的权利。而且人民作为国家的主人,是社会主义制度下国家所有权的主体,是所有权利的最终归属者,文物的国家所有权也决定了文物的最终归属是全体人民(人民行使的是对文物的一种间接占有权)。同时,文物的存在价值决定了其公共物品性及其公益性质,维护其存在价值就是维护全人类公共的利益。因此,在文物的利用与管理中,要将全体社会公众的利益放在首位。

一方面,在文物保护与利用相关工作的开展过程中,要以保障人民群众的

切身利益为先。1997年国务院在《关于加强和改善文物工作的通知》中明确要求,将大遗址保护列于"正确处理文物保护与经济建设以及人民群众切身利益的关系"的首位,要求充分考虑遗址所在地群众的切身利益,采取调整产业结构、改变土地用途等措施,努力扶持既有利于遗址保护,又能提高当地群众生活水平的产业,从根本上改变被动局面。例如,西安在推进汉长安城未央宫遗址参加"丝绸之路"跨国申报世界文化遗产项目过程中,就把群众利益放在首位,按照"生活便捷不失健康宁静,乐居田园却享尽繁华"的理念,为"申遗"区群众打造了集幼儿园、学校、医院和群众休闲娱乐等各种配套设施为一体的"5分钟生活圈",切实改善了"申遗"区群众的生活质量,使其真正体验到水气电暖等设施齐备的现代都市生活,进而圆满地完成搬迁任务,为"申遗"工作提供了保障。

另一方面,文物的利用要充分关注人民群众的基本文化需求,切实保障其文化权益。针对人民群众多元的文化需求结构,探索和丰富文物利用过程中所开发文化产品和服务的内容和形式,确保文物相关文化产品及时有效供给,使人们在享受文物利用所带来的产品和服务时,能够满足其获取教育的意义、启智的意义、审美的意义、娱情的意义、象征的意义、识别的意义、认同的意义、表现的意义、交流的意义等多个方面的文化需求,最大限度地满足人民群众不同层次的需求。同时,还要通过建立调查反馈机制,不断提高服务的高效性和人民群众的满意度。

此外,文物的利用还应满足人民群众对产品形式和利用手段的多样化需求,不仅要以数字化、信息化、网络化为其注入新的元素与功能,还要创新利用形式,丰富文化表现力,而且对产品营销渠道的选择和营销方式手段的创新,要紧跟社会科技文化的发展潮流和人民群众生活方式的转变,进一步拓宽文物利用产品与服务的供给渠道(如博物馆、图书馆、遗址公园、文物仿真产品等渠道),促进各种渠道的相互补充。如2004年7月,法国卢浮宫把35000件馆内珍品和超过13万幅的库藏画作放到了网站上,并提供英语、法语、西班牙语和日语4种版本的3D虚拟参观服务。人们通过手持设备进入数字博物馆,可以在虚拟的博物馆中随意游览,观看馆内藏品的三维仿真展示,查看各类信息资料,随时随地获得完美的文化体验。

(2)文物利用要依靠群众

人民群众是历史的创造者,其所创造的精神文化产品和创新要素是现代社会发展的驱动力和支撑点,是经济社会稳步走向现代的根基,更是保持社会合理、有序、可持续发展的内在动力。脱离开群众的创造性活动,任何美好的设想都难以实现。文物的利用与管理,必须要充分重视激发人民群众对文物利用的广泛参与性,提升人民群众的主体意识和文化创造意识,推动文物利用产业化

经营科学健康地发展。

文物利用要依靠群众，首先必须深入基层，广泛宣传，充分调动人民群众的积极性，强化人民群众的文物主体意识，使其自觉加入到保护文物和监管文物利用的队伍中来。以陕西兴平茂陵文物保护区的群众性文物保护为例，该保护区占地面积 59.8 平方公里，周围的大型陪葬墓、从葬坑、建筑基址等遗址遗迹达 400 多处，其点多、线长、面广的特点使得文物保护的难度加大，但茂陵博物馆通过宣传文物政策法令，提高群众的文物保护意识，在周围乡（镇）、村、机关、学校、工厂等单位共成立 59 个文物保护小组，发展 288 名文物通讯员，通过发挥群众文保员的力量有效地实现了保护区内田野文物的安全。

文物利用要依靠群众，其次必须建立有效的平台和信息传递通道，如通过理事会、咨询委员会、公民调查等多种手段，获取人民群众对于文物利用及其特定项目的看法、观点和意愿，集结群众智慧为相应措施的实施提供决策咨询。通过相应的平台和信息传递通道，使群众的一些文化理念得以张扬，文化创造力得以发挥，这样能够强化群众的主人翁意识、责任感和文化认同感，调动其积极性，进一步激发其参与文物保护利用的自觉性与创造力。

文物利用要依靠群众，还必须加强对各级各类专业及业余人员的社会教育和培训指导，这不仅有助于实现文物利用相关工作开展的针对性和有效性，同时能够更进一步激发人民群众的创造力。我们知道，人民群众的创造力是推动文物利用事业发展的最终力量源泉，而这种持续的社会教育和培训体系，能够通过提高公民的文化素质来提升个人的创造能力。

同时，在文物利用过程中，要强调社区主导开发模式，其核心理念就是本地化，地方民众的参与性，强调的是地方社区控制、产业链的本地化、经营者的共生化与决策权的民主化。2006 年，在浙江绍兴召开的第二届文化遗产保护与可持续发展国际会议上，国内外学者通过探讨，形成了“所有的文化遗产保护行为都需要社区和文化遗产保护的利益相关方参与进来，只有这样，才能最终实现文化遗产保护与可持续发展的有效结合”的共识。社区文化在文化整合、导向、传承和发展方面所体现的独特功能，决定了社区能够为人民群众提供参与行使自己基本的文化权利和体现公民价值的平台，使公民能够直接或者通过社区与行政官员就共同利益进行对话，并在追求文物利用公共利益的过程中，使之逐步形成政府主导、文化企业、非盈利组织、社区等主体共同参与、协商与对话的“交互理性”制度框架，并通过多元主体的互补性制度优势，实现公民参与、政府引导、市场介入的良性互动。

第三节　中国特色文物合理利用的途径和方式

文物利用的根本目的是文物价值的充分释放。文物利用的方式繁多，对于不同的文物所有者或不同的文物种类以及二者的不同组合，会出现不同的利用方式，而不同的利用方式分别有着不同的目的和意义，其具体操作和对文物的影响也千差万别。文物利用的主要方式划分为六大类，分别是文物的一般利用（主要指科研和展示）、文物的衍生利用（主要指文物复制和文物衍生品的生产）、文物的综合利用（主要指作为主要文物代理所有者的博物馆的运作）、文物的直接利用（指文物市场或市场里的文物交易）、文物的金融化利用（指将文物作为一种资本品来进行融资或市场运作）以及文物的深度利用（主要指对于不可移动文物的商业地产开发或旅游园区开发，以及新农村建设中对大遗址的保护与利用。这种利用通常会对文物本身的形态产生较大的影响）。

一、文物的一般利用

文物的一般利用主要指文物科研和文物展示，二者既是文物利用的基本方式，也是其他利用途径的基础。

1. 文物科研

文物在客观上具有历史、艺术、科学价值，然而文物的价值常常是隐性的，需要通过不同的科研手段才能将其揭示出来。文物科研就是运用系统的理论、严谨的方法、科学的手段，并辅以相关的史料来揭示文物的历史、艺术和科学价值的过程。

文物科学研究的首要内容是文物分类和文物鉴定。由于文物的时代不同，质地不一，种类繁多，功能各异，因而需要从不同的角度，采取不同的分类方法。[①] 目前有的文物科学研究，已经发展成为专门的学科如钱币学、铭刻学等，今后有些类别的文物，随着科学研究的深入和发展，还将会形成一些新的专门学科。

文物鉴定就是确定文物的年代、真伪和价值。首先需要进行的是断代和辨伪。辨伪主要是辨别由于文物作为商品流通以后，有人以牟利为目的，以真文物为蓝本而故意制造的假古董及一些历代的文物仿制品。考古发掘出土的文

---

① 参见谢辰生:《关于文物保护与研究的基本认识》,《中国文物科学研究》2006 年第 1 期。

物，一般不存在辨伪的问题，但也有文物鉴定的问题。有时由于地层扰乱，在一个文化层中也可能有后代文物混入，都需要进行鉴别。文物鉴定主要有传统方法和现代科学方法两种。

2. 文物展示

当前我国文物展示的主要呈现方式是实物展示，同时基于数字技术的各种展示方式也已经显露出巨大的发展潜力。当前比较有代表性的数字展示技术有三维技术、全息投影技术等。另外，在数字展示的基础上还发展起来多种形式的参与性、交互式展示技术，让参观者能够随时轻松地参与其中，了解历史的发展脉络，亲身体验展示文物的制作工艺。如虚拟考古游戏让人们沿着游戏主线了解文物历史文化的发展脉络；多通道大型环幕立体投影系统可为参观者营造沉浸感十分强烈的遗址氛围。由此可见，现代多媒体展示技术的应用，使传统常用的实物配平面图片与解说词式的展览展示变得更加生动有趣，细节的展示也更加引人注目。

二、文物的衍生利用：复制与衍生品

1. 文物复制

对于文物的复制和仿制，社会上存在着不同的观点。基于对中国文化品质受创的担忧，一些学者认为中低端的文物复制、仿制品可以供社会大众品鉴、赏玩，基本不会扰乱文物艺术品市场，但是一些高端复制品，容易鱼目混珠，扰乱市场，应该制止；如果在公共场合公开展览复制品而未明确标明展品身份，则可能产生误导和误会。

但有不少收藏爱好者认为，文物复制品具有一定的收藏价值，应宽容视之。在加强管理、手续合法的原则下，应该容许制作及出售文物复制品，但是必须严格监控数量和流通渠道，保证作为文化载体的文物复制品的品质。

文物复制品可以有效传播古代文化。在博物馆中，文物复制品展示是重要的展览方式，可以保护珍稀文物免受运输、光照等造成的损害；对于个人而言，充分尊重和体现文物文化内涵的复制品，能够满足人们对古代艺术品审美的体验。学者认为，文物复制对弘扬灿烂的历史文化和推动文物文化衍生品产业发展均具有积极作用。

2. 文物衍生品

文物衍生品，即依托馆藏文物资源及相关机构授权，利用现代科技将古老深邃的文物和非物质文化遗产转化成为传统文化符号，用于工艺纪念品及日常生活用品的设计制造，借助创新性的开发包装，改变产品面貌，提高产品附加值。

国家文物局的调查数据显示，国内文物衍生品产值超过500万元人民币的博物馆仅有北京故宫博物院、苏州博物馆和上海博物馆三家，这和台北故宫博物院一年的衍生品营业额在3亿新台币左右、英国TATE博物馆商店年销售额3亿至5亿人民币、美国大都会博物馆商店年销售额5亿至7亿人民币相比，多少可以反映出我国大陆艺术衍生品市场落后的现状。

在国内，艺术衍生品市场还处于起步阶段，产品类型大多停留在文物复仿制品、旅游纪念品的低端层面，缺少创意设计元素和实用类消费品的开发。艺术衍生品如何利用创意设计，让深居博物馆的古代文物焕发新的生机，成为我们必须要面对的课题。

三、文物的综合利用:博物馆运营

博物馆是文物科研和展示的主要组织机构，也是文物复制和文物衍生品的主要授权主体。

对于博物馆的性质、功能和目的，不同的国家和地区、不同的人可能会有很多不同的阐释，但是总结各种不同的说法可以得出，博物馆的本质可以概括为两点——收藏和传播，即对“人类和人类环境的见证物”的收藏和传播。诸如“收集”“研究”“保护”“教育”“欣赏”以及“展览”等功能和目的，实质上都是围绕“收藏和传播”来进行的。

1. 博物馆的综合运营

以往博物馆的经营，大都脱离地方脉络而独自在自身专业领域中求发展，但在面对外在社会需求的转变(政府、社会大众、产业)与内在经营压力(人力、物力、财力)增加的今天，博物馆已不能再“独善其身”，需通过外部资源的引入与互动，维持经营与展现功能，进而调整经营理念与方向，以适应社会大众的需要。

20世纪80年代以来，新博物馆学的理念兴起。新博物馆运动改革了过去保守传统的经营方式，博物馆不再只是扮演局限于物的收藏、维护与展示的角色，而是强调在国家甚至国际化网络中，博物馆与社会、环境及地区发展之间关系的未来性。博物馆的重心不再将典藏、研究、保存、展示等传统功能奉为圭臬，而是转向以对地方社会关心的内容上来。

新博物馆学的意义，不仅在于博物馆专业人士对自身的反省以及对社会环境态度的转变；更重要的是，新博物馆学使得博物馆在生存状态和运营策略上产生了根本性的转变，进而促使博物馆在文化产业的发展上可扮演更为积极的角色，使得博物馆真正融入到文化产业时代的大众社会生活中去。[①]

在面临日益沉重的经营压力下，博物馆开始采取大众化策略以寻求发展增加收益，而文化旅游市场的开发便成为主要的策略之一。部分博物馆为配合地方旅游产业的发展，便转而以文化观光作为自己的经营方向：一方面，博物馆调整展示方式以丰富旅游体验，并定期更新展示内容与活动，以确保每次游客再访时都有新的事物值得学习；另一方面，博物馆也将部分目标放在使游客拥有舒适、愉悦的休闲体验上，诸如交通与停车问题的改善、休息与餐饮空间的提供、明确的指标与导游服务，甚至是游客的迎接。

除博物馆在旅游功能上所做的内部调整外，博物馆也开始向外部结合文化与观光产业，建立互利共生的网络关系。在合作的对象上，包括文化代理商、旅游、运输，住宿、餐饮与娱乐企业，甚至是开发机构；合作的形态，从短期特殊事件的合作（地方节庆活动、大型展会举办、国际交流活动等）到长期的整合经营开发（套装游程安排、混合使用开发等）都有。

2. 民营博物馆

作为民间资本参与民族文化遗产保护的一种新方向，当前中国民办博物馆正获得越来越多的社会关注。

从收藏名家马未都 1996 年在北京建立我国第一家民营博物馆——观复博物馆算起，到 2017 年，民营博物馆已经风风雨雨、跌跌撞撞走过了 21 个年头。20 世纪 80 年代以来，中国民间私立博物馆经历了一个从与公众分享个人收藏的快乐，到为民间收藏健康发展寻求合法存在机制，再到积极参与文化产业转变契机的过程。与此同时，文物、艺术品市场的发展吸引了一批有经济实力的民营企业家，他们成为新时期私立博物馆发展的主力。比如，由南京天地集团董事长杨休开办的长风堂博物馆，被誉为中国民间最大的书画收藏馆；由成都建川实业集团投资建设的建川博物馆聚落，馆中藏品约 2 万件，全部来自该馆馆长近 20 年来的个人收藏。

观复博物馆藏北宋磁州窑白釉黑彩唐草纹梅瓶

① 参见李金生：《博物馆产业化问题初探》，山东大学硕士学位论文，2008 年。

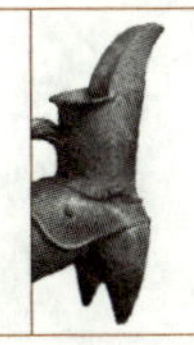

在多数业内人士看来，私立博物馆的社会公益性更为鲜明和突出，博物馆的目标也更注重于回馈社会，为民族保存更多的文化遗产，让公众更便捷地接触这些传承悠久的文化精华。不过，鉴于民办博物馆在中国还是个新事物，尚处于摸索阶段。因此，如何在准入制度不完善、扶持政策不健全、管理运行不规范等诸多问题中，寻求健康发展之路，依然需要社会各方的共同探讨与努力。

“博物馆是展现中华文化的窗口，对它的扶持需要全社会持续的努力。”北京市文物局的刘超英处长呼吁尽快制定税收方面对民营博物馆的扶持政策。政府与文化部门的相关政策，对于指导、鼓励和支持民营博物馆的发展十分重要。政府在资金与专业技术方面的扶持，更能化解民营博物馆的燃眉之急。当然，民营博物馆自身的努力，才是其长期发展壮大的根本出路。民营博物馆需要找准定位，规划发展，整合优势资源，通过各种媒介扩大宣传，提高知名度，最终提高经济效益和社会效益。

四、文物的直接利用:文物市场

文物市场是文物进入商品流通领域形成的市场。文物是一种特殊的商品，它不但可以具有重要的历史价值、科学价值、政治价值、艺术价值、经济价值等，它的珍贵还在于它具有不可再生性。

文物市场是依法设立的买卖文物商品或文物监管物品的场所。文物市场的特点是由文物本身的特点所决定的。文物作为一种商品，具有一般商品的共性。但由于其使用目的的特殊性，即文物商品不能进行再生产，因此它又是特殊的商品。将一般不需要由国家收藏的文物，即国家允许经营的文物投放市场，以满足国内外文物爱好者的需要，是合理的和必要的。

1. 文物收藏

文物市场的基础在于民间文物收藏现象的存在。

文物之所以有市场，是因为有人要收藏它。有收藏就有流通，无论出售、交换或是收买都是在一定体系中进行的，这就形成了文物市场。尽管不同的藏家保藏文物的需求和目的不同，但就主要的方面讲，大都是与文物的价值相关联的。基于历史文化价值和科学艺术价值的收藏是整个民间收藏的基础，而基于文物经济价值的收藏占到越来越大的比重，这与文物市场的发展有密切关系，也有助于文物市场的进一步发展。

随着我国经济体制由计划经济开始向市场经济逐渐转变，民间收藏也经历了从小到大、从萧条到繁荣的转变，特别是 20 世纪 90 年代中后期以来，文物收藏逐渐成为新的投资热点。近年来，集知识性、趣味性、娱乐性于一身的“寻宝”“鉴宝”类电视节目，更是极大地提高了民间文物收藏的热情和社会关注度。有人认为，我国目前是继北宋末年、明代晚期、康乾盛世和清末民初之后的又一次文物“收藏热”时期。

2. 文物市场体系

文物市场通常被视为广义艺术市场的一部分，而合理的市场体系是文物市场健康发展的保证。

文物市场体系的两极是文物收藏品和收藏家（或投资商），沟通两极的是包括文物市场在内的各类专业服务和支撑平台，大致包括文物市场、公共展示平台、文化中介、金融服务以及其他独立专业服务等几类。具体来说，文物市场在整个文物市场体系中担负着商业中介的职能；文物市场之外，还有以博物馆为主的公共展示平台和以评论家、新闻媒体为主的文化中介，此二者虽并不直接参与文物市场，却是文物市场的重要支撑，担负着向公众传播文物知识和信息的职能；围绕着文物市场，还有以保险、基金、借贷为主的金融服务和诸如文物鉴定评估、市场指数研究等为主的独立专业服务，此二者直接服务于文物市场。

当前经营文物市场的主要包含四类主体，分别为经纪人、文物商店和古玩市场、拍卖行以及博览会。其中文物商店和画廊通常被称为一级市场或初级市场，主要服务于大众客户；拍卖行被称为二级市场，是文物市场的高级形态，主要服务于高端客户。

一级市场是整个文物市场的基础，其交易效率的提高是整个文物市场的活力源泉，而二级市场处于市场金字塔的顶端，对整个文物市场起到风向标的指示作用。合理情况下，一级市场的交易量应该大于二级市场，整个市场处于风险和收益都较为分散的稳定状态。然而目前中国的文物市场却出现了一、二级市场的严重倒挂，一级市场的交易量过小、二级市场在资本的推波助澜下交易过热，如此，文物市场的收益过分集中，崩盘风险也被集中放大，这对于整个文物市场的发展是极为不利的。

3. 文物鉴定/评估

鉴定是辨明真伪，评估是确定市场价值。文物进入市场的第一个环节就是鉴定。鉴定人需要确定文物的历史背景和保存状况。评估是根据市场行情给作品定价，评估人在真伪确定的基础上根据作品的质量和公开的市场数据确定其市场价格。在文物市场体系中，文物的鉴定和评估居于特别重要的地位，因为文物价值的共识是市场交易成功的基础，而由于买卖双方信息的不对称，这种共识在通常情况下是很难达成的，这就需要权威的第三方机构来作出评判——这就是文物鉴定/评估的意义。

五、文物的金融化利用:文物资本品

文物的金融化利用,即引入金融工具和手段,将文物收藏品转化为“文物资本品”。

文物收藏品市场金融化的趋势就是规模化、社会化与大众化。文物收藏品市场金融化催生了艺术金融产业的发展,艺术金融产业也可以称为艺术金融业,它是金融产业发展过程中的一种新的业态形式,是金融业发展过程中的一个新的发展方向。发展与提升艺术金融产业的基本目的,是为了满足人民群众在艺术金融多方面、多样化、多层次的投资需求与精神文化需求。我们知道,艺术金融业与一般金融业一样,都是经营金融商品的行业;艺术金融业与一般金融业的归类相类似,也包括艺术银行业、艺术金融保险业、艺术信托业、艺术担保业及艺术租赁业等几个方面。

文物收藏品金融化的根本就是用产业化的理念来发展艺术金融。在艺术金融的推动下,中国文物收藏品资本市场在文物收藏品市场发展过程中,发挥着越来越重要的作用。在这种大背景下,不断推动艺术金融的发展已成为有识之士的共识。问题的关键是如何发展艺术金融,以及以怎样的视角与理念去发展艺术金融。一直以来,我们都认为发展艺术金融必须以产业化的理念与视角,才能将其做大、做强。研究艺术金融产业的重要目的是关注艺术金融产业资源的优化配置,根本目的之一就是研究探讨围绕艺术价值发现所进行的、促进艺术金融产业资源在艺术金融产业转换及发展层面上的优化配置。要从理论上进一步系统地研究与拓展艺术金融产业的基本理论与体系,在用新的产业理论去构建与培育艺术金融产业体系之外,将着力点放在艺术金融市场主体及体系的建设上,重视艺术金融产业战略规划的研究与制定,进一步加大对艺术金融产业的财政支持,完善服务平台建设,并以最大的力度整合与搭建艺术金融产业资源平台。

目前能够被先导的接受方式,恐怕就是从法律的角度进行融资诠释,用大众的、易被接受的方式以及适合我国国情的方式对收藏品进行金融化——担保、抵押和质押:

金融化方法一:收藏品担保

在合法的条件下用其所有的收藏品来为其融资进行担保,其依据理所当然的是担保合同。这和中国民法上面的传统典权有几分相似。债务人对于自己负担的债务,应该以预先评估设定的全部外化价值进行担保。在债务不履行时,债权人得请求人民法院依法定程序变卖债务人的收藏品,以其价金清偿债权。

金融化方法二：收藏品抵押

收藏品抵押权是对于债务人或第三人不移转占有收藏品，从而担保债权的实现。其目的在于以收藏品担保债的履行，而不在于对其使用和收益，其抵押融资的依据当然是抵押合同。收藏品抵押人不必将收藏品的占有权移转给债权人，而由自己继续对收藏品进行使用、收益，充分发挥其效用，如进行展览以供参观。收藏品抵押权是就收藏品优先受偿的权利。抵押权人在债务人不履行债务时，有权依法律以收藏品折价或变卖的价金中优先得到清偿。

金融化方法三：收藏品出质

收藏品质权是为担保债权的履行而设定的，它是从属于主债权的担保物权。在债务人不履行债务时，质权人可以就收藏品优先受偿。收藏品出质人须转移收藏品的占有，收藏品质权以占有标的物为成立要件。

当所担保的债权出现恶化的时候，自然就回到收藏品担保权、抵押权和质权的实现——文物交易上来，并设定了如下几种方式：

(1)拍卖。在债权已届清偿期而未受清偿时，担保权人、抵押权人和质权人可以依据一定的程序拍卖收藏品，就其所卖得的价金进行受偿。拍卖是将收藏品以公平竞争方式，由多个竞买人竞相报价，确定报价最高的数额为出售价金，出售给报价最高价款的人。

(2)折价。在债权清偿期届满时，担保权人、抵押权人和质权人与收藏品抵押人订立合同，由债权人取得收藏品的所有权，将其价值高于债权额的部分返还抵押人。

(3)变卖。这是在抵押权人不愿意拍卖收藏品，也不愿意取得收藏品的所有权，可以用一般的买卖方法，将收藏品抵押物出卖，以卖得价金受偿。

通过收藏品金融化的三种途径，把收藏品转化成活的现金流，不仅关系到收藏品市场的发展和广大民众的福祉，也关系到整个国民经济的发展，也将为国外文物的回流问题找到一个可行的解决方案。同时，从中近期看以及从迫切性和可操作性看：一是文物收藏品担保融资机制的建立，可在很大程度上解决收藏家的贷款问题；二是对收藏文物采用“先行抵、质押”的方法提供了可行性。在其需要资金时，银行可以立即根据抵、质押情况予以相应的贷款支持，这样既有利于随时满足融资的需要，也避免了临时抱佛脚、耽误商机的风险，同时也为那些投资于收藏品的收藏家提供一个回报的机会，进而解开收藏家融资难的症结。

六、文物的深度利用：商业与旅游

1. 文物资源的旅游开发

（1）文物资源的特性

文物旅游资源是发展人文旅游的基础，同时，文物又能很好与民俗、歌舞等旅游商品结合，成为人文旅游的支撑和内核，可以为旅游者提供高层次的文化精神享受，为我国旅游业的深层次开发奠定坚实的基础。文物旅游资源作为旅游资源的一种，具有旅游资源的基本特点，即广泛多样性、不可移动性、环境依存性、可直接消费性、塑损两面性，具有文物价值和旅游价值的双重性；同时文物旅游资源还具有历史永续性的特点。

（2）文物旅游资源开发模式

文物资源是我国历史文化的集中反映，蕴藏着极大的潜在旅游价值，对其开发利用在国内市场上有着广阔的持续不衰的发展前景。目前国内开发模式主要有：

实物展示型。以出土文物和保存完好的文物古迹如古建筑、古城墙、古石刻等为主，一般采取在博物馆陈列展示和在原址以实物向游客开放展示的形式，成为文物资源转化为旅游资源的主体。

复原仿制型。由于文物资源具有不可再生和自然消耗特性，有些重要的文物由于年代久远，受自然、战争等破坏的影响，已不可能看到原貌，只有遗址尚存，人们只能根据考古和历史文献资料进行复原仿制型开发，展现历史的真实。由于这类文物一般具有重要的历史地位和较高的知名度，因而易唤起人们一睹风采的旅游兴趣。

发挥创造型。此类资源开发大多依据待考证的文献资料、神话传说、文学作品等思想创造而成，可起到丰富点缀历史文化的积极作用。

（3）文物旅游资源市场发展空间

文物旅游资源的发展空间之所以不断扩大，在于其独特的文化底蕴与内涵，给人们带来的更多的是精神而非物质的享受，同时文物旅游资源又可以创造经济效益。文物引起的旅游欲望、旅游行为，必然会导致旅游消费活动的频繁，文物旅游资源消费需求具有巨大的潜力，因此，文物旅游消费会越来越多。文物在旅游业的发展背景下成为现实的资产而具有经济价值，它可为这些地区永续利用而带动当地社会经济的发展，并为这些地区找到一条非传统的产业发展道路。[①] 通过这种文物旅游经济活动及其较强的产业带动效应，把旅游经济活动所产生的经济效益辐射、渗透到其他产业和部门，促进了人们生活质量的改善和提高。

2. 城市建设中对历史文化街区的保护与利用

随着城市化进程的不断加快，许多原来处于城乡结合部的文化遗址慢慢进入了城市建成区范围。在原有的城区范围内，许多原有的建筑及街巷格局已不能适应新的居住和交通需要。如何保护利用这两大类文化遗产，需要进行创造性的设计安排。

在进行保护与利用的过程中，首先需要文物管理部门与建设部门密切合作，对城市建设所涉及的文物（文化遗产）进行全面的调查、分析、评估，确定其价值，然后由规划部门和文物管理部门共同制定保护利用规划，在充分保护文物的基础上，划定核心保护区、建设控制地带等。同时，设计部门在进行利用时，也要充分听取文物管理部门与当地民众的意见，综合平衡，做到既保护文物，又利用文物，同时使广大群众从文化遗产保护和文物利用中获得实际利益。

3. 新农村建设中对大遗址的保护与利用

所谓“大遗址保护区”，是借鉴经济开发区的经验，创新管理体制，按照集中管理、便于管理的原则，将整个大遗址及周边的区域全部划入，构成单独的行政区划。或者直接在原有涉及大遗址的一个或数个行政区（如乡镇）之上，组建大遗址保护区的管理机构。这个管理机构具备同级别行政部门的全部职能，对整个保护区实施全面、有效的行政管理。

大遗址保护区比较适合位于农村地区的大遗址。位于农村的大遗址，多半规模较大，在遗址范围内分布着村庄和大片的农田，目前，遗址只受到农业开发和新农村建设的部分影响，整体保存情况相对较好。在这样的地区，实施行政区划调整，社会影响较小，而且，改变管理体制后，在保护方面的效果却比较明显。具备完全行政管理能力的、相当于一级政府的管理机构，无论是在大遗址资源的保护还是土地利用方向的改变，以及居民搬迁等方面，其行政能力、执行能力和效率都不是仅为政府派出机构的文物部门所能比拟的。[②]

同时，为了更好地保障大遗址保护区内民众生活水平的提高，可采取大遗址保护与生态开发相结合的模式，实现资源的合理利用与经济社会的可持续发展。比如，位于大遗址保护范围内的村庄，可考虑结合新农村建设，采取土地集约利用的方式，通过建设新村的形式将农民从遗址核心区内迁出。在核心区内

---

① 参见彭延炼、鲁卫东：《文物资源旅游开发对策研究》，《全国商情·经济理论研究》2008 年第 4 期。

② 参见唐仲明：《大遗址资源的保护与发展研究》，《山东社会科学》2013 年第 7 期。

只允许进行适度的农业开发，尽量减少对地下文物资源的影响与破坏。此外，争取国家层面的资金支持，比如利用国家投向大遗址保护的资金，加上制定政策引导部分社会资金参与大遗址资源的保护与开发，如建设观光体验式农业、高效生态农业，扩大经济作物耕种面积等方式，逐步提高当地农民的收入水平，弥补他们因搬迁和减少耕种面积所造成的损失。

第四节 构建中国特色文物利用风险评估体系

文物是一种独特的资源形式，主要表现为：①珍贵性，由于附带文化信息，内涵丰富，实际价值远远超出其物质载体的价值；②脆弱性，由于经历数百年乃至数千年的剥蚀，其物质载体往往非常脆弱，稍有不当就会损坏。基于文物资源的这两种独特属性，我们认为对于文物的利用必须要慎之又慎，要对文物利用过程中可能产生的风险有充分的预判和防范，我们建议探索建立一套完备的"文物利用风险评估体系"。

一、风险评估体系下的文物分类

文物具有内涵丰富、形式多样的特点。在文物利用的过程中，由于不同种类的文物面临的风险不同，因此不同文物所需要的风险评估体系自然就有所差异，文物利用风险评估体系建设的基础就是对文物进行分类。

文物的分类方式有很多种。从文物利用风险评估体系的角度上讲，根据存在形态分类，即划分为可移动文物和不可移动文物。

可移动文物主要是指馆藏文物和流散文物，有石器、陶器、铜器、金银器、瓷器、漆器、玉器、工艺品、书画、古文献等。它们体量小，种类多，可根据其体量的大小和珍贵程度，分别收藏于文物库房，甚至文物囊匣内，并可根据保管、研究、陈列的需要移动，变换地点。

不可移动文物基本上都是文物史迹。古建筑、纪念建筑、石窟寺、石刻、古遗址、古墓葬、近代现代重要建筑、纪念地等，都属于此类。这些史迹一般体量大，不能或不宜整体移动。

除此之外，文物的分类方式还有时代分类法、区域分类法、质地分类法、功用分类法、属性分类法、来源分类法、价值分类法等。但是，从文物利用风险评估的角度来看，存在形态分类法更加有助于进一步研究。具体原因如下：

(1)文物的存在形态不同，最直接、最根本的差距在于"能否被移动"。但从文物学的角度来看并非绝对，例如对不可移动文物而言，不可移动并非绝对意

义上的“不动”，有些出于文物保护的需求必须进行移动的不可移动文物，依然是不可移动文物。而在文物利用风险评估体系中，为了便于评估的进行，首先我们认为文物的存在形态不是一成不变的，对于部分不可移动文物而言，存在一种向可移动文物转变的可逆的潜在趋势，当这种趋势变成事实时，相应的评估方式也要随之改变；其次，我们认为在判断文物存在形态的时候，任务在于区分出不可移动文物，这个过程应当同时参考文物所处的状态以及是否移动这两个维度。具体而言，首先要判断文物是否“可移动”，然后在此基础之上，判断处于“不可移动”范围内的文物的当前状态，即是否仍然保持原生的周围环境，或已经由于被迫移动而改变了原生环境。当判断的结果为前者时，我们认为该文物目前属于不可移动文物，当结果为后者时，我们认为该文物目前属于可移动文物。在这种分类条件下，就能更好地处理目前日益增多的模糊文物存在形态的问题。例如西安碑林博物馆、洛阳古墓博物馆等就是将传统意义上认为是不可移动文物的石刻、古代墓葬进行了迁移，并置于博物馆的空间范围内。在这种背景下，如果仍然按照不可移动文物利用的风险评估体系去进行评估，就显得不再合适。因此，我们认为按照这种区分方式对文物的存在形态进行区分，更有助于解决文物利用中的实际问题。

(2)文物的存在形态不同，保存的宏观环境就不同。以我国为例，可移动文物主要集中保存在博物馆、图书馆、档案馆等机构，不可移动文物则广泛地分布于各自所属的室外自然环境中。文物所处的微观环境千差万别，但宏观环境却可以区分为室内、室外两种。更进一步地讲，可以区分为人为环境和自然环境。从文物利用风险评估的角度来看，文物所处的环境不同，面临的风险必然有很大区别。例如，处于人为环境之下的文物，所面临的风险更多来自于人为因素，相比之下自然因素所造成的风险就要小得多；而处于自然环境之下的文物，更多的威胁来自于自然因素以及人为因素，例如地震、海啸、山体滑坡等自然灾害，以及过度的商业化开发、参观者的不文明行为等等。因此，文物利用风险评估体系与文物的保存环境密切相关。而文物的存在形态又与文物的宏观环境保持一致，因此，按照这种方式对文物进行分类更有助于文物利用的风险评估。

(3)文物的存在形态不同，也能反映出文物在体积、质量上的差异。文物的体量是影响文物利用的重要因素之一，不同体量的文物在利用上存在着质的差异，这种差异不仅仅表现在可移动文物与不可移动文物之间，同时也深刻地影响着可移动文物和不可移动文物各自内部的利用方式。例如，以博物馆陈列展示为例，小体量的可移动文物在同等条件下的流动展览频率、展线更换频率，较之大体量的可移动文物而言要高得多，所起到的教育与学习效果相比之下就会更加出色。再如，以不可移动文物而言，在同等条件下，单一的一座墓葬遗址在

利用的方式和效果上，也必然不同于历史文化名城等大体量文物。同时，因为体量的不同而导致的利用方式的多样性。也会使文物在利用过程中面临的风险，存在多样性，因此，具有针对性的风险评估体系就显得尤为重要。例如，小体量文物面临的风险更多的是由于搬运而导致的人为因素破坏，因此在进行相关文物利用的评估时，必须更有针对性地对文物潜在的搬运行为进行更为细致的安全性能评估，以作为该文物是否能够进行搬运、以及使用怎样的搬运方式才能将风险降低到最小等问题的依据。从宏观的角度来看，文物的体量与文物的存在形态呈正相关。因此，根据文物的存在形态对文物进行分类，有助于在进行文物利用风险评估时，更直观地把握文物体量的总体情况。

(4)文物的存在形态不同，与文物的数量也有直接关系。从文物研究的角度出发，数量多不意味着单个文物的价值小，但数量少却在很大程度上增加了单个文物的价值。因此，在文物利用风险评估的过程中，文物的数量也是必须要重点考虑的一个因素。对于具有相当数量的文物而言，其利用方式一般不同于稀有文物，这一点在多数历史类博物馆中可以清晰地认识到，即稀有文物往往被置于独立的展柜内，或参观者视线范围内最容易被知觉到的地方，而数量多的文物则往往取个别的典型代表进行展示，并且挑选“典型代表”的过程在一定意义上来说，又是一个寻找“稀有”的过程。在文物利用风险评估中，必须要认识到所评估对象的数量。但是在这一过程中，由于每件文物客观上都具有特殊性，因此必须合理地制定判断范围的标准，而这一标准又必须随着具体对象的不同和利用目的的差异进行调整。文物的数量同文物的体量一样，大、小、多、少都是相对的概念，在具体的文物利用风险评估过程中，都要针对不同的文物、依据利用的方式，来进行具体的划分。但是由于数量同体量一样，在宏观上都与文物的存在形态呈正相关，因此按照文物存在形态的分类进行文物利用风险评估是具有合理性的。

二、文物利用的方式

文物利用是指在充分认识文物自身资源属性，充分挖掘和发挥其蕴涵的巨大历史、艺术、科学价值的基础上，通过各种科学合理的方式和手段，在战略资源的高度上利用文物，以创造出更好、更大的社会及经济效益。这种利用，一方面回报社会，一方面反哺文物保护，从而形成保护和利用共赢的良性发展。总而言之，文物利用的根本目的是文物价值的充分释放。分析文物的利用方式，有助于我们判断文物利用时面对的风险，为评估体系的建立打下基础。

文物的利用是为了更好地发挥文物的价值，因此，我们认为从文物的“效益”角度出发分类探讨文物的利用方式，是一个可行的手段。宏观上看，效益可

以分为社会效益和经济效益。社会效益和经济效益的根本区别在于是否“营利”,理论上二者是对立存在的。但是在实际的操作过程中,这两种效益普遍存在同时发生的行为。因此,我们选择从“营利”的角度对文物的社会效益和经济效益进行区分,将文物的利用方式划定为三种,即:非营利性质——以社会效益为目的;营利性质——以经济效益为目的;不以营利为目的性质——兼顾社会效益和经济效益。

(一)以社会效益为目的

1.可移动文物的利用

由于国有文物的存在都依托一定的实体,因此,探讨文物的利用必然离不开对文物所在机构的分析。一般来说,在我国,可移动文物的载体以各类各级博物馆为主,部分收藏于图书馆、档案馆等公共服务机构。根据上文的定义,社会效益的主要特征是“非营利”性质,基于此,我们以博物馆为例阐述以社会效益为目的的可移动文物的几种利用方式。

本文所阐述的博物馆,以我国 2015 年颁布的《博物馆条例》中的定义为准,即“以教育、研究和欣赏为目的,收藏、保护并向公众展示人类活动和自然环境的见证物,经登记管理机关依法登记的非营利组织”。从定义中可以看出,当前,我国博物馆的主要目的和活动都是围绕着“教育”与“科研”展开,这两个方面就构成以社会效益为目的的可移动文物利用的核心内容。

(1)科研。文物利用的目的在于最大化发掘它的内涵,这一点必须建立在对文物内涵的足够认识之上,而科研是发掘文物内涵的根本方法,所以文物利用的方式必须以科研为基础。相比不可移动文物,可移动文物的数量巨大,因此所承载过去信息的内容和形式也十分复杂。作为可移动文物的主要保存机构,博物馆肩负着文物科研工作的天然使命,同时由于博物馆是非营利性质的,因此,博物馆的科研活动是文物利用的最基础、也是最重要的一种以社会效益为目的的利用方式。

(2)陈列。早期博物馆的诞生是以收藏和研究为主要目的的,但是,直到教育职能的出现,才催生出了近代意义上真正的博物馆,因此教育职能在博物馆的“公共化”运动中起到了关键作用。从文物利用的角度出发,以可移动文物为载体的博物馆的主要教育手段之一就是陈列。通过对文物的内容设计安排和形式设计展现,为参观者营造一个自由选择式的学习场所,是文物利用的主要手段。自 2008 年以来,我国公共类博物馆开始免费对公众开放,因此,各个博物馆的陈列不再具有通过招徕参观者而提高博物馆门票收入的职能,而是成为一个以社会效益为目的的文物利用方式。

(3)活动。博物馆教育职能的另一个发挥方式就是开展各类教育活动。此

类教育活动一般多依托馆藏文物进行，因此，可以视作另一种以社会效益为目的的可移动文物利用方式。

2.不可移动文物的利用

以社会效益为目的的不可移动文物的利用方式，在不可移动文物中占有的比例较小，其中利用载体多为以名人故居、红色革命根据地等用不可移动文物为主体来建造的博物馆。因此，在其社会效益的表达方式上与可移动文物的利用方式是一样的。

(二)以经济效益为目的

1.可移动文物的利用

以经济效益为目的的文物利用，是将文物的历史、艺术、科学价值转化为一种带有储值功能的货币，甚至作为金融市场上的融资品。根据我国的法律规定，只有来源、所有权明晰的民间文物才能进行这种以经济效益为目的的运作。这种利用方式将可移动文物的价值资本化，目前比较常见的方式有拍卖、文物商店销售、古玩市场交易等等。

2.不可移动文物的利用

以旅游为主导的、对不可移动文物的商业化开发，是典型的以经济效益为目的的文物利用方式。这种开发方式往往会大规模改变不可移动文物的原生环境，甚至采取异地搬迁的方式整合不可移动文物。这种利用方式短期来看比较容易收获投资回报，带动地方经济发展。但是在具体操作过程中，容易对不可移动文物造成风险，因此，需要专门的风险评估体系来选择具体的利用方式。

(三)兼顾社会效益和经济效益

1.可移动文物的利用

20世纪末，美国博物馆学界开始提出“不以营利为目的”的博物馆经营理念，认为传统的非营利机构的概念应当转变，以促进博物馆的进一步发展。作为可移动文物主要载体的博物馆，不以营利为目的的文物利用方式的核心就是兼顾社会效益和经济效益，具体的操作形式主要有制造文物衍生品、出版物等。

(1)文物衍生品。文物衍生品又称“文化产品创意设计”，简称“文创”，是目前主要的可移动文物利用方式之一。文创旨在通过发掘文物本身的历史、艺术、科学内涵，结合当代的工艺设计，制造出兼有文物特色和实用性的创意产品或者是文物仿品，通过博物馆已有渠道进行销售。这种方式的社会效益体现在文创产品本身对文物内涵的发掘和展示，经济效益则体现在作为产品的文创的市场流通。对于许多博物馆来说，由于馆藏品的特殊性，使得他们拥有更多独特的资源能够进行利用，甚至形成特有的品牌。例如，以故宫文创为代表的一批极具特色的文创产品既宣扬了文物本身的价值内涵，也为博物馆方带来了相当的经济效益。

(2)出版物。出版物较之文创产品拥有更为悠久的历史,但是早期博物馆的出版物多是以学术为主要目的的专业类书籍、图录,这一部分仅仅是其社会效益的展现。近年来,一些博物馆开始尝试推出一些非学术类出版物,以供爱好者了解更多的馆藏品信息,或其他针对性的教育内容。例如,上海博物馆出版的《上海市民考古手册》就是典型的代表。它将学术与市民生活紧密结合,具有非常重要的教育意义。同时,这种公众类出版物的价格比较容易被社会接受,所以也是一种兼顾社会效益和经济效益的文物利用行为。

2. 不可移动文物的利用

对不可移动文物的利用往往离不开商业开发模式,但是在一些具体的不可移动文物的利用中,经济效益和社会效益是可以兼顾的,这一点主要取决于不可移动文物本身的性质以及开发目的。一般情况下,以建设爱国主义教育基地为目的的近现代革命文物,因其特殊的文物内涵,因此必须承担足够的社会责任。

三、文物利用的风险因子

风险因子是指文物在利用过程中可能遇到的风险种类。在文物利用风险评估体系的建设过程中,必须认清文物可能面对的所有风险,才能对具体的评估对象有清晰的认识。文物利用的风险因子主要分为四类,分别为文物安全、社会环境、市场风险和管理风险。其中,对于文物自身安全方面的风险因子,目前已经有了较为全面的研究,并形成了一套相对完整的保护体系,比如意大利自 20 世纪 70 年代就开始了文化遗产的系统风险评估,至 90 年代形成了较为科学的“文化遗产风险图”。另外,法国、日本等国家在对文物安全保护方面的研究和实践也都处于领先地位。改革开放之后尤其是进入 21 世纪以来,我国对于文物安全保护的研究和实践也得到了迅速的发展。然而,文物在利用过程中所面临的除了自身安全以外,更多还有社会环境、市场风险和管理风险的挑战,而针对此类风险的预判和应对尚没有系统的研究,因而是本体系需要重点解决的问题。

综上,本体系认为文物利用的风险应该包含以下因子:

1. 文物安全

文物安全的研究目前已经日趋完善,也是文物利用过程中面临的最直接、最重要的风险因子,主要包括以下几个方面:

(1)人为因素。人为因素有:城市现代化建设对古代建筑拆毁、破坏;缺乏科学规划的乱搭乱建,破坏文物古迹、古遗址的环境;开矿、采石、爆破造成的强

烈震动,对石窟、地质构造和地下文物保存环境基础的破坏;地下水过度开发,河流改道,引起地基下沉,波及地下环境改变,影响地下文物的保存;随着现代工业的发展,"三废"的排放使空气、地下水、河流、江湖污染,从而使文物受到腐蚀;旅游业的快速发展,导致文物古迹参观人数剧增,特别使得室内空气的温湿度、二氧化碳、尘埃难以控制,给文物带来严重的危害;人们文物保护意识不强,文物素养不高,对文物的接触、涂刻造成的危害;不合理的考古发掘和文物出土后保护措施不力,使文物的环境、温湿度突变,光照特别是紫外线照射使文物遭到的破坏;不科学保存方法、工艺给文物带来的有害保护或破坏性保护;文物盗掘造成文物的损坏;管理不善引起文物的破坏。

(2)自然因素。重大自然灾害的破坏主要有:地震对文物的严重破坏;台风、海啸对文物的破坏;火山爆发、雷击等重大自然灾害引起的火灾对文物的破坏;地下水位下降使保存文物的建筑、特别是地下墓葬及文物遭受严重破坏。经常性缓慢累积性的破坏主要有:气候变化对文物的破坏;紫外光的辐射对文物的破坏;空气污染物对文物的破坏。生物对文物的破坏主要有:鼠类、有害昆虫、有害微生物对文物的破坏,以及文物材料自身老化变质对文物的破坏。

2.社会环境

由于文物所具有的区别于一般资源或财产的价值属性,文物利用可能面临诸多社会伦理方面的挑战,主要包括法律、政治、宗教以及风俗等几个方面。文物利用不应该违背基本的法律制度、宗教信仰和风俗习惯。此类风险是可以而且必须通过事前分析来规避的。

(1)法律。宪法是国家的根本大法,《中华人民共和国宪法》第十二条规定:"社会主义的公共财产神圣不可侵犯","国家保护社会主义的公共财产。禁止任何组织或者个人用任何手段侵占或者破坏国家的和集体的财产"。第二十二条规定:"国家保护名胜古迹、规定文物和其他重要的历史文化遗产。"在此基础上1982年制定并颁布、2013年修订颁布的《中华人民共和国文物保护法》,是目前指导文物工作的具体化的法律依据,也是文物利用中必须遵守的法律要求。2016年3月,在新一轮的文物保护法修订方案中,专门添加了一章"文物利用",引起了社会的广泛关注。除此之外,在文物利用中还要注意到的法律法规有《中华人民共和国刑法》《中华人民共和国民法通则》《知识产权法》等。

(2)宗教。根据属性分类法,可以发现宗教文物是文物中的一个重要组成部分。在不同的宗教信仰背景下,文物除了历史、艺术、科学价值外,往往还会被赋予一层宗教上的含义。这就要求在进行此类文物的利用时,必须要对潜在的利用风险有一个清晰的认识。其潜在的风险主要有两个方面:①违背宗教信仰。宗教类文物本身被赋予了宗教含义,例如佛教造像,无论造像的时代、风

格、材质，都可以在当今被赋予宗教上的意义而使用。因此在进行文物利用时，必须要注意到利用方式是否会违背甚至破坏了在当前语境下宗教类文物的宗教含义。②曲解宗教内涵。我国宗教信仰自由，历史上也存在过许多教派，因此也遗留下了许多不同教派的文物。在文物利用过程中，必须要意识到宗教之间、宗教内部各派系之间的差异，以及这种差异在文物上的体现，避免因此误解、曲解文物的宗教内涵，导致错误的文物利用方式发生。

(3)风俗。风俗习惯与宗教信仰类似。由于我国地大物博、民族众多，各地区各民族之间的风俗习惯存在显著差异。这种差异往往也会体现在文物的内涵上。因此在文物利用的过程中，必须要注意到潜在的利用风险，即不当的利用方式所导致的“去风俗特色”“歪曲风俗内涵”等行为。

3. 市场风险

以经济效益为目的的文物利用方式，和兼顾经济效益与社会效益的文物利用方式，都不同程度地引入了市场，从而构成一种基于市场的文化再生产。因此，在文物利用过程中需要严格遵循市场运行规律、充分考虑市场的需求。

(1)市场定位。首先是市场定位的准确度。文物本身的价值与内涵并不会迎合市场，但是文物利用可以更换文物的表达方式，使之更加适应市场经济。例如故宫博物院的文创产品设计就是精准地把握了市场定位，以“萌”文化为核心推出了一系列成功引起市场反响的产品。反之，如果市场定位出现偏差或错误，那么必然会导致文物利用在资源上的浪费。

(2)市场容量。市场容量的预期大小与市场定位相似，都是市场经济中必须进行评估的风险因子之一。在定位准确的前提下，合理的预估市场容量是决定文物利用“度”的问题的重要指标。如果预期远小于实际目标，则会出现文物利用程度不足的情况，反之，如果预期过大，则会出现文物利用过度的现象，同样是对文物资源的浪费，甚至会威胁到文物安全。

(3)市场周期。对市场周期的把握是在时间维度上对文物利用问题的衡量方式。文物的价值会随着时间的推移而不断地沉淀，但是市场行为的文物利用却和产品一样拥有自己的市场周期。如何把握市场周期的长短，直接影响到文物利用的方式和投入。对市场周期的预估错误同样是造成文物利用浪费的重要风险因子之一。

4. 管理风险

文物利用最终都要以项目、机构或企业的组织形式来实现，因此需要引入项目管理和企业管理的基本理论框架。在项目管理或企业管理中存在的主要风险因子包括质量、成本等。

(1)质量。质量是文物利用的基础。主要涉及博物馆的陈列、科研、教育活

动质量，文物衍生品的设计和制造质量，对不可移动文物的商业化开发质量等等。文物利用的质量是对文物价值发掘程度的直接表达，低质量文物利用方式是对文物价值的浪费，是必须要避免的风险因子之一。

(2)成本。成本是文物利用的关键。文物的内涵和价值是文物利用的隐形成本，是影响文物利用实际投入的重要因素。文物的内涵和价值随着时代和情境的不同而发生变化，因此相伴随的利用成本也会有所不同。认识到文物利用的成本问题是合理化分配资源的前提，也是规避资源浪费的前提。

四、文物利用风险的评估

(一)评估的意义和目的

由于文物资源具有不可再生性，因此任何针对文物的利用行为都具有潜在的风险。然而文物的价值只有通过合理的利用才能得到发挥，因此对文物利用风险的评估是极为重要的一项工作。

从根本上讲，评估的意义和目的在于判断文物利用的风险因子。具体来说，包括衡量文物利用与保护的关系、利用的方法与目的、利用的程度与效果。

1. 利用与保护的关系

文物的利用与保护一直都是学界探讨的热点问题，一直以来，文物保护都是文物工作的重点和核心，关于文物的基本法也是以《文物保护法》的形式出现的。但是随着国家文物工作战略重心的转移，单纯以保护为主的文物工作模式的弊端愈发明显，例如“重藏不重教”等现象比较普遍。因此如何“利用文物”让文物活起来，成为目前文物工作必须面对的问题。然而保护和利用之间的矛盾仍然没有解决，如何权衡文物的保护和利用关系成为制约文物利用工作进一步进行的桎梏。文物利用风险评估的意义在于用多元的方式，判断不同文物保护与利用的关系，发现文物利用的潜在风险，为制定相应的解决机制提供基础。这是文物利用之前的评估特点。

2. 利用的方法与目的

在文物利用风险评估体系的框架内，我们将文物按照存在形态分为可移动文物与不可移动文物。不同种类的文物，在内含价值、保存环境、数量体量上都存在差异，因此利用的方式和目的也必然不同。文物利用风险评估的意义在于针对不同种类的文物，设定出在具体情境下文物利用的方法和目的的差异所带来的风险的不同。这是文物利用时的评估特点。

3. 利用的程度与效果

文物利用的程度不同，所带来的潜在风险必然不同。例如，处于博物馆基本陈列展厅的文物常年不会发生位移，相比于经常外展的文物来说就减少了因

搬运而产生的文物安全风险。因此,针对文物的不同利用程度进行评估的意义在于,能够有助于对文物的下一步利用方式和程度进行决策。评估文物利用的效果是对文物利用方式的反馈,也是对先前文物利用风险评估行为的检验。这是文物利用后的评估特点,也可以视为下一次利用前的评估。

(二)评估的原则

文物利用风险评估的方法是多元的,但是针对不同种类的文物,评估的过程也要遵循一定的原则。这里包括普遍原则和各类文物的特殊原则。

1. 普遍原则

(1)文物保护原则。对于可移动文物和不可移动文物的利用而言,普遍的、最重要的是保护文物的安全,任何利用行为都不得对文物本身产生根本性的破坏,这是文物利用风险评估的首要任务。部分文物的利用可能存在着改变其存在环境的现象,也必须通过评估的方式判断文物与环境的联系程度。

(2)科学研究原则。对于文物而言,其内涵与价值只有通过科学研究才能被揭示,脱离了科学研究的文物利用是对文物的误读。在进行文物利用风险评估的时候,判断文物利用是否基于足够的科学研究是一项重要的内容。

(3)可逆操作原则。无论对哪一种文物进行利用,都是在原有文物的基础上进行"加法"的行为。在进行文物利用风险评估的时候,必须要对"加法"的方式进行可逆操作评估,即所有的"加法"都能够"减去",以还原文物利用前的状态。

2. 特殊原则

(1)可移动文物利用风险的评估原则。对于可移动文物的利用,风险评估的原则应当有如下几点:

独创性原则。可移动文物的数量巨大、品类繁多,但是在实际的文物利用过程中,的确存在各种类型的抄袭、从众行为。例如,在某些博物馆的文创产品商店中,往往会见到一些与本馆展品毫无关系的文物商品,而这些文物商品在其他博物馆甚至其他非博物馆机构也能见到,这严重损害了文物自身价值的特殊性。因此,在进行可移动文物利用风险评估时,尤其要注意到文物衍生品、甚至是陈列和教育活动的独创性。

机构性原则。由于多数可移动文物都是以博物馆、图书馆、档案馆等机构为载体存在,因此可移动文物被人为地赋予了某一机构的代表性含义,即带有所在机构的属性。文物的价值在不同的情境中会有不同表达方式和内涵。例如,同一件可移动文物在国外陈列时,其价值主要是代表中华文化的博大精深,但是当它置于原生地区博物馆时,其代表的历史文化内涵就以该地区为单位。基于这一点,在可移动文物利用风险评估的过程中,要注意到文物利用的目的

和方式，结合机构性原则，判断选择以怎样的机构背景来进行文物内涵价值的表达。

(2)不可移动文物利用风险的评估原则。评估原则包括两个方面：

情境性原则。不可移动文物都有各自独特的存在环境，主要包括自然环境、人文环境，不可移动文物与它们的共生环境共同构成了存在的情境。情境往往赋予了不可移动文物更为丰富的历史、艺术、科学价值和内涵。例如，单一的墓葬遗址能够体现一个墓葬的内部结构和出土物的共生环境，但当把单一的墓葬置于整个墓葬群的情境中时，就能够进一步揭示该墓葬的类型、相对年代、墓主地位等等信息。因此在对不可移动文物进行利用时，文物利用风险评估必须要判断文物与情境的联系程度，即在不破坏文物价值的情况下能够接受的最适合的改造程度。同时，还要保证所有的操作都具有可逆性。

保护性原则。不同于普遍原则中的保护概念。对于不可移动文物而言，由于存在多种自然因素和人为因素的潜在破坏风险，因此在不可移动文物的开发中，文物利用风险评估就要关注到对不可移动文物是否能够通过人工干预的手段减少自然灾害的威胁，以达到进一步保护的目的。

(三)评估的内容

文物利用风险评估的内容因文物利用方式的多样性和文物潜在风险的多样性而呈现出复杂的状态。下面根据文物的种类分类说明文物利用风险评估时尤其要注意的地方。

1. 可移动文物的评估内容

(1)产权关系评估。在可移动文物的利用过程中，产权关系始终是制约文物利用进一步健康发展的重要因素。特别是文物衍生品的设计，从法理意义上讲，国有文物归国家所有，但是具体到各个机构，再进一步具体到利用机构，产权关系就变得十分混乱。因此对可移动文物来说，理清产权关系是进行文物利用的基础，是文物利用风险评估内容中的主要方面。

(2)利用方式评估。相对来说，可移动文物由于体量上的轻便，因此相应的利用方式也比较多样化。在进行文物利用风险评估的时候，必须全面考察每一种利用方式的潜在风险，重点评估利用方式的安全性与可逆性。

(3)价值表达评估。文物的文化价值的表达方式多种多样，但是必须依托充分的科学研究才能顺利进行。文物的价值表达既可以通过严谨的科学研究，例如学术专著、图录，也可以通过更具有教育意义的通俗化的解释说明来进行，或者从文物衍生品设计的角度来看，针对文物价值的某一部分进行形象化的表达，等等。因此，文物利用风险评估的进行必须重点评估文物利用的学术内涵，严防捏造事实等现象的出现。

2.不可移动文物的评估方法

(1)情境关系评估。情境是不可移动文物价值存在的重要依托,但是对不可移动文物的利用在一定程度上必然会对情境产生破坏。因此,在进行文物利用风险评估的过程中,必须首先判断不可移动文物与所处情境的关系,以及这种关系下能够允许的最大利用程度和利用方式。

(2)商业程度评估。商业化是不可移动文物利用的主要方式,一般以旅游业开发为主导。对不可移动文物的情境关系的评估主要基于科学研究的结果,而商业化的开发程度与不可移动文物的潜在风险的判断除了学术研究之外,也需要引入一套完整的商业评估运作体系,因此需要一套不同于情境关系评估的评估方式。这一评估的核心问题是评估商业化的运作模式是否过度。

(3)权责关系评估。不可移动文物的利用往往涉及多个部门,例如文物部门、旅游部门、开发商等等,因此在利用过程中往往会发生权责不清的状况。权责不清直接导致的就是风险发生时的责任承担问题,因此在文物利用风险评估的过程中,必须评估文物利用过程中的权责关系,防止擅权、越权、逃避责任的现象发生。

(四)评估的方法

科学的、多元的评估方法是文物利用风险评估体系有效性的重要保证。

由于文物利用风险因子的复杂性,因此需要引入多元化的评估方法,任何单一方法都难以适用于所有风险因子。文物利用的风险评估需要广泛借鉴并形成自己的方法论体系。针对文物利用所面临的社会环境,以及市场和管理方面的风险因子,尤其需要引入规范的社会科学研究方法。基于诉求、知识以及关系等视角,综合使用利益相关方访谈和专家评价等质性研究方法,以及数学建模和模拟实验等量化研究方法。

1.质性方法之一——利益相关方访谈(基于诉求)

文物都有一定的载体,宏观上说,国家是文物的最大载体。但是在实际操作过程中,文物的所在机构往往是文物利用行为的直接利益相关方。例如,可移动文物中博物馆、图书馆、档案馆等机构就是利益相关方;就不可移动文物来说,所在地的各级文物部门,甚至是旅游部门、宗教事务部门,以及各级人民政府、所在地原住居民等,也是利益相关方;文物的任何形式的利用都与利益相关方发生关联,潜在的风险也往往与利益相关方发生直接关系。因此,在文物利用风险评估过程中,必须采取的质性方法之一,就是与文物及文物利用过程中所产生的已有的和潜在的所有利益相关方进行沟通,必须掌握所有利益相关方的诉求,以此作为进一步评估文物利用风险的基础信息。

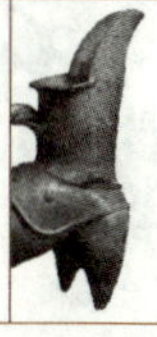

2. 质性方法之二——专家评价(基于知识)

文物的利用在于发挥文物的价值,而文物价值的发挥必然离不开对文物的科学研究。上文中多次提到,对文物的科学研究是一切文物利用的基础,也是判断文物利用风险的科学依据。因此在具体的文物利用风险评估过程中,必须与评估对象所在领域的相关专家进行会谈,充分了解文物现阶段的科学研究成果,以及过去的研究经验、现在的研究境况、未来的研究方向。这些信息共同构成了文物利用风险评估的知识储备,是未来所有评估工作的学术基础。

3. 量化方法——建模和模拟(基于关系)

除了质性方法外,在实际的评估过程中,最直接的表现方式就是量化方法。在对文物利用风险进行评估的时候,必须将文物的科学研究成果、文物的潜在的已有的利用方式、文物利用的目的、文物的风险以及利用的风险等因素,通过数学建模的方式全部量化成具体的数字,结合社会学调查的方法,通过预评估等方式,对量化的结果按照分数的不同进行分级,最终通过严格的打分标准,建立起一整套具有针对性的评估方法。这一过程不仅需要文物利用的相关直接专业的参与,更需要数理统计专业在评估建模上提供技术支持。

五、文物利用风险评估体系

1. 评估体系的内容

文物利用风险评估最终应当形成一个完善的评估体系。所谓文物利用风险评估体系,是指包含一整套稳定评估过程的机制,这套体系以文物为研究对象,目的在于预判即将利用的文物和已经处于利用过程中的文物潜在的风险,最后根据风险的等级提供信息反馈。严密和合理的评估程序,是文物利用风险评估体系得以执行的重要保障,也是文物利用立法的基本参照。

综合参考自然灾害、建筑、工业项目等相对成熟领域里的风险评估程序,以及项目管理和企业管理中的风险管理原理,文物利用的风险评估体系应该包含识别—评估—确定—报告等四个基本步骤,而且每个步骤都应该根据不同的文物利用方式进行有针对性的细化,并进行充分的实验验证,最终形成一份具有操作性的程序手册。

(1)风险识别。通过质性方法和文物的种类及所处环境,对文物现阶段面临的风险进行预判。然后根据针对性的评估模型,对评估对象所面临的风险进行初步判断。这一点在日常文物利用风险评估监督机制中十分重要,有助于快速反映文物的潜在风险,并及时作出针对性的评估。

(2)评估风险概率及负面影响。在进行初步的风险识别之后,根据完善的量化分析模型和等级标准,确定评估对象在利用过程中面临的风险等级,以及

该等级风险发生的概率。同时结合质性方法,推断相应等级的风险可能发生的负面影响。这是文物利用风险评估体系的核心环节。

(3)确定风险控制优先等级。根据上一环节的评估结果,需要对具有潜在风险的文物利用行为确定风险控制优先等级,并提出针对性的解决方案,按梯队依次解决不同级别的潜在风险。

(4)风险评估报告。总结上述所有评估结果,形成最终的文物利用风险评估报告,作为文物利用行为决策方的决策依据。至此,整个风险评估体系的流程结束。

2.建立体系的要求

(1)完善的法律法规。《文物保护法》的修订为文物利用提供了一个平台,但是现阶段缺乏明确的指导性条款,使得文物利用仍然只能在原则上进行。同时,由于文物利用存在复杂的知识产权问题,因此只有进一步完善相关法律法规,才能对文物利用行为进行规范,进而才会使风险管控成为可能。因此,文物利用风险评估体系的建立,必须依托完善的法律法规和政策支持。

(2)先进的保护技术。文物保护是利用的基础,只有对文物进行充分的保护,才能使文物利用有更充足的发展空间,对文物利用的风险管控才能更加行之有效。因此,文物利用风险评估体系必须依靠先进的文物保护技术作为支撑。

(3)良好的调控机制。文物作为一种国家资源,其利用必然离不开国家调控机制的影响。无论是社会效益还是经济效益,都需要一个良好的市场经济和宏观调控环境。在这种背景下,文物的利用才有可能受到风险评估体系的约束和管理。因此,一个良好的调控机制是文物利用风险评估体系建立的重要基础。

六、关于文物利用风险评估体系框架的补充说明

构建文物利用风险评估体系是促进文物合理利用的基础工作,可以有效解决多年以来文物工作中一直存在的“保护”与“利用”的纠结和矛盾,意义十分巨大。然而,由于这是一项涉及多种学科、多个领域的庞大而复杂的工程,其构建难度也很大。本章内容仅仅是对于这一问题作了初步探索与梳理,距离真正解决这一问题还有很长的路要走。

第五章　文物合理利用的法规研究

第一节　中国特色文物事业的法制保障

一、文物事业的法制化历程

中华人民共和国成立以来，我国的文物事业经历了一个曲折的发展历程。

1950年，中央人民政府颁发了新中国第一个保护文物的法令《禁止珍贵文物图书出口暂行办法》，此后，又相继颁发了《古文化遗址及古墓葬之调查发掘暂行办法》《古迹、珍贵文物、图书及稀有生物保护办法》等。1961年，在文物保护的经验教训以及文物政策得失的基础上，颁发了《文物保护管理暂行条例》，这是新中国第一个内容较全面的综合性文物行政法规，是中华人民共和国成立十年来文物保护政策系统化、规范化和制度化的结晶，基本确立了新中国文物法制建设的基本思路和文物法规的基本框架，并为此后的考古发掘、博物馆建设、文物保护单位、古建筑修缮等文物行政规章制度的制定提供了原则性指导。此外，60年代还出台了《古遗址、古墓葬调查、发掘暂行管理办法》《关于博物馆和文物工作的几点意见》《文物保护单位保护管理暂行办法》……我国文物领域早期的法律法规虽然还很稚嫩，但也为文物保护提供了政策依据和法规保障，确立了我国文物保护的基本思路，构建了文物保护的最初政策框架，为我国文物保护的全面发展奠定了基础。这些法律法规基本上是围绕"文物保护"展开的，尚未涉及"文物利用"的内容。

1982年11月，第五届全国人大常委会第25次会议通过了《中华人民共和国文物保护法》，这是我国文化领域第一部由国家最高立法机构颁布的法律，也是文物领域的第一部正式法律。《文物法》相较于《文物保护暂行条例》，最大的发展就是把对文物利用的内容加进去了，这在国际上都是先进的。[①] 1984年4月和10月，中央宣传部与文化部在北京先后召开了全国文物工作会议和文物工作座谈会，研究贯彻《文物保护法》，探讨文物保护和发挥其作用，开创文物博物馆事业新局面等问题。1984年7月和1985年11月，中共中央又先后召开书记处会议，研究文物保护和博物馆建设问题，讨论加强文物保护和利用、促进社会主义精神文明建设等问题。在多次深入探讨和总结实践经验的基础上，1987年11月，国务院发出《关于进一步加强文物工作的通知》。《通知》全面总结了中华人民共和国成立以来的文物事业成就，指出了文物事业存在的主要问题，提出了当前文物工作的任务和方针是"加强保护，改善管理，搞好改革，充分发挥文物的作用，继承和发扬民族优秀的文化传统，为社会主义服务，为人民服务，为建设具有中国特色的社会主义作出贡献"。

1992年4月30日，经国务院批准，5月5日经国家文物局发布了《中华人民共和国文物保护法实施细则》。后来，文物保护工作面临着一些新问题，需要法律适当作出调整。2002年10月28日，第九届全国人民代表大会常务委员会第三十次会议修订通过了《中华人民共和国文物保护法》，接着2003年国务院又修订并颁布实行了《中华人民共和国文物保护法实施条例》，2013年6月29日，第十二届全国人民代表大会常务委员会第三次会议通过决定，对《文物保护法》进行了小幅度的修改。《文物保护法》的制定与修改以及相关实施条例的制定和颁布都说明，我国在文物保护上一直坚持着依法保护的原则，这些法律法规也为文物保护工作提供了法律依据和保障。

从地方立法来看，自2002年《中华人民共和国文物保护法》修订实施以来，各省、自治区、直辖市以及较大的市的人民代表大会及其常委会通过了一系列有关文物保护工作的地方性法规、规章，以及由民族自治地方制定的自治条例和单行条例，涉及的内容包括文物保护的各个方面，是各地关于文物保护工作的重要法律依据。根据中国法律法规检索系统的数据统计，以"文物保护"为检索词，目前我国以文物保护为调整对象的地方立法共有169部，其中失效的有55部，被修正的有50部，至今有效的有64部。检索数据表明，地方立法数量较多，且不断得到更新，如我国浙江省2009年修订的《浙江省文物保护管理条例》、广西壮族自治区于2013年通过并于2014年实施的《广西壮族自治区文物保护条例》等。这些文物保护方面的地方性法规和规章既在一定程度上规范和保障着地方文物保护工作的开展，又是对中央颁布的文物保护法律的有效支持和补充。

---

① 参见安领弟：《〈中华人民共和国文物保护法〉：让文物在利用中保值增值》，2008年8月5日《中华建筑报》。

虽然我国现行文物保护法律体系已经基本形成，但是随着文物保护现实情况的不断变化以及法律所具有的滞后性特点，使得文物保护法律体系难以适应现实需要，逐渐暴露出一些问题。现行《文物保护法》在其内容上存在的问题有：在文物保护方面对私有财产的尊重不够、对于社会力量参与文物保护的重视度不够；涉及文物保护较多，对文物利用则谨慎有余；对如火如荼的民间收藏文物采取回避的态度；在文物保护与其他法律法规的衔接方面稍显不足；等等。

二、健全和完善我国文物保护法制体系

法以调整社会关系和适应社会关系的需要为使命，社会关系具有相对稳定性，又具有相对变动性，法律法规只有符合不断发展变化的社会环境，才能显现其作用。“相对于社会变迁而言，法既是反应装置又是推动装置；在这两种功能中，尽管法对社会的被动反应得到了更普遍的认知，但法对社会的积极推动作用正在逐步加强。”[①]虽然法律不是万能的，文物保护工作中存在的诸种问题和面临的深层次矛盾也非仅靠立法就能解决，但加快推动文物保护工作的立法工作，却是各种解决方案中最优的一个方案。当然，文物保护法律体系的完善不仅是一项需要各方面的共同努力的巨大、艰苦的系统工程，更是一项需要立足现实国情而予以不断完善的现实课题。

1. 文物保护的立法定位

关于文物保护的立法定位，可以从法律体系、法律功能、基本内涵和规制模式等方面来考虑。从法律体系的角度来看，文物保护法应属于行政法体系，因为它着重强调文物的认定及管理与被管理之间的法律关系。从内涵来看，文物保护法主要是一部责任法，强调文物主管部门以及社会各群体对于文物保护的责任，任何法律都会涉及权利义务，文物保护法也要明确政府、社会等的权责。从功能和规制模式来看，文物保护法是一部促进和保障法，目的是为了加强文物保护。总而言之，文物保护立法有别于传统部门法。“因此，文物立法要紧紧围绕文物保护的特点，明确文物保护法的立法定位，使其更具针对性。只有在法律所规范的制度体系当中，才能实现对文物的有序保护，文物立法只有通过自我完善才能切实推动我国文物法治的发展。”[②]

2. 文物保护的基本原则

文物保护基本原则是文物保护相关立法在总则中应当予以确立的重要内

---

① 李晓东、罗卫国：《当代中国社会变迁中的立法转型研究》，《南昌大学学报（人文社会科学版）》2006 年第 2 期。

② 崔璨：《我国文物立法存在的问题及反思》，《湖南工业大学学报（社会科学版）》2013 年第 6 期。

容，它是展开具体规范设计的前提和基础。文物保护基本原则是指导文物保护工作顺利开展和调整文物保护法律关系的根本准则，应当体现文物保护的基本特征和文物保护工作的一般规律。文物保护应当遵循依法保护原则、科学保护原则、保护和合理利用相结合原则。这些原则均是文物保护工作所必须遵循的基本原则，都需要通过立法予以明确规定，以确保原则的贯彻落实。

(1)依法保护原则。文物保护应坚持依法保护原则。依法保护原则是法治社会中制定和执行法律时应遵循的基本原则。确立依法保护原则，就是要把文物保护各项工作纳入法律的轨道，使文物保护各项工作依法展开，从而促进文物保护工作的法治化和制度化。首先，要求文物保护工作的开展必须要有法可依、有法必依，不仅要求不断健全和完善文物保护相关法律法规，而且也需要制定和完善直接规范文物保护工作的有关法律。其次，要求健全文物保护相关制度。文物保护制度是文物保护相关法律、法令、政策的具体化，是开展各项工作的准则和依据，良好的制度设计可以更好地提高文物保护工作的有效性。要充分发挥制度的功能，就需要构建一个系统的、关联的和科学的制度体系，这个制度体系中各部分要相互联系、协调配合，共同发挥作用。因此，要不断加强文物保护制度构建，以促进文物保护工作的制度化和常态化。最后，依法保护原则还要求文物保护责任追究制度的健全和完善。科学、合理、有效的责任制度设计是文物保护依法运行的保障，因此，要根据实际情况不断细化和完善我国目前业已形成的文物保护责任体系，确保文物保护工作不偏离法治的轨道。

(2)科学保护原则。文物保护应坚持科学保护原则。科学保护原则是说文物保护需要制度的稳定、规划的正确和实施的高效，通过统筹各地文物保护力量，实现文物保护效益的最大化。科学保护原则要求文物保护首先要进行顶层设计，现有的法规文件虽然大量存在，但欠缺体系化和制度化，同时缺乏长远性和系统性。因此，顶层设计必须存在且需要法制化。在进行文物保护顶层制度设计时，要注重对于文物保护规律以及文物保护工作经验的把握和总结，结合我国文化事业发展的时代要求，进行科学、合理、有效的顶层制度设计和实施规划。而顶层制度设计以及相对规划的实施，具体到不同地域、不同事项，则需要突出保护重点，采取切实措施解决重点问题。当然，无论是顶层设计还是底层措施，都需要科学有效的执行，这也是科学保护原则的内在要求。同时，科学保护原则还要求公众的广泛参与，要着力提高公众的文物保护意识和水平以及参与保护的积极性，也要通过规范化参与方式的设定，为社会公众提供正规的和充分的参与渠道。

(3)保护为主和合理利用相结合原则。文物保护应坚持保护为主和合理利用相结合原则。我国现行《文物保护法》第四条规定，文物保护工作贯彻“保护

为主，抢救第一，合理利用，加强管理”的方针。可以看出，我国文物保护需要坚持保护为主和合理利用相结合的原则。加强文物保护为主原则，是由文物所具有的特性决定的。文物是不可再生的历史资源，是历史的见证，是中华民族的宝贵精神财富。文物保护工作是文物保护立法最重要的使命。因此，文物的利用也要坚持保护为先的原则，以有效保护文物为前提。坚持文物保护和合理利用相结合，并始终贯穿于文物保护立法的始终，指导文物保护工作的开展。

3. 文物保护立法体系构建

我国需要构建以《文物保护法》为核心的文物保护法律体系、文物保护法框架体系和文物保护制度体系。由全国人大或其常委会制定的《文物保护法》，有利于文物保护工作全面有效地开展，也有利于中国特色社会主义法制体系的完善。但是各地文物保护工作有较强的地域性特点，致使《文物保护法》不可能完全适应各地的特殊情况，所以，还需要国家有关机关和省级权力机构根据本部门、本地区的实际情况，制定必要的单行行政法规和地方法规，以保证文物保护立法工作的贯彻落实。目前，对《文物保护法》的修改无疑是文物保护立法工作的核心。文物保护法律体系的完善应以《文物保护法》为核心，加快配套立法，协调关联法律，完善地方法规。

加强配套立法，要注意细化《文物保护法》中原则性强的规定，增强可操作性。法律的生命在于实施，一部法律如果在颁布后无法有效实施的话，有法就等于无法。[①] 文物保护工作涉及内容丰富，因此，文物保护的立法内容也主要是一些原则性规定，不可能面面俱到。在实践中，要具体规范文物保护工作，就需要相关配套立法的跟进。因此，在制定《文物保护法》后，应该制定与之衔接配套的单行法规，对法律进行细化、补充和完善，使《文物保护法》中的一些原则性、总括性条款变成可以操作、便于实行的具体规定。比如，我国文物保护相关法律法规中关于保障和奖励制度的规定、关于责任制度的规定等原则性都很强，需要细化与之相关的配套法律法规，增强其可操作性。

社会主义法制统一的原则是我国重要的立法原则，要求法律规范必须符合宪法和上位法的规定，同时必须与同位法相统一。这就是说，要想实现对法律的准确运用实施，不仅要求法律规范本身合理且具有可操作性，还需要保证法律规范不与其他法律规定相悖。只有当法律之间实现有效的联结和互动，上下位法的效力层次清晰，同位法之间互相协调配合，才能保证法律的统一有效实施。因此，我国有关部门在进行文物保护立法工作时，除了要保证法律本身的

① 参见许王斌：《配套立法制度研究》，山东大学硕士学位论文，2012年。

正当性和合理性之外，还要做到本级法律与其他法律规范在整体上相互关联、互相配合、内在统一。

完善文物保护立法工作要坚持立、改、废并行。立法是地方文物保护法规体系建设的重要环节，同时法的清理（修改、补充、废止）也是实现立法科学化，完善文物保护法规体系建设不可或缺的组成部分。法的修改和补充的任务在于对现行法的内容加以修改，使法臻于立法主体所要达到的目标；法的废止的任务在于将不适应社会发展的立法从现行法律体系中清除出去，以使现行法律法规体系得到及时的更新和完善。通过法的清理，可以促进法与社会需求之间的和谐，实现法的科学化和系统化；通过法的清理，也有利于立法工作的展开。一方面，通过法的清理，可以总结立法的经验教训，看清利弊得失，找出规律性的东西；另一方面，法的清理的过程也是发现现存法的优缺点的过程。[①] 文物立法也是如此，对于文物保护法则中的优点，可以继承发扬，对于不利于文物保护利用的缺点，可以予以纠正，从而为文物保护法的升级做好准备。

从我国的《文物保护法》以及各省、自治区、直辖市已经出台的有关文物保护的地方性法规的规定中可以看出，在法规的框架体系上有分章和不分章两类。我国的《文物保护法》一直采取的是分章结构。通过比较可以发现，地方性文物保护立法的框架通常为“总则—不可移动文物—考古发掘—馆藏文物和民间藏文物—文物的保护与利用—法律责任—附则”。个别省份在通常框架下，有着自己的创新和特色，有的省份加上了“私人收藏文物和文物出境管理”一章，有的省份还有“文物拍摄、拓印、复制”一章。针对即将要修改的《文物保护法》，在立法框架体系的设定上，要根据我国文物保护的现实需求以及各地地方性立法的有益经验，与时俱进，对框架体系予以适当调整，以更好地促进我国的文物保护工作。在具体规则的设定上，既要根据文物保护固有特点作出针对性规定，如确保协调性，保障各主体之间的职责明确等，又要符合立法的基本要求，确保可操作性，如明确责任设定和归责要求，加强程序性规定等，以确保立法达到预期目的。

我国各地在文物保护的实践中形成了许多行之有效的经验和制度，也在原有制度的基础上创制出许多新的文物保护的方式和方法。文物保护工作中一直沿用的历史文化名城保护制度、馆藏文物管理制度、民间文物收藏管理制度、文物保护补偿制度、文物保护规划制度、文物认定制度，以及近年来一直在探讨中的文物保护公益诉讼制度、文物保护志愿者管理制度、文物影响评估制度等，

---

① 参见周旺生：《立法学》，法律出版社 2004 年版，第 385 页。

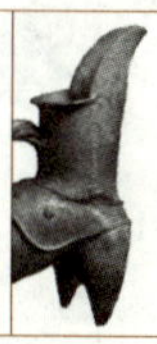

都是保护文物、促进我国文化事业发展的有效形式。如何有效整合各种制度、保证其发挥最大的合力作用，是当前的一个难题。这就要求我们在探讨文物立法时，应着重把握各项制度和规定之间的内在联系，加强多方关联性，形成良好的协调与衔接机制；既要创新，将在实践中有效的方式、方法以法律法规的形式固定下来，又要注重对原有制度的整合利用、融合提升。

三、设立“文物合理利用”专章的法律论证

1. 文物利用入法的必要性

(1)现有法律中缺乏系统性的文物利用规定

无论是中央层面的法律法规，还是地方层面的规范性文件，在文物利用方面的规定均有所欠缺。就中央立法层面而言，文物利用的入法经历了一个艰辛的探索过程。如今我们所熟知的《文物保护法》最早诞生于 1982 年，是在《古建筑保护、维修、管理、利用的办法》和《文物保护暂行条例》的基础上修改而成的。比起《文物保护暂行条例》，《文物保护法》最大的发展就是提出了“文物利用”的概念，这在国际上都是先进的。1987 年，国务院在《关于进一步加强文物工作的通知》中提出“加强保护，改善管理，搞好改革，充分发挥文物的作用”，之后几经修改完善，于 2002 年新修订的《文物保护法》中再一次提出了“保护为主，抢救第一，合理利用，加强管理”的“十六字”方针，成为指导新时期文物利用法制建设的基本原则。然而，在《文物保护法》的章节安排中却并没有体现出对于文物利用的重视。除总则和附则之外，该法的核心章节分为不可移动文物、考古发掘、馆藏文物、民间收藏文物、文物出境进境、法律责任六部分，而“文物利用”并没有作为单独的章节予以规定。该法第四条虽规定了“文物工作贯彻保护为主，抢救第一，合理利用，加强管理的方针”，但也只是作为原则指引，很难在没有实体规范的情况下落实到文物保护、利用实践中。文物利用的利用观念、利用依据、利用原则、利用主体、利用类型、利用范围、利用保障等依然处于法律规定不明的状态。

就地方立法层面而言，地方多是在《文物保护法》的基础上颁布本地的实施办法。鉴于中央立法中并没有明确的文物利用规定，地方在具体的实施办法拟定中也很少有相关的详尽内容。举例而言，2007 年 3 月 30 日颁布的《新疆维吾尔自治区实施〈中华人民共和国文物保护法〉办法》中，仅在第十七条中简略地谈及文物利用的监督管理主体，即“所在地文物行政部门应当加强对文物保护和文物利用的监督管理”。而在 2007 年 5 月 26 日颁布的《四川省〈中华人民共和国文物保护法〉实施办法》中，全文未出现“文物利用”的字眼。同样的情况也发生在《甘肃省文物保护条例》《陕西省文物保护条例》等规范性文件中。然而，

也有个别省份将《文物保护法》“合理利用”文物的原则在当地的规范性文件中进行了细致的扩充规定,《河南省〈中华人民共和国文物保护法〉实施办法》就是一个典型。该实施办法所透露的核心,即是作为文物大省,在保护好文物的同时,要加强文物的利用,让广大公民有更多的机会了解、认识文物所蕴含的历史、艺术和科学价值,以充分体现保护文物的意义。因此,该实施办法单独设立“文物利用”一章,从发展文化产业和文化旅游业、开发相关文化产品、举办文物展览、文物复制、拓印,以及利用文物保护单位拍摄影视作品等诸多方面对文物利用作了规范,还专门规定了有关博物馆、纪念馆向社会免费或者优惠开放的内容,表明了河南省“立文物保护之规,筑文物保护之堤”的决心。这是值得其他省份借鉴学习的。

综上,无论是从中央立法层面,还是从地方立法层面来讲,文物利用入法的原则性规定,理应得到并且也在逐步得到立法部门的重视。这不仅仅是法律法规自身系统完整性的形式需求,更是文物保护操作实践的实质诉求。

(2)文物利用在现实中面临的诸多问题也需要通过法律来予以解决

以乌镇旅游开发为例。乌镇以“一样的古镇,不一样的乌镇”为目标,在短期内打造了具有国际声誉的旅游胜地。然而,作为文物利用界的后起之秀,乌镇同样面临着诸多的困惑与难题。一是镇区与景区不相协调。“一流的景区,三流的镇区”之间的强烈反差,在一定程度上降低了乌镇的整体品位。二是景区内黄牛倒票、三轮车拉客宰客等不法行为屡禁不止,无照经营和流动摊贩泛滥,旅游秩序亟须整治。三是与日俱增的游客数量使得镇区陈旧的基础设施不堪重负,交通拥堵状况日趋严重,安全隐患十分突出,环境卫生状况不容乐观,镇区基础设施和环境维护亟待完善。上述问题的产生基于多方面的原因,其中之一便是文物利用规范的缺失:在总体上缺乏科学合理的利用观念与利用原则作指导,导致文物开发利用缺乏长远规划与整体考量;利用主体多元,多头参与,导致监督不力、管理混乱;利用责任规定不明,缺乏强制性保障,导致开发利用过于随意,违法成本低;指导性规范缺失,不文明旅游行为得不到应有的处理;等等。综上,制定文物利用的具体规范,从利用观念、原则、主体、范围、程序、责任与保障等诸多方面对现有文物利用行为进行引导和规范,对于缓解现有管理困境具有重要的意义。

2. 文物利用入法的可行性

仅有必要性并不意味着入法时机的成熟,这在一定程度上还依赖于实际情况所构造的可行性基础。就文物利用入法而言,无论从国家的大政方针政策角度,还是从文物保护立法及相关立法的实践角度,都是具有一定的可行性基础的。

一方面，政策文件中已有良好的铺垫。《国务院关于进一步做好旅游等开发建设活动中文物保护工作的意见》《国务院关于事业单位分类改革的意见》等文件中不乏对文物旅游开发、文物管理制度改革等关键领域的重要引导。除此之外，多位国家领导人也在不同场合中强调了要为文物利用创造良好的氛围。例如，李长春在2010年"文化遗产日"发表的文章《保护发展文化遗产，建设共有精神家园》中提出："文化遗产作为文化产业和旅游产业的重要资源，在培育国民经济新的增长点、带动现代服务业发展等方面发挥着不可替代的作用，对促进经济增长、加快经济发展方式转变的贡献越来越大。要把保护、发展文化遗产与促进经济发展结合起来，合理利用文化遗产的宝贵资源，加快发展文化产业，积极开发旅游业，打造国内外知名的文化和旅游品牌，提高衍生产品和配套服务质量，使文化遗产成为促进经济发展的新亮点。"①随着法律和政策的发展，上述文件或文章、讲话的内容，在日后均有可能以法律规范的形式出现在文物保护利用的法律规定中。

另一方面，实践中的个别规范探索也为文物利用入法积累了不少经验，在一定程度上形成了对上位法律的"倒逼"机制。例如，2008年启动的博物馆免费开放政策不仅使得文物的社会教育功能得以充分发挥，也带动了其经济价值的提升。某些地方创新利用管理机制，也产生了良好的示范效应。例如，重庆"红岩联线"有效整合了当地的文物资源，将公益性业务和经营性业务予以整合，并逐渐发展为成熟机制，进而实现了"保护事业加强，经营产业改善"的效果。2005年，贵州省结合当地实际，颁布了第一部特许经营法规《贵州省风景名胜区内项目特许经营管理暂行办法》，该办法对特许经营的空间范围、业务范围、经营标准等作了明确规定。这些规定催生了"政府主导，社会参与"的利用模式，对于贵州风景名胜的保护与利用有重要的促进作用。如若将这些散有的规范探索进行一定的整合重组，得出的经验与启迪将会很好地推动文物利用入法的进程。

当然，文物利用入法的可行性基础不止上文阐述的两个方面，本书着重从理论角度，亦即法律与政策的关系、法律自身的创新机制出发，探讨了法律层面的可行性基础。除此之外，立法技术的提升、专业人员的参与等，均是将文物利用入法推向前进的重要因素。

---

① 李长春:《保护发展文化遗产，建设共有精神家园》，2010年6月12日《人民日报》。

3. 文物利用入法需要注意的几个问题

文物利用入法并不简单意味着将文物利用的有关内容纳入到法律体系中来，这背后涉及原则的确立、与其他关联法律的协调、中央立法与地方立法的协调等诸多问题。

第一，文物利用原则的确立。“保护为先，合理适宜，惠及民众，可持续发展”是本书所倡导的文物利用原则。首先，文物保护与文物利用是相互区别但又相辅相成的概念。保护是利用的基础，科学适度的利用是对保护的保障。在强化保护的基础上进行合理利用，能够实现“保护—利用—保护”的良性循环。而要实现这种良性循环，需要在认识二者上述关系的基础上确立保护的基础性地位和优先地位。其次，合理适宜。文物利用的目的在于实现文物价值的可持续性，可持续性的实现有赖于科学、合理、适宜地开发利用。如何达成合理适宜？既需要把握文物的个体特性，也需要在此基础上，通过专业人才的专业技能设定合理地开发、利用、规划，予以严格操作。目前，诸多的文物利用都采用了科学规划的方式方法，如岳阳楼—君山岛景区即是聘请华南理工大学建筑规划设计院就文物保护与旅游发展编制科学、完整的发展规划，而乌镇的开发利用也是借助了同济大学的人才与技术力量，实践了合理适宜的利用要求。再者，惠及民众。法律问题的提出，本身即是基于利益考量的展开。对于文物的开发利用，往往涉及公共利益的权衡。乌镇进一步发展的瓶颈之一便是民众得到的优惠还远远不够。梳理文物利用的价值，顾及民众的感受与利益，是实现文物利用可持续的群众路线要求。最后，也是最为核心的原则，即是可持续。简单的三个字已然阐明了文物利用的历史责任——“既满足当代人的需要，又不对后代人满足其需要的能力构成危害”。保障文物利用可持续性的关键之一，是要充分考虑文物的承载能力。在市场经济条件下，追逐利益的冲动让一些人对文物进行了透支性利用，对此必须坚决依法惩处。文物利用入法最为直接的价值意义就在于通过强制性的规定来确保利用行为给文物造成的干扰不超出其在现有条件下的自我恢复能力，以此保证文物的可持续。

第二，与其他关联法律的协调。有关文物利用的规定不是简单地以规范的形式表现在《文物保护法》以及地方性规范关于《文物保护法》的实施细则和实施方法中，也表现在诸多的关联立法中。最为直接的就有《旅游法》《自然遗产保护法(征求意见稿)》等。2013 年，刚刚通过并开始实施的《旅游法》是规范旅游管理和发展的国家法规。文物利用也会涉及旅游资源管理的相关问题，所以在《旅游法》里有很多可以参照的原则。例如，《旅游法》第三章“旅游规划和促进”第二十一条规定：“对自然资源和文物等人文资源进行旅游利用，必须严格遵守有关法律、法规的规定，符合资源、生态保护和文物安全的要求，尊重和维护当地传统文化和习俗，维护资源的区域整体性、文化代表性和地域特殊性。”其中明确提出，应当根据地方的实际情况因地制宜地展开文物利用，在遵循国家法律的前提下制定适合当地文物利用的法规。此外，《旅游法》也会涉及文物利用主体权限的规范、利用范围的管控等。而同样的，在《自然遗产保护法(征求意见稿)》中，我们也能够找到相关遗产保护和利用的立法原则和规范条款，这为文物利用管理入法提供了有益参考。例如，文物利用要掌握利用的尺度，要对不同类型的文物进行分类管理，要实行分区规划、分级管理和适度放开，文物利用对主体的约束应该权责分明，在保障机制上由政府监管落实，在责任机制上由相应的机构协助监管等。在文物利用入法的过程中，必然要重视这些关联立法的有关内容，从法律体系上促成文物利用的系统化、规范化。

第三，中央立法与地方立法的协调。现有的《文物保护法》八个章节的安排中并没有安排“文物利用”，基于此的地方规范性文件也很少提及“文物利用”。基于现实操作与法律发展的必要性及可行性考虑，当我们主张将“文物利用”作为专章纳入文物保护立法中时，不能忽略中央立法与地方立法的协调。这从法律上讲，是基于中央立法与地方立法空间效力的差别；从文物利用角度来讲，是基于合理适宜原则的考量。因为在不同的地区、不同的级别，文物利用的范围、对象是存有差别的。对于古镇的开发利用与对博物馆摆放文物的开发利用是存有区别的，北京市的文物利用基础与云南省的文物利用基础也是各有千秋的。这就需要中央立法在规定实体操作内容时要有针对性地处理原则性规定和具体规范，给地方立法留有必要的创新空间，防止立法的“一刀切”，从而促成文物利用入法原则统一、实践灵活的局面。

第二节　文物合理利用专章立法条款及立法说明

一、总则

第一条【定义】

文物利用，是指在充分认识文物自身所具备的资源属性，并充分挖掘和发挥其所蕴含的历史、艺术、科学等价值的同时，通过各种科学有效的方式和方法，从战略资源的高度上利用文物，以创造出更好、更大的社会效益及经济效益的行为。

【立法说明】

1. 文物利用是文物价值的实在性表现

文物具有最基本的三大价值，即历史价值、科学价值和艺术价值。从本质上说，文物利用就是文物价值的实在性表现。文物脱离了原来的生产和使用环境，原本的使用价值基本上已经消失，而今天文物的内在价值则成为文物利用的源泉。

历史价值是文物的首要价值。作为历史的产物，文物打上了历史的烙印，是社会生产力和生产关系的见证，是民族历史文化的象征。文物，作为真实的历史遗存，在历史的演变中成为人类思想和社会实践的原始记录，从侧面反映了一个社会的经济、政治、文化、军事等方面的状况，具有证史、补史、纠史的重要作用，为当今科学研究提供最原始、最直接的证据。在社会主义精神文明建设进程中，文物的历史价值所发挥的民族教育作用尤其重要。

文物的科学价值体现在其蕴藏了一定时代的科学技术水平和科学技术信息。文物产生时会融入一定历史阶段的科学技术，是当时生产者智慧的反映。文物的适时生产价值与生产力水平是相一致的。从一定意义上讲，对文物科学价值的利用正在逐渐向历史价值的利用方向靠拢。

文物的艺术价值是从美学角度来讲的，如消遣娱乐、审美欣赏等，在博物馆等场所的展览活动和收藏行为中最能够体现出来。在当今社会，文物艺术价值的现实性转变是文物利用的主要内容，如遗址、遗迹开发与旅游业相结合，博物馆数量增加、种类丰富、质量优化……文物的展览性和收藏性利用并不归因于文物有实际的使用价值，而主要归结于其艺术价值——文物作为一种观赏性的物品和文化符号而存在。现实中，这种艺术价值往往使文物成为保值增值的商品，而以文物收藏品为重要基础的艺术品收藏市场在现代市场中占有重要地位。

2. 文物利用具有资源属性外延的特征

作为以实物形态存在的文物，其利用途径主要为证史补史、科学研究、展览观赏、景观游览等。站在资源的高度看文物，则文物利用的方式和手段会更加丰富，文物利用的效益诉求将会更加多元化。

文物资源一旦被赋予高度的外延内涵，就可以脱离有形的物质载体而单独存在，于无形的信息传播活动中进行文物知识普及、宣传教育、地域交流与协作等活动，也可以开发为文物产品而得到广泛流行。此类活动可以借助技术平台推动文物利用的信息化、现代化和全球化。文物资源外延意义上的利用，并不能替代更不能取代传统的文物利用方式，只是在当今信息网络化的社会中，这种资源属性基础上的文物利用会为大众提供更为便利的渠道，有极为广阔的发

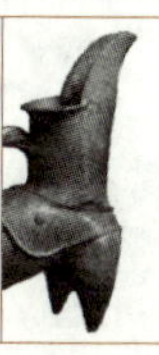

展空间。

此外,文物还是一种不可再生的资源,必须把文物利用作为文物生命延续的一部分,而不能够成为其生命的终结者。将社会效益诉求作为第一性,正如将保护作为第一性一样,文物只有存在才有利用的可能,而社会效益诉求往往比经济效益诉求更能保障文物的生命安全和永续利用。

3. 文物利用反哺文物保护

对于文物利用和文物保护的关系,一般的观点认为文物保护是文物利用的基础,文物利用是文物保护的目的,这是文物保护"哺育"文物利用的过程。实际上,文物保护和文物利用这两者之间并不是简单的双向、线性关系,还存在一个文物利用"反哺"文物保护的过程。"哺"与"反哺"的过程其实存在着一个循环的关系,这正是文物永续利用的表现。

文物利用不仅仅是文物保护的目的,从一定程度上讲,文物利用并不是最终的目的,文物利用也应当是文物保护的一部分,即文物利用必须科学合理,文物利用必须朝向文物保护的方向,才有可能无限地将文物利用永续进行下去。文物利用需要反哺文物保护,那种只顾眼前利益忽视长远利益,只顾经济效益忽视社会效益的竭泽而渔的利用行为是违背文物利用的科学内涵的。

第二条【基本原则】

文物利用要坚持合理、适度、可持续的原则,禁止对文物进行破坏性利用。文物利用还应坚持社会效益优先、兼顾经济效益的原则。文物利用应当既有利于文物保护,又有利于经济发展,同时适应人民群众日益增长的物质和文化生活需要。

【立法说明】

1. 文物利用应该遵循合理、适度、可持续发展的原则

要在确保文物安全的基础上,采取恰当方式,对文物进行适度的利用,坚持文物资源的保护与利用相统一、社会效益与经济效益相统一。具体来讲,就是要把对文物资源的利用与保护有机协调起来,在利用前、利用中都要注重保护,同时避免保护对利用形成束缚,从而更合理地实现文物资源的效益最大化,更好地解决在基础建设、城镇化、旅游资源开发中实现文物资源利用与保护的难题,避免走入相互制约、相互破坏的死胡同,营造一种互惠互利的良性循环。同时,在统一的过程中还要重视信息、文化对文物的不断注入与传承,最终推动文物资源利用的全面协调可持续发展。

2. 确保文物安全是文物利用的前提和基础

文物保护、文物安全是文物工作的首要任务,也是文物开发与利用的前提。一切历史、科学和旅游价值都依托于文物本身,破坏或失去了文物本身,所有的

价值也就不复存在。只有以文物的安全为前提，才能谈得上文物的多形式合理开发与利用。所以，保护文物是前提，要以保护为主。[①] 文物存量非常有限，并非取之不尽、用之不竭，所以我们有义务和责任对它们加以保护。

3. 文物利用应当遵循社会效益优先、兼顾经济效益的原则

文物资源的利用应当以发挥其公益性为第一要义，必须坚持社会效益优先的原则，即要最先考虑文物资源对社会和大众的公益作用，通过各种形式的实现途径，切实发挥文物资源的内在价值，使其更好、更高层次地为广大人民群众服务，实现便民、利民、惠民的目的。在具体实践中，应该从非营利性、参与性、利他性、教育性等方面统筹规划。

社会效益优先的原则体现在以文化传播和社会教育为基本功能，为大众历史文化熏陶和素养提升营造积极的文化氛围，这是保障公民文化权利的重要途径之一。社会效益优先的原则还体现在文物利用不能以损害其他自然、人文利益为代价，即文物利用必须同保护文物所处的自然环境相结合，珍惜相关的自然文化资源，维护文物的真实存在状态，不损害当地百姓的切身利益。

文物价值现实转变的程度与社会的发展水平及文物意识水平密切相关。不少人将文物利用看作“破坏”和“金钱”的代名词，认为应避免让文物沾染市场和经济因素，避免让大众走进文物的世界。但随着社会关系的发展和社会结构的优化，文物的价值日益受到重视，文物作为一种珍贵的经济资源可以被开发，也应当被利用。综观文物利用的各种形式，文物旅游发展的势头最为猛烈也最为普遍，甚至成为某些地区的支柱性产业和主要的经济来源。但文物一旦与经济挂钩，就往往不可避免地走向另一个极端，即文物的过度利用。文物的过度利用并不是说文物得到了充分的利用；相反，它指的是文物的不充分利用、不合理利用、不科学利用，其结果是浪费了文物资源，超越了文物的承载能力，破坏了文物的生命状态。

文物利用的经济效益并不等于文物利用的经济利益，这二者之间存在着本质的区别。承认文物利用的经济效益，坚持文物利用的社会效益与经济效益兼顾的原则，是理性地将文物作为一种珍贵的历史文化资源而进行开发与利用，并不是把文物作为榨取利益的来源与筹码。这也是必须坚持文物利用的社会效益优先原则的客观原因。

第三条【利用规划】

文物利用应事先制定文物利用规划，规划应明确利用范围、利用形式、保障

---

① 参见闫海滨:《从文物开发利用与保护的关系看文化产业事业的科学发展》,《科学之友》2010 年第 2 期。

措施等。文物利用规划须经相应的属地文物行政部门批准公示，并报上级文物行政部门备案。国家重点文物保护单位的利用规划，由国家文物局批准、公示并备案。

【立法说明】

编制文物利用规划的指导思想来源于国际通行的文化遗产保护理念和我国文物保护工作的“十六字”方针：“保护为主，抢救第一，合理利用，加强管理。”编制文物利用规划的目的是确保文物的合理利用，维护文物的真实性和完整性。

数十年来，通过制定文物利用规划确保文物的合理利用，从而最大限度地发挥文物价值，已经成为国际社会的共识。澳大利亚政府认为，保护管理规划是遗产管理中最有效的工具之一，保护管理规划明确了遗产的价值，并解释了如何保护遗产的价值。2012 年，英国政府发布了国家规划政策框架，主题是可持续发展，由此确立了 12 项规划原则，明确规定要用合适的方式保护遗产的价值，并将之传承于后世。[①] 我国与澳大利亚遗产委员会、美国盖蒂保护研究所合作编制的《中国文物古迹保护准则》是体现国际公约、宪章精神，突出中国特色的一份指导性文件。根据《中国文物古迹保护准则》的规定，文物保护规划是我国文物古迹保护程序中一个必不可少的环节。

2008～2013 年全国文物机构接待观众人次及未成年人参观人次统计

数据来源：《文化部 2013 年文化发展统计公报》。

在文物利用规划方面，现行的《文物保护法》一直存在缺失。目前，我国只有 2003 年文化部颁行的《文物保护工程管理办法》、2004 年国家文物局颁行的

① 参见国家文物局文物保护与考古司：《文物保护规划制度研究报告》，2013 年。

《全国重点文物保护单位保护规划编制审批办法》与《全国重点文物保护单位保护规划编制要求》等几个部门规章和规范性文件提到了对文物利用规划的具体实践。《中华人民共和国旅游法》中专设一章对规划进行了详细阐述,明确要求政府主管部门要编制旅游发展规划,还要编制重点旅游资源开发利用的旅游专项规划。但以上对文物利用的规定都只涉及了不可移动文物利用的部分层面。随着文物利用在全国范围内广泛深入的开展,为了维护文物的真实性和完整性,实现对文物及其周边环境的"整体"保护,很有必要对文物利用的具体内容、方案和审批流程等作出系统而详尽的规定。

第四条【利用主体】

属于国家所有的文物,由相应的文物保护单位依法进行利用管理,并受文物行政部门的监督。不属于国家所有的文物,由相应的所有人依法享有利用权限,其利用行为必须遵守国家有关文物保护的法律、法规的规定。

【立法说明】

建议统一《文物保护法》第六条和第二十一条中关于"不可移动文物产权所有人"的表述,并在此节表述为"文物利用的主体"。

《文物保护法》第六条规定:"属于集体所有和私人所有的纪念建筑物、古建筑和祖传文物以及依法取得的其他文物,其所有权受法律保护。"《文物保护法》第二十一条规定:"国有不可移动文物由使用人负责修缮、保养;非国有不可移动文物由所有人负责修缮、保养。非国有不可移动文物有损毁危险,所有人不具备修缮能力的,当地人民政府应当给予帮助。"

从行文来看,第六条中的"集体所有和私人所有"对应第二十一条中的"非国有",建议将其统一为"非国有"。理由如下:第一,集体所有制在我国国民经济体系中所占比例本来就不大。改革开放以来,通过总结经验教训,解散人民公社,实行家庭联产承包责任制,允许、支持、鼓励个体、私营经济发展,集体经济比重下降带有一定的必然性。[①] 第二,随着社会主义市场经济的不断推进,原集体所有的不可移动文物的隶属产权关系经常处于变更中。比如,《北京市关于文物保护法实施情况的报告》中就提到:"目前,北京有一些文物保护单位产权登记为企业。另外,北京的许多国有企业都实行股份制,企业的原单纯国有性质已经变化。"这一情况也适用于集体所有制企业。如继续使用"集体所有",容易造成混淆,不如直接修改为"国有"和"非国有"两类。

① 参见宗寒:《进一步发展社会主义集体所有制的几个问题》,《毛泽东邓小平理论研究》2013 年第 2 期。

第五条【利用范围】

各级文物保护单位要对文物利用的空间范围作出严格限定，交由属地的文物行政部门审批备案，并接受其监管。在文物保护的重点区域禁止市场主体进行营利性活动，在重点区域以外的区域可根据需要开展适当的营利性活动。

各级文物行政部门负责划分文物利用的业务范围，在文物保护、展览展示等核心业务上严格按照事业方式进行管理，在后勤服务、衍生品制作、餐饮等非核心业务上鼓励市场主体按照产业方式进行经营，各行政部门要对经营规模、经营质量、价格水平等实行严格监管。

【立法说明】

文物利用不可避免地涉及社会效益与经济效益，这其中的杠杆平衡问题很难控制。尤其是在经济体制改革后，文物不仅被披上商业性的外衣，文物利用也逐渐有了市场运作的成分。但文物是一个民族独有的历史文化遗存，这就决定了文物利用会成为公共事业的有机组成部分。因此，文物利用可以追求经济效益，但更要强调社会效益。

文物利用的关键在于如何正确而充分地引入市场主体，从而既能合理地实现文物的经济价值，又能够有效地反哺文物保护。政府和市场的根本诉求存在差异，如果处理不当，很容易出现利用不足或利用过度的问题。例如，地方在城镇化建设或旅游资源开发中，违法转让、抵押国有不可移动文物，将国有文物作为企业资产经营，过度开发文物资源导致文物破坏或损毁的现象屡见不鲜。设计本法条的意义就在于说明政府主导的公益性文物事业与市场主体主导的盈利目标是可以实现“兼容”的，但前提是要对文物利用的范围作出清晰而严格的限定。

第六条【利用保障】

各级政府应加大对文物利用的财政投入。同时鼓励和引导社会力量和社会资金积极参与文物利用，所得收入应主要用于文物保护。

文物事业单位在文物利用中获得的经营性收入，应全部纳入财政预算，专项用于文物保护，任何单位和个人不得挪用。其他单位和个人在开展文物利用相关的经营性活动时，应事先与文物行政部门共同制定相关制度，从所得收入中提取一定比例的资金，用于文物的日常维护、修缮与管理。

【立法说明】

充足的资金以及多样化的资金来源渠道，是保证文物保护和利用工作顺利开展的前提和基础。我国现行的《文物保护法》中关于文物保护的资金来源主要来自国家的财政拨款。但随着不可移动文物类型和数量的急剧增加，只靠政府资金已无力负担所有不可移动文物的维护与修缮。因此，增加文物保护与利用的资金来源渠道，引入社会资金和市场资金参与文物保护，并利用这部分资金反哺文物保护是解决不可移动文物保护资金不足问题的重要手段。

从国际上看，1976年联合国教科文组织在内罗毕通过的《关于历史地区的保护及其当代作用的建议》(《内罗毕建议》)中提出："为了增加可利用的财政资源，各成员国应鼓励建立保护历史地区及其周围环境的公共和私人金融机构。"而在实践层面，为解决政府公共资金不足的问题，各国也采取了多种有效措施。以意大利为例，意大利政府积极制定了相关政策，在经费来源方面基本实现了政府、社会、企业、个人相结合的"意大利模式"。这种灵活的融资模式在很大程度上缓解了意大利政府公共资金短缺的难题。意大利政府首先通过发行福利彩票向社会募集遗产保护与利用的资金，早在1996年，政府就在相关法律中明确规定将彩票收入的8%作为文化遗产保护的资金。此外，意大利政府还陆续颁布了一系列政策措施，以吸引私人企业投资文化遗产事业，如《资助文化产业优惠法》和《文化遗产与景观法典》。在我国，山西、江苏等地也颁布了相关的法规政策。2010年，山西曲沃颁布《曲沃县古建筑认领保护暂行办法》，通过引入社会资本"认领"县保和未列入文物保护单位的古建筑。该办法在曲沃实行3年来，多处古建筑被社会认领，既弥补了政府短板，又提升了企业形象，更重要的是部分历史古建筑得到了切实有效的保护。

此外，针对保护范围广、资金投入大的大遗址保护与利用，如何拓宽资金来源渠道的问题，我国也进行了一系列成功的探索。大明宫遗址保护与考古遗址公园建设投资预算达120亿元，若单纯依托国家和地方财政资金支持，项目建设和维持就存在巨大的资金缺口。对此，大明宫遗址公园创造性地采用"集团运作"模式，即"政府主导，社会参与，市场运作"。这一开发模式的核心就是政府以一种概念吸引企业积极参与、实现共赢：政府主动引入大型企业集团投资参与遗址的保护利用，同时将周边一定区域的土地开发权交给企业。如果企业想获得这些土地的开发权，就先要拿出相应资金来开展遗址的保护和环境整治。

综上所述，在新修订的《文物保护法》中有必要增加相应的条款，鼓励社会组织和个人参与到文物保护与利用中来。这样不仅可以调动社会各界对文物利用的积极性，更大程度地发挥文物价值，又可以通过文物利用反哺文物保护，为文物保护争取到更多资金支持。为了保证社会参与文物利用的公益性和社会效益，有必要规定：文物利用的受益人要将文物利用所取得的部分收益用于不可移动文物的日常管理、维护和修缮。同时，法规中要严格规定文物利用的审批和监督机制，目的是通过法规保障实现对文物的合理利用和有效保护，使文物资源永续传承，服务社会及公众。

第七条【评估与监管】

县级以上人民政府及其文物行政部门对文物利用实施监督管理，并提供指导和服务。各级文物行政部门负责对文物利用的可行性和安全性进行论证，对文物利用的实施过程进行监督检查，并定期对文物利用的状况进行评估。社会公众有权就文物利用中发现的问题向相关责任人质询，并及时向文物行政部门举报。

【立法说明】

文物利用的根本目的是更好地进行文物保护工作，这也是社会各界的基本共识和价值观底线。近年来，文物利用的方式日渐增多，但因监管不力产生了很多经济问题和社会隐患。以文物旅游为例，一些开发商在文物保护单位附近建造了大量仿古景点，既破坏了不可移动文物的真实性和完整性，又混淆了公众对于文化遗产真实性的判断。一些地方将文物保护单位的核心业务交给企业经营，不履行监管义务，损毁文物的现象时有发生。一些地方为了追求经济利益，不顾文物旅游地的最大承载力，让过多的游客同时涌入遗产地，给文物保护和游客的安全造成极大的隐患。

《国务院关于加强和改善文物工作的通知》中规定："地方各级人民政府特别是文物比较集中地方的人民政府，在把文物作为地方优势加以利用的同时，要防止因单纯追求经济利益而损害文物的做法。重大的文物利用项目要事前进行充分的科学论证，严格履行审批手续，避免对文物的破坏性利用。"的确，评估和监督机制是矫正"不合理利用"的重要保障。文物行政部门作为文物监管的主要力量，有责任成为对文物利用实行评估和监管的权利主体。为了最大限度地保证文物的安全，应该明确规定由文物主管部门对于文物利用的全过程进行监督和管理。

为了预防文物利用对文物本体及其周围环境的损害，避免文物行政部门在执法过程中疏于监督的情况发生，在新修订的《文物保护法》中有必要对文物利用监管的全过程作出详细规定。在文物利用之前，对文物利用方案的可行性和安全性进行严格的考评和论证，以评估文物利用给文物带来的风险程度，并制定相应的风险预警和检测跟踪方案，从源头上遏制对文物的不合理利用。在必要的情况下，可以广泛征求有关部门、专家和公众的意见，从源头上对文物利用的合理性进行监管。在文物利用的过程中，文物行政主管部门应该对文物利用进行及时、严格的监管，定期对文物利用的状况进行考评，发现不合理的利用行为时及时制止，并依法进行严惩。

二、不可移动文物

第八条【不可移动文物的经营权】

经文物行政部门批准，可允许不可移动文物的经营权交由非产权所有人负责经营，其经营活动必须遵循文物合理利用的基本原则。不可移动文物所在地的上级文物行政部门负有对经营活动进行监督、检查及在文物安全受到威胁时中止其经营活动的权力。

国有不可移动文物不得转让、抵押，不得作为企业资产进行经营。

【立法说明】

本条意在建议将不可移动文物所有权与经营权进行适度分离。

《文物保护法》明确了不可移动文物本身不得作为资产进行经营，但为了更好地发挥文物的资源属性，切实提高文物利用的效率，建议将文物所有权与经营权进行适度分离，或者适当下放经营自主权，以调动经营单位的积极性，改善服务质量。在这一方面，欧洲文化遗产保护与利用先进的国家，如意大利，已经有成功的范例，值得我们借鉴。

意大利采用政府垂直管理的行政体制，对全国各地的重要遗址、考古区、文物建筑、文物和博物馆藏品等进行直接管理，以保障文物利用的公共与公益价值。具体而言，意大利文化遗产管理制度改革的实施主要表现在两个层面：一是在经营权层面，实行遗产经营的公私合作制，即国家依然保持对某一文化遗产的所有权，但它的经营权全部或部分向私营机构转让。二是在经营制度层面，放宽遗产单位的经营自主权，这时文化遗产的所有权不变，经营主体也不变，但经营制度发生变化，经营者拥有更多的过去所没有的经营自主权。[①] 意大利的遗产管理制度改革，是在保留遗产国有属性的前提下，通过转让或者以契约的方式赋予遗产单位、企业或非营利组织完全或部分的经营权限，达到了国家和私人企业共同开发、共同管理、共同保护、共同获利的目的。这种方式避免了遗产所有权、经营权和用益权高度一致所产生的弊端，不但解决了遗产保护的经费问题，增加了遗产地的财政收入，而且通过引入市场化的经营方式，调动了民间保护与利用遗产的积极性，改善了遗产服务的质量，提升了遗产利用效率，促进了公共管理部门的业务发展。

需要注意的是，遗产管理体制改革有可能带来一系列问题。因此，要在保证遗产公益性价值的前提下，制订符合各个城市和遗产实情的经营管理政策，

---

① 参见徐嵩龄：《西欧国家文化遗产管理制度的改革及对中国的启示》，《清华大学学报（哲学社会科学版）》2005 年第 2 期。

通过牢牢控制所有权和加强监督，发挥政府的宏观调控作用。[①]

第九条【历史文化名城、名镇、名村的利用】

在不改变历史文化名城、名镇、名村的传统格局和历史风貌的前提下，可以在其保护范围内开展多种形式的利用活动，包括居住、商贸、旅游、教育等。

在保持历史文化街区原有街巷肌理的前提下，可进行有限度的道路拓宽、改造，市政基础设施及管网的布设。新建建筑，应与原有历史建筑保持建筑风格、高度、色彩的协调一致。确实需要修缮、改造文物建筑的，利用方可根据实际用途对其内部构造和装修进行一定程度的改造，但不得破坏文物建筑的主体结构，不得改变文物建筑的外观、色彩，相关修缮改造方案须报属地文物行政部门审批。

【立法说明】

历史文化名城、名镇、名村的保护与利用应当分为以下三个层次：①历史文化名城；②历史文化名村、名镇和历史文化街区；③不可移动文物（文物建筑、历史风貌建筑）。这三个层次是互相依托、互相补充的，形成了一个统一的整体。

江苏省泰州市涵东街历史街区（资料图）

江苏省泰州市涵东街历史街区在保护整治过程中，按照“草河、稻河、涵东街和涵西街沿街、涵东街片区、涵西街片区、草河头节点、同泰典当商业节点、多巷弄”的总体空间格局，维持陈家桥街等传统街巷尺度、界面，修复原有的院落肌理，恢复历史空间场所；保护和恢复草河两岸风貌和沿河景观，严格控制沿河、沿街（巷、弄）建筑立面。（文字与图片来源：泰州市规划展示馆网站）

---

① 参见沈海虹：《集体选择视野下的文化遗产保护研究》，同济大学博士学位论文，2006年。

目前利用中存在的问题有:①片面地追求城市土地的经济价值。追求土地拍卖的高收益、高回报,忽视了持续的文化价值。事实上,历史街区、老城文化价值未来会远超土地经济价值。②忽略了历史与环境相协调。没有认识到历史名城、名镇、名村整体风貌的价值,破坏遗产点与周边环境的和谐统一关系,整体历史风貌不复存在,遗产价值大大下降。③以旅游开发来代替名城保护。在一些历史文化名镇、名村,出现了将整个名镇、名村承包给旅游公司的行为,而旅游公司多在经济利益的驱使下,对资源单纯地进行掠夺式开发,对文物造成了巨大破坏。④拆真遗产、建假古董。历史文化街区是由不同的工匠、在不同的时段、通过不同的方式精心研磨出来的,与一个貌似复古的建筑群完全不同,其蕴含的深厚历史积淀是"假古董"所无法比拟的。

针对这些问题,本报告设计了相应的法律条款予以规范和禁止。比如,不得以"旧城改造""棚户区改造"的名义在历史名城、名镇、名村的核心保护区和历史文化街区范围内进行连片式的土地出让与综合开发;不得以"文物利用""开发旅游"的名义,进行整个历史文化街区范围内的旧建筑拆迁、改造以及新型仿古建筑建设。

第十条【大遗址的利用】

根据大遗址的不同类型及其所处的地理位置、资源特征等,可采取国家考古遗址公园、大遗址保护区等不同形式进行适度利用。

【立法说明】

当前我国大遗址面临的威胁主要有两方面:一方面,受外围环境的影响,遗址的历史风貌受到严重影响,内部环境持续恶化;另一方面,"死保"的政策挫伤了民众改善生产生活状况的积极性,再加上缺乏相应的政策补偿,导致当地民众对大遗址保护"不理解、不支持"。

国际社会很早就开始关注古文化遗址、古墓葬的整体保护问题,并通过制定国际宪章的方式,推动世界各国采取区域控制的方式确保古文化遗址、古墓葬的真实性和完整性。美国国家公园制度、日本国立公园制度、法国文化遗产保护区和国家公园制度、埃及文物古迹区制度等古文化遗址、古墓葬保护体系,以及我国国内部分风景名胜区的资源管理模式,都证实了采用区域控制的方法的有效性。因此,建设国家考古遗址公园,是在当前条件下有效保护遗址面貌、减少遗址破坏、同时兼顾民生的一种有效措施,也是对不可移动文物的一种创新型利用方式。

大遗址保护区比较适合农村地区的大遗址。位于农村的大遗址多半规模较大,在遗址范围内主要分布着村庄和大片的农田,遗址只受到农业开发和新农村建设的较小影响,整体保护情况相对较好。在这样的地区,实施行政区划

调整的影响较小。为了更好地保障大遗址保护区内民众生活水平的提高，可采取大遗址保护与生态开发相结合的模式，实现资源的合理利用与经济社会的可持续发展。

陕西西安大明宫国家遗址公园海报(资料图)

2007 年 10 月，随着大明宫国家遗址公园开工建设，遗址周边 3.5 平方公里的棚户区和城中村改造工程也正式启动。6 年时间里，15 个安置小区、近 4 万套安置房相继落成，棚户区居民人均住房面积由不足 10 平方米提高到 25 平方米。如今的大明宫遗址区周边，学校、医院、超市一应俱全。公园周边居民成为文物保护受益者，实现了遗址保护与遗址区居民生活水平提高、城市环境改善、城市现代化建设和谐发展的目标，使大遗址保护成为一项民生工程、民心工程。(文字与图片来源：大明宫国家遗址公园官网)

第十一条【文物旅游】

在确保不可移动文物本体安全、建筑控制地带与周围环境协调的前提下，加大文物保护单位的开放力度，鼓励非国有不可移动文物的开放，提高展示与解说水平，通过文物旅游等利用形式，让全民共享文化遗产资源。

在不可移动文物的旅游利用过程中，要做好旅游规划中的文物保护工作，不得在文物保护单位建设控制地带和风貌协调区范围内建设新的主题景观、仿古建筑和经营性建筑。

如确需新建或改建必要服务设施的，其规划设计和施工方案须经属地文物行政部门批准，并在文物行政部门的监督下施工。

【立法说明】

作为不可移动文物利用的最主要形式，不可移动文物的开放、展示是发挥文物社会效益和经济效益的重要手段。2008 年，国际古迹遗址理事会(ICOMOS)通过的《文化遗产地解说与展示宪章》专章论述了文化遗产解说与展示的意义。《宪章》认为："解说与展示是文化遗产保护与管理整体过程中的一部分"，"能够促进对文化遗产地的理解与欣赏，培养公众的遗产意识和参与遗产地保存与保护"。因此，我国有必要加大文物保护单位的开放力度，提高展示与解说水平。

关于不可移动文物的开放和展示，世界其他国家已经进行了许多成功的探索，尤其鼓励那些私人所有的不可移动文物向公众开放。日本《文化财保护法》、西班牙《历史遗产法》和法国《税法附则》都有相关规定。然而在文物旅游的实践过程中，为了追求经济利益最大化而引发的破坏文物、竭泽而渔的现象层出不穷。一些文物保护单位随意兴建旅游附属设施、游览项目和经商摊点，破坏了不可移动文物的真实性和完整性；有的甚至在文物保护单位保护范围内违章建造，发生了损毁文物的恶劣事件。

综上所述，需要在新修订的《文物保护法》中进行规范和约束，倡导文物旅游要在确保文物保护单位及其周围环境安全的前提下，以向各利益相关者提供同等的、可持续的社会、文化、生态和经济效益为目标，实现文物旅游和文物保护协调发展。如：为当地居民提供就业机会，将经济收益部分用于改善居民生活等。

三、可移动文物

第十二条【国家鼓励】

国家鼓励文物收藏单位进行文物资源的合理利用。

县级以上地方人民政府应当对合理利用馆藏文物的单位予以扶持。单位合理利用馆藏文物的，依法享受国家规定的税收优惠。

【立法说明】

鼓励文物收藏单位，或是联合其他相关有资质的企业组织或个人，在国家政策支持下，与产业和市场相结合，参与创造物质财富和精神财富，实现文物有效传承和可持续发展。鼓励和支持馆藏文物复制、文物信息、文物出版、文物展示、文物创意、文物流通、文物知识产权等相关文化产业发展。要为馆藏文物利用单位提供便利条件，让有关优惠政策能够"辐射"到这些创意性企业，从而真正贯彻落实党的十八届三中全会"鼓励金融资本、社会资本、文化资源相结合"的要求。

2013 年我国博物馆主要指标

	总　计	免费开放博物馆	免费开放博物馆所占比重(%)
机构数(个)	3476	2780	80.0
从业人员(人)	79075	58809	74.4
藏品数(件/套)	27191934	19599372	72.1
基本陈列(个)	7650	6397	83.6
举办展览(个)	9172	7908	86.2
参观人次(万人次)	63777	51115	80.1
未成年人参观人次	18206	15550	85.4

2013 年,中央补助地方博物馆免费开放资金 30.86 亿元;全国免费开放的博物馆 2780 个,占上报博物馆数量的 80%。免费开放博物馆从业人员 58809 人,占 74.4%。(文字与表格来源:《文化部 2013 年文化发展统计公报》)

第十三条【馆藏文物利用】

馆藏文物的利用应保证文物的本体安全。属于国有文物收藏单位馆藏文物,由相应的文物保护单位依法进行利用管理,并接受文物行政部门的监督。属于非国有文物收藏单位的馆藏文物,由相关组织和个人根据利用权限依法进行利用管理,其利用行为必须遵守国家有关文物保护的法律规定。

【立法说明】

文物的所有权和使用权分为国家所有、非国家所有两种类型。国家所有的文物采用委托—代理的方式实行事业单位管理体制,集体所有的文物可分为事业单位管理和国有企业管理,私人所有的文物可分为私营企业管理和非营利社会组织管理。因此,按所有权与使用权的不同,我国文物保护单位的管理成员可分为三类,即行政管理型、事业单位管理型和企业管理型。但是这三种文物管理体制都存在不同程度的问题。

根据我国《文物保护法》的规定,民间文物是指文物收藏单位以外的公民、法人及其他组织依法收藏的文物。随着人民生活水平的不断提高,人民群众对民间文物收藏的需求也越来越大。文物具有的经济价值已经得到了社会的认可。那么,大量存在于民间的文物可不可以实现有偿转让、应该怎样转让等问题就摆在了人们的面前。根据《民法通则》规定,财产所有人依法对自己的财产享有占有、使用、收益和处分的权利，而有偿转让也属于处置自身所有财产的一种方式。我国《文物保护法》第五十条也规定，文物收藏单位以外的公民、法人及其他组织收藏的文物可以依法流通。可以看出，在我国法律体系中，从一般法到特殊部门法，都有关于"民间文物可以依法拥有并有偿转让"的法律规定。

文物相对于一般的财产来说，是反映一个民族和国家历史发展的载体，具有不可替代和不可复制的特点。正因为如此，在现实生活中，我国对文物的有偿转让有着一定的限制，这些限制主要体现在转让的前提、转让的渠道、不当转让的法律后果等方面。①

第十四条【馆藏文物利用方式】

馆藏文物的利用，既包括对文物本体的利用，如展览等，也包括其他方式的利用，如图像、资料、学术研究和科技成果、复制、出版、影视、动漫作品、文化创意产品衍生开发等。

馆藏文物的利用，应充分挖掘文物的文化内涵，注重依托新兴科学技术，实现文化与科技的有效融合。

【立法说明】

《中华人民共和国国民经济和社会发展第十二个五年(2011～2015 年)规划纲要》第四十三章要求："加快推进公益性文化事业单位改革，探索建立事业单位法人治理结构，创新公共文化服务运行机制。"第四十四章要求："坚持一手抓公益性文化事业、一手抓经营性文化产业，始终把社会效益放在首位，实现经济效益和社会效益有机统一。"大力发展文化事业的措施包括："加强文物、历史文化名城名镇名村、非物质文化遗产和自然遗产保护，拓展文化遗产传承利用途径。"加快发展文化产业，是社会主义市场经济条件下文化大发展大繁荣的重要途径，相应的任务包括"鼓励和支持非公有制经济以多种形式进入文化产业领域，逐步形成以公有制为主体、多种所有制共同发展的产业格局"。在法律框架下，开展馆藏文物的多层次、多手段的合理利用，既是文物工作的自身需要，也是建立与完善国家公共文化服务体系、实现社会主义文化大发展大繁荣的必然要求。

馆藏文物可以分为多种利用方式。一是一般的直接利用，包括馆藏文物科研、馆藏文物展示、馆藏文物收藏，馆藏文物的市场体系、馆藏文物的鉴定评估、馆藏文物与文物旅游的结合；二是馆藏文物深度的衍生利用，包括馆藏文物复制、馆藏文物衍生品等；三是馆藏文物的金融化利用，主要是对馆藏文物的资本化利用。

---

① 参见焦晋林：《民间文物有偿转让的几个法律问题》，2006 年 8 月 25 日《中国文物报》。

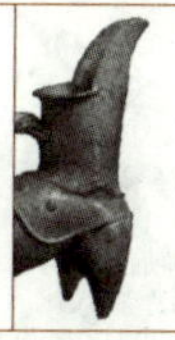

故宫博物院文创产品“朕知道了”胶带

这款以康熙朱批“朕知道了”设计的纸胶带，在两岸引发了消费热潮，这四个字也随后成为网络流行词。创意源自2010年刘轩慈、王伟纶两位硕士设计的“古纹胶带”，台北故宫买下版权后，将文字具化为康熙朱批“朕知道了”。产品火爆的背后，是整个创意团队和设计团队4个月时间的努力。创意团队包括文创行销处、器物处和文献处，文献处整理文献史料，给创意团队提供文字史料的支撑，器物处则提供实物参照，保证创意不与史料背离。（图片来源：台北故宫博物院网络商城官网）

台北故宫对馆藏文物的利用是极其成功的典范。台北故宫现有近5000种衍生商品，合作厂商超92家，其中授权厂商达23家，一年开发近600项新产品，涉及食品、服饰、珠宝、文具、餐具、数码产品等多个领域。2012年，其文化创意商品收入就超过7亿元新台币。按照台北故宫2010年的年报，其门票销售额有3亿多新台币；礼品店及餐饮服务业的营业额达6.8亿元新台币；品牌授权的收入达1亿多新台币。这些收入大部分流入公共财政，还有一部分流入艺术发展基金，用于购买文物等。台北故宫的教育宗旨被延伸到文化产业的开发上，良好的经济效益在一定程度上反哺了台北故宫的发展。目前，台北故宫衍生文创商品大致分为三类：一种是精致优美的复制书画、仿制器物；二是出版品及数码出版品；三是物美价廉、古典和现代元素完美结合的小商品，包括挂饰、文具、生活用品等。在这些销售产品中，最为昂贵的当属科技含量极高的复制艺术品。这部分的目标客户群体，是有一定收藏实力的文物爱好者、收藏者。另外，为与社会大众分享藏品及相关知识，台北故宫也出版文物图录、研究、赏析及导览等专辑，包含有声书及不同语言的版本，并以商品形式进行销售。①

第十五条【馆藏文物利用资源共享机制】

馆藏文物的利用，应当建立科学健全的资源共享机制。鼓励文物收藏单位与其他组织和个人加强文物利用方面的合作。

【立法说明】

博物馆不仅是馆藏文物的展示和基础研究场所，承载着社会文化功能，而

① 参见山东大学课题组：《促进文物利用的政策措施研究》，2013年12月。

且它也可以与条件合适的组织机构或个人合作，通过协商友好的方式，在法律法规框架内开展以馆藏文物合理利用为主要内容的博物馆综合化运营。

目前文物资源的共享存在以下问题：一是文物法对文物资源共享的规定仅限于举办展览和提供科学研究，这在已经迈入信息社会的今天是远远不够的。二是国内大兴文物巡展，对文物展览的环境、运输安全及展品是否适宜长期展出往往考虑不周，文物损坏的情况时有发生。三是文物保险开支较大，缺乏财政支持。四是文物图像信息的使用权得不到有效的保护。而在国外，文物图像的使用权属于文物收藏单位所有是较普遍的法则。五是展览项目的评审（特别是省一级评审）流于形式，影响文物资源共享的效率。六是一些电视台热衷于“鉴宝”“寻宝”之类的节目，有时会误导观众，造成负面影响。因此，有必要从法律层面对馆藏文物利用资源共享机制的构建作出规定，从而引导各类博物馆更好地为社会公众服务。

第十六条【馆藏文物利用审批与监管】

对于馆藏文物的利用事项，应事前进行科学论证，严格履行审批手续，避免对文物的破坏性利用。

三级文物、二级文物的利用事项由省级文物行政部门审批，一级文物的利用事项由国家文物行政部门审批。

各级文物行政部门应对馆藏文物利用进行严格、及时的监管，对超出利用范围的行为依法予以惩处。

【立法说明】

《国务院关于加强和改善文物工作的通知》中规定，地方各级人民政府特别是文物比较集中的地方人民政府，在把文物作为地方优势加以利用的同时，要防止因单纯追求经济利益而损害文物的做法。重大的文物利用项目要事前进行充分的科学论证，严格履行审批手续，避免对文物的破坏性利用。《关于进一步加强文物经营活动管理工作的通知》《中华人民共和国文物保护法》及《中华人民共和国文物保护法实施条例》明确规定，文物属于限制流通的特殊商品，文物流通实行归口管理、许可经营的制度；符合《中华人民共和国文物保护法》第五十条规定的文物可以依法流通，国务院文物行政部门或省、自治区、直辖市人民政府文物行政部门批准设立的文物拍卖企业、文物商店可以依法从事文物的商业经营活动。目前，虽然针对馆藏文物利用的法律法规尚处于缺位状态，但对馆藏文物的利用管理还应当做到从严不从轻，从源头上对方案进行审批管控是十分必要的。同时，也可参照既有的珍贵文物分级标准，针对价值不同、类型不同以及实际行政管理工作的需要，对馆藏文物利用项目方案进行分级审批，即建立起三级文物、二级文物的利用事项由省级文物行政主管部门审批，一级

文物的利用事项由国家文物行政主管部门审批的工作运行机制。

第十七条【贯彻文物利用风险评估】

各级文物行政部门应建立馆藏文物利用风险评估机制、风险预警和检测跟踪机制，最大限度保障馆藏文物安全。

【立法说明】

馆藏文物的利用是一个系统的动态过程，文物行政主管部门对其实施监督管理也应是持续不断的。监督管理的效果在很大程度上取决于一个设计精良、可操作性强的制度体系。实际上，以风险评估为主体内容的监督管理体系已经在诸多领域有了较好的应用，这些现有的法律法规也可以为馆藏文物利用的风险评估、风险预警和检测跟踪提供借鉴，最大限度地保障馆藏文物安全。

第十八条【文物流通】

文物收藏单位以外的公民、法人和其他组织可以收藏通过下列方式取得的文物：(一)依法继承或者接受赠与；(二)从文物商店购买；(三)从经营文物拍卖的拍卖企业购买；(四)公民个人合法所有的文物相互交换或者依法转让；(五)从依法设立的古玩旧货交易市场合法交易所得；(六)国家规定的其他合法方式。

文物收藏单位以外的公民、法人和其他组织收藏的前款文物可以依法流通。

北京潘家园(资料图)

北京潘家园旧货市场位于北京三环路的东南角，是全国最大的古玩艺术品、工艺品、旧货交易市场。经营的主要物品有仿古家具、文房四宝、古籍字画、旧书刊、玛瑙玉翠、陶瓷、中外钱币、竹木骨雕、皮影脸谱、佛教信物、民族服装服饰、“文革”遗物等等。(文字与图片来源：潘家园网)

【立法说明】

近年来，民间文物交易市场逐步扩大，文物市场的经营主体、流通范围走向多样化。通过文物拍卖、文物商店、民间古玩旧货市场等经营模式，建立高、中、低三种系统的流通渠道，已成为文物市场现实发展的一大趋势。

目前，合法的文物流通渠道主要有三个：一是文物商店，二是拍卖公司，三是民间的交换赠送。[①] 而民间收藏文物的流通渠道除此之外，还有古玩城、古董店、艺术品市场、旧货市场、收藏市场、艺术品博览会、网络交易等渠道。这些场所的文物买卖行为，不同程度存在鱼龙混杂、假冒伪劣、交易欺诈等现象[②]，甚至有学者称“现在中国的收藏市场，95%的人用 95%的钱买了 95%的赝品”。同时，文物交易市场的繁荣也催生了一些新的交易方式、市场主体以及与文物交易相关的附属服务，甚至一些鉴宝类、估价类、知识类电视节目也与文物交易相结合，成为相关产业链中的一环，这些都远远超出了文物保护法规定的范围。面对这些新情况，国家以及相关部门应该与时俱进，制定配套法律措施，建立新的市场准入制度，拓宽文物交易渠道，明确各种类型市场主体的权利、义务并对相关附属服务以及媒体节目进行指导和规范，将其统一纳入文物保护监管体系。[③]

文物市场包括文物拍卖企业、文物商店和文物监管品市场三部分，其中，包括典当行、拍卖公司、文化市场、旧货市场、艺术品市场等主体在内的文物监管品市场的法律地位不明确，法律法规中缺少监督管理的相关规定，在一定程度上导致非法交易、以假充真等现象的发生，破坏了正常的文物流通秩序，损害了群众利益。[④] 对此，我们必须与时俱进，依法规范文物市场，促进文物市场的合理有序健康发展。[⑤]

建议适当开放文物市场，明确文化市场、古玩市场等监管品市场的法律地位。前期，把文物监管品市场中条件较好、规模较大、运营较规范的古玩旧货交易市场纳入合法流通渠道；后期，逐步将范围调整扩大到所有的民间文物交易市场，从而改变文物监管品市场“无法可依”的状况。

第十九条【文物经营行为许可】

文物经营活动实行许可制度。文物经营者必须在经营场所的显著位置，悬挂文物经营许可证件。文物经营者应当按照文物经营许可证件核准的经营范围从事经营活动。

---

① 参见朱永华、唐亚静：《文物市场现状：“繁荣”与失范》，2004 年 9 月 6 日《湖南日报》。

② 参见李韵：《文物市场，今年重点管！》，2012 年 3 月 29 日《光明日报》。

③ 参见胡光：《文物市场乱象依法治理有多难》，2012 年 3 月 30 日《法制日报》。

④ 参见山东省文物局：《2012 年山东省关于〈文物保护法〉实施情况的报告》。

⑤ 参见陕西省文物局：《2012 年陕西省〈文物保护法〉执行情况报告》。

文物经营活动，应当严格遵守国家有关法律、法规和规章，不得经营未经国家允许进入市场的文物，不得买卖国家禁止买卖的文物或者销售未经省级文物行政部门审核的珍贵文物。

【立法说明】

《文物保护法》第五十三条规定："文物商店应当由国务院文物行政部门或者省、自治区、直辖市人民政府文物行政部门批准设立，依法进行管理。"当前，国有文物商店经营萎缩，非国有文物商店以旧货、工艺品等名义占领了绝大部分市场份额。为进一步规范这些市场主体的经营行为，建议设立文物经营的许可制度。

所谓行政许可，是指行政机关根据公民、法人或者其他组织的申请，经依法审查，准予其从事特定活动的行为。随着体制改革的深入，特别是进入市场经济以来，文化发展呈现多元格局，国家、集体、个体、私营、"三资"等所有制成分都参与其中，"社会办文化"的比重正在逐渐加大。因此，计划经济体制下的文化管理模式已不能适应市场经济条件下对管理的需求，依法行政、"依法治文"的要求越来越强。

文物经营许可制度是规定文化经营许可证的申请、核发、监督管理的一系列规则的总和，包括规定许可机关、许可范围、申请、审查、颁发文化经营许可证的具体程序以及监督检查、撤销、中止、更换、修改、废止的方式、条件和期限、许可费用等内容的规则。[①] 设立文物经营许可制度，有利于加强国家对文物市场经营的宏观管理，实现从直接命令的行政手段向间接许可的法律手段的过渡；有利于维护文化市场秩序，制止不法经营，防止不正当竞争；有利于保证文物市场的健康发展，促进社会主义精神文明建设。

第二十条【文物经营备案】

文物经营者应将可依法流通的文物登记造册，每年定期向县级以上文物行政部门提交有关资料。

文物经营者应当对购买、销售、拍卖等交易行为中涉及的文物进行记录，涉及珍贵文物的应当及时依法向省级文物行政部门备案。

【立法说明】

《文物保护法》第五十七条规定："文物商店购买、销售文物，拍卖企业拍卖文物，应当按照国家有关规定作出记录，并报原审核的文物行政部门备案。"此条只涵盖了文物商店和拍卖企业，而没有涉及近年来蓬勃兴起的古玩、旧货市

---

① 参见王新新:《略论文化经营许可制度的作用与完善》,《上海大学学报(社会科学版)》1996 年第 6 期。

场。建议扩大文物备案的范围，规范文物备案的内容和形式，从而更好地监督文物流通领域。

第二十一条【禁止性规定】

未经批准，任何单位和个人不得从事文物经营活动。未经备案，珍贵文物不得进入流通领域。

法律认定的、可以依法在市场流通的珍贵文物，产权属于非国有收藏单位的个人或组织的，未经记录、备案不得进入流通流域进行买卖。个人收藏的珍贵文物，严禁倒卖或者私自出售、赠送给外国人。

【立法说明】

《文物保护法》第五十六条规定："文物商店销售的文物，在销售前应当经省、自治区、直辖市人民政府文物行政部门审核；对允许销售的，省、自治区、直辖市人民政府文物行政部门应当作出标识。"拍卖文物前，应当经省、自治区、直辖市人民政府文物行政部门审核，并报国务院文物行政部门备案；省、自治区、直辖市人民政府文物行政部门不能确定是否可以拍卖的，应当报国务院文物行政部门审核。文物商店购买、销售文物以及拍卖企业拍卖文物前，应当按照国家有关规定作出记录，并报原审核部门备案。但在实践中，许多地方没有严格遵循这些规定，文物市场和文物经营单位缺乏有效监管。[①]

针对以上情况，建议就珍贵文物以及交易金额比较大的文物专门作出详细规定，这些文物必须经文物行政管理部门审核、备案，其他文物由于价值较小，只在市级或县级文物行政管理部门备案即可。这样既减轻了文物经营者的经营压力，提高了交易效率，又可以促使各级文物行政管理部门集中精力对珍贵文物作出有效保护。而把文物经营许可和备案的相关规定上升到法律层面，将大大增强执法效力。

第二十二条【文物流通监管】

文物行政部门负责文物流通领域的管理与监督工作，对文物经营进行严格、及时的监管，对超出经营范围与经营种类的行为依法进行惩处。

各级公安、海关、工商、物价、税务、商业等行政部门应当按照各自职责，配合做好文物经营管理与监督工作，严厉打击非法文物经营活动和文物走私活动。其他行政部门的事务涉及文物流通的，必须向文物行政部门备案，并会同文物行政部门共同处理。

① 参见《江西省文化厅关于贯彻实施〈文物保护法〉情况的汇报》。

【立法说明】

目前，文物流通领域存在着不少“无法可依”“有法难依”“有法不依”问题。文物部门无明确的执法依据和法律授权，工商、公安等部门也只是履行一般的管辖职能。因此，各种古玩、旧货、古董市场鱼龙混杂，制假卖假、知假卖假，非法买卖、非法收藏文物现象还存在。此外，文物拍卖市场还不健全，职能部门重审批、轻管理，在一定程度上影响了文物的正常流通。当务之急就是查漏补缺，根据当前的相关法律法规精神，增补相应的条款，尽快明确各方的监管责任。

在 2002 年修订的《文物保护法》中，由于对文物流通领域管理监管工作职责、主体均没有明确规定，导致文物行政部门履行监管职能缺乏法律依据，其执法权限受到其他地方法规的牵制或与其他部门发生冲突，实施难度较大。因此，有必要在《文物保护法》中进一步明确艺术品市场、古玩旧货市场等的法律监管主体，强化监管部门职责。①

该法条借鉴了相关法律法规中的表述。如《关于进一步加强文物经营活动管理工作的通知》要求：各地文物、公安、海关、工商等部门要切实加强领导，建立起分工明确、密切协作的联合工作机制。《山东省文物保护条例》规定：县级以上人民政府文物行政部门、工商行政管理部门和公安机关应当加强对文物经营活动的管理，对典当行、拍卖公司、文化市场、旧货市场、艺术品市场等单位和场所内可能涉及非法文物交易的活动进行监督检查。县级以上人民政府文物行政部门应当建立对前款规定单位和场所的巡查制度；必要时，可以派员进驻市场，对涉嫌文物购销经营活动进行现场监管。

第二十三条【文物类节目监管】

提倡宣传普及文物鉴赏知识类节目，限制文物估价类节目，禁止在节目中进行文物交易。文物行政部门应在专业人员、文物资料等方面对文物类节目提供支持。

文物类节目不得诱导观众对具体某件文物的价格形成错误认知，给当事人造成不当损失的，应追究相关责任人的法律责任。

【立法说明】

媒体对文物收藏进行娱乐化倾向的解读可能会误导大众。在电视媒体五花八门的鉴宝类栏目中，有的为提高收视率，制造轰动效应，有意让参鉴专家过高虚估文物的市场价格。这种导向实际上歪曲了文物收藏的本意，助长了文物盗掘、走私之风，给文化遗产、文物保护事业带来一系列负面影响。因此，应加

① 参见四川省文物管理局：《关于〈文物保护法〉实施情况的总结报告》。

强对媒体有关文物节目、栏目的管理。

该法条内容主要借鉴《国家广播电影电视总局、国家文物局关于加强对文物鉴定类广播电视节目管理的通知》的相关表述。文物鉴定类广播电视节目的内容必须符合《文物保护法》及相关法规的规定。文物鉴定类广播电视节目要保证内容真实。节目制作机构要提前对节目中出现的文物持有者、嘉宾的身份信息进行审核，确保节目中所展示的相关信息的真实性；坚持正确导向，科学展示文物鉴定的复杂过程，明确提示投资文物收藏的风险。

第二十四条【文物销售、拍卖、复制、鉴定】

文物经营者在销售文物时，应当真实提供文物的名称、年代、瑕疵等基本情况。禁止销售假冒的文物商品。

文物拍卖公司对所拍卖的文物应有保真责任和鉴定责任。加强对文物拍卖标的的鉴定工作，确保出土文物不能上拍，杜绝赝品以次充好进入流通领域。交易金额超过一定数额，必须进行鉴定，并粘贴文物标识；未经鉴定的，不得交易。禁止拍卖假冒的文物商品。

从事文物复制的单位，应当依法取得资质证书。复制文物应当依法履行审批手续，未经批准不得进行文物复制。文物复制品应有表明复制的标志和数量编号。不得将仿照文物制作的工艺品作为文物进行交易。

应分级建立服务民间收藏和文物交易市场的鉴定机构。民族地区应成立民族文物鉴定站。鉴定机构及其鉴定专家应对所鉴定文物的结论承担责任。因涉及利益交易而导致的主观故意错误鉴定，撤销其专家资格，并追究相应民事责任。文物行政部门应积极配合公安、海关等部门开展涉案文物鉴定。

【立法说明】

文物假拍假卖、制假售假的行为严重触犯了《消费者权益保护法》的诸多条款。《消费者权益保护法》(2013 年 10 月修订)规定，经营者与消费者进行交易，应当遵循自愿、平等、公平、诚实信用的原则。消费者享有知悉其购买、使用的商品或者接受的服务的真实情况的权利。此法条与这些原则相呼应。

文物拍卖存在的一个突出问题是，一些拍卖企业滥用《拍卖法》第六十一条的例外免责条款，在买家发现是赝品后又往往以“拍卖不保真”来推卸责任。“知假拍假”，欺诈消费者，在客观上纵容了不法商人制假卖假、知假卖假的行为，制约和影响了文物拍卖市场的长远发展。打击文物造假、售假行为，在我国法律层面还有待进一步补充和细化。而从国际上看，目前很少有国家制定了专门的《拍卖法》，其拍卖行的交易行为归相关商品法的范畴，一旦出现问题即严厉惩治。如：在美国，制售假画与制售美钞同等治罪；在韩国，如果文物仿制品不标注制作人，就不准上市，否则就要受到制裁。因此，应对《拍卖法》第六十一

条进行修订或者删除，同时还要加大对专家虚假鉴定、卖方知假卖假等行为的处罚力度，让一切不法者付出沉重的法律代价。

当前，国内文物复制品市场不够规范，劣质文物复仿制品严重扰乱文物市场的健康发展。复仿制品主要有三类：①博物馆的展品；②商店里的普通旅游纪念品；③精密仿制的艺术品，也称“高仿品”。[①] 国家对文物复制有着严格规定，但对仿制品的要求却相对宽松许多，对于仿制者的技术工艺、仿制用途都没有太多要求。政策的宽松在一定程度上导致了各种质量低劣的仿制品泛滥，一些人甚至用高仿品冒充真品，牟取非法暴利。一些没有生产资质的单位和个人，在经济利益驱动下，擅自非法生产文物复制品，形成合法和非法两条生产线共存、精品和劣品共同上市的局面，影响了文物复制品在国内外的声誉和地位。

同时，我国缺乏统一、权威、规范的文物艺术品鉴定机构和鉴定标准，尚未建立文物鉴定资格管理制度、鉴定资格准入和鉴定行为监管体系。在利益的驱使下，难免出现大量非法鉴定和伪证行为。这一问题已成为制约市场健康发展的短板。

此外，《文物保护法》并没有赋予文物行政管理部门对文物鉴定机构实施管理的权力和职责。对文物鉴定机构的审批和管理职权在各级工商部门，而工商部门目前也无专项法规和专业队伍对其进行管理。[②] 文物鉴定行业处于无人管理的状态，侵害了群众的利益，使政府处于被动境地。针对这种状况，有必要尽快建立一批鉴定机构和培养一支鉴定专家队伍，并通过法律的形式，明确文物部门应该承担什么责任，特别是明确文物行政部门在打击文物制假、售假、拍假行为方面的执法权限与权威。

四、法律责任

第二十五条【损坏文物、改变不可移动文物原状的法律责任】

在文物利用过程中，改变不可移动文物原状及用途的，过失或故意造成文物破坏或损毁，由县级以上人民政府文物行政部门终止其利用行为，没收违法所得，并处以五百万元以上的罚款。

未经许可，擅自在不可移动文物的保护范围建设服务设施、从事经营活动或扩大不可移动文物经营活动范围的，由县级以上人民政府文物行政部门责令改正，没收违法所得，并处五百万以上的罚款。

---

① 参见李韵：《公众有权知道文物是真是仿》，2008 年 1 月 8 日《光明日报》。

② 参见北京市：《关于〈文物保护法〉实施情况的汇报》。

【立法说明】

进入21世纪以来，我国的文物保护法制进程不断加速，文物保护有了更坚实、系统的法制屏障。在此背景下，新《文物保护法》更应凸显“违法必究、执法必严”的制度设计，明确文物利用中违法行为的法律责任，有效惩治破坏文物的行为。

一方面，现行的《文物保护法》对于文物违法的处罚力度不足，对损毁不可移动文物的行为的最高罚款额度仅为50万元人民币，不能起到足够的警示作用。甚至有些开发商把罚款当成“通行证”，愿意“做交易”。因此，建议在新修订的《文物保护法》中提高文物违法的罚款额度，必要的时候，可以追究有关责任人的刑事责任。

另一方面，现行的《文物保护法》中部分条文有假定、有处理，但在“法律责任”部分却缺少制裁。在新修订的《文物保护法》中提出了对文物利用的原则、方式、范围的诸多规定，有必要对有可能产生的违法行为和处罚方式进行补充，使整部法律的逻辑结构更加严谨。

第二十六条【可移动文物法律责任】

买卖有关法律法规禁止买卖的文物，或未按相关规定备案、审核即交易相应文物的，尚不构成犯罪的，由县级以上人民政府文物行政部门责令改正，没收违法所得；对文物造成破坏、流失海外的、影响恶劣的，注销经营许可证，触犯刑法的，依刑法相关条款处理。

【立法说明】

本法条设计的目的是对交易《文物保护法》中所规定的珍贵文物及不可移动文物的法律责任问题作出明确规定，并与《文物保护法》第六十四条相衔接。

第二十七条【违反资金保障义务的法律责任】

文物事业单位以外的单位或个人，拒绝按照与文物行政部门事先制定的协议，从所得收入中提取相应比例的资金用于文物保护的，由县级以上人民政府文物行政部门责令改正，追究其法律责任。

【立法说明】

制定本条的目的是保障文物利用的部分收入用于文物保护，从而实现文物保护与文物利用的“双赢”。在社会主义市场经济条件下，经济收入是文物保护的重要经费来源之一，也是文物事业快速发展的物质基础。我国人口多、底子薄，文物众多，文物保护任务重，文物保护经费全由国家承担不符合国情。因此，在文物单位经费普遍紧张的情况下，重视文物工作的经济效益显得更为重要。在实际工作中，我们既要反对片面强调对文物的开发利用，也不赞成为了文物事业单位的公益性而放弃文物资源应有的经济效益，给文物作用的发挥造

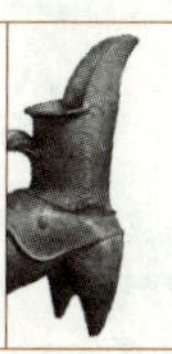

成不应有的损失。有效地保护文物是合理利用文物的基础，合理地利用文物是有效保护文物的动力，两者是辩证统一的关系，不可偏废。

第二十八条【文物主管单位法律责任】

文物保护单位及文物行政部门的工作人员，贪污、挪用文物利用取得的经营性收入的，依法给予行政处分，情节严重的，依法开除公职；构成犯罪的，依法追究其刑事责任。

【立法说明】

本法条设计的目的，是确保文物保护单位和文物行政部门能够做到专款专用，使得文物利用所得收入能够真正用到文物保护中去。此条是对《文物保护法》第七十六条的扩展和补充。

第二编

文物合理利用案例分类研究

第一章　近年来我国文物利用的理论与实践

第一节　文物利用的政策理论导向

作为文物事业不可或缺的重要组成部分，文物利用开始是附着、隶属于文物保护而存在，后来逐渐独立出来并成为与文物抢救、文物保护、文物管理相对应的一个重要概念。从零星出现到逐渐被各界所认知，我国文物利用的萌生、发展始终伴随着文物事业的发展历程。

中华人民共和国成立之后，文物事业得到党和国家领导人的高度重视，文物保护法规体系初步建立起来，从中央到地方相继设立了文物保护机构，确立了文物普查和文物保护单位制度，启动了一系列重大文物保护和考古工程，为新中国文化遗产事业发展奠定了基础。为了妥善处理基本建设与文物保护的关系，国家提出了文物工作的“两重两利”方针，即“重点保护、重点发掘，既对文物保护有利，又对基本建设有利”。这一时期的文物利用主要以博物馆展览和对外交流为主。1954 年，我国第一个地志性博物馆在山东落成，其后全国各地陆续建立各类博物馆，至 1965 年，全国已有博物馆 214 座，是中华人民共和国成立之初的 10 倍。博物馆的建立带动了文物展出事业的发展，这一时期的文物展出具有鲜明的革命教育和爱国主义教育色彩。例如，1959 年井冈山革命博物馆落成开放之后，井冈山的革命人文景观和历史文物就被加以利用，成为革命传统教育的最好教材。

1961 年，国务院颁布了《文物保护管理暂行条例》。随后，文化部于 1963 年颁布了《文物保护单位保护管理暂行办法》《革命纪念建筑、历史纪念建筑、古建筑、石窟寺修缮暂行管理办法》《古遗址、古墓葬调查、发掘暂行管理办法》等法律法规，初步形成了一套中国文物法规体系。“文化大革命”时期，文物事业遭受重大挫折，文物成为“破四旧”的主要冲击对象，大量珍贵文物被毁坏，大批文物工作者遭到迫害批斗，刚刚起步的文物事业受到严重冲击。但这一时期，在文物利用方面也有不少工作亮点。例如1973年5月起，“中国出土文物展览”赴欧洲、大洋洲、非洲和亚洲的16个国家展出，为实现中国外交的新突破做出了重要贡献，被赞誉为“文物外交”。

20世纪70年代中国出土文物伦敦展览铜纪念章(资料图)

“文革”结束后，文物保护与利用工作逐渐步入正轨。1982年11月，第五届全国人大常委会第25次会议通过了《中华人民共和国文物保护法》。相比于《文物保护管理暂行条例》，《文物保护法》最大的发展就是把文物利用的内容加进去了，这在国际上都是先进的。1984年7月和1985年11月，中共中央先后召开书记处会议，研究文物保护和博物馆建设问题，讨论加强文物保护和利用、促进社会主义精神文明建设等问题。在多次深入探讨和总结实践经验的基础上，1987年11月，国务院发出《关于进一步加强文物工作的通知》。《通知》全面总结了中华人民共和国成立以来的文物事业成就，指出了文物事业存在的主要问题，提出了当前文物工作的任务和方针是“加强保护，改善管理，搞好改革，充分发挥文物的作用，继承和发扬民族优秀的文化传统，为社会主义服务，为人民服务，为建设具有中国特色的社会主义做出贡献”。《通知》对发挥文物作用、加强文物保护和博物馆建设，以及把文物保护纳入城乡建设总体规划和加强文物工作的领导等提出了明确要求。

虽然文物利用发展势头良好，但受“文革”遗留下的封闭保守思想的影响，这一时期的文物利用的理念并没有被广泛认可和接受。当然，在具体实践中也有不少突破，除了用于展览和对外交流，文物旅游市场和文物复仿制品市场开始兴起，私有文物商店开始大量出现，民间文物交易隐然成市，与国有文物商店开始形成资源分粪之势。

1992年5月，在全面总结文物工作实践的基础上，针对保护和利用的关系，

党中央提出了“保护为主，抢救第一”的新时期文物工作方针。1995 年 9 月，在西安召开全国文物工作会议，进一步提出了“有效保护，合理利用，加强管理”的原则，这就形成文物工作完整的方针和原则。这是党和国家对新时期文物工作规律认识的重大突破，对发展社会主义市场经济条件下的文物事业具有很大的推动作用。

这一阶段，私立博物馆开始出现，1996 年，国家公布了第一批允许建立的私立博物馆名单。与此同时，一些公立博物馆开始有意识地把市场营销的理念与方法运用到文化产品开发中来。1996 年，上海博物馆于新馆建成开放之际成立了上海博物馆艺术开发公司，该公司为独立法人单位，实行独立核算、自主经营、自负盈亏的企业经营模式。有的博物馆则开始借鉴品牌经营策略。1997 年，故宫博物院先后向工商部门申请注册了“故宫”“紫禁城”商标。文物拍卖活动也在此时发展起来。1992 年 10 月 11 日，在北京二十一世纪饭店举行了我国内陆首场文物艺术品拍卖会，成交金额虽然仅 300 多万元，但在政策上影响巨大，实现了文物在大陆拍卖市场零的突破。1997 年颁布施行的《拍卖法》以法律的形式规定了文物拍卖的资质条件和文物拍卖标的鉴定、许可程序，有力地促进了文物拍卖的发展。2000 年后，收藏热潮逐渐兴起，民间鉴定机构也开始大量出现，这些现象都标志着文物利用的理念逐渐得到认同。

故宫商标

2002 年 10 月修订的《中华人民共和国文物保护法》的一个重要成果是把“保护为主，抢救第一，合理利用，加强管理”的文物工作方针上升为法律规定。修订后的《文物保护法》及其后颁布的实施条例，更好地适应了文物工作与社会发展的实际，符合社会主义市场经济和改革开放的时代要求。这是我国文物事业发展史上的又一座里程碑，标志着我国文物保护的法治进程又大大前进了一步。

近十年来，从公立博物馆扩建，到私人博物馆兴起，我国的博物馆事业实现了跨越式的发展，以平均每两天增加一座的速度向前推进。2002 年新修订的

《文物保护法》将私立博物馆的地位合法化。根据国家文物局的统计，截至2016年年底，全国备案博物馆共有4873座，其中国有博物馆3576座，非国有博物馆1297座，比2015年度增加了181座。其中，免费开放博物馆有4246座，占全国博物馆总数的87.1%。

2002年修订的《文物保护法》新增了"民间收藏文物"一章，允许民间收藏文物可"依法流通"，从法律的角度肯定了民间收藏的重要性，规范了民间收藏文物的合法途径，这无疑给文物市场的发展提供了更大的空间，也从根本上改变了民间收藏无法可依、无章可循的局面，促使文物市场走向规范经营、有序流通的轨道。此后，为满足民众和市场对于文物收藏的需求，国家又颁布了一系列相关法律法规，对文物收藏和交易行为进行了规范，从而为文物艺术品拍卖市场大发展大繁荣铺平了道路。历经十年时间，文物艺术品拍卖公司被写入《文物保护法》，取得了合法的地位，这是对发展文物艺术品拍卖市场的最大的政策支撑。

此后，各地积极依托文物资源发展文物旅游及相关产业，使文物利用成为促进区域经济发展的新亮点。为了在维护文物安全的同时促进旅游业发展，2010年7月，国家旅游局与国家文物局共同签署《旅游发展与文物保护战略合作框架协议》，开启文物旅游战略合作的新局面。

2016年4月12日，在贯彻落实全国文物工作会议精神座谈会上，国家文物局局长刘玉珠同志提出，要在文物的价值研究和挖掘上下足功夫，在"让文物活起来"上见实招，在展示传播上做文章，在公共文化服务、社会教育功能的发挥上见成效，进一步明确了下一步文物合理利用工作的方向。

伴随着"文物合理利用"政策导向的日渐明晰，国务院、文化部、国家文物局连续出台了一系列促进文物利用的政策文件，为文物利用提供了良好的政策环境。可以肯定地说，近五年来(2013～2018年)是"文物合理利用"政策推进最为扎实有力的时期。归纳这些文件的基本精神，主要有以下几点：

第一，伴随着近30年来经济的发展和社会的进步，人们对精神文化需求越来越强烈，迫切需要通过充分发挥文物的作用，满足公众的新期待。这就要求广大文物工作者要在坚持"有效保护"的前提下，做好文物合理利用工作，充分发挥文物的价值。文物管理部门则需要针对我国文物利用的历史与现状，深入开展相关基础理论研究，坚持正确的政策导向，采取合理的措施，处理好文物保护与利用的关系。

第二，在当前各国文化软实力竞争日益加剧的大背景下，文物作为国家和民族不可再生的珍贵文化资源，日益成为经济社会发展的基础资源、战略资源，在传承优秀传统文化、提升城市品位、塑造公民意识、丰富公共文化教育服务、

发展文化创意产品、推动经济转型升级方面,发挥着越来越重要的功能。正确处理文物保护和文物利用的关系,在保护的前提下对文物进行合理、适度利用,不仅是新形势的需要,也是广大文物工作者肩负的责任。

第三,近年来我国各级文物部门的文物利用工作虽然取得了一定的成绩,但在实践中仍然存在着“不够”和“不当”的问题。所谓“不够”,一是对文物的历史、艺术、科学价值的挖掘、研究、展示不够;二是在文物保护规划、维修方案中对利用的措施考虑不够;三是对博物馆馆藏文物的利用不够;四是对现代科学技术、信息技术、网络技术的运用不够。所谓“不当”,一是对一些热门景点进行不加限制的过度利用①;二是只追逐经济效益而不顾社会效益,甚至改变文物的公共资源属性;三是文物利用的简单化、雷同化、庸俗化。随着新时期经济社会体制改革的深入和城镇化进程的加速,文物利用也面临大量新的问题,如社会力量如何介入、法律法规如何保障、风险如何预防和评估等。因此,有必要充分认识和着手解决文物利用存在的问题,进一步深化文物合理适度利用的理念,提高文物利用工作的水平,让文物资源和文物遗产更好地服务于社会经济文化的发展,服务于广大人民群众的需要。

第二节　文物合理利用的积极实践和基本现状

在案例遴选上,我们依据广泛性、典型性、代表性原则,统筹兼顾成功案例和失败案例的选择,统筹兼顾不同地域的选择,对典型案例开展了实地调研和学理分析,并根据问题导向性,注重经验总结与问题分析相结合,注重定性研究与定量分析相结合,注重实践做法与理论探析相结合。通过对这些文物合理利用重点项目发展历程的梳理,可以看出,当前的文物利用工作既积累了一定的成功经验,也存在着不少的现实问题。

一、历史文化名城:旅游开发与片区体验

对历史文化名城的保护与利用,是文物工作领域的一项重要课题。保护历史文化名城本身就是现代化建设不可或缺的重要组成部分。我国大多数的历史文化名城是古城和新城的综合体。在城市建设过程中,调整古城和新城的空间结构和功能是开发利用历史文化名城的重要原则。

① 参见黄哲京:《论故宫博物院文物合理利用的原则和方法》,《故宫博物院院刊》2017年第3期。

旅游开发活动是促进古老城市发展的最佳切入点。在当今国内旅游形势大好，人们的文化保护与利用意识逐渐增强的大环境下，应积极顺应城市城镇现代化发展趋势，将古城保护与利用和城市经济协调发展结合起来。

历史文化名城旅游开发活动逐渐成为经营城市、发展城市的重要有效手段之一，它所具有的立竿见影的效果以及高度的综合性、系统性和联动性是其他城市经营措施不可比拟的。当今我国历史文化名城最普遍、效果最显著的开发利用方式就是实施旅游导向战略。

苏州古城鸟瞰(资料图)

半数左右的国家历史文化名城已经具有良好的旅游城市功能，其中绝大部分为中国旅游热点城市，具有极高的旅游城市知名度。第一，要结合不同阶层、不同群体发展不同的旅游形式，具体包括：会议旅游、学习旅游、假期旅游、生态旅游、休闲旅游、观光旅游、会展旅游等。第二，要贯彻大文化、大旅游、大产业思想，形成产业规模优势。居民居住与旅游观光共存，将优秀文化和产业要素结合起来，将习俗、产业、土特产品、庙会、祭祀活动、传统艺术表演等进行组合。如徐州在文化旅游开发中，以“两汉”文化为主要符号，通过品汉宴、观汉舞、习汉俗、戴汉饰等，使汉风、汉韵渗透到吃、住、行、游、购各方面。第三，以文化旅游为战略性开发利用方式，带动城内历史文化街区和历史建筑的开发利用热潮，如相关的陈列馆、博物馆，形成图书博览业；组构民俗风情体验家居旅馆，形成出租旅店业；组构旅游艺术纪念商品文化特色商店，形成商品服务业。文化旅游业还与其上游各种产业(如制造业、艺术创作)，与下游各种产业(如电影、

电视业、IT 产业)组成更广泛、更深长的产业链,形成姊妹艺术产业和配套服务产业。如苏州通过全面复兴古城,推动文化旅游业形成支柱产业,并以此为龙头带动苏州文化由事业主导型向产业主导型转变。

我国历史文化名城的发展模式主要有:在原有的城市空间范围内发展具有新的城市功能的新旧混合的空间发展模式,脱离现有古城区发展新区采用的新旧分制的城市空间发展模式以及从新旧混合向新旧分制过渡的空间发展模式。江苏省一些历史文化名城,如南京,在保护历史城区格局和文物古迹的过程中对其进行改造和建设,并向历史城区四周辐射进行新的城市建设,但在实践过程中冲突往往很激烈。苏州古城内功能用地混杂,不利于对古城的开发利用。为此,当地政府将行政办公、工业、医疗等功能逐步向外疏解,带动古城内人口向外疏散,形成主要面向旅游服务的文化特色商业区和旅游区。①

苏州山塘街(资料图)

由此可见,历史文化名城是一种特殊类型的城市。有人提出要建设集名城风貌观光、史籍博览、特色商品购物、民俗文化娱乐为一体的旅游目的地——历史文化名城主题公园。历史文化名城保护不能采用"博物馆式"的保护方式,应该在保护现存历史遗产的基础上,分不同地段、不同方式来促进名城的现代化。从根本上说,我国针对历史文化名城的大旅游战略与城市规划空间结构、功能调整是一致的。历史文化名城的功能分区对不同的人群产生吸引力,同时配套与历史文化名城相应的、具有特色的文化产业,而这恰好是大旅游战略的关键。

① 参见柳秋英:《基于"整体观"的历史文化名城保护与发展研究——以江苏省历史文化名城为例》,苏州科技学院硕士学位论文,2008 年。

如杭州，从历史文化名城整体出发，以“一核一线一古城二遗址”为中心，分区域按不同主题实施开发利用；苏州是较早地提出了全面保护古城风貌并实施新区合理发展策略的城市之一；山西平遥则积极探索出了一条保护古城、合理发展的新路子。

目前，很多历史文化名城都出台了自己的历史文化名城保护规划，但大多是针对保护问题的专项规划设计，是一种相对单一的规划，不能替代整体文化规划。为此，我们可借鉴欧美一些国家的成功经验，通过涵盖区域、城市、社区等不同层面的整体规划途径，使城市的传统特色文化有机融入城市规划中。

吴良镛先生提出的“积极保护，整体创造”理论，不仅是我国历史文化名城保护的出路所在，更是历史文化名城利用的出路所在。目前，我国历史文化名城的开发利用已经从本体开发利用发展到大环境大空间的片区式开发利用，这是一种可持续发展的趋势。实现现代城市风貌、环境空间、城市结构等与历史建筑浑然一体，城市现代文化与历史文化相衔接，是实现历史文化名城可持续性发展的基本途径。

对于历史文化名城而言，历史文化资源，尤其是物质形态的建筑遗产、历史文化街区以及非物质形态的传统民俗、演艺、技艺等地方特色文化是最能够充分展示其城市魅力和文化软实力的“核心竞争力”。应整体性地利用城市历史文化资源，将遗产保护和利用与维护历史文化名城的整体风貌、营造城市文化空间有机联系起来，从而塑造富有地域魅力、有鲜明地方特色的城市公共空间和城市文明形态。

二、积极推动世界文化遗产的科学利用

截至 2016 年 7 月，中国的世界遗产总数达到 50 项，继续稳居世界第二。文化遗产具有鲜明的地域身份特征，不仅是承载人类历史发展的文化资源，而且随着时代变迁，已经成为各个国家争相利用的经济资源。这要求我们扭转过去的保守理念，积极投身遗产的科学利用。

世界遗产没有终身制，“申遗”成功并不意味着可以高枕无忧。如果保护不利，同样会被取消名分，淘汰出局。文化遗产保护与地区发展之间存在的矛盾，是文化遗产利用的核心问题，这一问题在我国表现得尤为突出。其实，文化遗产作为吸引游客的重要旅游资源，并不排斥对其进行合理的商业性开发，联合国教科文组织也不反对对世界遗产进行开发和利用，关键是要在保护的前提下进行可持续的开发。保护是开发的前提和基础，利用是为了更好的保护。

欧美国家和地区在世界遗产利用方面有一定可取的经验，如法国在对遗产保护、修缮和利用方面，实行公共补助和税收优惠政策；英国对文化遗产实行国

家信托政策；美国依托文化遗产发展全方位的文化产业；等等。

国内文化遗产保护与利用方面还需要从以下几个方面进一步加强：①遵循先进的理念和科学的方法，借鉴国内外的成功模式；②建立健全严格的法律体系和奖惩制度，理顺专业高效的管理体制；③实现多元化的资金保障，维持良性的市场运作；④充分重视文化遗产保护中“人”的因素，以“文化”规划为导向，“市场”规划为主线；⑤国际化倾向与跨文化视野；⑥处理好数字化管理与文化遗产保护的关系；⑦深度开发，有效监测。

法国里昂老城（资料图）

三、活化历史文化街区

对历史文化街区与历史文化名城的保护和利用，很大程度上是一个问题的两面。对历史地段和历史文化街区的修复、发展和再利用，是对不可移动类文物的区域式保护与利用的主要层面。历史文化街区的保护要远比历史建筑和单体文物古迹的保护更综合和更复杂，其保护要素包括历史建筑、街巷肌理、传统形态、街区功能等。当前，我国历史文化街区规划的共同特点是追求保护外表，更新内部，改善环境，完善功能，延续文脉。采取的主要手段包括以下几种：

1. 置换原有功能

主要方式是迁出居住居民，引入商铺，统一推动商业活动和经济行为。整体置换的方式常常会使居民被迫搬迁，社会结构、传统生活方式都发生较大改变。如：海宁南关厢历史文化街区为了招商而丧失了原有临水而居的建筑风貌;成都宽窄巷子历史文化街区经政府改造后引入了工艺博览、高档餐饮、宅院酒店以及特色策展等旅游、休闲项目,形成有鲜明地域特色和巴蜀文化氛围的“院落式情景消费街区”,但仅有约20%的老建筑得以保留,40%进行了更新,其余40%均为新建,功能从居住变成了商业性的街区。

2.延续原有功能

一些中小城市的街区的传统功能未改变,如居住功能、商业贸易仍在延续。这类街区风貌完整,生活气息浓厚,通过改善基础设施,消除安全隐患,整个街区可以按照原来的功能和形态继续加以利用。如温州的五马街旧时商贾云集,至今仍为旧城商业中心,是温州近代商业的象征,五味和、金三益、老香山等百年老店仍在延续利用;宜宾市南溪区的广福街、西大街传统商业仍较兴盛,以个体手工业或小规模的生活服务业、餐饮业为主,延续了传统活动形式,展示了传统手工技艺。

3.赋予新的功能

为了复兴街区活力,更好地展示城市文化资源,目前大部分街区都会采用延续原有功能并赋予新功能的方式,尤其是引入旅游以及相关文化活动,以发挥街区的经济价值。如绍兴的仓桥直街、苏州的平江历史文化街区、北京的南锣鼓巷历史文化街区。大城市街区通常采用以旅游服务为主体的利用方式,如北京大栅栏,杭州清河坊、南宋御街中山路历史文化街区;中小城市则会采取旅游服务和生活服务共存的利用方式,如榆林的南北大街历史文化街区、阆中历

成都宽窄巷子(资料图)

史文化街区；由传统产业发展而来的街区会对产业进行转型升级，以展示地方产业特色作为复兴手段，如绍兴西小河历史文化街区；近代商业发展较好的街区会以特色建筑为载体，并转为集旅游、商贸、居住、休闲于一体的利用方式，如沈阳中山路、烟台的朝阳街历史文化街区……

温州五马街（资料图）

通过对历史文化街区的利用方法和相关案例进行归纳总结，不难发现，置换原有功能的方式对街区改动较大，街区的真实性、生活延续性都遭到较大破坏，不宜采用；其余两种方式则都可取。首先考虑延续原有功能的方式，若为振兴街区或旅游动力较强的地区，可考虑引入新的功能的方式。除延续其经济价值外，在功能设置上还应包括公共服务设施、文化展示、教育等功能。为实现对街区的有效保护和文化传承，还需根据价值特色选择合理的经营内容，采取有效的利用管理措施和政策，避免“单一性”功能，而应延续街区“多样性”功能。主要应采取以下措施：延续居住功能、延续市集功能、适当延伸商业功能、发展文化功能、发挥教育展示功能、强调公益服务功能。

历史文化街区的城市职能是多样化和混合式的，在当代，侧重于与社会文化和艺术需求相结合的历史文化街区再开发模式，业已成为保护和利用文化遗产的重要途径，中外许多城市都有不少成功的范例，如将街区及相关建筑改造扩建成为主体博物馆、展览馆、文化中心、艺术区、公园等不同层次的文化空间。但这些做法都应结合街区形成的动力因素和街区自身的价值特色，从城市整体发展的角度，考虑街区与周边城市用地、交通等情况，处理好各职能的相互关系，进行合理的定位。只有从功能性质、风格特质、使用对象、使用时段、主要活动以及功能的整合、提升、展示、扩大等方面进行全面系统的分析，注重传统产业与新产业的结合，优化整合街区的功能，适应街区保护发展要求，才能实现对街区的保护性利用。

阆中古城街区(资料图)

杭州清河坊(资料图)

目前，在历史文化街区开发利用方面存在的问题主要有：

1. 大拆大建式破坏

这种方式的目标在于获取土地的价值，最终使街区变得“空洞化、景观化、符号化”，如对北京前门大街的改造，尽管基础设施经过拆建之后得到了改善，但整体更新替换的方式却使其只剩躯壳，不仅给建筑带来了实质性破坏，原有的商业特色也不复存在。

2. 仿古、重建式破坏

全国陆续出现“汉街”“宋街”“明清一条街”等具有某个时代特征的“假古董”街道，如宜宾走马街、湖州衣裳街，在改造中仅保留了文保单位和少量价值较高的建筑，其余大部分民居都被拆后重建，街区真实性遭到破坏。

3. 装饰性破坏

这种破坏是对原有富有地方特色的建筑或装饰随意进行篡改、粉饰，如海宁南关厢历史文化街区在修复过程中，统一立面装饰，既不符合历史的真实性，也丧失了街区的多样性和丰富性。

整体来看，目前仅注重对文物建筑或某一类型建筑遗产的保护与利用的现象比较突出，而较少能够有效地将建筑遗产保护利用与维护城市整体风貌和营造城市文化空间有机联系起来，缺乏从“文化规划”的角度探索对历史文化街区保护与再利用的做法。

四、名人故居的保护、开发与再利用

有学者认为，名人故居的内在结构由文化实体和文化价值组成，文化价值展示的是人把实体的物理属性转换成满足人某种需要的文化属性。故居原先的物理属性（住宅）和文化价值（满足人们栖居的需要）随着社会历史环境的变迁，会部分或完全消失，故居大部分也已“不宜居”。[①] 它们身上沉积的历史史料、文化情感价值，与原有的物质功能价值融为一体，更多成为一种“文化实体”。

对名人故居的保护和利用的关键是焕发名人故居的生命力，重新挖掘故居的使用价值，如物质功能价值，并开发利用某些因社会变迁才得以创生的价值，如史料价值、文化情感价值。根据名人故居的个性综合开发利用其价值，积极推动其再利用，比消极的原状保留更能激发故居的活力。

1. 开发利用历史资料价值和文化情感价值

名人的故宅、起居室、书房等印刻生活痕迹的地方凝结丰富的史料价值，可

① 参见梁旖敏：《浅谈非文物保护项目名人故居的再利用》，《科技展望》2015 年第 31 期。

用来研究他们写作的生活背景、审美情趣、人生经历以及当时社会生活等诸多侧面。当人们亲身体验后，会产生敬仰、缅怀、向往之情，体现故居的文化情感价值。① 如鲁迅故居的三味书屋、蒲松龄故居的聊斋等。

名人故居的史料价值和文化情感价值，核心系于其人物本身，开发利用时应以文化名人为中心，挖掘其与故居相关的元素，以实物、影像、文献等多元方式呈现。文化情感价值重在体验，可以设计一些交互型活动，让观者更接近文化名人的精神世界。在强调社会主义核心价值观的基础上，对故居精神内涵的挖掘还应注重展现名人个性风格、优秀精神特质和家风家训族规等，如王渔洋故居、诸葛亮故居等。

2.开发利用物质功能价值

物质功能属性是故居史料和文化社会最直观的连接点，是其生命力的来源。在世界上几乎所有古老的城市，尤其是在历史文化名城的历史积淀中，名人故居都是极其重要的一环。它们承载着特定的历史记忆，诉说着名人们的梦想与情怀，成为人们了解和纪念那些过往岁月的一个个“凭吊”之物。② 名人故居的存在，对于一座城市的意义，不仅仅是提高城市的知名度，而且还显示了一座城市文化的厚度与精神的深度，是其城市文化软实力的重要体现。

广东孙中山故居(资料图)

① 参见梁旖敏:《浅谈非文物保护项目名人故居的再利用》,《科技展望》2015 年第 31 期。

② 参见王璨:《名人故居旅游传播研究》,河南大学硕士学位论文,2012 年。

当前国内的名人故居，存在陈列方式呆板、经营模式单调、故居功能单一等问题，尤其是在细心挖掘史料细节、再现故居主人独特的生命历程方面还有待改进。除了实行挂牌保护制度之外，对一些重要的文化名人还应以博物馆、纪念馆的形式进行更为综合的保护与利用，以成功实现保护利用文化遗存与发展特色旅游业的有机结合。

3. 政府、公众、开发商三者协调

单纯靠国家和政府保护名人故居，会出现负担过重、分配不均的情况。只有坚持产权下放、市场运作、资金补助、合法监管，才能更合理地配置资源。政府应注重培育民间保护力量，并给予必要的引导和援助；同时，大力惩处开发商的违法行为。开发商应和政府、公民团体进行有效沟通，严格遵守法律法规。公众、政府和开发商之间应发展互惠互利的环状“利益链”关系，而不是上下级的“食物链”关系。① 在这一方面，建立名人故居旅游资源评价指标体系，建全名人故居生态文化系统，也是题中应有之义。

北京老舍故居(资料图)

五、历史文化名镇、名村的多途径利用

21 世纪初，我国的自然村落有 363 万个，而如今，全国有较高保护价值的村落已不足 5000 个。从整体上说，受地域经济、社会和文化发展水平限制，我国

① 参见梁旖敏:《浅谈非文物保护项目名人故居的再利用》,《科技展望》2015 年第 31 期。

对历史文化名镇、名村的开发利用方式普遍向旅游开发靠拢，这虽然是一个有效方式，但并不是所有地域、等级、特色的历史文化名镇、名村都适合采用旅游开发的形式，也不是都能够产生良好的效益。换言之，针对历史文化名镇、名村采取旅游开发的方式并没有太大的方式错误，但旅游开发过程中暴露出的问题日益严峻，如镇区与景区不相协调、旅游秩序亟须整治等。我国历史文化名镇、名村贯彻旅游开发战略要走精品化、特色化路线，着力打造高品质的旅游景区，逐步从观光型景区向集旅游观光、休闲度假、商务会展于一体的旅游目的地迈进，将保护与旅游开发、经济效益和社会效益有机结合起来。

近年来，以“原汁原味”“古色古香”为特色的古村落旅游成为时尚的旅游活动形式。作为最重要的传统文化旅游地，古村落正成为新世纪旅游热域。古村落旅游是继自然生态旅游后的又一个时尚旅游市场，这种同质异类现象是旅游市场走向细致化的一种表现。一般学者都赞同开发旅游是保护和利用古村落的一种必不可少的途径，但要注意旅游开发的形式。从当今古村落开发实践来看，如何调整生硬的旅游开发，并将原生态的古村落因素与商品、市场有机结合起来，是古村落开发利用的基础。

古村落是一种特殊的公共资源。在开发过程中，尤其是古村落旅游面临的问题和矛盾越来越多，如古村落保护与古村落旅游地开发之间的矛盾，古村落产权归属的复杂性与旅游开发保护的多选性之间的矛盾，古村落利益主体诉求的复杂性与原著居民利益问题等。在缓和古村落文化保护和旅游地开发利用的矛盾方面，古村落“生态博物馆”是一个不错的利用方式。

“生态博物馆”是实现文物保护与民族文化开发双重目标的博物馆新形式。它将整个社区作为博物馆空间，对社区的自然遗产和文化遗产进行整体保护，以各种方式记载、保护和传播社区的文化精华并推动社区向前发展，从而使人与环境在其原生的生态关系中和谐共处、协调发展。生态博物馆在我国的实践，从最早的梭嘎生态博物馆到现在的镇山生态博物馆、隆里生态博物馆、堂安生态博物馆以及云、贵、川、桂等地的以生态博物馆理念为指导的民族村寨，呈现出蓬勃发展的态势。生态博物馆已经成为旅游市场的热点。虽然很多古村落并没有“生态博物馆”这样的明确规划，但开发利用过程都在实践着这种理念。

生态博物馆是一种特殊的旅游景点，不能把它当作一般的旅游景点来对待，尤其不能像简单的“农家乐”那样开发，要重点以古村落物质形态营造文化氛围。同时，旅游者数量的“小众化”也避免了对当地村民生活的过大影响，村民仍然可以保持原有的生活习惯和方式。目前，个别人文生态博物馆依托专家开展了社区文化研究，但修学旅游活动开发还十分有限，全面开展修学旅游的前景十分广阔，这也是生态博物馆发展高端旅游的要求。

六、大遗址利用的提升与转化

“大遗址”一词，大约出现在 20 世纪 50 年代。经过半个世纪的发展，在我国已公布的 7 批 4296 处全国重点文物保护单位中，有 800 余处是大遗址，约占总数的 1/5，其中一部分已被列入世界文化遗产或作为世界文化遗产的重要组成部分。伴随这一趋势，大遗址的保护与利用也成为文物领域的重要议题。

目前，国内提出了许多关于大遗址的保护与利用方式，包括整体保护和局部保护与利用。整体保护与利用方式主要有四种：一是将整个遗址区建成遗址公园；二是将遗址区与风景区结合，建成旅游景区；三是将整个遗址区建成森林公园；四是将遗址保护与现代农业园区结合，建成遗址历史文化农业园区。局部保护与利用方式主要有两种：一是将部分遗址建成遗址展示区，二是将部分遗址建成遗址博物馆。①

国外对于大遗址的开发利用积累了丰富经验。例如，德国主要建立公园和博物馆；法国致力于对历史地段内居民生活环境的改善以及对遗址的再利用，从而保持历史文化遗产的活力并使其价值在新的时代得到提升；意大利则把对考古遗迹的维护和文化、生态景观的建设与保护结为一体，将遗址区与绿色廊道相结合，使遗址成为现代生活的一部分，为城乡居民提供休闲、游憩、教育等生态服务；日本则大力进行史迹公园建设；韩国注重对文化遗址的原貌保存，不允许盲目开发。国外这些对大遗址的利用方式为我国大遗址的开发利用提供了可借鉴的方式。

关于印发《大遗址保护“十二五”专项规划》的通知

文物保发〔2013〕11号

各省、自治区、直辖市文物局（文化厅）、财政厅（局）：

为妥善处理大遗址保护与国家经济社会发展之间的关系问题，进一步加大投入、加强引导，全面推进大遗址保护工作，国家文物局和财政部共同研究编制了《大遗址保护“十二五”专项规划》，经财政部、国家文物局领导批准，现印发给你们，请认真贯彻执行。

国家文物局　财政部

2013年5月27日

大遗址“十二五”规划通知

① 参见李海燕、权东计：《国内外大遗址保护与利用研究综述》，《西北大学学报（社会科学版）》2007 年第 3 期。

2005年,国家正式设立大遗址保护专项资金,投入20亿元启动大遗址保护工程;2013年,国家文物局和财政部联合印发了《大遗址保护"十二五"专项规划》。"十二五"规划实施以来,大遗址保护工作全面推进,形成了以"六片、四线、一圈"为重点、150处大遗址为支撑的大遗址保护新格局,取得了较为明显的成就:一是建立了大遗址保护管理体制;二是扎实推进了大遗址保护各项基础工作;三是组织实施了一批具有示范意义的大遗址保护展示工程,构建了大遗址保护新格局;四是形成了中央带动地方重点投入的大遗址经费保障体制;五是更新和拓展了大遗址保护与利用理念。

当然,大遗址的保护和开发也面临新的形势,例如大运河的成功"申遗"和"一带一路"背景下的大遗址发展规划,大遗址被纳入国家公园体制议题等等;另外,大遗址的数字传播与城市文化空间拓展也是一项很有社会价值的新课题。

七、历史建筑群的分类和功能利用

从类别上看,历史建筑群可以分为历史人文建筑群、工业建筑群、革命建筑群、商埠建筑群等。对历史建筑群和单体历史建筑的利用方式主要是文物旅游和历史建筑再利用。历史建筑群中包含了多个单体历史建筑,对历史建筑群和单体历史建筑的保护和开发利用的思路与方式在根本上是一致的,并与历史文化街区的改造与利用一脉相承,但要注意构筑其"遗产链条"的独特属性。

历史建筑延续原有功能的利用方式比较有限,大多通过维护和修复继续发挥居住功能,或者作为商铺一直经营下去。现在对历史建筑群和单体历史建筑再利用比较常见的方式是保留它们作为历史建筑的外壳,经过维修和修复,或者加入当代的建筑技术和设计理念,使内部使用功能变得更加多样化,如可以作为博物馆、展览馆、机关办公地、商铺、酒店、宾馆等等,甚至在小范围内集合相似的经营活动,构成小的园区,同时也成为旅游地。同样,历史文化街区也是由多座历史建筑组成的,所以这种历史建筑利用方式也同样适用于历史文化街区。杭州产业遗址的厂房改建再利用就是最好的案例:根据历史建筑的占地面积和建筑物的空间形态,经过设计和改建后用作博物馆、创意产业园或者旅游综合地,提高了历史建筑的利用率,既有效地保护了历史建筑,也带动了当地的经济、社会和文化发展。

虽然人们已经开始意识到建筑遗产保护与再生的重要性,但是这种观念基本集中在部分政府人士、建筑师、学者以及少数的年轻人身上,其意义和价值尚未在社会范围内形成普遍共识。此外还面临着诸多问题,如保护与再生方面缺少符合绿色理念的系统方法,开发机构与政府部门协调不足,民间组织缺乏监督职能,政府减免税收和优惠政策被滥用等。

德国的北杜伊斯堡景观公园(资料图)

德国的北杜伊斯堡景观公园是一个后工业景观公园,由德国景观设计师彼得·拉茨与合伙人与1991年建立,目的是"理解过去的工业,而不是拒绝"。其原址是一处炼钢厂和煤矿,周边地区污染严重。该地区1985年遭废弃,19世纪中期之前为农业用地。设计师在设计时充分考虑了其原来用途,将工业遗产与生态绿地交织在一起。1994年正式对外开放。

八、博物馆与可移动文物的利用

对于可移动文物的保护与利用,我国主要建立了涵盖多种管理体制的博物馆体系,以便将文物的文化性、社会性和标志性的特殊功能更加凸显出来。

博物馆是当今可移动文物最普遍的归宿和最有效的利用方式。收藏、征集、保管功能,研究功能和社会教育功能是博物馆的三大传统功能。在现实中,博物馆利用馆藏资源开发文化衍生品,在传播特色文化的过程中实现了社会效益和经济效益的"双赢"。一些知名博物馆就文化衍生品如何融入百姓生活、如何融入流行时尚方面不断创新,并将触角延伸到服装、玩具、家庭装饰、音像书籍、网络游戏、食品饮料等日常生活的各个领域。例如,截至2015年年底,故宫博物院开发的故宫特色文化产品已超过8600种,包括贵金属、玉器、木器、青铜器、瓷器、雕漆、首饰、丝织、文具、茶具、图书等多种类别,年销售收入近10亿元,每年研发的新产品约300种。同时,配合每年举办的陈列展览,研发具有故

宫文化特色、拥有自主知识产权的系列文化产品。还有一些博物馆专门设有经营管理处或文化创意产品经营管理部门，负责与文化创意产品相关的各项经营活动，举办博物馆相关产品与技术博览会、博物馆文化产品创意设计推介活动，在加快文化产业发展、满足多层次文化需求方面进行了积极尝试。

随着民间收藏热的不断升温，私人博物馆也在迅速兴起。私人博物馆在弘扬文化的同时，能够以艺术品养艺术品，通过创办其他相关产业如画廊、拍卖公司等，筹集博物馆运转以及购买藏品所需要的资金。在“以商养文”的同时，私人博物馆也正在寻求新的运营模式来聚集能量与整合资源。在博物馆四大功能（收藏功能、展览功能、研究功能和教育功能）以外，体验功能、娱乐功能这些不被过分强调的功能却是私人博物馆可实现的发展方向。相比于大型国立博物馆所强调的基本功能的厚实基础，私人博物馆有更大的弹性来发挥更具特色的功能效应。

故宫博物院推出的文创产品——故宫娃娃（资料图）

根据运行现状来看，当今我国私人博物馆收支资金模式大致可以分为四类：第一类，完全没有任何经营收入来源，一切费用来自于自家补贴，如南京钟藏室、蓝翔箸筷馆、石库门家庭博物馆；第二类，通过经营如出售门票或举办活动来回收成本，如百履堂古鞋博物馆、老约克陆汉斌打字机博物馆、中国留学生博物馆、弗闲斋书票博物馆；第三类，采取理事会制度，利用企业家参与获得资金来源，如中国留学生博物馆、北京观复博物馆；第四类，利用自身独特的条件，比如通过出售相应的艺术品或者通过馆主所拥有的一技之长来获取资金，如北京观复博物馆、四海壶具馆。其中，第二类和第四类的经营模式有更大的发展潜力。从世界范围内看，私人博物馆的运作最主要的是靠基金会的支撑，此外还有策划展览。中国也有部分大企业开始出资设立私人美术馆，比如上海的民生现代美术馆、大连的万达美术馆，这说明私人博物馆在中国已经逐渐成熟。

但是，目前私人博物馆总体还处于初级阶段，大多为隐身于楼房之中的家庭博物馆，这对发挥博物馆的教育和研究功能是不利的。从藏品管理、馆址选择、展览水平、资金来源、服务设施、业务研究等方面来看，民办博物馆都需要一个成长的过程。

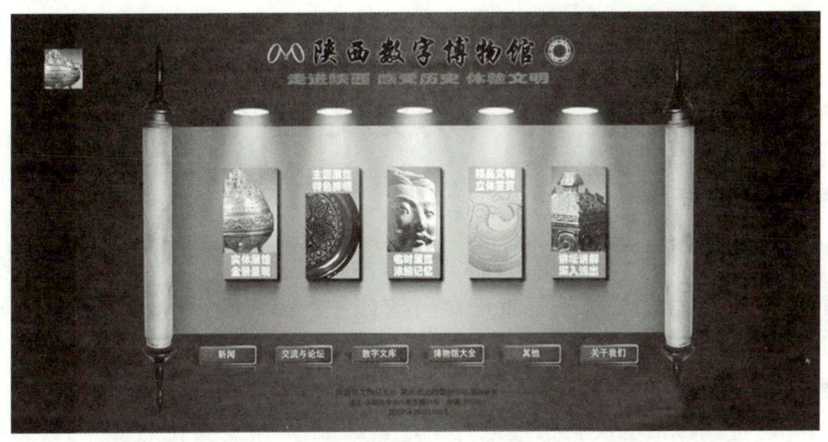

陕西数字博物馆主页(资料图)

2015年1月，中共中央办公厅、国务院办公厅印发了《关于加快构建现代公共文化服务体系的意见》;2月，国务院颁布《博物馆条例》。这两份文件同时明确提出“建立博物馆理事会制度”，这与推动公共图书馆、博物馆、文化馆等公共文化设施建设，根据其功能定位建立法人治理结构，吸收有关方面代表、专业人士和公众参与管理的博物馆“公共文化服务平台”建设思路不谋而合。2016年5月，国务院办公厅转发了文化部、国家发展改革委、财政部、国家文物局等部门《关于推动文化文物单位文化创意产品开发的若干意见》，其中也突出强调了利用博物馆馆藏文物的重要意义:“依托文化文物单位馆藏文化资源，开发各类文化创意产品，是推动中华文化创造性转化和创新性发展、使中国梦和社会主义核心价值观更加深入人心的重要途径，是推动中华文化走向世界、提升国家文化软实力的重要渠道。”这些重要文件的连续出台，充分说明了党中央、国务院对于合理利用博物馆文物资源工作的高度重视。

进入21世纪以来，我国的文物利用工作取得了相当大的成绩，但也暴露了许多问题，加之文化产业的高速发展、“互联网＋”趋势的不断增强和新媒体环境下群众对于文物消费需求的不断变化，对文物保护和合理利用工作提出了新的课题和挑战。在这种情况下，对以往经验教训进行回顾和总结，显得尤为必要和紧迫。

第二章　历史文化名城

与“园林城市”“环保城市”等国家相关部门命名的称号不同，“国家历史文化名城”是唯一一个经国务院批准命名的称号。国务院于1982年、1986年和1994年先后公布了三批国家级历史文化名城，计99座，此后，又陆续增补了30余座城市。截至2017年7月16日，国务院已将133座城市列为国家历史文化名城，并对这些城市的文化遗迹进行了重点保护。“历史文化名城”的概念被正式提出，以及首批历史文化名城的公布，扩大了文物保护的界限。然而大量的事实表明，拿到这一金字招牌的城市，并不必然能保护和利用好自身丰富的文化遗产。如何顶住城镇化的巨大压力，从政府到民众如何转变观念，如何处理好保护遗产和发展旅游的关系、整体保护和个人私产的关系，这些都是历史文化名城研究要重点关注的问题。

第一节　山东曲阜

一、曲阜概况

1. 历史悠久的文化

曲阜是国务院公布的第一批24座历史文化名城之一。在曲阜古老的土地上，孕育出了中国三大文化源流。据司马迁的《史记》等古籍记载，中华人文初祖轩辕黄帝诞生于“鲁东门之寿丘”，即现在曲阜城东的寿丘；炎帝神农氏曾在此建都；上古“五帝”之一少昊死后就葬在寿丘之北，留下了被称为“中国金字塔”的少昊陵；虞舜也曾在曲阜长期活动。“三皇五帝”中，有四人在这里留下活动踪迹，其中三人在此建都，使曲阜成为中国远古文化的标志性地区和炎黄文化的重要发源地之一。

曲阜“万仞宫墙”(资料图)

春秋末期,伟人孔子在这里诞生,他所创立的儒家文化持续影响着中国历史,铸就了中华民族的基本性格特征,并成为中国传统文化的主流,对人类历史产生了深远的影响。中国古代六位“圣人”中,“至圣”孔子、“亚圣”孟子、“复圣”颜子、“述圣”子思都出生在曲阜一带,元圣周公封地在曲阜,宗圣曾子作为孔子的学生,一生中大部分时间在曲阜度过,使曲阜成为享誉中外的“东方圣城”。

2. 丰富的旅游资源

曲阜因孔子而留下了极为珍贵和丰富的文化遗产以及文物古迹,品味之高、规模之大、数量之多、影响之深远,在全世界同类城市中几乎是孤例。博大厚重的文化影响、世界顶级的文化遗产和古迹,不仅使曲阜成为伴随历史的千古圣城,在文化的传承中越来越光彩夺目,也使曲阜在现代旅游业的发展中,形成了独有的特色魅力和永不枯竭的资源优势。

曲阜共有 300 余处文物古迹,仅各级重点文物保护单位就达 110 多处,其中孔庙、孔府、孔林、鲁国故城遗址、颜庙、九龙山汉墓群 6 处为全国重点文物保护单位,文物密度居中国之最。除文物资源外,《桃花扇》作者孔尚任隐居处石门山、孔子诞生地尼山为国家森林公园,风景优美;大型主题公园孔子六艺城、孔子故里园、论语碑苑和孔子研究院都是极具旅游价值的人文景点。

2012 年,文化部与山东省联合设立曲阜“文化经济特区”,国家级海峡两岸交流基地成功获批;国家级文化产业示范园核心区启动建设,初步构建起“一区

多园”发展格局。尼山圣境、鲁故城遗址公园、孔子国际文化交流中心、蓼河文化商业街等项目开工建设，儒源儒家文化体验基地、万豪儒家动漫基地、新世纪影城等建成使用，香格里拉酒店全面运营。孔子文化节、世界儒学大会、尼山论坛、海峡两岸颜子文化经贸联谊会等成功举办。尼山圣境开工入选山东旅游十大新闻，“三孔”景区游客满意度居全省第二，曲阜市荣获“山东县域旅游十强”“京沪高铁沿线最受欢迎旅游目的地”称号。曲阜市公布的2015年《政府工作报告》中，提出“全域旅游”概念，通过对儒家文化的传承创新，打造曲阜文化和旅游品牌。

二、儒学特色文化旅游

1. 独特的儒家节庆活动

依托丰富的旅游资源，曲阜市推出了孔子家乡修学旅游、孔子周游列国游、孔庙拜师游、寻根朝敬游、孔府美食游、书法碑刻游、古典婚俗游等一批极具吸引力的旅游产品。自1984年以来，每年于9月26日至10月10日举办的中国曲阜国际孔子文化节，活动丰富多彩，文化品位高雅，常办常新，经久不衰，被称为最能体现中华民族传统文化的旅游节庆活动，是全国唯一一项每年都由国家旅游局主办的重点旅游节庆活动。2001年以来，大型广场乐舞《杏坛圣梦》长年演出，中外游客可以通过观赏演出，进一步走近人类文化巨人孔子，亲近中华5000年灿烂文明。为丰富孔子故里文化旅游项目，让更多的中外游客有机会领略到曲阜盛大的明故城开城仪式和孔庙祭孔表演，2005年以后每年4～10月份

《杏坛圣梦》剧照(资料图)

的旅游旺季,"祭孔"表演活动将由原来的每年一次改为每周举行一回。2005 年 4 月 19 日,曲阜市在孔庙南门举办明故城开城仪式,在孔庙举办仿古祭孔表演,使原来的一年一次活动改为 4～10 月每周举行一次。

2. 曲阜特色旅游商品

曲阜传统特色旅游工艺品极为丰富,"碑帖、楷雕、尼山砚",统称为"曲阜三宝"。

曲阜存有西汉以来的历代碑刻 6000 条块,号称"曲阜碑林",是我国三大碑林之一。书法精品数不胜数,尤以汉魏碑刻最为著名。曲阜碑帖是从这些珍贵的碑石上用宣纸和墨锤拓成的手工艺品,不但是研究我国古代历史发展的稀有资料,也是研究我国书法传统艺术的主要摹本。1980 年,曲阜碑帖在日本展出,引起轰动。

楷雕是曲阜独有的一种工艺品,传说是孔子的弟子子贡从南方带来,木质适于雕刻。楷树属漆科,是落叶乔木,皮呈鳞状,叶经霜变红,是一种观赏树木。因为楷树是曲阜孔林特有的一种树木,所以楷树又称为"文楷""孔子木"。曲阜楷雕已有 2400 多年的历史,传统产品主要是寿杖和如意。

尼山砚因其石料取材于孔子出生地尼山而得名。尼山为石山,但可以制砚之石甚少,只有坚细温润、不渗水、不渍墨、发墨有光的柑黄色石,才可制砚。尼山砚的制作一向以简朴大方见长。尼山砚作为鲁砚的主要品种,曾多次参加全国文房四宝展览。

改革开放以来,曲阜市充分利用"孔子故里、东方圣城"的独特优势,开发出一系列"孔字号"现代旅游产品,围绕孔子像和《论语》的设计制作,开发了一系列独具匠心的旅游产品,其中孔子像有木雕孔子像、玉雕孔子像、石雕孔子像、铜质孔子像、金箔孔子像等。

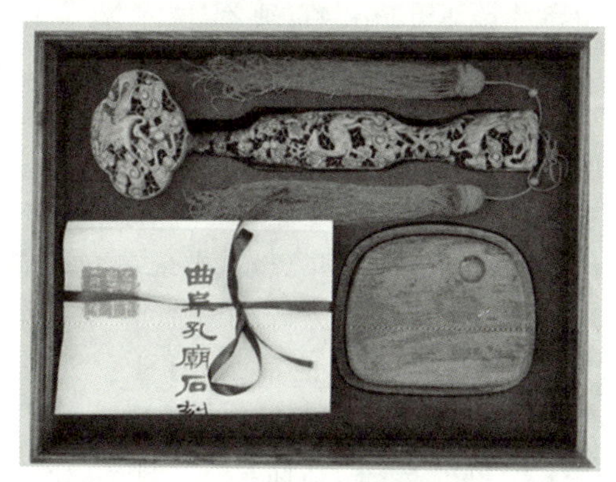

曲阜三宝(资料图)

《论语》是孔子及其创立的儒家学派的代表性著作,在中国两千多年的历史长河中发挥着举足轻重的作用,世有"半部《论语》治天下"之说。现在曲阜研制出仿真古装版、金版、竹简等多种版本《论语》。2004 年元月,在山东省首届旅游商品创新设计大赛上,由曲阜市选送的横版英汉对照版《论语》,因设计新颖、匠心独具、工艺精良并能很好地表现山东旅游特点,具有很高的欣赏和收藏价值,获得了评审委员会的一致好评,最终荣获本次大赛最高奖。

三、旅游城市建设

旅游业是曲阜最大的优势产业,曲阜市委、市政府提出了“旅游兴市”的发展战略,确定了“以旅游业为龙头”“大力发展开放型经济”的工作思路。经过多年的建设和发展,曲阜市旅游综合接待水平有了进一步提高,已经成为交通便利、环境优美、秩序良好、接待设施功能齐全的优秀旅游城市,“东方圣城”的形象日趋鲜明。在曲阜古色古香的街道徜徉,在瑰丽典雅的古代建筑中游览,感受孔子故里民风,探寻人文历史足迹,将是一次难忘的智慧之旅。

经过近 30 年的发展,曲阜旅游已经确立了当地经济发展中龙头和主导产业的地位,确立了在全省乃至全国旅游业中的重要地位。近十几年来,曲阜先后被评为“中国旅游景点四十佳”“中国 35 个王牌旅游城市”“中国首批优秀旅游城市”等,“一山一水一圣人”始终是山东省全省旅游的对外宣传口号。2014年,山东打响“孔子故乡、中国山东”的形象宣传标志,进一步明确了曲阜旅游在全省、全国旅游业中的地位。

1. 旅游设施不断完善,旅游的经济带动作用越来越明显

世界发达国家的旅游产业是从 1840 年开始,我国旅游产业的启动则是从 1978 年改革开放开始,到 20 世纪 90 年代末形成规模。从这一点来说,曲阜旅游可以说与全国的旅游发展同步。虽然曲阜在 1963 年就设立了国际旅行社曲阜支社,但这只作为民间外交的补充形式出现。1984 年,曲阜市委、市政府根据曲阜的资源优势提出了“旅贸工农型”经济发展的思路并成立了旅游局,举办了首届“孔子故里游”旅游节庆活动,全国最早的三星级饭店阙里宾舍也从那时开始投入建设。2002 年以后,杏坛宾馆、旅游宾馆、曲阜大酒店、邮政宾馆、裕隆大酒店、龙泉宾馆、国铁大酒店、曲阜金三孔、孔府西苑等酒店相继开业。2004 年“五一”黄金周过后,曲阜提出了十项重点工程,投入 8000 万元用于优化旅游环境,掀起了城市建设及优化旅游环境新高潮。

20 世纪 80 年代,曲阜每年接待国内外游客仅为 100 万左右;到 90 年代,这个数字得到大幅度增长;2002 年,曲阜共接待的国内外游客达 367 万;2016 年已增长至 1100 万。随着游客数量的大幅增长,旅游产业对于经济的带动效应也更加凸显。2016 年,曲阜的旅游消费总额共计 179 亿元,带动就业人口近 13 万,旅游及相关产业增加值占 GDP 的比重达 20%以上,旅游产业成为曲阜经济发展的主导产业和骨干支柱产业。

2. 旅游产品不断丰富，六大要素初步配套

20 世纪 90 年代以前，曲阜旅游产品只有孔子文化节，主要是仿古祭孔活动。90 年代以后，根据旅游市场的需求，曲阜逐步推出了“孔子家乡修学旅游”“孔子故里民俗旅游”“孔子故里美食旅游”“孔子故里过大年”“孔子故里书法碑刻旅游”“寻根朝敬旅游”“孔夫子之路”等旅游项目。尤其是 2004 年 9 月推出“孔子故里修学行”活动，已经成为中国旅游的一个知名产品，形成了很好的品牌优势，“孔夫子之路”已经被省旅游局列为对欧洲的促销主体。与济南、泰安共同开发的“山水圣人旅游线路”已经成为山东的两大黄金旅游线路；与青岛、淄博、泰安共同推出的“齐鲁文化旅游线”，与日照、临沂共同推出的“山海圣人游”，与泰安、徐州共同推出的“一山两汉三孔旅游线”等，也都逐渐形成规模，得到广大游客的认可。20 世纪 90 年代初，阙里宾舍推出了“阙里古乐舞”，六艺城推出了“孔子六艺乐舞”；2001 年，曲阜推出大型广场乐舞“杏坛圣梦”，孔子文化节则越办越好，影响越来越大，已经成为最能代表中国传统文化的国际旅游节庆活动；2004 年孔子诞辰 2555 周年之际，曲阜首次由市长进行“公祭”，在海内外影响极大；2005 年孔子诞辰 2556 周年之际，首次推出“世界孔庙联合祭孔”活动。通过这些旅游活动和产品，孔子文化内涵不断被挖掘利用，曲阜旅游特色不断得到强化和突出，在国际、国内旅游市场上的竞争力也不断增强。

在曲阜孔庙举行的青少年游学活动(摄影:郑姗姗)

3. 旅游资源得到整合，旅游框架初步形成

曲阜旅游资源十分丰富，但长期以来没有得到开发利用，过去的开发也几乎在比较盲目的状态下进行。最近几年，当地政府提出了"三孔、四山、两城"的旅游资源开发思路，把曲阜历史文化资源的开发重点明确地规划出来。围绕这个思路，国家森林公园石门山得到了很好的开发利用，"曲阜后花园"九仙山、孔子诞生地尼山开发工程启动，明故城项目已完成周长5300米的城墙的恢复建设任务，城墙内正建设"博物馆城"，黄帝城已进行了初步的规划设计。近年来，曲阜还进行了一些较大规模的旅游项目建设，如孔子六艺城、论语碑苑、孔子研究院、杏坛剧场等。

4. 旅游体制日益清晰，旅游机制更加灵活

20世纪80年代中期，为了发展旅游，在成立旅游局的同时，曲阜还成立了旅游发展总公司，并把原来与文物在一块的孔府饭店、国旅、外事车队分了出来，率先开始了旅游事业单位的企业化改革和承包式经营。1999年，组建了孔子旅游集团公司，并由该集团和深圳华侨城等几家企业发起设立了孔子国际旅游股份有限公司；2003年，曲阜市成立了"中共曲阜市委文物旅游工作委员会"；2004年年初，济宁市政府又批准设立"曲阜市文化遗产管理委员会"，为正县级事业单位，由党政办公室、文物保护部、市场经营部、旅游秩序部一室三部组成，旅游局、文物局作为政府两序列局，受文化遗产管理委员会领导。曲阜市文化遗产管理委员会的成立，标志着曲阜旅游文物体制的高度融合，更有利于今后的文物保护和旅游发展工作。曲阜市文化遗产管理委员会成立后，曲阜市提出了"文物安则全市安，旅游兴则全市兴，文物旅游和则全市和"这一响亮的口号，强调了"三孔"等文物安全和旅游发展在全市工作中的重要位置以及文物旅游工作和谐发展的重要性。

5. 旅游发展中的"曲阜模式"

曲阜在30多年的旅游探索中，不断摸索出适合本地的做法，形了旅游发展中的"曲阜模式"，吸引了国内外旅游专家和旅游界同仁的注目，他们纷纷来曲阜学习和探讨曲阜旅游发展的做法。主要体现在以下几个方面：

第一，不断地解放思想，更新观念。改革开放以来，曲阜市委、市政府连续几次在全市开展解放思想的大讨论，引导广大干部和群众正确地认识曲阜的优势，认识旅游业对曲阜经济的重要性，认清文物保护和旅游发展的辩证关系，并不断地把认识引导到支持旅游业、投身旅游业的实际行动中去。当前，曲阜坚持以旅游业为龙头，各行业统筹兼顾，和谐发展，努力把曲阜建设成为现代化历史文化名城、世界儒学研究中心、生态式旅游城市。全社会对旅游业给予了很大的热情和关注，应当说是几次思想大解放的结果。

第二，坚持政府主导，市场化、产业化并举。中国旅游业的发展是改革开放的结果。曲阜旅游业发展之初，就面临各项经济体制的改革难题。曲阜在把握旅游规划、行业管理服务、政策引导的原则下，把政府主导主要用在与旅游发展相关的基础设施建设、城市规划建设、整体形象宣传上面，先后提出"旅贸工农型""活商兴旅""以旅游为龙头"等旅游发展思路，实施了逐渐迁出古城、恢复保护开发古城、建设新城、连续 30 多年坚持办好孔子文化节、构筑起"三孔、两城、四山"旅游新框架等大的举措。在旅游饭店、旅行社、旅游交通、旅游景点建设等方面，则提出了"旅游抓联合"的市场化思路。到目前为止，几乎所有的旅游饭店、旅行社、新景点开发都是民间资本和外地企业或资金投入形成的，新一轮旅游基础设施建设的大量投资基本上全是外来资金。"不求所有，只求所在、所得"的观念，已能被社会接受，孔子旅游集团等几个大的旅游集团和旅游企业的成立，则拉开了旅游产业化的序幕，为今后的发展奠定了基础。

第三，坚持"保护第一，合理利用，永续发展"的方针。曲阜旅游的物质基础是丰富的地上地下文物，保护好这些珍贵的文化遗产是不可推卸的责任。在发展旅游的过程中，曲阜市的思路十分清醒：坚持科学发展观，坚持文物保护第一，在切实保护的前提下搞好合理利用，旅游业的发展不以牺牲文物安全为代价。2004 年 11 月，曲阜市因文物保护工作突出而获得"全国文物工作先进市"称号。2005 年 1 月，曲阜市提出了"文物安则曲阜安，旅游兴则曲阜兴，文物旅游和则全市和"的口号，一直坚持不断地克服各种困难和来自各方面的阻力、压力，在处理好文物保护和旅游利用的关系上下功夫，在旅游的开发上取得了显著的成效。

四、加快曲阜旅游业发展的措施

1. 政府政策支持

山东省近几年的旅游宣传口号，都说明了曲阜在山东旅游的重要位置。围绕孔子文化发展曲阜旅游，不仅是曲阜县级市的责任，也是山东省、济宁地级市的一项重要责任。

(1)山东省委、省政府高度重视旅游产业的发展。山东省在国民经济计划、旅游建设和长远规划上有政策、有投入、有目标，在一定阶段上给旅游业一些实际的政策支持。逐步增加每年的旅游发展基金，并且要集中用于解决影响旅游发展的关键环节中去。前几年山东省安排了 1000 万元的旅游发展基金用于支持曲阜明故城的修复建设，带动曲阜投入了 1 亿元完成了明故城墙的修复工程。

山东省类似的对曲阜的支持政策还有很多。如山东省结合文化和旅游，每

年组织一些宣传孔子文化的国外巡回展览和宣传；把对曲阜明故城的恢复改造列入山东省的城市规划和建设计划，每年安排一定的支持资金，促进旅游城区的建设步伐；借鉴法国埃菲尔铁塔、美国自由女神像的成功模式，在曲阜建设孔子大型塑像，使曲阜尽快成为名副其实的东方圣城，使曲阜的旅游形象更加突出。

(2)曲阜独特的孔孟文化旅游资源，也是济宁市旅游发展的龙头，曲阜旅游发展的水平直接影响到济宁旅游的发展。济宁市在实施"经济强市、文化名市、济兖邹曲组群结构大城市"建设发展战略中，提出着力构建"新曲阜、大曲阜"的观念，集全济宁市之力，将曲阜建设成为"世界历史文化名城、国际儒学研究与文化交流中心、国际旅游目的地城市"；将位于曲阜与邹城之间的曲阜新区建设成为"文化教育产业基地、高新技术研发创业基地、会展商务中心、组群结构大城市行政中心"；大力推进中华文化标志城的建设，促进曲阜旅游城市和旅游业的快速发展。

(3)曲阜市要跳出曲阜县级行政圈子，与济南、泰安、青岛等重点旅游城市组成"齐鲁文化旅游线""山水圣人旅游线"等旅游联合体，共同赴省外、海外开展宣传活动，以起到事半功倍的效果。要将旅游门票收入的绝大部分用于文物保护和旅游开发，不断加大旅游宣传促销力度，制定优惠政策，以吸引更多的游客来曲阜旅游。做好"五一""十一"黄金周工作和冬季旅游工作，切实解决黄金周期间景区超负荷火爆和冬季旅游过淡的问题。

2. 打造文化旅游城市

(1)搞好明故城内城市环境建设。①抓好门牌匾额和楹联的更新改造工作。对城区门牌匾额实行严格审批、统一规划、高标准改造，使门牌匾额和楹联成为曲阜的一大文化亮点。②规划、引导宾馆、饭店、商店、公共场所、娱乐场所等在建设、装饰装修中注重表现儒家文化特色和曲阜本地特色。

(2)通过深入挖掘丰富的文化资源，创新开发系列文化演绎产品，形成"一天一台大戏(大型广场乐舞杏坛圣梦)，一周一场仪式(明故城开城仪式)，一月一次祭祀(祭孔大典)，一年一度庆典(国际孔子文化节)"的"四个一"曲阜文化旅游新格局，积极打造品牌经典，将历史上鲁国古雅的文化氛围、恢宏大度的盛世气象艺术地再现在海内外游客面前。继续促进"杏坛圣梦"旅游演绎产品的完善提高，把该产品打造成全国乃至世界一流的城市文化、旅游文化演出。筹备组建孔子文化艺术团和孔子文化艺术学校，培养演绎人才。巩固"明故城开城和孔庙祭孔表演"项目，在每周六演出的基础上，逐步变成每天演出项目。

(3)开辟系列教育旅游项目。中国和全世界有巨大的教育旅游市场，曲阜是开展教育旅游的首选城市。要制定教育旅游规划，推出有吸引力、影响力的

教育旅游产品，带动教育旅游商品和教育产业的发展。每年举办孔子家乡修学旅游节，推出适合老年人、学生、管理人员的修学产品。充分利用我国在世界各地筹建上百所"孔子学院"的良好契机，争取在曲阜设立孔子学院总部，力促全世界2000多万的汉语学习者来曲阜修学旅游，在曲阜领取汉语考级证书，以促进曲阜修学旅游由观光型向学习深造型发展。

(4)坚持办好一年一度的孔子文化节，重点研究办节的市场化、特色化、产品化，使孔子文化节成为在国际上有影响力的旅游促销活动、孔子的纪念活动、大型的文化盛事、重要的招商活动、科技博览活动。继续实行政府公祭，并提高规格，邀请中央电视台现场直播，推出世界孔庙联合祭孔活动。

(5)抓好旅游相关产业的发展，尤其是抓好有特色的旅游工艺品、旅游商品开发，充分发挥曲阜旅游市场的优势，开辟具有规模效益的旅游商品交易会，带动旅游商品销售网络的建立，形成一批融生产、购物、观光于一体的传统手工业作坊群以及具有一定规模的旅游商品生产研发基地。

(6)加快博物馆建设，把曲阜办成独特的博物馆城。利用明故城墙内空间建设各种有文化品位、趣味性强的博物馆。2006年，建成了海外中国文物回归博物馆、毛泽东像章博物馆、科举制度—状元文化博物馆、孔孟之乡民俗博物馆等，明故城内博物馆基本完善。

3. 开展旅游软环境建设

(1)旅游软环境建设以"弘扬曲阜精神，构筑和谐圣城"为目标，以文明礼仪教育为重点，以优化旅游秩序为突破口。继续抓好旅游秩序的综合整治，重点抓好导游秩序、"三车"秩序、摊点秩序、停车秩序和交通秩序，严厉打击拉客导宿、高额回扣、欺诈游客等不法行为，坚持高压态势、坚持部门联动、坚持责任追究。重点解决孔林内摊点外迁的问题。规范管理好对旅游秩序和城市形象影响极大的300余辆三轮车和30多辆古马车，更换陈旧落后的出租车，引导选定几种车型作为主导车型。

(2)大力推进旅游标准化工作，推行《三孔名胜景区服务质量要求》等景区旅游服务标准。形成以"三孔名胜景区"为主，涵盖食、行、游、住、购、娱六大旅游服务要素，较为完善的旅游服务标准体系。加快旅游资源优势向经济优势转变，尽快把三孔景区乃至整个曲阜市打造成闻名中外的服务名牌景区和城市，使圣城曲阜的旅游标准化工作走在全省乃至全国的前列。

(3)加强对旅游从业人员的培训，尤其是进行诚信教育、文明礼仪教育、基本的技能教育、外语教育等。配合宣传部门和精神文明建设部门编选与旅游城市相关、与曲阜要求相符的教育读本，配合学校加强对孩子进行"诚信、儒雅、自强、创新"的曲阜精神教育，在城市形象宣传中注重文明礼仪和诚信旅游的宣传，经常开展礼仪教育的知识竞赛，定期开展评选星级导游员，十佳、百佳服务员的活动，营造浓郁的孔子人文环境氛围。

4.搞好旅游硬环境建设

旅游与城市规划建设和管理紧密联系，旅游开发和城市规划应严格按照《曲阜市明故城控制性详细规划》执行。旅游离不开城市，要突出强调旅游发展与城市目标的高度一致性，旅游发展要服从城市规划、配合城市建设、促进城市建设和发展。

(1)旅游综合游客中心建设。搬迁汽车站，改造成售票、交通、停车、导游、咨询、投诉、一日游为一体的面向全市乃至济宁的综合游客中心，改变旅游秩序中存在的一些根本性问题。该项目于2006年规划建设，2007年投入使用。

(2)明故城内改造工程。明故城恢复建设项目对名城的保护和旅游环境的改善至关重要，是最近几年城市规划建设和旅游项目建设的重点。

古泮池恢复建设。古泮池是中国最早的园林遗址，也是中国最早的官学遗址，文化价值很高，有很大的利用价值。通过欧亚城乡合作计划项目，将文昌祠修复作为试点工程。文昌祠的修复将促进周边环境的改善和古泮池、乾隆行宫的尽快修复建设，并借此对周围脏乱差的环境进行改造。

恢复孔氏故宅。对城区10多处有影响力的孔氏故宅有选择地进行恢复，重点先恢复十二府、五府、四府、二府、十府等重点府第，可改造成高档次仿古宾馆、文化展览中心等。

另外，结合城区内改造和规划，有计划地恢复部分古牌坊，铺设环城马道板路，以提高古城文化品位。限制机动车进入明故城内，对重要道路实行限时进入和停放，以解决停车场不足和城区乱停车问题。将新城孔子研究院、孔子六艺城等景点和一些建筑、绿地列入旅游线路，重新科学规划旅游线路。

5.全面整合旅游资源

长期坚持和落实"三孔、两城、四山"的旅游资源开发利用框架要求。完善石门山接待设施，丰富休闲旅游项目；加快九仙山农业观光建设步伐，全面提升"全国农业旅游示范点"的建设水平；启动尼山高端旅游大项目建设。突出以保护环境和水资源为目标的绿化工程，限制任何有环境污染、视觉污染的项目进区，围绕尼山水库农业开发建设"休闲渔业示范点"，推进日东高速公路通往尼山出口和道路建设。积极推进高端项目巨型孔子像的建设，借以提高曲阜旅游在国内外的影响力和吸引力，带动尼山尽快成为"第四孔"。

6.其他最新动态

(1)配合国家战略，推动文化资源"走出去"。全方位提升拓展对外文化交流平台，开拓多层次对外文化交流格局。依托孔子研究院等研究机构和高等院

校，建设世界儒学研究中心，组织和推动海内外学习、研究、传播孔子儒学活动，高水平办好国际孔子文化节。积极融入“一带一路”战略，加大与“丝绸之路”沿线国家的文化合作交流，发挥好孔子学院总部体验基地平台作用。参与实施“孔子走进东盟工程”，利用“海上丝绸之路”沿途国家的孔子学院，实施一批文化交流合作项目。

(2)推动“文物＋旅游”产业的融合发展。以文物资源提升旅游质量，促进文物与旅游资源整合、业态融合，大力发展参与式、体验式特色文化旅游，构建“东文西武、南水北佛、中古运河”的文化旅游发展格局，全力打造孔孟文化圣地之旅、始祖文化寻根之旅、运河之都体验之旅、水浒文学故地之旅、佛都文化禅修之旅。支持演艺进景区，重点打造祭孔乐舞等精品驻场和“非遗”项目展演，丰富旅游内容，延长游客逗留时间，拉伸产业链条。

第二节　江苏泰州

一、概述

泰州市是江苏省省辖市，地处江苏中部、长江北岸，江淮两水交汇于此，是长三角经济区 16 座中心城市之一。2013 年，泰州被增补为第 120 个国家历史文化名城。拥有 2100 多年建置史的泰州，素有“汉唐古郡，淮海名区”和“祥泰之州”“太平之州”的美誉；城区古遗迹众多，明代历史文化遗存尤为丰富，非物质文化遗产特色鲜明；古城格局和街巷肌理至今保存完整，新城与老城隔河相望，具有独特的“双水绕城”的空间形态和“水城一体，江淮交融，吴楚天合”的城市特点。独特的地理位置和深厚的历史积淀，形成了以三水文化、盐税文化、教育文化、佛教文化、建筑文化、戏曲文化和红色文化为主要特征的泰州文化。

虽历经风雨沧桑，泰州古城传统格局和历史风貌却保存完整，文物古迹和历史建筑集中成片。截至 2017 年，泰州有 7 处全国重点文物保护单位，29 处省级文物保护单位，291 处市、县级文物保护单位。由于地处吴头楚尾，文化具有多元的特色，集南北兼容并蓄于一身，泰州形成了江淮平原独具特色的地域文化风情，有 7 个项目入选国家级“非遗”名录，另有省级“非遗”项目 33 个，市级“非遗”项目 74 个。

二、城市规划与文化保护

历史名城保护工作不仅仅是保几个区、几条街、几幢房的问题。它实质上是对“名城”整体工作的一个全面的认识问题和工作的综合反映，涉及对城市规划建设、管理的方方面面，最终体现的是城市整体的素质、品位和文化。

泰州古城(资料图)

2013 年 7 月，泰州市第四轮城市总体规划修编工作正式启动，其中国家级历史文化名城的保护规划也是重要内容之一。通过对城市的总体规划，泰州城市扩展逐渐由组团城市发展为南北带状、西工东宿的总体格局，青年路、海陵路、鼓楼路城市中轴和“水城一体”布局形态依然存在。除高港庆元街历史地段，城市历史文化遗产主要集中于海陵区，包括历史城区和城中、五巷—涵西街、涵东街、渔行水村等历史文化街区。

泰州市在城市总体规划、名城保护规划和 4 个历史街区保护规划的框架下，认真执行《泰州市历史文化名城保护办法》，严格审批进入历史城区、历史文化街区、文保单位保护范围和建设控制地带的建设项目。在保护范围内除必要的基础设施和公共服务设施项目外，不再批准其他新建、扩建项目。

文化部门在对泰州文化名城及相关文物保护等方面做了大量工作。例如：全国重点文保单位泰州城隍庙、人民海军诞生地旧址、姜堰天目山遗址的申报成功；海军诞生地纪念馆的兴建；南山寺大雄宝殿、泰山行宫后殿、税东街明清住宅柏木楼和方阁楼、学政试院、海军诞生地旧址、高港雕花楼的修缮，兴化上池斋药店、泰兴朱东润故居的修复；等等。

城建部门在黄桥和溱潼两镇申报全国历史文化名镇时投入了许多精力。

例如，在城市建设中注重对历史文物的保护，搬迁了城隍庙中数十户居民，全面修复了城隍庙；在滨河绿地工程中，修整了古关帝庙和淮堤庵；园林部门对日涉园景点的恢复与西仓都天行宫修缮也做了大量很有成效的工作。

凤城河风景区管委会打造出望海楼、文会堂、清风阁、来凤楼、鱼壮园、陈庵等多个新的文化景点，对凤城河地区文化特色的保持和氛围的营造起到了重要作用。

另外，水利部门还在一条凤凰河上打造出了百凤晴云等16个景点，使这条河形成"十里凤河十里绿，十里文化十里景"。凤凰河上的百凤桥、鸾凤桥、莲花桥与架设在高港南官河上的腾龙桥，以及跨老通扬运河的福龙桥，已初步形成了泰州桥梁装饰的独特风格，为泰州"水乡锦绣地，中华龙凤城"增加了不少显性的艺术文化元素。

三、延续与改善古城区风貌

泰州把古城的保护与利用跟河道、城市的发展，城市的变迁结合起来。首先实施"显城露水"工程，梳理城市肌理，把历史城区分为了传统风貌区、风貌协调区和现代风貌区，各区域使用各自的主色调，以保持历史城区的协调统一。对历史城区内建设风貌、色彩不符的建筑，以及特别破败的地段进行修复整治或"镶牙式"改造，保护历史城区"水城一体、街河并行"的空间格局。

泰州望海楼(资料图)

泰州划定的历史城区范围，包括了泰州古代和近代历史上主要的城市建设成就，是泰州城区内能够集中体现泰州历史文化价值的区域，也是泰州历史文化名城保护的核心区域。内容为：保护历史城区“水城一体、十字相交主干道、街河并行、街巷排列有序”的城市格局；保护城河开敞空间，逐步恢复整治历史城区内玉带河、市河以及稻河、草河等，突出具有特色的城市传统形态特征；保护城市历史街巷，整治重要道路、水体的界面；保护历史城区中的城中、五巷—涵西街、涵东街历史文化街区的泰州传统风貌特色和传统文化；保护各级文物保护单位、不可移动文物、历史环境要素等历史文化要素。

泰州整合古城文化资源、优化古城产业结构、改善居民生活条件、提升古城的活力与品质，结合民俗精华、传统工艺、传统文化，展示泰州红色文化、戏曲文化、盐税文化、宗教文化、教育文化、节庆文化，打造出了全新的古城旅游线路。除此之外，充分利用已修缮的文保单位，辟为“非遗”展览馆、传习所、大师工作室等，开展丰富多彩的“非遗”展示、传承活动；还将以泰州博物馆建设为龙头，在中心城区开建各类专题博物馆。

古城区内有相当丰富的历史文化资源，但各项资源的内涵、资源结构、竞争力和吸引力是不一样的，因而有针对性、有区别性的战略选择是极其重要的。在现存的古迹文物中，最具泰州特色的是“双水绕城”的老城格局和一批成片古民居，它们承载着泰州城市发展的脉络，堪称海陵古城风貌的缩影，是泰州作为江苏省首批省级历史文化名城的核心内涵，也是研究泰州地方特色文化不可多得的一笔宝贵财富。现在五巷—涵西街等历史街区内，保存着众多风貌统一、代表泰州历代建筑特色的古民居、古水井、古树木，稻河和草河承载了历代泰州人的情感和记忆。根据《泰州旅游发展总体规划》要求，这些历史街区都被统一规划、整合起来，做了系统性的保护和管理。

现在，市区内有城中、五巷—涵西街、涵东街、渔行水村等几处历史文化街区，保护总面积达 20 余公顷。街区特色鲜明，展现了历史脉络、文明历程。

以涵东街为例，其功能定位为：具有明清传统风貌和独特历史文化特征的生活居住、休闲旅游综合功能区。具体的保护内容有：①保护“水—街—巷、弄—院落”空间格局肌理，保护涵东街、涵西街和徐家桥东巷、北瓦厂巷等“两街、八巷”历史街巷；②保护同泰典当行、王五房、许宅等不可移动文物以及陈厚耀旧宅等历史建筑；③保护草河、稻河历史河道和古井、古树、古桥及“敬惜字纸”窟、“泰山石敢当”碑、灯龛、烟囱等历史环境要素；④突出对“草河”“稻河”沿线漕运商业文化和居住文化的传承与保护，重点保护草河头“陆陈行”、同泰典当行等重要历史空间节点；⑤保护与传承民间传说、历史地名、老字号、传统商业门类、地方传统美食等非物质文化遗存。

相应的保护措施有：延续居住为主的街区性质不变，协调用地、整合资源，增设文化展览用地，疏散人口，鼓励原住民居留。整体保护草河、稻河、涵东街

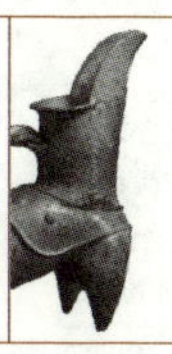

和涵西街沿街、涵东街片区、涵西街片区、草河头节点、同泰典当商业节点、多巷弄的总体空间格局，维持陈家桥街等传统街巷尺度、界面，修复原有的院落肌理。恢复历史空间场所；保护和恢复草河两岸河街风貌和沿河景观，保护沿草河为线型商业、内部为片状居住功能的特色风貌，严格控制沿河、沿街（巷、弄）建筑立面。整治修复同泰典当行、王五房、许宅等不可移动文物，历史建筑实行挂牌保护，不得擅自迁移和拆除，进行分类整治；对于传统民居，外观保持传统风貌，内部加固结构、完善功能布局及设施，提高居住质量。整治并降低草河现有堤岸，恢复部分自然驳岸，保护古桥与河道格局关系，整治古桥、古井和古树名木周边环境。恢复同泰典当行和“陆陈行”，展示草河手工业文化，利用草河头石碑宣扬草河漕运文化，维修传统民居，传承传统建筑文化。利用历史街巷和部分特色民居大宅展示传统民俗生活，对历史街巷名称悬挂统一制式铭牌；改善给排水、电力、电信、燃气、环卫、消防等基础市政设施，适当增加公共服务设施以改善当地居民生活并方便外来游客。

城中历史街区汇聚泰州历史上的地方名小吃、民俗风情，以及传统工艺、传统文化等非物质文化遗产。在大林桥南小街建设传统美食街，对传统特色小吃如税务桥烧饼、第一春茶馆、绍百兴茶馆等进行保护与传承，并作为旅游配套服务点。带有重要历史记忆的街巷路名，如矢巷、北阮巷、南阮巷、大林桥南小街、陈家桥西街、石人头巷等，将予以保留。结合规划与旅游，在重大节日如春节、元宵节、中秋节等，将在街区开展特色民俗活动，逐步将“城中”变成泰州民俗文化展示中心，使其成为具有独特文化景观的城市活力地带。泰州还整治改造了街区周边的现代建筑，包括五一路建设银行泰州分行、财富广场、泰州市退休人员管理中心、青年北路以及海陵北路等沿街建筑；更新财富广场及泰州市退休人员管理中心地块，作为街区旅游配套设施，使其建筑风格、体量、色彩以及材料选用与街区风貌相协调。

四、文化旅游开发

在改革开放 40 年中，几乎所有的历史文化名城都在积极地利用自身的各种资源来发展旅游业。单从经济效益上看，大多数是成功的。然而从文物保护的角度看，相当多的旅游景点和旅游项目都对当地的历史文化遗产造成了不同程度的破坏。客观来讲，把历史文化资源转化为旅游资源，服务于地区经济社会发展，本身没有任何问题。然而在旅游开发过程中存在的诸多不当策略与短视行为，使得当地的文化旅游既与该地的历史文化特色不相适应，更严重的是，对文物古迹造成的破坏大多难以挽回。与这些城市不同，泰州根据自身的历史文化底蕴，加上科学合理的旅游定位与策划，实现了旅游产业与遗产保护共存共荣。多年来打造的“水城慢生活”旅游，使泰州的文物古迹、历史街区和非物质文化遗产在得到保护和延续的同时，为地方经济和社会的进步提供了强大动力，实现了文化旅游与名城保护的协同共进。

慢生活旅游是近年来广泛兴起的一种旅游发展理念，它肇始于由意大利人佩特里尼所创立的慢餐运动，直接产生于“慢城运动”，现在也成为欧洲人的一种生活方式。当慢城运动的理念被“移植”到中国的时候，外延和内涵也得到了极大的丰富，成为方兴未艾的“慢生活”旅游。

泰州“慢生活”形成的原因有三：其一在于其历史上经济繁荣。盐业的发达、农业的发展、漕运的兴旺，使泰州成为商品交换的集散处、里下河地区通江达海的总门户、行商住贾的聚集地、南来北往的中心。在此背景下，古泰州人的休闲生活方式也日益增多。历史悠久的盐税文化、农耕文化已化为泰州地域文化母体中的一部分，成为泰州人“慢生活”的根本因子。其二在于特殊的自然环境。泰州主城区600多年无战事，特别是泰州一些老城区受战争创伤不大，百姓生活较为平静。加之泰州城历史上也只是一个袖珍城市，故而泰州城区人的安定感、安全感、确定感较强，缺少危机感。泰州区域没有高山、大河，有的只是小河、小街道、小巷子、小马路。几千年来，在这样的环境中逐步形成了泰州特有的“孤岛”文化——喜欢自娱自乐，不求大富大贵，甘于过慢悠悠、舒舒服服的生活。其三在于独特的慢文化。经济的富足与商业的繁荣使泰州人渐渐地风雅起来。泰州人不仅在物质生活上习惯于慢慢地尽情享受，而且渐渐爱上了音乐、戏剧、曲艺这些高雅艺术。人们对音乐、戏剧、曲艺的爱好，又促进了泰州音乐、戏剧、曲艺文化的发展与繁荣。

泰州围绕生态保护、地方特色、社会和谐等要素打造的“慢生活”旅游，既关注自然环境和原生态的山水美景与民居建筑风貌等“硬环境”，又十分注重民俗文化风情、特色旅游产品和饮食文化、淳朴诚信的民风等“软环境”。这对于历史文化名城的传统风貌特色的可持续保护与利用有不可估量的作用。

目前，泰州已经形成了“一河两馆三园”的特色景区，“一河”便是凤城河，“两馆”便是中国传统建筑风水文化博物馆、中国科举院试博物馆，“三园”便是纪念梅兰芳的梅园、纪念孔尚任的桃园、纪念柳敬亭的柳园，这三园被当地人称为“戏曲文化三家村”。围绕慢生活，泰州也形成了自己的春秋两旺的节庆活动格局。春天是中国水城水乡国际旅游节，囊括了凤城河桃花节、溱潼会船节、千岛菜花节等优势项目。其中，溱潼会船节还是全国十大民俗节庆活动之一。赛船结束后，还有一系列的演戏、酒会、送头篙等民俗活动。秋天是泰州湖蟹大会，主要举办金秋螃蟹美食月、兴化河蟹节、溱湖八鲜节、蟹黄汤包节、万人品蟹

宴等一系列活动，借美食来发展旅游。①

溱潼会船节(资料图)

泰州以独特的慢生活资源为基础，通过历史文化资源向旅游资源的有效转化，推进历史文化与"慢生活"旅游的完美嫁接，实现了对文化遗产资源的良性开发，水城慢生活也被成功打造为泰州市对外宣传的旅游品牌。借助不同的宣传平台，泰州市旅游业的知名度逐步提高，吸引了山东、河北、天津、重庆、成都等北方、中西部地区的游客。"水城慢生活"休闲游已由周边游产品升级入围全国性的华东游产品，成为江苏省新兴旅游城市中首家进入大华东市场的城市。在2012年首届"长三角最佳慢生活旅游名城"系列评选中，泰州以独特的"水城慢生活"品牌获得本次评选活动的最高奖——长三角最佳慢生活旅游名城特别奖，是长三角地区唯一一个获此殊荣的地级市。

五、水文化特色的保护与利用

"水城慢生活"既体现在"慢"，也体现在"水"。泰州城内水网密布，河湖面积占城区14%之多，由此形成了特色鲜明的水系：江淮交汇、落差天成，水系成网、河道贯通，河桥相映、绿树成景，构成了街河相依、水景相融、水城一体的特有风貌。

泰州因水而生，以海而名，古城傍水而立，与水紧密相依。泰州城池历史可上溯到汉初时期，至今保存着相对完整的古城格局。"城在水中，水在城中。"泰

① 参见沈仲亮：《泰州：力推"水城慢生活"》，2012年2月10日《中国旅游报》。

州古城经过漫长时间的发展，如今仍是城外“水绕城”——凤城河绕城流过；城内“水穿城”——市河、玉带河纵横在各街区。城外水网密布，宽阔的护城河以及草河、稻河、南官河、卤汀河、吴王沟、老东河等与古城相依相连。这些大小河流及伏龙桥、赵公桥、破桥、高桥等近百座桥梁蕴含大量的历史典故，成为古城文化的重要积淀。其中，凤城河是环绕泰州城的护城河，是江苏省内目前规模最大、保存最为完整的城市河道，有近千年的历史，也是中国能够保有古城河的为数不多的城市之一。

泰州在城市建设中凸显水城特色，延续水城风貌，把建设“碧水浮江城、灵气氲泰州”的水景交融的生态、宜居、宜游的美好泰州作为重要目标。在具体的实践中，泰州把城市防洪工程建设与改善水质、营造水环境结合起来，与打造城市景观、绿化美化城市结合起来，与挖掘文化旅游资源、提升城市品位结合起来。尤其是在泰州市水利局的相关规划中，对基于景观娱乐功能的城市河道作了重点规划，打造出富有泰州个性文化的水景观。在《泰州城市防洪及河道综合整治规划的总思路》中提出了“一横两竖三环碧水绕凤城”的主城区的水系平面概念设计，营造“碧水绿岸、亲近自然”的城市休闲活动空间，做到城在水中，水在城中，人在绿中，实现人水和谐。同时，设计了稻河、草河、凤凰河、南官河、老通扬运河 5 个滨河风光带及三环绿化带和 3 条水上旅游线。

需要指出的是，泰州在历史文化名城保护、文物保护的过程中也有过许多不尽如人意的地方。例如，泰州的府前路（即现在的五一路）是泰州最有历史文化价值的核心特色街区，却没有按照《泰州历史文化名城保护规划》中的五一路街道整治规划“沿街立面以传统民居的灰瓦、粉墙为主，色彩朴实”的要求进行整治，对路南侧的房屋造型改造存在一定的盲目性、随意性、破坏性。又如，现代城市建设缺少文化自觉，新的建筑物设计缺少文化内涵。但整体而言，特别是从 2009 年启动国家历史文化名城创建工作以来，泰州市积极统筹城市建设与文化遗产保护，注重文化建设，确立了“继承为发展所需，历史为现实所用，城市为百姓所建”的规划理念，对一些重要古迹进行了保护修缮，最终保存了“双水绕城”的历史风貌。

第三节　云南大理

一、概况

大理古城又名“叶榆城”“紫城”“中和镇”。现在的古城始建于明洪武十五年(1382 年)，古城外有条护城河，古城四周有城墙，东、西、南、北各设一门，均有城楼，四角还有角楼。

大理三塔(资料图)

现存的大理古城呈方形，有南北三条溪水作为天然屏障，城墙外层是砖砌的；城内由南到北横贯着 5 条大街，自西向东纵穿了 8 条街巷，整个城市呈棋盘式布局，素有“九街十八巷”之称。云南省首批重点文物保护的“世祖皇帝平云南碑”，就耸立在三月街街场上。在古城西北 1 公里处，就是被国务院列为全国第一批重点文物保护单位的“大理三塔”。位于大理古城南门外 1 公里处的文献楼，素有“古城第一门”之称，是大理古城的标志性建筑。

二、开发利用情况

改革开放后，大理古城经过几十年的发展逐渐成为大理市的旅游中心，其

商业、制造业和文化产业等也迅速发展，成为大理古城经济发展的有力支撑。富有特色的历史建筑、美丽的自然风光、丰富的文化遗产以及独特的民风民俗，每天吸引着大量的游客前来观光旅游，旅游业的发展盛极一时；各种民族饰品、风味小吃、名品茶花以及名贵的大理石，更是吸引了大量的顾客前来消费度假，商业的发展如火如荼；人口的增加、市场的扩大、丰富的经验以及娴熟的技术，使制造业成为大理古城的优势产业；典雅的氛围、优美的自然环境以及丰富的历史文化资源正在吸引着更多的学校在此落户。

大理古城对其历史文化遗产保护大体经历了三个阶段：

第一阶段是注重经济发展，忽视保护。改革开放以后一段时间内，古城政府将经济发展放在了首要位置。有些特色的历史建筑被高大宏伟的现代建筑取代，有些特有的地方物产或不可再生资源被低附加值地过度开发，而这种破坏是无法进行恢复的。

第二阶段是经济发展与保护并举。20 世纪末到 21 世纪初，古城政府开始大力发展地方特色旅游。国家实行“五一”和“十一”长假以后，大理古城的旅游呈现供需两旺的局面。无论是自然景观还是人文景观，都成了大理古城急需保护的资源。

第三阶段是注重保护，围绕保护来规划未来的经济发展。这是当前国家提倡也是古城政府需要认真开展的一项工作，其核心就是坚决地关停破坏环境的产业；对保护环境有负面影响的产业，要消除影响后才能继续生产。这样的保护力度很大，保护的效果也是标本兼治。同时，围绕保护来规划未来的经济发展也是一项工作重点。比如，在适宜发展第三产业的地方，就不开工建设大中型生产企业，以免重蹈破坏环境的覆辙。

现阶段，大理政府在文化遗产的保护方面积极地开展了一系列工作，主要体现在：

1. 组织建立了文化遗产局，积极健全文化遗产保护体制

2010 年，大理市积极借鉴其他城市对文化遗产保护的好的措施，建立专业的管理机构，即大理白族自治州文化遗产局，同时成立了大理、剑川以及巍山县市级文化遗产局，保证在文化保护方面有系统的管理。

2. 建立遗产名录

2004 年，大理对全州的文化遗产进行分地区的摸底调查，利用已有的工作成果跟调研成果，出版了《大理风景名胜大全》等一系列书籍，对大理文化遗产进行了系统、全面的记录。全面了解以及掌握全州的物质文化遗产以及非物质文化遗产，包括数量、分布情况、保护状况，为后续的修复以及保护工作提供基础性的资料。

3. 加强了大理文化遗产保护的法制建设

为了切实保护境内的文化遗产，大理积极强化法律建设，相继出台了《云南省风景名胜区管理条例》《云南省民族民间传统文化保护条例》《大理白族自治州大理风景名胜区管理条例》《云南省大理白族自治州大理历史文化名城保护条例》《云南省大理白族自治州洱海保护管理条例》《大理白族自治州大理苍山保护管理条例》等法律法规。这些地方性法规为文化遗产的保护提供了法律依据，界定了保护对象，明确了各级政府以及各个机构的保护责任，有利于大理文化遗产保护的法制建设。

4. 各级政府积极加强对文化遗产的维修、加固、修葺

大理市政府积极开展重要古建筑的修葺工作，先后修复了南段城墙、崇圣寺三塔，并重建了五华楼以及文献楼等。大理市的国家重点文物保护单位以及省级重点文物的维修率达到 90%以上。

5. 重视学术研究，积极培养专业人才

为了对文化遗产进行科学专业的保护，大理组织并培养了一支本土的专业人才队伍，从事文物的调研、审查、保护、管理和研究。同时，重视高等院校以及文化机构对大理历史及文化遗产的研究及保护工作，积极开展学术讨论会，出版大理古城方面的学术著作，对今后大理古城的研究起到十分重要的作用。

6. 将大理古城申报为世界文化遗产

将“苍山洱海”景观申报为世界文化、自然双遗产，将白族“绕三灵”申报为世界非物质文化遗产。通过申报遗产，促进对文化遗产的保护和管理以及发展传承。

7. 积极开展有关非物质文化遗产的展示活动

大理地区开展了三月街、大理非物质文化遗产摄影大赛、白族“绕三灵”等文化活动，促进了对民族文化遗产的展示、保护与弘扬，同时将大理扎染、剑川木雕等民族产业不断地发展壮大，民族文化得到更广泛的传播。

三、优势与存在的问题

大理古城的旅游资源品质极高，拥有诸多优势，如气候温和、环境宜居，境内有独特的白族文化，旅游资源丰富且具有立体化、多层次化，等等。当地政府近年来先后制定了《大理市城市总体规划》《大理历史文化名城保护规划》《大理古城控制性详规》等文件，对古城保护利用起到了很好的导向性作用。

大理古城(资料图)

大理古城具有很强的独特性、脆弱性和不可再生性,对它的保护与管理显得尤为重要。虽然大理地区已经以"文化遗产保护"的名义开展了很多的探索与实践,但在理念、思路、方法上依然不够成熟,再加上经费等诸多限制,依然存在很多的问题。主要体现在:

1.基本理论缺失,思想滞后

现代文化遗产保护理论起源于西方,中国对文化遗产的保护起步较晚,文化遗产理论体系依然处于初始探索阶段。由于大理地处边疆,文化的交流活动较少,在文化遗产的保护理念上相较于中国中部地区而言更加滞后、陈旧。因为理论的不足、观念的滞后,对文化遗产的保护尚处于单点保护层面,措施单一、方法落后,大部分是为了保护而保护。而当文化遗产的保护与社会经济的发展发生冲突时,往往舍弃文化遗产的保护,而去追求经济发展,文化遗产进一步遭到破坏。这充分地说明,缺乏科学的文化遗产保护策略以及保护规划,对遗产保护是一种毁灭式的打击。

2.以政府部门为主导、社会各阶层全面参与的保护机制还未形成

文化遗产保护是一项由全社会共同参与的事业,需要形成由国家和政府主导、全社会共同参与保护的机制。现阶段,大理州政府已经成立了各级文化遗产保护机构并开展各项保护工作,但与西方发达国家相比,尚没有发动全社会

的力量。由于对文化遗产保护的宣传与教育不到位，民众对文化遗产的保护意识不强，而非物质文化遗产也面临着后继无人的窘境。

3. 在遗产保护实践中屡次发生恶性事件，影响了大理古城的形象

由于理论滞后、宣传不到位、管理有漏洞等原因，大理在保护建设中发生了很多恶性的事件。如 214 国道穿越“龙首关”古城墙事件影响恶劣，给文化遗产带来毁灭性的打击，严重地影响了大理古城的形象。

4. 大理古城遗产保护的资金投入严重不足

没有一定的物质保障，遗产保护只能是纸上谈兵。但由于经济建设项目众多，政府财力有限，文化遗产保护的资金紧张；而大量的文物古迹和文保单位年久失修，维修的任务十分艰巨。

5. 非物质文化遗产流失

年轻人对传统技艺缺乏热情，很多传统技艺后继无人，处于濒临灭绝的境地。

上述问题的存在，对于大理文化遗产的保护以及历史文化名城的建设起到不同程度的阻碍作用，严重影响到大理古城保护的发展战略全局。

第三章　世界文化遗产

世界文化遗产是一项由联合国发起、联合国教育科学文化组织负责执行的国际公约建制，以保存对全世界人类都具有普遍性价值的自然或文化处所为目的。世界文化遗产是文化的保护与传承的最高等级，也是文物工作的重中之重。

第一节　安徽黟县西递村

西递古村落位于风光旖旎的黄山西南麓、黟县城东 8 公里处。该村始建于北宋皇佑年间，至今仍保存古朴典雅的明清民居 300 余幢，大量砖、木、石雕等艺术佳作点缀其间。西递以其“船形”完美的聚落形态、精妙的民居建筑、众多的祠堂牌坊、浓郁的古朴民风、悠远深邃的空间意象和底蕴深厚的徽州地域文化，构成了古村落独特的旅游观赏价值，因而有“中国明清民居博物馆”之美誉。2000 年 11 月 30 日，西递与宏村一起被正式列入“世界文化遗产”名录，是目前中国拥有的 50 处世界遗产项目中唯一的古村落型文化遗产。

一、西递传统村落利用概况

1. 发展旅游业

西递村的开发始于 20 世纪 80 年代初期，主要以发展旅游为主。此后，西递以其独特的文化景观和秀丽的山水风光吸引了越来越多的海内外游客，已经具备了一定的市场规模，形成了自己独特的品牌效应。大体上主要经历如下几个历程：

(1)萌芽阶段(1985～1994 年)：20 世纪 80 年代中期，当时还是农业小县的黟县，就以其深厚的旅游资源逐渐受到外界瞩目，当时的县委、县政府就试图把

西递(资料图)

旅游业作为一项经济事业来抓，决定开发本县境内的西递古村落，并成立由县委书记和县长挂帅的黟县旅游资源开发利用领导组，多方筹措资金，对西递部分典型古民居、古祠堂进行修缮，开始了在西递村的艰难创业。起初几年，西递村旅游经营状况不太好，直到 1989 年情况才有所转机。

(2)摸索阶段(1994～1998 年)：1994 年，经黟县旅游局批准，正式成立西递旅游服务公司。西递村在村党支部书记的带领下，成立了村办旅游公司，通过外出取经、宣传促销、挂靠旅行社等一系列灵活机动的经营方式，再加上文化界人士以及专家学者的宣传，使西递的知名度不断上升，旅游业逐渐走上正轨。

(3)发展阶段(1998 年至今)：针对黟县旅游业发展过程中的问题，县委、县政府及时组织全县开展了一场解放思想大讨论活动，统一了全县上下的思想认识，首次确定了旅游业在全县国民经济发展中的战略定位，提出了“大办旅游，办大旅游”的工作思路。该县成立了“黟县旅游经济领导组”，并于 1998 年年底作出了申报世界文化遗产的重大决策。2000 年年底，西递古村落被列为世界文化遗产后，声名远扬海内外，旅游业驶上飞速发展的快车道。[①] 据统计，2014 年全县共接待游客达 105 万人次，实现旅游门票收入 4000 万元。

2. 发展旅游配套商业

西递村在历史上本来就有着浓厚的商业传统，随着旅游业的崛起，利用村中

---

① 参见王燕华：《利益主体视角下的古村落旅游经营模式探讨》，北京第二外国语大学硕士学位论文，2008 年。

的历史建筑开展的商业配套活动也迅速发展。现在，西递村的商业设施已经没有古时老字号茶楼、油坊、铁匠铺之类的影子，几乎全都是因旅游发展而兴起的旅游商业空间，如饭馆、旅店、旅游纪念品商铺、特产店等等。其经营者大多是本地居民，基本上是个体私营性质，在获得政府的许可、取得经营许可证之后开展经营活动，自负盈亏。

3. 独特的经营模式

西递村的旅游市场开发主要是在“西递旅游开发公司”的主导下进行的，而该旅游公司实际上是在镇政府领导下的村办旅游公司，是属于集体性质的企业，村党支部书记兼任公司总经理。西递村“两委”与旅游公司是“一个机构、两块牌子”。其旅游门票收入除了上缴文保基金(用于村中传统建筑的修缮工作)之外，剩余部分按 1∶1 的比例在公司和村委会之间分配，村委会得到的部分在扣除日常开支部分外，全部按照人口和房屋面积分配给村民。因此，村民门票分红的收入也比较可观。

相对于一般景区而言，古村落旅游景区最大的特点就是当地居民的生活区与景区重合，这势必增加古村落旅游景区的管理难度。西递村自办旅游公司的发展模式不仅可以给村民带来收益分红，还可以有效地解决景区、村落管理问题。从利益关系协调方面来看，由村委会管理在一定程度上减少了家族内部、村民之间的矛盾纠纷。西递旅游公司是村办企业，直接从属于西递村委会。在日常管理中，旅游公司与村民之间的问题容易协调。同时，由于没有外来企业的介入，旅游经营大部分收益都留在本村，景区经营状况的好坏直接影响到居民的经济收益，因此，当地的旅游开发与经营活动以及日常管理与决策更能得到村民的支持和理解。

但是这种发展模式的弊端也是显而易见的。例如，景区经营带有浓厚的乡土气息，甚至是家族色彩。在人事安排、财务公开、发展规划等方面由少数人掌控，经营过程容易受到行政干扰。①

二、西递旅游开发 SWOT 分析②

1. 优势：保存完好的明清建筑群落

皖南地区堪称中国明清民居“博物馆”，仅黟县就保存明清民居建筑 3619

① 参见梁德阔、王邦虎：《世界遗产地西递、宏村经营管理体制探索(上)》，《合肥学院学报(社会科学版)》2005 年第 1 期。

② 参见杨新征、方春梅：《皖南乡村旅游开发的 SWOT 分析——以西递和宏村为例》，《乡镇经济》2008 年第 3 期。

余幢，其中西递村存有明清民居200余幢。这些古民居“布局之工，结构之巧，装饰之美，营造之精”，令人叹为观止。作为徽州文化的物质载体，明清居民建筑有极其深刻的文化内涵，其丰富的体型轮廓和朴素淡雅的建筑色调、规整的平面布局和紧凑通融的天井庭院、精致优美的雕刻装饰（木雕、砖雕、石雕）、古朴雅致的室内陈设，让人流连忘返。村落选址注重“天人合一”，与自然的和谐统一，充分体现了徽州建筑所遵循的风水原理；整体设计别具一格，不仅为村民生产、生活用水和消防用水提供了方便，而且调节了气温和环境，是徽派民居中的一颗明珠，具有很高的历史、文化、美学、建筑和科考等价值，堪称建筑史上一大奇观。

从单个建筑的白墙、青瓦、马头山墙、砖雕门楼等建筑元素，到村落内部整体上的中轴对称布局，从四水归堂的天井设计，到陈列于厅堂上的楹联、匾额，从门楼、门扇、梁枋、栏杆的雕刻，到盆景的设置、漏窗的设计，无不体现了徽州独特的封建伦理文化、宗法文化、风水文化及徽商文化。

2. 劣势：基础设施薄弱，乡村旅游活动内容单调

皖南古村落目前的旅游产品都只停留在较为低级的观光型产品上，参与性不足，游客在导游人员的带领下看看老房子，逛逛老巷子，进行走马观花似的游览。这种旅游方式与真正了解、领略徽文化相去甚远。徽州文化不仅包括独具特色的古建筑，还包括具有浓郁地方色彩的文艺、科技以及风情民俗等无形资源，但许多传统的民风民俗、传统手工艺等尚“养在深山人未识”。虽然有的古村落旅游开发注意了这一点，开展了一些民俗民风的旅游项目，如西递村的“抛绣球”和邀请接到绣球者登台“拜堂成亲”项目，有的农户在自家庭院展示徽州传统的系列农具等，但这些项目缺乏整体规划，存在形式粗糙、规模小、内容不丰等缺陷，未能成为有影响力的特色项目。古村落本身所独有的乡村文化内涵没有得到重视和挖掘，游客无法真正体会到世界遗产的历史文化和艺术价值。

古村落内住宿接待设施普遍落后，宾馆（饭店）数量少、级别低、设备简陋，农家餐馆、旅社较多，这虽然符合旅游者乐于体验农家生活的愿望，但住宿环境普遍存在设施简陋、卫生条件差、服务不规范现象。古村落一线服务人员如售票员、古民居接待户、工商户和导游人员的服务意识、服务水平、文化修养、业务素质、外语水平等方面还有待提高，特别是导游人员的服务质量尚需提高。以文化体验为主的旅游产品，要求导游人员有较高的文化素养，但目前古村落的导游人员文化水平普遍不高，自身对徽文化理解肤浅，讲解时普通话不标准，照本宣科现象普遍。

3. 机遇：国家提出发展乡村旅游的大背景

为推动乡村旅游，国家旅游局把2006年的旅游主题定为“2006中国乡村

游”,确定的宣传口号是“新农村、新旅游、新体验、新风尚”。2005 年 11 月 8 日“中国乡村旅游论坛”也选在黟县召开,众多国内国际旅游界的专家学者为乡村旅游的发展献计献策。西递可以此为契机,依托有地方特色的古村落,更好地宣传自己悠久的传统文化、优美的田园风光、精巧的古代建筑与淳朴的民俗风情,把黟县“中国乡村旅游第一县”的牌子打出去。

4. 威胁:旅游发展带来的文物破坏

据调查,当地有 70%的古村落常住居民不满足现有的居住条件,对原住宅改、扩建的愿望日趋强烈。少数居民缺乏保护意识,改、扩建建筑或采用新材料、或采取现代风格、或改变原有结构;少数古民居改变用途,破墙开窗用作旅游商业用房,破坏古村落原有风貌。随着古民居、古村落旅游开发的逐渐升温,前来参观游览的人数日益增加,古民居、古村落的宁静被打破,垃圾与污水排放量逐年上升。2001 年,垃圾排放量、污水排放量分别达到 515 吨、35 万吨。九成以上的服务设施(饭店、旅馆)集中在旅游景区内,严重污染地下水,致使旅游景区内的水井(40 余眼)已不能使用。同时,游客的践踏、触摸等行为给古民居建筑等文物造成破坏,如游客量超载使得青石板出现松动现象,有的甚至出现断裂,致使户主每年都要维修 1～2 次;游客的触摸行为加速了古建构件和古楹联金粉脱落、外表光泽黯淡等的进程。

三、后续发展建议

1. 寻找乡村旅游的增长点①

修学旅游:西递具有多方面的文化价值,对于一大批专家学者进行修学旅游具有极强的吸引力。应创造条件和机会,吸引他们前来考古、写作、摄影、写生以及进行高层次的科学研究等。同时,可以与高校的美术、建筑、摄影、旅游、地理等专业进行合作,挂牌建立实习基地,这样能够吸引一批稳定且时间跨度较长的学生客源;另外,还应考虑与影视界进一步加强合作,以更好地宣传西递。

乡村度假旅游:随着人们经济收入的提高和带薪假期的增加,越来越多的人会选择到乡村度假。发展西递古村落度假旅游,可以很好地将乡村旅游与文化旅游紧密结合起来,使游人在领略风景如画的田园风光中体味历史淀积下来的传统文化,同时带来可观的经济效益。乡村度假旅游需以家庭旅馆业(民宿)为基础。我国家庭旅馆业的兴起是最近几年的事情。作为一个新生事物,家庭

① 参见卢松、陆林、凌善金:《世界文化遗产西递、宏村旅游资源开发的初步研究》,《安徽师范大学学报(自然科学版)》2003 年第 3 期。

旅馆在带动地方经济方面产生了明显的效果，但也带来了许多问题，如过多发展给乡村的生态环境带来巨大压力。对于西递家庭旅馆发展，当地政府一定要抱谨慎态度，加强管理、严格审批。一是严格限制旅馆个数及床位数；二是对旅馆的生活排污实行严格控制；三是加强对家庭旅馆日常经营的监督，为游客营造一个卫生、安全、舒适的居住环境。

康体旅游：在未来的旅游业中，康体旅游所占的比重将会逐渐上升。西递区位条件优越，山清水秀，气候适宜，无噪音污染，环境优雅静谧，地表水为Ⅱ类水。除此之外，当地还拥有丰富的中草药资源。据调查，黟县境内有野生中草药近 300 种。因此，可结合中草药的开发，聘请专业水平较高的中医，选择合适的缓冲区域，将西递建设成集休闲、娱乐、健身于一体的旅游胜地。

2. 进一步规范和完善开发管理方式

加强历史文化遗产的保护和景区管理工作，不断提升古村落旅游地形象，保持皖南古村落遗产的真实性和完整性。在可持续发展思想指导下，制定科学严格的古村落保护规划，所有的开发活动必须置于保护规划的框架之内。应重点加强古村落历史环境保护、古建筑修缮、白蚁防治、火灾隐患的消除、村民新区的建设等工作。同时，加强对开放民居的督促和管理，使得室内陈设井然有序，扩大可游览空间。

建立当地村民和地方政府的良性互动机制。在古村落旅游发展中，地方政府和当地村民建立良性的互动机制十分重要。地方政府在保证旅游投资者一定经济效益的同时，更要强调社区村民的参与，给他们带来经济利益，解决当地村民就业问题，培养其从事旅游业的一些基本技能，提高村民的素质，使他们能以更积极的态度参与古村落保护，从而确保旅游的可持续发展。

丰富和深化乡村旅游产品，突出徽州文化特色。徽州文化是皖南古村落乡村旅游的灵魂所在，因此在旅游开发时必须要突出徽州文化内涵，设计一些易识解、易感受、易参与的文化旅游产品，如可进一步挖掘、整理古徽州的民间礼俗、民间工艺、民间婚俗、民间歌舞等社会风俗；开发包括徽州菜、茶文化在内的古徽州饮食文化，组织游客参与徽菜烹饪；边品味徽州名茶，边欣赏古徽州茶道表演；开发古徽州的服饰文化，仿制明、清、民国各个时期的服装，不定期举办古服饰展，以吸引游客着装留影和购买。通过亲身参与，使旅游者在放松身心的同时，尽情体验民俗风情的无穷魅力，感受另一种古朴自然的乡村文化。

完善古村落开发机制。对传统村镇的规划与开发应推行社会化和市场化操作，确立一套行之有效的行政管理体系、公众参与体系、监督体系和资金保障体系。在此过程中，当地居民应成为规划与开发的重要力量。目前，不少村落居民对规划和开发的关心主要体现在对自己的宅基地及其环境的未来命运上，而没有实际参与到古村落的规划和开发工作中去。应吸收社区居民参加遗产评估与规划组织，同时需要成立保护古村落文化遗产的民间组织，鼓励当地居民参与当地旅游，提高其保护遗产的积极性。①

第二节　澳门历史城区

一、概况

澳门历史城区位于本岛中部及南部，是澳门历史和文化的心脏地带，由 22 座位于澳门半岛的建筑物和相邻的 8 块前地所组成，具体包括：妈阁庙、港务局大楼、郑家大屋、圣老楞佐教堂、圣若瑟修院及圣堂、岗顶剧院、何东图书馆、圣奥斯定教堂、民政总署大楼、三街会馆（关帝庙）、仁慈堂大楼、大堂（主教座堂）、卢家大屋、玫瑰堂、大三巴牌坊、哪吒庙、旧城墙遗址、大炮台、圣安多尼教堂、东方基金会会址、基督教坟场、东望洋炮台共 22 座建筑物，以及妈阁庙前地、亚婆井前地、岗顶前地、议事亭前地、大堂前地、板樟堂前地、耶稣会纪念广场、白鸽巢前地共 8 个广场空间。2005 年 7 月 15 日，在第 29 届联合国教科文组织世界遗产委员会的会议上，中国“澳门历史城区”被正式列入《世界文化遗产名录》，为中国第 31 处世界遗产。

澳门历史城区是中国境内现存年代最古老、规模最大、保存最完整和最集中的东西方风格共存建筑群，其中包括中国最古老的教堂遗址和修道院、最古老的基督教坟场、最古老的西式炮台建筑群、第一座西式剧院、第一座现代化灯塔和第一所西式大学等。作为欧洲国家在东亚建立的第一个领地，城区见证了澳门 400 多年来中华文化与西方文化互相交流、多元共存的历史。正因为中西文化共融的缘故，城区大部分建筑都具有中西合璧的特色。城区内的建筑大部分至今仍完好地保存或保持着原有的功能。

世界遗产委员会对澳门历史城区的评价是“见证了西方宗教文化在中国以至远东地区的发展，也见证了向西方传播中国民间宗教的历史渊源”，“是中国现存最古老的西式建筑遗产，是东西方建筑艺术的综合体现”。由此可见，澳门历史城区是中国境内接触近代西方器物与文化最早、最多、最重要的地方，同时是近代西方建筑传入中国的第一站。正如时任澳门特别行政区行政长官何厚

① 参见朱桃杏、陆林：《传统村镇旅游规划与开发模式探讨——以黟县西递古村落为例》，《石家庄铁道学院学报》2007 年第 3 期。

澳门历史城区的标志性建筑——大三巴牌坊(圣保禄大教堂遗址)(资料图)

锋在申请成功后发表的即时书面讲话中指出的,"澳门特区从此列入联合国教科文组织世遗名录,意义重大深远"。

二、开发利用情况

澳门历史城区中的建筑,有西式的教堂,有中国传统的庙宇,这类建筑至今仍保留其原来作用,而一些剧院或大宅建筑也经过修葺后,逐步开放为表演场所及展览场地,其他建筑物则改建为博物馆、图书馆,或作为政府部门的办公地点。

2010 年,澳门文化局的行政架构中新增了文化创意产业促进厅,负责促进及发展澳门的文化创意产业。这样,联合负责统筹、资助、举办文化活动的文化活动厅,文化局三个厅级部门进行了职能分工,使对澳门"世遗"历史城区的保护、开发与利用得以按特区政府的政策展开。

对于大三巴旁边的大三巴哪吒庙及旧城墙遗址附近的茨林围,政府则与大三巴哪吒庙值理会合作,建造有关哪吒庆典的展馆,并对茨林围的公共空间进行改善,以营建合适的参观环境,将有关哪吒的庆典活动、民俗文化、历史向公众展示。政府亦计划在大三巴附近的恋爱巷,利用旧建筑物建造一所有关传统

澳门历史城区的代表街区——喷水池(资料图)

婚礼习俗的展示馆,并与何族宗亲会合作,修葺具有阿拉伯风格的宗亲会建筑物,将这座新古典主义建筑改建为小型电影播映中心,以推动电影文化的发展。

位于大三巴前的耶稣会纪念广场于2011年开设了澳门创意馆,展示及售卖澳门原创文化创意产品,利用临近"世遗"建筑的地理位置,向各地游客推介澳门的创意产品,为发展澳门的创意产业开路。

从开发与利用的角度来规划,2010年特区政府提出将大三巴作为"世遗"核心区的中心,向东至东望洋山为东轴线,向西至沙梨头内港一带为西轴线,向南至议事亭前地为南轴线,三条轴线形成"三片叶子"的整治规划构想。通过该规划,将集中于大三巴的旅游影响力辐射到其他城区,并将两块各自独立的"世遗"城区连贯在一起。

2011年9月,文化局提出了将澳门打造成"露天博物馆"的构想。利用各区具有历史文化特色的建筑物,或改建为纪念馆、展示馆,或作为文化设施,增加旅游观光吸引点,以此吸引观光客源。

澳门于2014年5月开展了对不动产类文化遗产的普查工作,当中不少未被评定但具文化价值的不动产均位于澳门历史城区及其缓冲区的内部或周边相邻区域。对于那些待评定的不动产,亦将进行公开咨询,征求市民的意见,并将符合评定标准的不动产列为法定保护的文化遗产。

三、经验总结

澳门将历史文化遗产保护与开发放在城市经济社会发展的突出地位，坚持挖掘内涵、活化利用，提出了澳门历史城区保护与利用的“五个标准”：

(1)澳门历史城区仍是一个活的城区，依然保持及延续了大部分原有面貌和功能，当中既有见证着城区 400 年发展演变的特色城市肌理，也有体现中西文化共融以及人工环境与自然相结合而形成的街道风貌，同时本地独特的传统和风俗习惯亦因城区而得以保存及延续，生生不息。

(2)澳门历史城区是中国现存最古老的西式建筑遗产，是东西方建筑艺术的综合体现。

(3)澳门历史城区见证了西方宗教文化在中国乃至远东地区的发展，也见证了向西方传播中国民间宗教的历史渊源。

(4)澳门历史城区是中西文化多元共存的独特反映，是中国历史城市中极具特色的组合。

(5)澳门历史城区是中西生活小区有序的组合，从历史到今天，都与居民的生活习俗、文化传统密不可分。

在此基础上，取得了许多值得借鉴的经验，可以概括为“八个注重”[①]：

(1)注重历史文化遗产保护与开发的政府资金投入。澳门每年度均有专项资金投入历史文化遗产保护与开发领域。据统计，仅 2007 年，特区政府用于文化及宗教方面的支出达 12 亿澳门元，占政府公共支出的 6.5%。值得一提的是，澳门对具有重要价值的文化遗产保护投入巨大。例如，澳门特区政府在 2008 年就按《文物保护法》的有关规定，以 1.75 亿澳门元购入原东方基金会拥有的荷兰园大马路系列建筑群。政府的资金投入为澳门历史文化遗产的保护和开发提供了持续、有力的经济保障。

(2)注重历史文化遗产保护与开发的设施建设。澳门注重历史文化遗产保护与开发的设施建设，突出体现在博物馆的建设和维护方面。澳门有“博物馆之城”的美誉，既有综合性博物馆，如澳门博物馆，也有多所专题博物馆，如大赛车博物馆、葡萄酒博物馆、海事博物馆、澳门艺术博物馆等。众多博物馆设备先进、环境一流，集展示、体验等功能于一体，有力地促进了澳门历史文化遗产的保护与开发。

---

① 赵峥：《城市历史文化遗产保护和开发研究——以澳门为例》，《城市》2009 年第 9 期。

(3)注重历史文化遗产保护与开发的机构建设。澳门特区设立有专门负责文化事务行政管理的部门——文化局,该局明确提出了"传承优秀文化,保护文化遗产,推广艺术教育,提升人文精神"的使命并履行历史文化遗产保护与开发的职能。同时,澳门城市规划部门、投资贸易促进部门、文化管理部门以及旅游部门也都具有历史文化遗产保护与开发的相关职能,为澳门历史文化遗产保护与开发提供了有力的组织保障。

(4)注重历史文化遗产保护与开发的法制建设。澳门较早地制定了《文化遗产保护法》,从法律上对历史文化遗产的保护与开发作出相应的规定。在非物质文化遗产方面,尽管澳门起步较晚,但也结合实际情况及时制定了《澳门非物质文化遗产申报评定暂行办法》。该《办法》共有 19 条项目,包括具体评审标准、评审制度、申报者应当制定的具体保护计划等等,将澳门非物质文化遗产的保护与开发工作从一开始就纳入法治轨道。

(5)注重历史文化遗产保护与开发的互联网平台建设。澳门特区政府相关部门(文化局、旅游局、新闻局等)官方网站及文化遗产专业网站(如澳门文物网等)大多主题鲜明、更新及时、信息全面、功能丰富,能够使游客方便快捷地了解澳门历史文化遗产的历史、现状和最新动态,为投资者、旅游者和本地居民提供高质量的信息服务。

德成按(资料图)

(6)注重历史文化遗产保护与开发的模式创新。这方面最有代表性的例子是上海世博会城市最佳实践区实物建设案例:澳门历史建筑物修复与利用——德成按。这个案例较好地实践了百年老当铺这种具有中华文化符号特征的历史文化遗产被保护、修复、利用的模式,在很多方面有所创新,比如私人物业由政府出资修复、民间协会策划利用方案、企业实施管理,使其依靠自身经营得以延续,

从而更好地发挥其典当展示和文化遗产的功能。

(7)注重历史文化遗产保护与开发的“缓冲区”设置。澳门按照小城的地理特征、海岸线以及街道网络的整体分布，明确提出设置历史城区缓冲区特定区域。目前缓冲区分为两个区域：第一缓冲区由澳门妈阁庙开始，把原来的港口与城市中心连接起来；第二缓冲区则以东望洋山为中心，东起海边马路，西至东望洋街，南起加思栏马路，北至士多纽拜斯大马路。缓冲区的设置在很大程度上促进了澳门历史城区格局的完整与环境风貌的和谐，对澳门历史文化遗产起到了特别保护作用。

(8)注重历史文化遗产保护与开发的公众教育。澳门通过电视、广播、报纸、网络等媒体不断向公众宣传有关历史文化遗产的知识，进行市民文化教育，并根据自身的特色，不断培养公众参与的兴趣。同时，澳门文化遗产保护与开发过程中的重大决策均有公众咨询程序，这对于提升本地居民对澳门文化的认同感也发挥了重要作用。

四、澳门历史文化遗产保护和开发存在的主要问题①

1.建设性破坏问题

东西方文化交融、浓郁的南欧小镇风情等是澳门城市文化的突出特色，但是，澳门和其他许多城市一样，面临城市发展的压力。近年来，澳门博彩业蓬勃发展，许多赌场酒店的大型建筑气魄大、投入大，过多强调现代性和时代感，但建筑语言的文化内涵不鲜明，与城市整体风貌不协调，能够凸显澳门城市文化品位和地方特色的不多，令城市景观发生很大变化，破坏了原有和谐的视觉空间。城市建设的整体观感显得比较零乱，致使澳门的许多特有文化风貌逐渐消退，淡化了城市的文化韵味，破坏了澳门中西合璧的城市风格。

2.城市环境恶化问题

历史文化遗产的保护与开发需要良好的环境保障。澳门历史文化遗产集中的半岛地区人口密度高，绿化率低，噪声污染严重，环境问题突出。例如，统计资料显示，澳门总面积仅 32.8 平方公里，其中半岛只有 9.3 平方公里，人口却有 63.62 万(2014 年)，合每平方公里 2 万人，比东京的人口密度还高；澳门各种车辆的保有数在逐年增长，2013 年车辆总数已达 22 万辆，平均每 3 人就拥有 1 辆车，而在行驶车辆中，尤其以轻型汽车和电单车居多，环保便捷的单车很少。澳门面积狭小，这样的车辆行驶状况必然造成交通混乱、噪音巨大、空气污染等

① 参见赵峥：《城市历史文化遗产保护和开发研究——以澳门为例》，《城市》2009 年第 9 期。

情况，对历史文化遗产的保护与开发产生不利影响。

3.产业结构制约问题

旅游业是澳门的主导产业，博彩旅游业又是旅游业中的支柱行业。近十年来，澳门旅游业实现澳门地区生产总值的1/4左右，旅游业税收大约占政府财政收入的四成，这其中绝大部分均靠博彩旅游业创造。但是，在博彩旅游业带动澳门经济迅速发展的同时，我们也应该看到，对澳门文化遗产的开发远远不够，紧密围绕文化遗产的节庆、民俗、宗教、休闲等文化主题旅游业发展相对滞后，能够体现现代经济特征、发挥澳门历史文化优势、具有高附加值的创意产业还相对薄弱。

4.民间参与不足问题

主要表现在两个方面：一是历史文化遗产保护与开发的投资主体基本是政府，与历史文化遗产保护有关的部门如图书馆、博物馆等，其日常运作需要政府提供大量补贴，历史文化遗产保护与开发缺乏多元化投融资体制，长期依靠政府补贴将出现未来发展后劲不足、成长壮大乏力的问题。二是相关企业资本不足。数据显示，澳门近年来在文化、体育活动及其他服务行业中新组成的公司数目在增加，但平均资本额却在减少，整体上中小企业多、资本量少，缺乏具有竞争力的大企业、大集团。

5.人才资源匮乏问题

澳门从业人员总体受教育水平偏低。数据显示，近年来澳门从业人员受教育程度虽逐年增加，但总的来看依然较低。截至2013年第三季度，澳门从业人员中中高等教育程度人数仅为总从业人员数的1/5，一半左右的从业人员只有初中及以下文化程度；教师、护理、信息科技、酒店会展的人才储备与需求之间的缺口高达三成或以上，反映出人才紧缺的严峻情况，制约了历史文化遗产保护和开发水平的提升。

第三节　世界文化遗产利用中的经验与教训

在当今全球化、城市化、工业化、市场化的时代背景下，如果没有妥善地把握世界遗产保护与利用的关系，过于看重经济效益，世界遗产地难免会被过度开发利用，从而遭受破坏的厄运。

首先，要防范对世界遗产进行过度旅游开发。旅游开发对于世界遗产的影响已经为全球所关注。游客过多，超出其接待容量，不仅会增加对遗产地造成直接损伤的可能性，人在活动中所产生的废气还会使遗产地整体的温度、湿度

等发生变化，密集的人流对生态环境也会产生很大的影响，这会给世界遗产地造成极大的破坏。

其次，要注重保持世界遗产的整体性。世界遗产不是独立存在的，它与周边环境形成的是和谐共生的整体关系。无论是生态环境、生存状态、文化氛围、风俗人情等等，都形成了完美的整体性。整体性一旦被破坏，对遗产地的影响将是致命的。

最后，盲目修复也是一种破坏行为。如果对世界遗产的修复不遵照历史的事实，不遵循“修旧如旧”的原则，那么盲目地修复就成了另一种破坏行为。以长城修复为例，有的残存部分在修复时被拆除掉，有的被白灰粉刷一新，还有的被生搬硬套地重建造了一段新的长城。这种修复无疑是切断了长城的历史文脉，破坏了世界遗产的整体性。

在世界文化遗产的案例中，德国德累斯顿易北河谷在开发中的教训值得我们充分汲取。

易北河谷(资料图)

德累斯顿市易北河谷为易北河流域的一部分，是文化地理景观的名称，包含了文化与自然的景观。德累斯顿的易北河谷长 18 公里，宽度在 500 米至 3 公里之间，总面积为 19.3 平方公里。顺着易北河从西岸至东岸，有宇毕高皇宫、德累斯顿展览场、国际会议中心、易北河前岸老城、易北河乡村地景、普鲁士

区公园、阿尔伯特堡皇宫与罗马浴池、马克斯·普朗克协会分子生物与遗传研究中心等景观。易北河谷集地理及人文景观于一身，其宫殿建筑是巴洛克风格建筑与19世纪平民建筑的完美结合，堪称德国宫殿艺术的代表。2004年，德国德累斯顿易北河谷被列入世界遗产名录。然而5年后的2009年，在西班牙塞维利亚召开的第33届世界遗产大会上，德累斯顿易北河谷却被从《世界遗产名录》上除名，这一消息轰动一时。这是第一例世界文化遗产被除名的事件。

易北河谷景观被除名的直接原因，在于德累斯顿市在易北河的拐弯处建了一座“森林宫殿大桥”。

在此桥开建之前，当地民众就分成了观点对立的两派。赞成方认为，在此建桥有助于改善城内交通拥堵状况；反对方则认为，建桥破坏了以河岸草地为主要特征的自然风光，并且有碍两边开阔的视野。2005年2月，市民公决结果显示，近68%的德累斯顿市民赞成建桥，反对方无论上诉还是呼吁，都未奏效。大桥于2007年11月开建。联合国教科文组织世界遗产委员会曾要求德市停止建桥，并考虑以地下隧道取而代之，但是有关方面以“民意难违”“法律不可抗”为由不予合作。最终，联合国教科文组织只好“挥泪斩马谡”，将其从《世界文化遗产名录》中除名。

易北河谷被取消世界遗产的后遗症显而易见。首先，德国作为世界文化大国的声誉严重受损。也正因为如此，曾有诺贝尔文学奖得主君特·格拉斯等人公开呼吁德国总理对此实施干预。其次，这会给当地旅游产业带来消极影响。最后，德累斯顿本可得到的一大笔遗产保护费也会付诸东流。

因此，在世界文化遗产的利用上尤其要强调“保护是利用的基础”这个原则。对世界遗产的利用给人类社会带来的益处显而易见，但是利用一定要建立在保护的基础之上，没有保护这个重要的前提，利用只能是短暂的昙花一现。

第一，要完善法律制度，建立完备的世界遗产保护法律制度。世界遗产的保护不是一朝一夕的事情，也不是一个地区一个部门的事情。保护世界遗产更需要建立系统的、全面的保护体系，需要健全的法律制度为基础。

第二，要加强全民意识。普及有关保护世界遗产的科学性和必要性的知识，加大宣传力度。保护世界遗产需要全体民众的参与精神和监督意识，需要培养民众良好的自觉性。

第三，要加强科学规划。世界遗产地需要进行科学的规划。特别是我国的很多遗产地分布于我国的西部欠发达地区，那里处于待开发状态，生态资源和文化资源保存相对完整，但比较脆弱，在进行开发利用时一定要注意科学规划，避免对其真实性和完整性造成破坏，使其可以永续利用。

第四章　古建筑

古建筑是指具有历史意义的中华人民共和国成立之前的民用建筑和公共建筑。我国的古建筑具有丰富的文化内涵，是中华民族深厚的文化沉淀的载体，具有稀缺性和不可再生性的特征，需要我们用科学和发展的视角对其进行继承和保护。

第一节　徽州古建筑群

一、概况

徽州建筑又称“徽派建筑”，是汉族传统建筑最重要的流派之一。徽派建筑作为徽文化的重要组成部分，历来为中外建筑大师所推崇。徽派建筑并不等同于安徽建筑，这种建筑样式主要流行于徽州六县与严州大部以及周边徽语区（如安徽旌德、石台，江西浮梁、德兴等）。以砖、木、石为原料，以木构架为主；梁架多用料硕大，且注重装饰，还广泛采用砖、木、石雕，表现出高超的装饰艺术水平。徽派建筑与其地区汉族传统民居都有共同的特点：聚族而居，坐北朝南，注重内采光；以木梁承重，以砖、石、土砌护墙；以堂屋为中心，以雕梁画栋和装饰屋顶、檐口见长。徽派建筑风格独特，结构严谨，雕镂精湛，不论是村镇规划构思，还是平面及空间处理、建筑雕刻艺术的综合运用都充分体现了鲜明的地方特色；尤以民居、祠堂和牌坊最为典型，被誉为徽州“古建三绝”，为中外建筑界所重视和叹服。

徽州古城坐落于国家历史文化名城歙县，与山西平遥、四川阆中、云南丽江并称“中国四大古城”。它始建于秦朝，自唐代以来，一直是徽郡、州、府治所在地，故县治与府治同在一座城内，分内城、外廓，有瓮城、谯楼和东西南北四大古

城门，形成了“城套城”的独特风格。歙县从唐宋以来共建了400多座牌坊，现仍保存完好的有104座，堪称全国之冠。徽州古城现有四大历史文化街区和五条特色街巷。

二、开发历程

徽州文化旅游资源开发比较早。20世纪70年代末，屯溪老街作为商业步行街和明清民居群最先得到规划开发。进入80年代，先后开发了歙县棠樾石牌坊群，黟县西递村、宏村镇明清民居群，徽州潜口明代山庄等一批徽州文化旅游经典地，并且有“星星之火，可以燎原”的良好发展势头。尤其是在1989年秋，安徽省国旅在省及黄山市有关部门的共同配合下，首次成功将外国系列旅行团引入黟县西递、宏村徽州古民居，在全国最早开始了中国古建筑群古村落文化旅游并创造了成功范例，在国内外旅游界引起了很大反响。与此同时，其他已开发和陆续开发的文化旅游景点也不断为人所知，受到市场青睐。绩溪和婺源两县文化旅游资源开发相对较晚，但从80年代后期开始，学术界、传媒影视界等专家也对其遗存的一系列独特的有形和无形文化资源进行了大量的考察和宣传。

2007年年底，被纳入黄山市旅游景点统计《电讯月报》的徽州文化旅游景点已达25个，占黄山市景点总数的51%。2007年，徽州文化旅游景点总体统计门票为294.1万人次，营业收入为6938.5万元。到2015年，歙县全年实现旅游总收入62.9亿元，旅游人数为725.56万人次，徽州古城旅游收入和接待人数占比都接近60%。

宏村(资料图)

随着2000年西递、宏村被联合国教科文组织世界遗产委员会列入《世界文化遗产名录》，黄山市古建筑群旅游业便如雨后春笋般蓬勃发展。目前，黄山市徽式建筑旅游发展态势整体良好，既对古建筑进行了很好的保护，又实现了旅游利用的经济价值，如猪栏酒吧、德懋堂、黄岳画院等。此外，黄山市还启动实施了"百村千幢"工程，总投资为55亿元，计划5年内分两期实施：2009～2010年完成33个古村落和505幢古民居的保护与利用，2011～2013年完成68个古村落和560幢古民居的保护与利用。其中，打造具有旅游新业态特色的古村落30个，古民居集中保护地10处。截至2010年12月底，第一期工程完成了100个古村落的规划编制，实施了38个古村落、537幢古民居的保护利用工作，认租、认领、认购古民居175幢，其中认租94幢，认领1幢，认购80幢，建成了湖边古村落、秀里影视村、黎阳故邸等7处集中保护地，打造了事业类、产业类、综合类等一批新型业态192处。截至2011年9月底，第二期共投入资金29亿元，完成101个古村落的规划编制，实施了63个古村落和741幢古民居的保护利用。

三、开发利用现状

当前，徽州文化旅游资源的开发已经初具规模，基础设施日臻完善，接待能力日益增强，游客人数持续上升，在旅游业中的地位也明显提高。过去十几年间，就黄山市四县而言，2000年已开发的主要文化旅游景点为12处，2005年则增加到22个，同期已开发的主要的自然旅游景点从5个增加到18个。文化旅游景点的门票人数和营业收入也是逐年递增(除了2003年受"非典"影响略有下降)。其中，2000年，全市徽州文化旅游景点接待游客为66.08万人次，占全市旅游接待总人数的32.64%；2005年，接待游客203.41万人次，占全市旅游接待总人数的40.86%，同比接待人次增长67.51%。2000年，全市徽州文化旅游景点营业收入为1097.52万元，占全市旅游总收入的10.51%；2005年，营业收入为5846.56万元，占全市旅游总收入的17.12%，同比旅游收入增长81.23%。特别是西递古村落，自2000年11月30日被列为世界文化保护遗产，成为全国28处世界遗产中唯一的一处乡村聚落景观之后，旅游收入更是取得了高幅增长。绩溪和婺源更是以徽州文化旅游为旅游业的龙头和主体。绩溪县目前只有障山大峡谷和祥云洞两处自然旅游景点，其余均为徽州文化旅游景点。障山大峡谷为温点景区，刚开发的祥云洞尚处于冷点状态，而龙川胡氏宗祠则凭借其很早就有的"国保"称号成为这几年绩溪旅游的热点地区，胡宗宪尚书府等文化景点自开发以来发展也极为迅速。①

徽州古城大学士牌坊(资料图)

四、开发利用模式②

对古民居的保护和旅游利用,可以从空间位置和开发利用程度两个维度进行分析。从空间维度看,古民居可以在原址上进行保护和旅游利用,也可以通过搬迁,在异地进行保护和旅游利用。从古民居与整体环境协调的角度而言,原址保护利用无疑是最理想的选择。但是,由于多方面的原因,在很多时候,适当的搬迁比原址不动更有利于保护。比如说,有些古村落的整体风貌已经遭受破坏,单个古民居继续留在原址已经很难实现有效保护,或者某些重要的古民居位于地质灾害点,因此进行搬迁也是一种无奈之举。

从开发利用程度的角度看,古民居可以以传统风貌出现,继续发挥着居民居住并兼具旅游者观光的功能;同时,古民居也可以通过局部改造,成为博物馆、展览馆、民俗体验馆、民居客栈、民俗餐厅、购物场所等,从而实现功能的有效转化,实现更高程度的利用。

---

① 参见吴丽蓉:《徽州文化旅游深度开发与对策研究》,安徽师范大学硕士学位论文,2006 年。

② 参见李东和、孟影:《古民居保护与旅游利用模式研究——以黄山市徽州古民居为例》,《人文地理》2012 年第 2 期。

1. 原址保护观光利用模式

(1)模式内涵

原址保护观光利用模式是基于原址保护的基础上,对古民居进行观光旅游利用。这种模式是指不对本体古民居建筑进行移动搬迁,在原址上对古民居进行必要的保护和修缮,进而发展观光旅游,属于较低程度的开发利用。这种保护和利用模式一般需要从整体上对古民居所在村落做好保护开发规划,进行全面保护。旅游开发仅以整体古村落的观光利用为主,不对古民居进行较大的形态和功能改变。这种模式一般适用于具有重大价值、整体保护比较好的古民居。

(2)典型案例

西递村、宏村镇中具有重大保护价值的古民居属于此种模式。目前,两处仍保留数百幢古民居,整体上保留了明清村落的基本面貌和特征,用作观光旅游的古民居是原址保护利用的典型代表。其中建于1855年的黟县宏村承志堂,被建筑专家誉为“民间故宫”,全屋占地面积为2100平方米,气势恢宏,雕刻精巧,层次分明,具有极高的观赏价值。对承志堂这类古民居建筑进行原址保护利用的目的是最大限度地保护徽州古民居建筑的原始风貌和大量的原始信息。

2. 原址保护功能转换利用模式

(1)模式内涵

这种利用模式是指在对古建筑群原址上,不对其进行移动搬迁,而是在保护的前提下,对古民居进行适当的维修与内部结构改造,使其具有或适应新的使用功能,拓宽古民居在现代旅游需求下的新功能和新价值,比如将古民居打造成具有特色的民居客栈或民俗餐馆等。其模式内涵是对古民居的再利用,同时也最大限度地保护了徽州古民居的原始风貌和大量的原始信息。与原址保护观光利用模式不同的是,原址保护功能转换模式侧重于对徽州古民居的开发和功能转换,在保护的前提下合理地开发利用古民居,以更适合当代人的旅游需求。

(2)典型案例

西递村的西递行馆、有家客栈、仰高堂客栈等属于原址保护功能转换模式。它们一方面被改造成客栈、旅馆之类,另一方面拓展了其基本使用功能。其中猪栏酒吧是原址保护功能转换模式的典型代表。猪栏酒吧坐落于西递古村落,占地面积600多平方米,原本是一栋明代的三层建筑。之所以叫“猪栏酒吧”,是因为一楼院中的酒吧是由猪圈改造而成的。猪栏酒吧包括传统徽式布置的单间客房、乡村布置套房及酒吧、书房、露天阳台等具备现代功能的设施。这一类型模式依托了古民居这一载体,进行了一些恰当的改造和修缮装修,实现了功能的转换,以满足游客的需求。如猪栏酒吧将徽州古民居特色的小窗户改成大窗户,既改善了采光效果,又将古民居普通的房间打造成了观景房;此外,客房采用古今结合装修的方式,配备了空调、电脑等一系列现代设施,既保留了古民居古色古香的外表和构架,又提高了居住的质量。这种模式更适宜于单体古民居或小规模古民居的保护和旅游开发利用。

3.异地搬迁观光利用模式

(1)模式内涵

异地搬迁观光利用模式是对徽州古民居进行搬迁移动,在不改变原始民居外形和构造的前提下,最大限度地实现异地重建复原古民居,尽量不改变一砖一瓦。其模式内涵是为了更好地保护古民居,将濒危的不适合原址保护的古民居进行异地重建复原,通过异地搬迁营造更适宜古民居保护的整体环境氛围,并对搬迁后的古民居进行低程度的旅游利用,开展观光旅游。

(2)典型案例

潜口民宅博物馆是徽州古民居异地搬迁利用模式的典型代表。潜口民宅位于黄山市徽州区岩寺镇潜口村紫霞峰南麓,整座山庄按照“原拆原建,集中保护”原则,从徽州区和歙县各地数百座建筑中精选拆迁而来,集中了明、清两代最典型的各式古民居、古祠堂等古建筑群,包含方氏宗祠石牌坊、善化亭、曹门厅、司谏第、方文泰宅、乐善堂等著名建筑,是我国唯一一个明清古民宅博物馆。潜口民宅博物馆一期工程的复原展示体现了异地搬迁对濒危古民居的抢救、保护、展示的功能,以整体集聚来实现对古民居的集中重点保护,以整体古民居展示来实现对古民居的开发利用。这种模式使古民居的保护和旅游利用收到了较好的效果,潜口民宅博物馆在建期间已被国务院确立为全国重点文物保护单位。

4.异地搬迁整合利用模式

(1)模式内涵

这种模式是对徽州古民居进行搬迁移动,在不改变原始民居外形和构造的前提下,最大限度地异地重建复原古民居。同时,依托异地搬迁的古民居新建仿造的徽派建筑,或者在异地搬迁基础上对古民居开发新的功能。通过各种整合,打造体现徽文化意蕴的整体建筑群,实现古民居新的功能利用。异地搬迁整合利用的目的是将不适合原址保护的古民居进行异地搬迁重建,在尽量保存古民居整体原真性的前提下,对其进行多方位的旅游利用。较之前面所说的异地搬迁观光利用模式,异地搬迁整合利用侧重于对古民居进行建筑的集聚(融合仿造建筑)或功能的创新,使原本单调的旅游资源更容易转化为旅游产品。

这种模式更适合进行旅游开发利用，不仅将传统徽州古民居赋予了全新的旅游业态，而且保护了一批具有文物价值的古建筑，为古民居的保护利用探索出一条新的路径。

秀里影视村(资料图)

(2)典型案例

黟县秀里影视村、徽州区德懋堂以及潜口民宅博物馆二期工程都属于异地搬迁整合利用模式。德懋堂位于整个黄山市的中部，搬迁来的德懋堂系清代咸丰年间建造的三进两天井式徽派古民居。它在不破坏该徽派古民居结构特点的基础上，融入现代建筑新理念，将节约资源和能源以及可持续发展、住宿生活消费模式贯穿到方案设计之中，对德懋堂进行内部局部改造，新建了别墅、会所、五星酒店等。潜口民宅博物馆二期工程在原来基础上设立徽州非物质文化遗产传承基地，首批入驻徽州木雕、砖雕、砚雕、竹雕、撕纸、徽墨、竹编共 7 大类国家级或省级非物质文化遗产传承人和民间工艺大师。潜口民宅博物馆实现了异地集中搬迁古民居的功能转换，在进行资源保护的同时还发挥了传承徽州非物质文化遗产的旅游功能，完善了异地搬迁古民居的利用模式，是较之一期工程的一种提升利用模式。德懋堂融入了现代建筑，整合打造了兼容并蓄的利用模式。潜口民宅博物馆融入了非物质文化元素，整合了非物质文化传承的功能。

第二节 北京智珠寺

智珠寺位于北京市景山后街嵩祝院 23 号。乾隆盛世之时，智珠寺和相邻的嵩祝寺、法渊寺成为北京城内最重要的藏传佛教圣地。1984年5月24日，智珠寺被评为北京市文物保护单位。

一、概况

智珠寺的基址原为明代的番经厂和汉经厂。早在明成祖永乐七年(1409年)，永乐皇帝就在故宫东北角和景山东侧创建了皇家御用印经厂，作为负责刻印藏文经籍及承担皇室御用佛事活动的重要机构。

至清代，康熙皇帝为巩固国家统治，正式宣布藏传佛教为官方宗教，提倡在全国广建佛教寺庙，并建嵩祝寺赠予二世章嘉活佛。据清宫内务府《奏销档》记载，乾隆二十一年(1756年)大修嵩祝寺，并将番经厂(法渊寺)挪盖，使之与嵩祝寺山门齐平，并在西侧增建了一座从属寺庙，这就是后来由乾隆皇帝敕赐的智珠寺。自此，这三座寺庙自东向西排成一线，形成了一组较大规模的佛教寺院群，作为历世章嘉活佛及其随员在北京的主要驻地。

智珠、嵩祝、法渊三寺在乾隆朝极为鼎盛，这与三世章嘉活佛有直接的关系。乾隆皇帝与三世章嘉过从甚密，他经常来看望三世章嘉，听经习法并参与佛事。三世章嘉经常与乾隆皇帝一起商议、决策有关蒙藏等少数民族地区的重大政教事务，为当时社会的稳定与民族团结做出了重要的贡献。此外，三世章嘉还参与了北京寺院的建设、佛事活动及佛教文物的整理工作。比如雍和宫的成功改建、开光及管理，就主要得力于他。

1949年后，北京的3000座寺庙大多转变为民用。数十年来，智珠寺的使用单位几经更替，建筑群遭到了一定程度的损毁。20世纪50年代，智珠寺停止了宗教活动，被金漆镶嵌厂占据。70年代，北京东风电视机厂占用了智珠寺的前殿及西配殿。1991年，北京东风电视机厂同牡丹集团合并，智珠寺及其周围寺庙又被牡丹集团的下属单位占用。至2007年，智珠寺被相关人士发现时，昔日的佛教重地已沦为大杂院，木结构的古建筑、钢筋水泥的工业厂房、简易搭建的饭店、杂乱的民居建筑让整个院落空间变得拥挤而杂乱无章。

智珠寺坐北朝南，由山门殿、钟鼓楼(不存)、天王殿、都纲殿、净身殿、最后殿六进殿阁组成。山门外有大门及红围墙，山门三间，为大式硬山筒瓦调大脊，门楣石额为“敕建智珠寺”。钟鼓楼为重檐歇山顶，角梁悬铃。天王殿面阔三间，大式硬山筒瓦调大脊，上带吻兽及垂兽，有旋子彩画，三踩单昂斗拱，内为彻上明造，五架梁，殿额为“宝纲光音”，对联为“香云遍覆真如界，皓月常明自在天”。都纲殿为重檐四方殿，面阔三间，进深三间，四周环廊，有旋子彩画。大殿上檐为筒瓦四角攒尖顶，上带砖宝顶，五踩单昂单翘斗拱，角梁悬铃。下檐柱带雀替，三踩单昂斗拱。后殿俗称“净身殿”，面阔五间，大式歇山筒瓦调大脊，旋

子彩画，五踩单昂单翘斗拱，角梁悬铃，内为井口天花。殿门旁有楹联“金粟神光照妙应，香林净域证虚明”，楣额为“现清净身”。最后殿面阔五间，前面有廊，大式硬山筒瓦调大脊，上带吻兽及垂兽，有旋子彩画，带雀替。后罩楼位于全寺最后，二层，重檐硬山顶，是全寺最大的楼阁式建筑。智珠寺在建筑布局、建筑技术、建筑艺术方面都具有清代官式建筑的特点，是研读清代宗教建筑的范本之一。另外，建筑上的楹联和匾额均为乾隆皇帝御笔，具有很高的文物价值。

二、利用前的修缮工作

对智珠寺古建筑群的利用是在做好修缮保护工作的基础上进行的。2007年，在与产权单位北京市佛教协会达成协议，并经过北京市文物部门批准之后，智珠寺引进社会资金开始了长达4年的修缮工作。修缮发起人温守诺表示，智珠寺修缮与国内目前的文物修缮最大的不同就是不让文物回到历史的某一点，而是还原它所经历的一个历史过程。

随着占据寺庙的垃圾、杂草、残渣被一批批清理出去，在寻找寺庙原始地坪的过程中，修缮团队发现了被叠压在净身殿月台上的完整的须弥座。为此，修缮团队特意修改了原本的施工方案，将月台遗址完整地保存下来。

温守诺(Juan van Wassenhove)，比利时人

为了最大限度地保留文物建筑上所承载的历史信息，修缮团队将所有拆除掉的砖瓦和木料一一编号后，再根据编号归回原位，实在不能使用的，才被替换成新的。对于那些发生损坏的构件，则用完整的或是相类似的材料代替，并且通过做旧的方法来达到原来的效果，做到了与原物整体和谐而有所区别。据介绍，整个工程共清出了200卡车瓦砾，调换了71根木柱，整修了1400平方米棚顶。整修工作共修复了43000块棚顶瓦片，对一个小小的寺庙而言，工程可谓浩大。

对都纲殿的修复可谓是修缮工程中最重要、也最有难度的一项。1961年的一场火灾导致大殿的屋顶几乎全被烧毁。其中，支撑宝顶的刹柱的墩接处被烧得只剩下碗口粗，严重威胁到大殿的安全。经过严密的测算研究，大殿的维修仍然保留了可以使用的原始构件。大殿宝顶的每一块残砖，在其背后安装钢筋固定后，也被重新砌回了原处。

此外，对于都纲殿吊顶彩绘的修复，也让修缮团队颇费心思。参与彩绘修复的画家和技师们没有将智珠寺沉淀着岁月痕迹的彩绘描画得鲜艳如新，而是将所有彩绘逐一揭裱、清理后，按原来木板的位置、方向不变，重新裱回原处。托裱的过程均沿用传统的脱筋糨糊，加入明矾等防虫、防潮、防霉变且增加附着力的传统配方，确保彩绘不会脱落。那些画面残缺50%以上的彩绘被集中在一起，重新选择、拼接成完整的画面。据统计，拼接之后修复完整的面板共计180块左右。

2011年年底，智珠寺的修缮工程完工并通过了文物部门的验收。2012年，智珠寺修缮团队获得联合国教科文组织亚太地区文化遗产保护奖的殊荣。在其获奖评语中写道：智珠寺，这座始建于公元17世纪晚期的宏伟寺庙建筑群，经过全面修缮，其丰富的历史积淀得到更好的彰显和提升。在修缮之前，这个历史建筑群处于自然衰败状态，并且被掩藏在与其格格不入的新建筑中。特别值得一提的是，这项由私人机构发起的大规模修缮工程始终尊重历史的多维度和建筑价值的原真性。参与修缮的艺术家和画师们以其专业技艺对180块精巧的木制彩绘天花板进行了高质量的修复。如今，智珠寺已经修缮完成，并作为一个开展文化活动的场所，被重新解读并回到公众的视野。

三、智珠寺使用功能的转变

中华人民共和国成立以后，智珠寺已经失去了原本宗教场所的功能，转为民用。因而，对于该建筑群的利用选择了适应性再利用的方式，即在保持建筑物历史特征不动的前提下，改变建筑用途，以适应当今使用者的需求。

如今的智珠寺古建筑群被改造成“集餐饮、住宿、会议、画廊于一体”的场所，由修缮方THB(Temple Hotel Beijing)和另一家餐饮企业TRB(Temple Restaurant Beijing)共同经营使用。利用方很关注人们在院内的活动流向。因此，在组织功能时，北边更加私密，东边则安排为会议及其他活动空间，西边提供住宿，而南边是公共空间，整个场地中间可以举办音乐会或大型研讨会等。

曾经的智珠寺大殿，如今被改造成礼堂(Main Hall)，作为举办文化、会务、交流、宣传活动的场地。在再利用过程中，设计者适当地增加了照明、采暖、通风等设备，但都以不破坏文物建筑所携带的历史信息为前提。大殿内，斑驳古朴的木门与“团结紧张严肃活泼”的标语共存。屋顶上布满梵文彩绘的天花板

新旧交错，有些无法修复而缺失的画板则空了出来。通过这样的展示方式，人们可以通过建筑本身读出智珠寺在百年风雨中经历的历史变迁。

曾经的东面庑房，分别被改造成会议室和画廊，用来举办各种文化展览、讲座和沙龙等，并免费对公众开放。在空间设计上，对庑房的改造保持了原本露明的梁架结构，为展览而添加的所有展板和辅助设施均为简约轻便的临时装置，可根据布展要求灵活组织空间。在经营方式上，画廊采取了与其他画廊合作的方式，每年举办4～5个展览。据工作人员介绍，自开业以来，画廊承接的展览应接不暇，往往提前一年就完成了预定。画廊平均每天接待的参观者不少于50人，其中既有前来就餐、承租场地的客人，也不乏慕名而来的文化爱好者。

修葺后的智珠寺（资料图）

大殿北面的后殿和曾经的西面庑房，分别被改造成酒店的休息室和客房，供客人休息。休息室和客房在设计上实现了古代建筑与现代艺术的融合，让人们可以感受到古建筑传递给当代生活的气息。在古朴的建筑内部，是充满现代感的建筑空间：来自天津一家国营招待所的绿色皮革沙发，与20世纪五六十年代的军用椅混搭在一起，再配上前卫的当代艺术，富有个性而不杂乱。

寺庙内保留的两处20世纪50年代所建的工厂厂房，是智珠寺利用案例中最受争议之处。按照中国文物保护的传统观点，中华人民共和国成立以后新建的厂房历史价值较低，且可能对整个建筑群的景观环境造成负面影响，应该选择拆除。但利用方认为，该厂房见证了智珠寺在中华人民共和国成立之后的历史命运，同样应当受到尊重和保留。利用者在体验中发现，位于天王殿北侧的厂房为人们提供了观赏古建筑屋顶起翘的独特视角，因此在后来的再利用环节将其改造成酒店客房。另外一处位于山门西北边的厂房和天王殿分别被改造成餐厅和酒吧。经营者从文物保护的角度出发，将餐厅的厨房放在了寺庙之外，并且只做西餐，尽量减少油烟的排放，以减轻其对周围环境的影响。无论这保留两处建筑的意义如何定论，利用方在文物修缮过程中就将保护与利用进行通盘考虑的意识是值得提倡的。

此外，智珠寺的灯光设计由德国灯光大师英戈·莫利尔（Ingo Maurer）和他的团队一手打造，在夜晚同样能够衬托出寺庙的玄妙空灵和建筑本身的精妙绝伦。

四、智珠寺的展示利用状况

近年来，随着文化遗产保护理念不断深入人心，遗产展示在文化遗产保护与利用中的重要性逐渐显现。2008 年，国际古迹遗址理事会（ICOMOS）将文化遗产地的展示定义为：一切可能的可提高公众意识、增强公众对文化遗产地理解的活动。由于很多遗产地历经岁月变迁，其功能都发生了变化，因此如何在遗产再利用的过程中更好地展现其文化内涵，是文化遗产保护与发展的重要课题。

智珠寺古建筑群的展示利用采用了现场展示和媒体网站展示两种形式。

在实地探访过程中，游客通过对智珠寺原有的整体布局、建筑结构、建筑细部的体验式参观，能够对文物的古建筑典范价值和宗教文化内涵有感性而具体的认识。寺庙内并没有设立文物古迹内惯用的解说标识牌，而是专门拍摄了记录智珠寺修缮全过程的纪录片，在山门内的闭路电视上循环播放，利用多媒体手段向公众宣传遗产保护理念。

五、智珠寺再利用项目的争议

智珠寺古建筑群再利用项目实施之后，在社会上引起了巨大争议，一直处于舆论的风口浪尖。

正面的评价主要集中在三个方面：第一，在保护理念方面，智珠寺荣获的亚太地区文化遗产保护奖是国际保护组织对私人资本花费大量心血对其原真性修复成果的肯定。第二，在保护意识方面，国内部分文保人士认为，文物利用者在保护过程展现出的对文物展示和利用意识在我国的遗产保护领域也是超前的。第三，在古建筑利用后的可达性方面，智珠寺没有像毗邻的嵩祝寺一样，被改造为完全封闭的私人会所，而是将部分场地用作传播文化的公共空间，在开发其经济价值的同时，考虑了公众的利益，这在私人资本介入的遗产保护案例

中也是难能可贵的。

当然，与少数的肯定相比，智珠寺的保护利用方式也受到了来自社会各界的批评和质疑。第一，从法律的角度，我国为维护文物的公益属性，提倡将古建筑作为博物馆、参观游览场所和保管所使用。《文物保护法》中明确规定："国有不可移动文物不得转让、抵押。建立博物馆、保管所或者辟为参观游览场所的国有文物保护单位，不得作为企业资产经营。"而智珠寺将部分区域用于经营餐饮和住宿，显然有将文保单位作为资产经营的嫌疑。第二，部分建筑师、规划师认为，智珠寺内保留的20世纪50年代新建的厂房属于干扰古建筑群格局和环境的无意义添加，对建筑群的整体价值产生了负面影响，应当拆除。他们认为，利用方之所以将其保留下来，主要是基于扩大经营性空间的考虑。第三，与某些商政结合的古建筑商业开发案例（如新天地）受到媒体的追捧相比，有八成以上媒体对同样是私人资本主导的智珠寺再利用项目持否定态度。他们认为，智珠寺的商业气息与寺庙原本传播佛法、修身养性的文化氛围不符，造成了文化遗产价值的异化。另外，将一处文化价值较高的文保单位改成供城市贵族消费的高档场所，改变了文物的公共资源属性，侵犯了公众利益。这在一定程度上反映了社会各界对文保单位进行经营性利用的反对之声，和对文物商业价值的发挥有可能损害其社会价值、文物价值的担忧。第四，据本课题组的实地调查，遗产地所在的社区和居民从智珠寺再利用项目中获益甚微。多数周边居民并不知道智珠寺的部分范围用作陈列展览场地，是允许公众免费参观的，这让文物利用本应起到的公众教育目的大打折扣，更不用说为周边社区提供就业机会了。

课题组认为，文物建筑的存在是第一位的，利用方式要为是否能够长期妥善保护文物服务。长期以来，智珠寺被多家产权单位占据，存在建筑年久失修、不当使用、安全隐患严重等问题，遗产价值严重受损。而民间资本对其进行的修缮和再利用，维护了文物最重要的属性——原真性，实现了智珠寺从只用不保、人居负荷过大的建筑群走向一个得到妥善保护和重新利用的文化场所的转变，也让古建筑凸显出其蕴藏的经济价值，是市场化背景下进行文物保护和再利用的大胆尝试。

近年来，文物公益性受损饱受社会的诟病，智珠寺除庭院和部分建筑（东面庑房）免费对公众开放之外，主体建筑的确存在营利性经营的现象。产生这一问题的因素是多方面的。比如，文物利用在我国才刚刚起步，与之相关的法律和政策支持还不完善。在民间资本进行文物修缮和利用时，面对保护项目的巨大资金投入，投资者只有通过适当开发利用的形式来实现收支的平衡。课题组认为，文物的经济价值和文化价值并非不可兼得。在国家大力推进社会力量参与文物合理利用的过程中，这一矛盾可以通过制定相关的经济政策得以缓解。在政策的扶持下，智珠寺完全可以进一步扩大向社会开放的时间和空间范围，完善标识解说系统，建立固定的展陈区域，更好地彰显其丰富的历史、艺术价值和文化底蕴。在建筑遗产利用的公众参与方面，智珠寺有必要策划更多相关的文化活动，特别是让周边社区和居民参与到古建筑改造后的运营中去，实现文物利用的社会共享。

第五章　名人故居

名人故居是以名人为中心的文化基因和人文积淀的重要载体，是一项重要的、珍贵的文物资源，是目前对名人文化进行开发利用的主要突破口，值得我们给予特殊关注。目前，我国对于名人故居的开发利用尚处于起步探索阶段，在具体的操作过程中也存在着这样或那样的问题，但也积累了不少有益的经验。

第一节　山东淄博王渔洋故居

一、王渔洋故里保护与利用情况

1. 王渔洋故里概况

王渔洋故里在山东省淄博市桓台县新城镇（这里原是桓台县老县城驻地），域内历史文化遗存众多，是山东省首个全国历史文化名镇。境内现有各类遗迹遗存 32 处，包括全国重点文物保护单位 1 处，省级重点文物保护单位 4 处，市级重点文物保护单位 8 处，其中华夏第一砖坊——四世宫保坊，可谓新城王氏家族历史文化的象征，是全国重点文物保护单位。

王渔洋故里历史悠久，人文荟萃，明清两朝出进士数百名、达官重臣数十名，其中新城王氏家族科甲蝉联、簪缨不绝，从明嘉靖至清道光共 295 年的时间，出进士 30 名、举人 52 名，出仕为官者 100 余人，其中四品以上朝廷重臣 12 人，有诗集和著述传世者 50 多人，成为济南府明清第一进士家族、仕宦世家和文学世家，王渔洋是其中最杰出的代表。

2. 王渔洋故里保护利用规划

王渔洋故里保护利用工作按照“高端策划，精心规划，有序推进”的原则，由上海同济大学规划设计院编制完成了《桓台古县城保护研究与旅游规划》，北京古建研究所完成了一期景点及道路的施工设计，由拥有文物保护和园林古建双一级资质的曲阜园林古建公司对王渔洋故居和忠勤祠进行保护修复，陈列布展则由多次获得全国十大精品陈列的浙江龙邦装潢股份有限公司设计施工。

王渔洋像(摄影：张清河)

王渔洋故里保护利用规划核心区域有 68 公顷，重点规划了 8 个历史地段，3 条主要街巷和 12 个重点文物景区，分两步实施。一期工程重点选取了文化承载量相对较高的四世宫保地沉式广场、王渔洋故居、忠勤祠、纱帽树文化广场，以及连接四处景点的两条主要街巷，以尽早达到旅游接待条件。二期工程开发完成明清古街——中山街、戏马台，修复耿家大院、北极庙、米脂祠、徐夜故居等文物古迹，完善各项旅游功能，打造具有明清古城韵味和鲜明地域特色的文化旅游品牌，形成面向全省、辐射全国的文化旅游精品区。

3. 开发利用现状

王渔洋故里保护利用一期工程以政府投资为主，施工过程始终遵循以下原则，即尊重历史，尊重地方文化，最大限度地展示桓台古县城历史发展的脉络；最小干预，修旧如故，坚持能不动则不动，能少动则少动；增加创意，增强文化体验，通过游艺、多媒体等形式让游客参与；开发产品，传播特色文化。目前，忠勤祠和王渔洋故居对外开放。

忠勤祠占地 10000 平方米，为纪念王渔洋的高祖、新城王氏家族第一位进士王重光而建，距今已有 410 余年的历史，是省级重点文物保护单位、爱国主义教育基地。忠勤祠提升改造工程历时一年，完成了古建瓦面维修、檐柱彩绘和

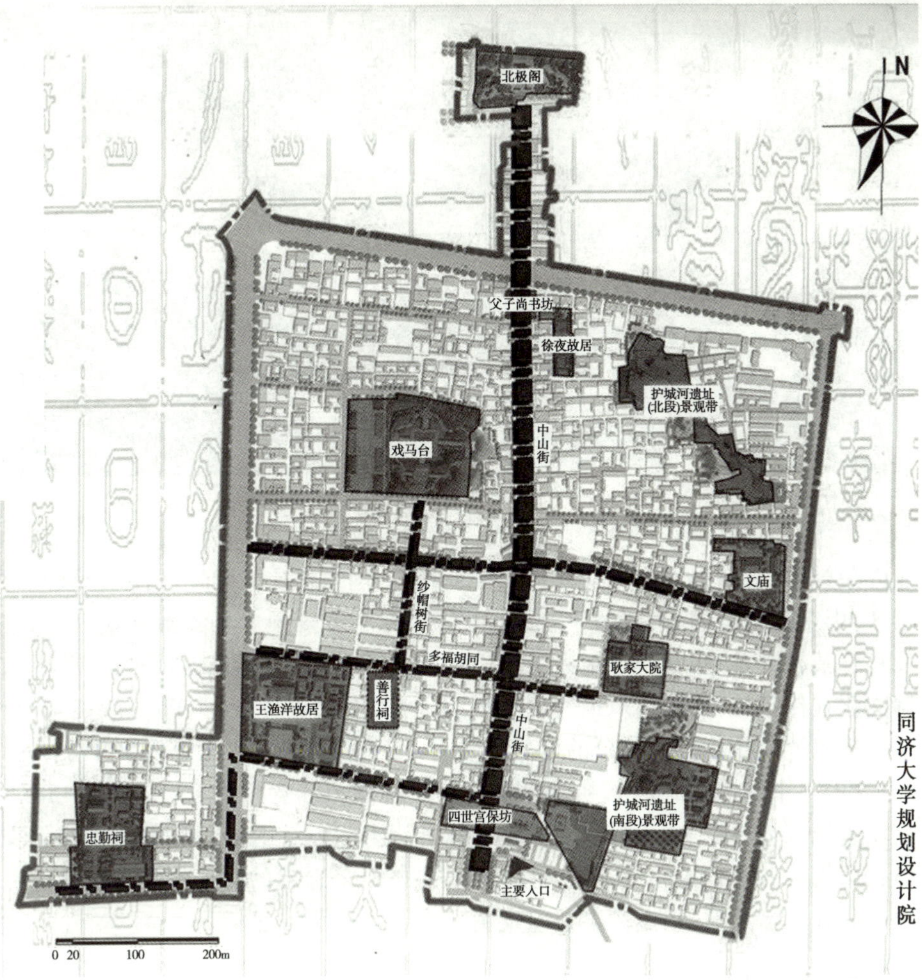

同济大学规划设计院

桓台古县城保护开发规划图(王渔洋纪念馆)(资料图)

石刻保护，新建石刻馆及游客服务等功能用房 32 间，调整了文物展陈，于 2012 年 4 月重新对外开放。

王渔洋故居始建于明万历年间，清康熙二十四年王渔洋将其辟为西城别墅。故居历经明、清、民国不同历史年代，因而具有不同的时代特色，而且规模较大，保护相对完好，是山东省重点文物保护单位，现占地 16000 平方米，建筑面积 7000 余平方米，遗留明清、民国建筑 108 间。王渔洋故居保护修复工程于 2009 年 9 月正式开工，2013 年 10 月正式对外开放。

王渔洋故里保护开发利用项目自启动实施以来，收获了较高的社会评价和

王渔洋故居“一代正宗”牌坊(摄影:张清河)

业内荣誉,先后获得国家文物保护最佳工程奖,国家优质工程奖,国家4A级旅游景区,山东省第一届、第二届十大精品陈列,山东省爱国主义教育基地,山东省社科普及教育基地,淄博市十大美景,淄博市反腐倡廉教育基地,淄博市首批法制文化宣传基地,淄博市双拥文化教育、双拥文化活动基地,以王渔洋故里和新城王氏家族文化为背景拍摄的电视专题片《半朝王家》在中央电视台中文国际频道《走遍中国》栏目播出,初步显现了其品牌魅力和竞争优势。2016 年 6 月,新城王氏家规专题片《山东桓台王渔洋家族:忠勤报国　洁己爱民》在中央纪委监察部网站和客户端正式上线,这是中纪委在山东选定的两个传统家规宣传点之一。该片播出后,引起社会热烈反响。

二、相关研究成果与资料

1. 研究会议

2014 年 8 月,纪念王渔洋诞辰 380 周年全国学术研讨会在桓台召开,来自中国社会科学院、复旦大学、山东大学等国内知名高校和科研院所以及台湾地区的上百位专家学者和地方文化研究者参会,研究重点聚焦于王渔洋文化及其对当代社会的启示。此次研讨会亮点突出,成果丰硕,受到与会专家学者的高度赞誉,《人民日报》《光明日报》《经济日报》等 30 多家主流媒体及时进行了报道。

2. 典籍

2014 年以来,王渔洋文化研究保护中心组织编辑整理、出版了新城王氏家规系列图书,目前已经出版发行了《忠勤祠贴》、王渔洋《手镜》、王象晋《清寤斋

心赏编》等。

3. 著作、论文

王渔洋文化研究保护中心现有内部刊物《王渔洋文化》，每年发行 3 期，刊发王渔洋文化专业学术文章。2016 年，出版发行《纪念王渔洋诞辰 380 周年全国学术研讨会论文集》，收入 90 余位专家学者的专业论文 100 余万字。2015 年，人民出版社组织的“中国名门家风”丛书出版了由王志民主编，王小舒、贺琴著作的《新城王氏家风》一书。2013 年，由陈艳华撰写的《王渔洋故里文化旅游品牌战略研究》被录入中国硕士学位论文全文数据库存；2015 年，文景刚撰写的《王渔洋廉政思想及其时代价值初探》在《廊坊师范学院学报》刊发。

4. 其他文化产品

2013 年以来，在系统整理馆藏文物、加强保护、加强文化研究与传播的基础上，组织开发了《忠勤祠帖》、康熙御赐王渔洋《清慎勤》、康熙御书中堂、慈禧御笔《平安富贵》拓片、《忠勤祠》个性化邮票、《新城王氏家风》专题邮册等一系列文化产品，既丰富了文化传播载体，又促进了文化旅游业发展，提升了文化品牌形象。

三、文化产业重点项目

按照规划，在王渔洋故里景区达到基本旅游接待条件之后，二期工程进行整体市场化运作，吸纳社会资金参与和投资王渔洋故里保护开发项目，采取“谁投资谁受益，谁受益谁保护”的原则，加快全方位开发利用进度，逐步完成明清古街——中山街、戏马台、纱帽树街景点，修复耿家大院、北极庙、米脂祠、徐夜故居等文物古迹，恢复桓台古县城风貌，完善各项旅游功能，将王渔洋故里——新城历史文化名镇打造成具有明清古城韵味和鲜明地域特色的文化旅游品牌，形成面向全省、辐射全国的文化旅游精品区。

四、问题与建议

1. 宏观分析

王渔洋故里文化旅游发展 SWOT 矩阵分析

	优势（Strengths）	劣势（Weaknesses）
（1）内部因素 （2）外部环境	（1）文化遗迹遗存众多 （2）历史人文资源丰厚 （3）“非遗”文化独具特色 （4）交通区位优势明显 （5）规划科学，建设到位	（1）品牌形象模糊 （2）规模化发展缓慢 （3）文化产品开发滞后 （4）宣传推介力度不够

续表

机遇(Opportunities)	增长型战略(SO)	调整型战略(WO)
(1)文化产业发展政策机遇 (2)社会大旅游气候带动 (3)社会各界支持	把握王渔洋故里地域特色文化资源优势,利用文化产业发展的良好机遇,明确文化品牌定位,加快文化旅游品牌建设	把握机遇,调整和弥补文化旅游产业发展的劣势,有效恢复优势力量,实现产业快速发展
威胁(Threats)	防御型战略(ST)	转移型战略(WT)
(1)产业开发与文物保护的矛盾 (2)文化旅游同质化竞争和区域内部竞争	利用内部资源优势发挥竞争力,有效防御外部环境威胁	转化劣势,规避威胁,通过多种经营或多种渠道进行战略转移

2. 打造节庆文化

目前,王渔洋故里景区以国际博物馆日、中国文化遗产日、国庆节等为主线,组织开发王渔洋文化系列主题活动,包括多种形式和内容的传统文化精品展、曲艺表演、名家讲座等,广受游客欢迎。但目前景区开放时间不长,尚未形成自己的文化活动品牌,需要加强总体规划设计。

3. 文物联合利用

王渔洋家族历经 200 多年发展,与明清两代朝野名士交流频繁,跟很多当时的著名人物都有密切关系,如明代的高拱、张居正、葛守礼、邢侗,清代的康熙帝、钱谦益、蒲松龄、赵秋谷等。可以探讨与这些名人故居、纪念馆等多方联合利用的方式,如进行文物联展等。

4. 家风家训开发

桓台王氏以"读书""道义""忠勤"等思想立家、治家,形成了独特而深厚的"清慎勤"家风家训,对当代人的家庭教育、廉洁奉公教育、爱国主义教育都有很好的借鉴意义。王渔洋纪念馆目前是山东省爱国主义教育基地,下一步可以重点打造和推出其优秀的家风文化。

第二节　浙江绍兴鲁迅故居

鲁迅故居(包括鲁迅祖居、百草园、三味书屋)是全国重点文物保护单位,是绍兴鲁迅路历史文化街区的核心。2003 年 9 月 25 日,是鲁迅先生诞辰 122 周

年纪念日，具有鲁迅青少年时期生活意境和环境风貌的绍兴鲁迅故里一期保护工程宣布竣工，并在这一天对外开放；二期工程于2007年启动，目前也已完工。

经过恢复性建设之后，古色古香的东昌坊步行街、粉墙黛瓦的鲁迅故居周家新台门、傍水而筑的寿镜吾故宅寿家台门、庄重简约的明代建筑戴家台门，连同闻名遐迩的鲁迅故居、鲁迅祖居、百草园、三味书屋，原汁原味地展现在世人面前。海内外参观者慕名前来，络绎不绝，绍兴鲁迅故居的经验很有推广价值。

鲁迅故里(资料图)

一、动态保护——在利用中保护

绍兴在编制鲁迅故居保护规划时，从鲁迅故居及周边环境风貌的现状出发，提出了全面保护、整体保护的理念，加大了文物保护的力度。以鲁迅故居为核心的鲁迅路历史街区是游客到绍兴的必到之处，也是目前市区游客最多、人气最旺的文化旅游区。但由于开发前的故居规模小、设施差，街区环境差，风貌乱，既不能满足展示鲁迅精神的需要，也难以感受鲁迅笔下的绍兴风情；既影响教育功能的发挥，又制约了旅游产业的发展。因此，抓紧实施鲁迅历史文化街区保护项目，对于加强文物保护、促进文物利用，都具有重大的现实意义和深远的历史意义。

为了加强对鲁迅故居及周边环境的整体保护，绍兴市经过多年的论证，于2002年上半年委托清华大学编制了整体规划，并将街区正式定名为“鲁迅故里”。按照“重点保护、合理保留、普遍改善”的方针，“社会效益、环境效益、经济效益”相结合的原则，“整体风貌、传统格局、环境氛围”相协调的思路，“传统建筑、地方工艺、特色商业”相衬托的要求，通过两年多的实施，初步实现了从鲁迅故居到鲁迅故里的重大转折。

鲁迅故里多数是传统台门建筑，粉墙黛瓦，庭院重重，仅建筑本身就是个旅游卖点。“从百草园到三味书屋”，小桥、流水、人家，一舍、一园、一井、一树，浓缩名人的情趣与品性，受人青睐。至于鲁迅故居内富有传统文化韵味的原状布置及相关陈列，更是“可看的历史文化”，也是十分珍贵的文化旅游资源。尽管故居规模不大，题材多数局限于历史文化、爱国主义、参观学习，现代旅游所需的休闲、度假、参与和观光性的功能不强，但通过鲁迅故里保护工程的实施，盘活和提升了这些宝贵的资源，变资源为产品，促使名人故居更好地兼容旅游、接轨旅游，让名人走进民众，让故居迎合市场，走出了一条品牌提升、资源整合、产品经营的名人故居保护与利用的路子，达到了社会效益与经济效益协调发展，使名人故居保护成为有源之水。鲁迅故里开放一年时间，接待中外游客 60 万人次，经营收入 2000 多万元，为更好地加强保护提供了有力的经济支撑。自 2008 年起，鲁迅故里实行免费开放政策，年均接待游客 200 万人次。

二、以名人经历、作品为基础塑造多重文化空间

绍兴鲁迅故居并不单单只是开发鲁迅故居，而是将周边的与鲁迅相关的一些景点统一规划后建成了鲁迅故里。咸亨酒店位于文学巨豪鲁迅的故乡绍兴。因鲁迅在《孔乙己》《明天》《风波》等多部作品中提及咸亨酒店，使其迅速成为家喻户晓的旅游热点，也成为绍兴的旅游名片。经过开发之后的咸亨已是一个集旅游各要素为一体的综合体，对文化的传承与发扬更加做到了淋漓尽致，开发模式独具匠心。①

柯岩景区的鲁镇是根据鲁迅作品中的鲁镇还原出来的一个主题公园。在这个主题公园中，以前只有在作品中才能读到的祥林嫂、孔乙己、阿 Q 等耳熟能详的人物形象栩栩如生地展现在游客的面前，而这样的体验在其他地方是没有的，也正是因为这种文学旅游产品体验的独特性和唯一性，让消费者愿意花费金钱去体验。②

近年来，绍兴市政府还先后出台了《绍兴市旅游业发展“十二五”规划》《关

---

① 参见潘丹丹：《基于文学背景的文化旅游产品开发研究——以绍兴咸亨酒店为例》，浙江师范大学硕士学位论文，2012 年。

② 参见高睿霞：《文化名人故居的产业化发展——以鲁迅故居为例》，《安徽文学》2016 年第 1 期。

于加强绍兴旅游宣传推介工作总体方案》等，提出为激发古城夜游消费活力，依托绍兴的文化旅游资源和古城街巷特色，推出夜间民间文艺展演、越剧表演、绍剧、曲艺表演等主题性、参与性强的文化演艺项目，利用历史文化街区、具有绍兴特色的建筑、能集聚观众人气的场所和景区，重点开发绍兴戏曲和“非遗”活态展示项目，策划具有互动性、参与性、体验性的演艺活动，创排具有特色的综艺节目，演绎具有鲁迅笔下风情的“绍兴水乡社戏”。

孔乙己与咸亨酒店(资料图)

三、商业开发与鲁迅精神传承

绍兴市除了从旅游产业的角度尽力拓展鲁迅故里的市场价值外，还积极开展各种文化活动，进一步展现和提升鲁迅的文化精神内涵。相关活动有：①定期举行关于鲁迅的学术交流活动；②举行鲁迅作品的展览会，如微电影《伤逝》展览、2011 年国际版画展，这给大众了解鲁迅提供新的途径；③联合北京鲁迅纪念馆、上海鲁迅博物馆，举办鲁迅手迹珍品展；④举办“跟着课本游绍兴”修学游活动。鲁迅故里开发在追求经济效应的同时兼顾人文效应，使得两者形成良性循环，为全国文人故里开发提供了宝贵的开发模式。①

第三节　莎士比亚故居对中国的启示

莎士比亚故居坐落于英国埃文河畔的斯特拉特福小镇，这座小镇在完好地保护莎士比亚故居的同时，充分将莎士比亚的品牌发扬光大，居住人口不足 3 万人，每年吸引的世界各地游客人数却达 380 万人，成为名人故居保护与商业

① 参见何建梅、林红：《鲁迅故里旅游开发的示范意义与不足》，《绿色科技》2014 年第 4 期。

开发的优秀典范。经过数百年的努力，莎士比亚故居已经成为英国文学，甚至欧洲文学的载体和象征，成为世界各国游客游览英国的基本目标、了解英国文化的基本场所。

作为世界上存在时间最久、影响力最大、机构最完善、运作最成功的历史文化名人博物馆，莎士比亚故居的生存和发展经验对世界任何一处历史文化名人博物馆来说，都具有非比寻常的借鉴意义。

一、完善的管理机构：莎士比亚出生地基金会

19 世纪 40 年代，在莎士比亚逝世 230 多年以后，被认为是他出生地的房屋因为年久失修，在市场上出售。1847 年，作家查尔斯·狄更斯等人筹集了 3000 英镑，买下了房屋，狄更斯还在伦敦、伯明翰、曼彻斯特等地组织了一系列由他当代文坛名流参加的业余演出，为购买诞生地筹款。其后，莎士比亚出生地基金会（以下简称“基金会”）创建。1891 年，英国的议会法案规定，基金会的宗旨为“造福全国”，对与莎翁相关的历史文化遗存进行收集和保护。①

莎士比亚故居（资料图）

① 参见肖波、陈泥：《陷阱与突围：论莎士比亚故里的保护与开发》，《山东大学学报（哲学社会科学版）》2016 年第 4 期。

基金会设在英国中部埃文河畔的斯特拉特福小镇，定位是独立的教育慈善机构，没有接受公共补贴和政府资助。它的经费主要来源于社会捐赠、景区门票销售收入、礼品店的销售收入。基金会管理5所与莎士比亚直接相关的都铎式建筑和具有国际意义的图书馆、档案馆及博物馆藏品。经过多年积累，目前有2亿多英镑的现金存款。基金会的理事会共有16名理事，由斯特拉特福镇的市长、牧师以及英国一些大学的校长、企业家组成。基金会通过历史建筑空间再现、戏剧、诗歌、课堂、工作坊和学习日等不同的形式，启发人们了解莎翁的作品、生活和他的时代；同时，基金会还邀请世界各地的艺术家、作家、表演家与他们的文化艺术中心合作，以各种形式对莎翁作品进行阐释和表演。

二、"斯人已去，情景犹在"——对斯特拉特福镇的复原与利用

在英国，与莎士比亚生平活动有直接联系的地方有两处：一处是莎士比亚的出生地——斯特拉特福镇；另外一处在伦敦泰晤士河南岸的环球剧场，莎士比亚曾经是这个剧场的股东，至今，这里仍保存着莎士比亚生活时代的剧场模样——圆形的草屋露天剧场，轮流上演莎士比亚的经典剧目，但这里不属于基金会，而是由英国皇家环球剧场公司管理。在这里，我们只介绍位于斯特拉特福镇的各处建筑的保护过程。

1860年，根据理查德·格林于1762年所绘素描的样子对莎士比亚出生地房屋进行复原，但壁炉和后窗位置都按照原始的内部结构原样保留。现在，客厅、主厅、工作坊和卧室都按照1574年的式样布置，还根据莎剧中的描写，陈设了16世纪英国中产阶级使用的家具、纺织品和其他家用物品。

莎士比亚的父亲是一个手套作坊主，在其出生房屋的东侧就是手套店，后院有仓库和作坊。在作坊里，有详细介绍莎士比亚时代如何制作皮革和手套的资料。手套是莎士比亚时代最主要的时尚装饰品。莎士比亚出生房屋的外面是一个花园，花园里有印度诗人泰戈尔的半身像，原因据说是泰戈尔的创作深受莎翁作品的影响。参观时，讲解员会告诉你这里以前是莎士比亚父亲存放动物皮革和石灰（做手套的必需品）的地方，另外还有仓库和马厩，家里还可能养了猪和母鸡，可能种了菜、芳草和果树。而现在的花园则是按照19世纪中期布置的，里面种了很多莎翁剧本中提到的植物。花园中，每天都会在固定的时间表演一段莎翁的经典戏剧。

其他进行复原的还有玛丽·亚登农庄、安妮·海瑟薇故居、霍尔故居等，这些房屋经过基金会整理、复建、修缮之后，基本保留了都铎时期的建筑风格。他们根据自己掌握的文字、传说、历史环境等资料，系统形成了关于莎士比亚其人、其事、其家谱及其时代的整体描述，生动、形象，可触摸、可感知。

今天的斯特拉特福镇仍然保留了莎士比亚生活时期的城市面貌和生活氛围。斯特拉特福河穿过城市。越过河上的大桥，就进入了镇中心，桥畔放置有莎士比亚剧中的人物雕塑。镇中心的中世纪栅栏格式的街道，中世纪的石桥、圣三一教堂、国王学校风貌犹存。莎士比亚出生的房子、新居与纳什之屋、霍尔故居虽然在城中的不同位置，但标识很突出。在整个斯特拉特福镇，参观者能随处感受到莎士比亚的存在——或者是雕塑，或者是莎士比亚曾经就读过的学校，或者是莎士比亚受洗的教堂，或者是以莎士比亚命名的剧院，整个城市都一致地贴上了“莎士比亚”标签。如果莎士比亚在世的话，他完全可以按照当年的路线，去国王学校上学，到铁匠邻居家拜访朋友，或者是到圣三一教堂做礼拜。

这是斯特拉特福镇的有意为之：让游人身临其境，营造“斯人已去，情景犹在”的效果。这种历史空间的营造给斯特拉特福镇带来了巨大的旅游资源，小镇现在仅有不到 3 万的常住居民，每年却要接待来自全世界各地的 380 万游客。除了基金会能得到近亿英镑的门票及纪念品销售收入以外，这个城市的酒店、餐饮、交通等收入也相当可观。

三、如何从一个小镇走向全世界

莎士比亚故居的成功，最值得借鉴的经验大概有两点：

一是市场化的管理和运作。莎士比亚故居目前由一个国际信托基金会负责维护管理。该基金会有 200 余名员工，人员也多为该领域的专业人士。充足的人员能够保障基金会开展很多的商业活动，并设立研究室、外宣等部门。管理主体拥有市场自主经营权，故居的维护主要靠基金会的筹资，收入的九成来自门票，还包括一些商业收入，如纪念品店、餐饮收入等。此外，基金会也接受一些私人捐赠、捐款，并通过主办一些商业活动收费。

二是整体化宣传和利用。莎士比亚故居在英国几乎拥有至高无上的荣誉地位。在莎士比亚故居的宣传册上，仅相关网站就有 5 个。现在斯特拉特福小镇有 5 座与莎士比亚有关的房子，分别是他以及他父母、妻子、女儿和孙女住过的房子。此外，小镇还有一个与他有关的学校以及他下葬的教堂。英国法律规定，名人故居外观不能随意改变或者拆除，因此这些建筑一直保存完好。所有与莎士比亚有关的遗迹被集中在一个地方，这就做到了整体性和统一性。

除了莎士比亚及其家人的故居外，管理者还积极收集和保护莎士比亚的作品，一方面是在学术上对这些作品进行整理和推荐，并同世界上研究莎士比亚的大学和学会保持密切联系；另一方面，通过电影、戏剧、表演以及网络平台等多媒体手段，向全世界介绍莎士比亚这个人，其目的就是通过这种整体性、关联性的方式，吸引越来越多的游客来到斯特拉特福镇。

第六章　大遗址

大遗址包括古聚落、古城镇、宫室、建筑群、寺庙、手工作业作坊、工程、陵寝和墓葬群等类型，不仅占地面积大，而且具有文化内涵丰富、学术价值高等特点。世界各国都十分重视大遗址的保护和利用工作，遗址公园是目前比较常见的利用方式。

第一节　陕西西安大明宫遗址

一、大明宫遗址保护利用概况

大明宫遗址位于西安市东北部，是我国目前保存最为完整的皇家宫殿遗址，被誉为“千宫之宫”。作为唐代文化的重要载体之一，大明宫规模宏大，形制完整，遗迹、遗物埋藏丰富，具有极高的历史、科学和艺术价值，是研究唐代社会、政治、经济、文化的珍贵实物资料，在中国历史发展的文物序列上占有不可替代的地位。它不但是唐代盛世风采的集中表现，也代表了唐代建筑艺术的最高水平。基于此，该遗址不仅入选首批全国重点文物保护单位，而且已作为“丝绸之路”跨国界申报世界文化遗产的重要节点项目被列入《中国世界文化遗产预备名单》。

2007 年 10 月，西安市全面启动大明宫遗址区保护改造项目，在创新性保护遗址的前提下，对大明宫遗址区 19.16 平方公里实施“整体拆迁，整体规划”，优化周边环境，提升区域居民生活质量，带动当地经济社会的发展。作为其核心项目的大明宫国家遗址公园，于 2010 年 10 月 1 日建成开放，并于 2011 年成功晋升国家 4A 级旅游景区，同年获得国家建设部颁发的“中国人居环境范例奖”。在此之前，大明宫遗址保护项目还入选 2010 年上海世博会城市最佳实践区，成

为第53届世博会唯一入选的大遗址保护案例。此后，遗址周边旧城改造和文化建设全面启动，基础设施、文化事业以及城市面貌取得长足发展。作为我国初步建成的12个国家考古遗址公园之一，大明宫遗址公园是我国大遗址保护的先行者，彰显了我国融遗址保护与文化旅游景区于一体的理念。

二、大明宫遗址开发利用的相关措施与经验

1. 新开发模式，解决资金困局

大遗址保护、特别是考古遗址公园建设是实践先于理论，尤其是作为基础和关键要素的资金问题更为突出。尽管2005年国家已正式设立大遗址保护专项资金，并投入20亿元启动大遗址保护工程，但相对于数量众多的大遗址保护而言，这些远远不能满足需求，大多数地方政府财力也捉襟见肘。因此，将大量的拆迁整治和遗址保护任务通过社会投入和市场化运作来实现，成为市场经济条件下解决大遗址保护资金巨大缺口的有效途径。

大明宫遗址是世界上规模最大的"土质遗址"，保护范围达3.2平方公里，具有面积大、级别高、可视性差的特点。与欧洲的"石质遗址"相比，其保护与修复面临着重大挑战。特别是在城市中心进行大规模的遗址修建，是一项具有示范意义的积极探索。

西安市地方财政收入年均不足170亿元(2007～2010年)，拥有大遗址总面积超过230平方公里，占地仅3.2平方公里的大明宫遗址保护与考古遗址公园建设投资预算就达120亿元，19.16平方公里区域范围总投入可能达1400亿元，预计遗址公园建成后维护管理成本每年在2亿元左右。这些仅仅依靠国家文物局等部门拨款远远不够，大明宫历史文化资源转化为文化产业面临巨大的资金压力。

大明宫遗址公园绝大多数的建设资金来源于开发商，而遗址公园的建设又能为整个大遗址区带来土地价值的提升。这一模式被项目建设部门总结为："规划景观环境以提升资源价值"，"调整产业结构以置换人文空间"，"利用经济发展以反馈文化传播"。大明宫遗址公园创造性地采用"集团运作模式"，即"政府主导、社会参与、市场运作"。西安市政府委托中国西安曲江新区管委会、西安曲江文化产业投资(集团)有限公司实施大明宫遗址保护工程，具体负责"遗址及周边区域征地拆迁、产业发展、招商引资、规划建设、土地管理和遗址公园建设"。这一开发模式的核心就是政府以一种概念吸引企业积极参与、实现共赢：遗址公园建成后，会大大提升周边地产的价值。政府主动引入大型企业集团投资参与保护利用，同时将周边一定区域的土地开发权交给企业。如果企业想获得这些土地的开发权，就要先拿出相应资金来进行遗址的保护和环境整治。

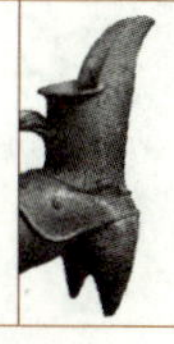

通过这种方式，大明宫项目的资金问题得到有效解决。以中建股份所获某处地块为例，该模式显示了大明宫改造办已与开发商形成了关系牢不可破的利益共同体——投资＋地产＋工程＋设计联动。其具体合作是，中建股份向大明宫改造办提供资金，以供其进行拆迁安置；大明宫改造办则需将 410 亩周边地块向其挂牌转让。资金使用期间，大明宫改造办按照央行贷款基准利率向中建股份支付 1 年资金占用费。此外，中建股份还与大明宫投资集团签订合同，承接某城中村 150 万平方米的安置项目建筑工程。同时，大明宫改造办聘请中建股份下属的西北设计研究院为大明宫遗址公园顾问。

按照规划，除在城北建设大明宫国家遗址公园，对遗址公园内的棚户区进行拆迁和安置外，整个遗址区还以遗址公园为核心，在 19.16 平方公里的范围内进行相关产业的联动开发，包括建设商业圈、文化旅游区和中央居住区等多个项目。万科、万达、中建等多家房地产商参与到商业地产的开发之中。这是把曲江新区的文化产业运作机制和经验引入大明宫遗址区保护和建设中的又一次实践，也是曲江模式、曲江机制的推广和延伸。

2.将遗址开发利用与改善民生相结合

大明宫遗址区 3.2 平方公里内涉及西安市最大棚户区，应拆除建筑面积达 350 万平方米，涉及 89 家企事业单位、拆迁户 2.5 万户、人口 12 万。1935 年，陇海铁路开通后很多老百姓移居到此，形成了人数庞大的棚户区（占整个西安市棚户区的 2/3），并在遗址上进行生产或生活活动。长期以来，这里城市建设和经济发展相对滞后，基础设施落后，人居环境较差，群众生活困难。从遗址区拆迁出去后，老百姓的生活发生了翻天覆地的变化。遗址区原居民拿到了不少补偿款，也分到了楼房和门面房，而且他们中间很多人就被安置在遗址周边。美丽的遗址公园成为他们休憩的最佳场所。遗址公园环境的变化，也给他们提供了大量的就业岗位。

对遗址区内居民的拆迁安置是大明宫遗址保护的重要内容，也是将文化遗产保护与周边历史区域环境保护结合起来的关键环节。公园建设的费用主要是在拆迁上。与此同时，还启动了 3.2 平方公里集中安置区的建设，实现了遗址保护与遗址区居民生活水平提高、城市环境改善、城市现代化建设和谐发展的目标。

3.创造遗址保护与利用的综合效益

大明宫遗址保护展示工程的出发点、根本要求就是要保护遗址、传承文明。因此，开放遗址公园不能影响到考古的进程，这也是项目设定的底线。遗址公园开园后，考古工作非但没有结束，反而是一个新的开始，是一个有计划、有步骤的开始。已经发掘的，如果按面积来说还不到 1%，没有发掘的还很多，可以持续 20 年、50 年，或可持续 100 年甚至几百年。这项工作同时将作为一种景观向游客展示，满足他们深入了解历史的需求。

遗址区域内所有的建设都是在经过认真考古勘探之后，确定没有遗址、遗迹的前提下进行的。园内建设依照国际惯例，不对大明宫建筑进行大规模复建，只是通过史料推理建设一些必要设施。以丹凤门为例，建设中采用轻钢结构，在原遗址上加了一个“保护罩”，轻钢结构基点距离遗址还有一段距离，以确保遗址不受破坏。就连大明宫的宫墙也不恢复建造实体墙，而是用树、竹子、石块等组成抽象的墙体，既让游客体会其原貌，也不破坏遗址本身。

另外，遗址公园还采取了很多具有国际水准的遗址保护展示手法。保护展示工程借助现代科技，对夯土层进行修复和加固，确保遗址能够传承下去；对于紫宸殿，则通过轻钢和原木勾勒出宫殿轮廓，用大树丰满主体，方案很生态；3D IMAX电影《大明宫传奇》将盛唐辉煌和大明宫历史生动地展示给世人，为游客打造出了身临其境的效果。

4. 将文物保护与周边环境的改造相结合

大明宫国家遗址公园建设突出了生动性，把古遗址保护与生态景观建设充分融合，营造出既符合遗址特质和艺术审美，又适合市民游憩、生活的生态环境，不仅使遗址得到全面彻底的保护，也使得这一区域形成 90％的绿地、5％的水景，丰富了城市景观。

遗址公园划分为两级的管理体制。对于考古遗存密集的核心景区采用封闭式管理，便于保护遗址安全、控制人群数量，也保证了日后考古工作的继续进行；对于周边与城市接壤的区域则实行完全开放，以积极的面貌融入城市，承载市民活动，吸引游客的到来。①

三、围绕大明宫遗址开发利用的相关争议

1. 开发的意图重于保护

有关文物专家认为，这不是一种遗址保护，而是一种地产开发。某些媒体也对这一模式提出了质疑，称大明宫改造项目“借遗址改造炒地”，其过程是“先讲一个很大很美的故事，用电影、电视剧、晚会等文化形式去讲，大手笔投入让故事深入人心；然后建主题公园，引来游客和现金流；最终，周边土地快速升值”。这种开发的意图也在《唐大明宫地区保护与改造总体规划》中得到印证，“规划将该区土地强度提至最高，既促进了该地域的复合使用，打造出独具特色的地区名片，同时大大提升了地区的土地经济”。

---

① 参见刘宗刚、刘波：《城市文脉的延续与彰显——唐大明宫遗址公园的保护与展示》，《风景园林》2012 年第 2 期。

在遗址区内，文化延伸不到位、文化展示不够的问题也不同程度地存在，游客难以充分领略唐大明宫的样貌和氛围，也难以看到遗址原貌。大明宫的文物价值主要在地下，地面上只留下了部分的夯土遗存。要让游客更多、更深层次地了解遗址，需要靠文化诠释的手段；而开发绝不是指在园区内遗址上的开发，而是遗址公园以外区域的开发。

目前的状况更像是对文物资源的一种掠夺，是一种资源开发型的文化生产。其不足之处是文化诠释的手段还有待丰富，而这也是由遗址公园的特性决定的。怎样让宫廷文化、盛唐文化体现得更充分，并得到更好的诠释，目前还在探索中，这也是国内大遗址地区共同的难题。

2. 盈利模式欠缺

房地产商投入的建设资金是一次性的，大明宫项目在持续投资上面临着压力。公园面积大，每年的维护和运转费用也就很大；而目前游客量较少，周边的商业尚未发展成熟，后续发展存在困难。虽然管理部门也在想办法拓展项目，像考古体验中心和影院系统等，但短时间内效果不会显现。如果无法突破盈利的困境，大明宫所探索的新模式就不具有可持续的意义，因此也就不具有“样板”的价值。

作为目前为止全国唯一一个没有政府建设资金投入、也没有后续管理经费投入的遗址公园，大明宫目前正处于“经济培育期”。想要实现盈利模式的突破，需要西安市政府从更广的层面上进行构架和规划，突破目前的“孤岛”现象。如可以规划地铁、轻轨等现代城市交通，把曲江、大明宫、汉长安城等联结起来，形成西安市的“文化项链”。同时，可通过财政支持的方式，帮助其度过 2～3 年的“瓶颈期”。

3. 某些工程项目未经审批即建设

目前，大明宫遗址内有十几项工程，其中只有一部分经过有关文物单位的批准，剩余多项工程根本没有报批，文物部门数次干涉无果。如果大遗址公园内所有的建设项目在开工之前都经过相关部门的审批和论证，许多遗憾和失误可能会由此避免。

4. “曲江模式”的开发受到质疑

西安市曲江新区的建设运作模式和资金运作模式，为大明宫项目的实施提供了经验。但是在这种开发模式的主导下，大量古迹遭到破坏。此外，曲江新区文化产业发展仍处于初期，园区的可持续发展、文化产业的有效盈利模式尚处于探索阶段，因而会在开发中遭遇到一系列问题。此次调研发现，“曲江模式”的负面影响不但没有得到遏制，反而有所发展，每年都有大量以建设开发名义破坏、拆除文物的事件，这一问题值得引起重视。

第二节　山东临淄齐国故城遗址

一、概况

齐国故城遗址位于山东省淄博市临淄区齐都镇，为周代齐国的都城，西汉时又为齐王国都治，历时千余年。1961 年被国务院公布为全国第一批重点文物保护单位。

目前，故城的城墙多数已湮没地下，少数因挖土及河水冲刷而无痕迹，仅存一些断垣残迹。文物部门经考证知，城墙早在西周时期就存在，春秋、战国、西汉时又进行了多次修补。据《齐记》载，齐城有门 13 座，见于史书的有雍门、申门、扬门、稷门、鹿门、章华门、东闾门、广门等。

临淄齐国故城(摄影：王学明)

齐国故城小城是国君居住的地方，又名“宫城”。在其西北部存有一夯土台基，当地传称“桓公台”，是齐国的宫室建筑台基，现存高 14 米，地下夯土台基呈长方形，南北 86 米，东西 70 米。在“桓公台”周围又钻探出大片夯土台基，估计是当时的宫殿遗址。这片遗址几乎占了小城的一半面积，在此出土了方形铺地花纹砖、屋脊花纹砖和瓦当。在小城南部(今安和村)是手工业区，发现有铸币

“齐法化”遗址1处、冶铁遗址2处、炼铜作坊遗址1处。

大城是官吏、平民及商人的居住区，又名“廓城”。大量的手工作坊就分布于此，现已在大城内发现冶铁遗址4处、炼铜遗址1处、铸币遗址1处、制骨遗址4处，是当时齐国最主要的手工业区。在大城的地面上，还存有多处建筑台基，是当年齐王建筑的离宫别墅，主要有“雪宫台”“梧台”“遄台”。大城内有两处墓地，一处在大城东北部(今河崖头村一带)，是当年齐国贵族的墓地，已发现大、中型墓葬20余座，在其中的5号墓周围，发现了大规模的殉马坑。另外，在大城南(今刘家寨韶院村南)亦有1处墓地，是东周时期的墓葬。在大城内还存有韩信岭、孔子闻韶处、晏婴冢、稷下学宫等遗址。

齐国故城是国务院公布的首批全国重点文物保护单位，共有48处重点遗址，素有“地下博物馆”之美誉。1984年，当地建立齐国故城遗址博物馆；1994年1月4日，被国务院公布为“国家历史文化名城”。2005年，临淄齐国故城被列入“十一五”中央政府引导的大遗址保护项目；2006年12月15日，临淄齐国故都与齐王陵被列入国家文物局公布的《中国世界文化遗产预备名单》，列第17位，是山东省唯一入选的单列项目。

目前，临淄有齐国故城遗址博物馆(齐国历史博物馆、姜太公祠、东周墓殉马馆、临淄石刻艺术馆)、临淄中国古车博物馆、临淄世界足球博物馆、管仲纪念馆共4处国有博物馆，村办博物馆有南金农民博物馆1处。2011年开工建设的齐都文化城占地445.7亩，总建筑面积15万平方米，由齐文化博物馆、足球博物馆、民间博物馆聚落、文化市场4部分组成。2013年12月，齐国故城考古遗址公园已经由国家文物局审批立项。

齐国故城考古遗址公园建设主要包括考古勘探、环境整治、保护展示、展示道路建设、遗产价值阐释、游客服务设施、植物配置工程、基础设施工程等内容。主要有以桓公台为核心的宫殿遗址、以大小城交界处为中心的城墙遗址、以冶炼遗址为中心的手工业作坊遗址、大城东墙及淄河、排水道口、殉马坑、孔子闻韶处、晏婴墓、游客中心等保护展示服务区。考古遗址公园建设资金由国家专项资金和地方配套资金构成。在实施东周殉马坑、大城东墙排水道保护展示工程的同时，地方政府积极储备后续项目，启动了冶铸遗址、宫殿遗址、小城城墙、淄河店2号墓保护展示方案及施工图设计。

2015年，临淄区委、区政府成立齐国故城考古遗址公园建设指挥部。2016年以来，山东省文物考古研究所配合考古遗址公园建设，对桓公台宫殿遗址、10号宫殿遗址小城城墙、排水道、殉马坑等地点进行考古勘探和发掘；区文物管理部与齐都镇完成了殉马坑租地及地上附属物清理工作，完成了项目用地围栏施工；殉马坑、排水道口保护展示项目施工图设计。

二、相关建议

1.明确齐文化主题定位

作为齐文化的发源地,遗址公园具有一定的优势和影响力。当地政府紧紧围绕“齐文化”主体,充分利用齐文化特色,发展文物旅游事业,建起了既有文物价值、又有观赏游乐性的文物旅游景点,如仿城堡式的齐国历史陈列馆、东周殉马馆、临淄石刻艺术馆、齐故城排水道口、孔子闻韶处等,形式各异,各具特色。通过几十处文物景点,可以领略到齐国800年的辉煌历史和灿烂文化。

自2004年起,临淄每年9月12～16日都会举办齐文化节,至今已经成功举办14届。下一步,还需要突出“齐文化发祥地”的文化特质,争取建成齐文化教育基地、齐文化旅游胜地和齐文化研究交流中心,以提升齐文化品牌在国内外的影响力。

2.历史与现代结合,打造文化产业链条

积极与现代科技相结合,启动城市历史遗址公园与周边地区产业的整体联动规划建设,最终将文化引入市场运作机制中,将潜在的文化优势成功转化为显在的经济优势,实现两者的互动共进。

第七章　近代建筑和工业遗产

近代建筑遗产和工业遗产或者凝结着过去时代的科学艺术成就，或者见证了特定的历史时刻，是城市中的宝贵财富。近20年来，随着我国近代建筑史研究的深入和城市开发理念的发展，对近代建筑和工业遗产的保护和再利用问题日益受到政府、学者和公众的关注。由于这类建筑数量众多、类型繁杂、多位于城市繁华地带并且大多还在使用，其经济价值与社会价值决定了相应的保护措施不同于古代建筑，而是要在保护的同时通过再利用对策使其焕发新的活力。

第一节　济南老商埠区

一、概况

济南的老商埠区建设始于清光绪三十年(1904年)，当时胶济铁路刚刚开通。为了维护国家主权，发展工商业，时任山东巡抚周馥与北洋大臣兼直隶总督袁世凯奏请清廷将胶济铁路沿线的济南自开商埠，以“外争权利，内促富强”。清廷迅即批复同意开埠。济南开埠后，在商埠的范围内，准许各国商民自由往来，租地设栈，与华商一起居住。但同时强调，这个“开埠”与被迫签订条约的“开埠”不同，商埠的主权完全由中国掌握。

当局管理者对商埠区内的道路进行了修建，并增加了通讯设施，改善了基础设施。商埠区在最初的建设中即采用了当时西方商业城市先进的设计方法，经、纬路的垂直布局将商埠区分割成大小不一的棋盘状街区，东西街称为“经路”，南北街称“纬路”，形成了老商埠区小网格特色格局。街区内沿街的房子可开设商铺，里面则可以建成里弄或别墅。商埠区开设以后，依靠着胶济铁路和1912年开通的津浦铁路形成的交通优势，经济得到极为迅速的发展。

济南老商埠区的代表建筑——老洋行(资料图)

1904 年,济南开埠之时的范围是济南西关外胶济铁路以南,东起十王殿(今纬一路),西至北大槐树(今纬十路),南沿长清大道(今经七路西段),北以铁路为限,计东西长约 2.5 公里,南北宽约 1 公里。济南开埠后几年间,德、日、英、美等国在此设银行、教会、医院、学校等 20 多处。为了方便办理事务,当时有部分国家还在济南设立了领事馆,如德国、英国和日本,其领事馆分别设在经二路、小纬二路、经三路。意大利、奥地利等国也一度在济南设立领事代办处。第一次世界大战期间,青岛有些民族资本为逃避战乱损失,也将资金转移至济南,如泰康公司、祥云寿百货店等,都是在这个时期进入济南的。其后,周村、潍县的大量资本也于 1916 年流入济南。大量资本的进入大大促进了商埠区的发展,商埠区内由铁路车站至经二路、纬四路、纬五路沿街一带,形成办公商业近代建筑群,附近街坊居住建筑也逐步连片建成。

商业的繁荣让商埠区迎来了城市建设的高潮,其用地的范围先后向东、西两次进行扩展。第一次即是在"一战"后的 1918 年,将普利街地段划入商埠;第二次是 1925 年,将清泉街(今并入顺河街)以西、馆驿街以南拓展为商埠用地,使商埠区与旧城西关一带的传统商业区连为一体,极大地增强了商贸功能。此时旧城区西关商业中心也向商埠区转移,联系旧城区与商业区的主要街道普利街、馆驿街、经一路形成车站附近的商业服务中心。到 1945 年,商埠区租地面积已经增至 9000 余亩。

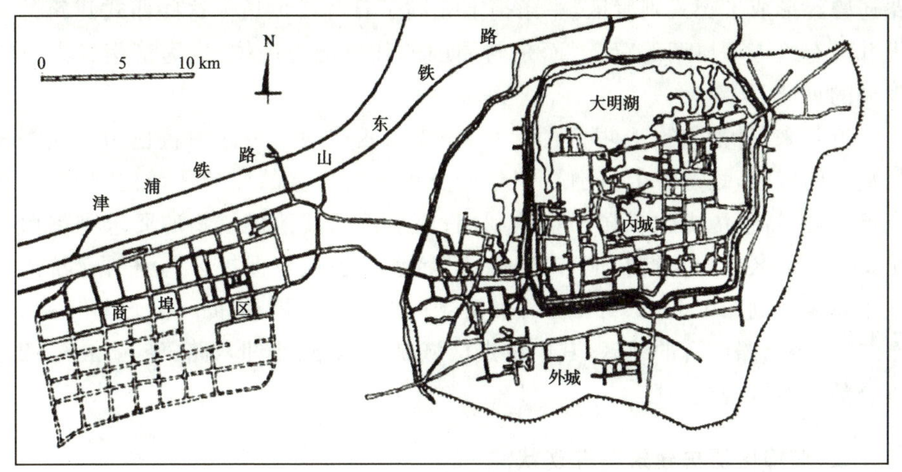

1904 年的济南地图(资料图)

1904 年的济南地图,左侧为当时的商埠区(图片来源于杨秉德主编《中国近代城市与建筑》,中国建筑工业出版社 1993 年版)。

最能反映商埠区不断扩大发展的是路网建设历程。济南开埠后,道路建设乃属首务,为此,商埠总局专门从德国购买了 5 台压路机用来筑路。最先铺设的马路是 3 条经路和 5 条纬路,即经一路至经三路、纬一路至纬五路。路面是用长 15 厘米的青石块作基础,上面铺两层不同规格的碎石分别压实,最后将黑砂铺在上面,充填缝隙,再次压实而成。由于上面的黑砂易随雨水流失,有些马路后来便改成了灌石灰浆的土路。1927 年,济南借鉴青岛、天津等地铺设沥青路面的经验,在估衣市街铺设了第一条沥青马路。此后,商埠的马路也相继铺设了沥青路面。而马路的数量也逐年增多。到了 1940 年前后,往南已经铺设了兴亚大路(经十路),往西则铺设了纬十二路。尽管商埠区的面积不断扩大,但最能体现商埠区建筑特色的还是位于纬一路以西、纬六路以东的中心片区,这里集中了外国领事馆、洋行、银号、公司、商号、商场、教堂、影剧院、娱乐场、饭店、旅馆等,成为当时济南市的经济中心区。在该区域内,为了方便市民休憩娱乐,商埠管理部门在经三路与经四路、纬四路与小纬六路之间的范围内还开辟了公园区,这也是当时国内在商埠区最早设立的公园,称"商埠公园"(今中山公园)。

欧洲风格的建筑陆续出现在商埠区,为济南的城市风景增添了不少异国情调。商埠区早期较大型的公共建筑大多是德式风格,其中最具代表性的是建于 1912 年的济南老火车站。其他如济南邮政局、德华银行、德国领事馆等,小纬二路还曾经形成了德式别墅区，整条街上充满了日耳曼风情。这些西式建筑的建设并没有给人不协调的感觉，而是与周围的环境融为一体，成为济南早期开放发展的见证。

近年来，针对济南商埠区的保护，济南市提出对商埠区内特色历史风貌相对集中的区域，划定一个范围较完整而要求有所放宽的保护区，对文物进行重点保护，对特色历史建筑强调整治利用；而对区内其他建筑物的要求则参照历史文化保护区的建筑控制地带，定名为“特色历史风貌保护区”。根据《济南市城市总体规划（2006～2020 年）》，确定老商埠区的范围是纬一路、胶济铁路、纬十二路、经七路围合的地区，其中重点区域是纬二路、小纬六路、经一路、经四路围合的商埠风貌规划区。

二、商埠区历史建筑留存现状①

在商埠区主要街道分割出的 62 个街坊中，历史建筑成片保存、街巷肌理相对完整的区域有 6 个地块：纬四路北段东侧的惠通街片区、纬五路北段东侧的万紫巷片区、中山公园片区、中山公园西侧的基督教堂片区、纬八路中段东侧的大生里片区以及小纬二路南段东侧的仁爱街片区。这些街坊的建筑高度基本控制在 6 层以下，沿街的商业建筑、内部的里弄住宅、洋房别墅等建筑类型多样、尺度各异，形成了丰富的、规模化的建筑群，集中反映了近代济南鲜明的城市特色。近年来，在房地产开发浪潮的影响下，其余的 56 个地块中变化较大，有 34 个街坊的原有肌理和格局发生了显著改变，基本上丧失了历史街区的延续性特征。

济南商埠片区的近代建筑可分为银行及金融建筑、领事馆建筑、宗教建筑、交通与邮电建筑、商业与其他服务性建筑、文化教育与医疗建筑、工业建筑、别墅住宅与里弄住宅以及其他建筑等，类型非常丰富，是济南近代建筑最为集中的区域。通过调查，现基本确认街区内留存的历史建筑有 235 处。国家级文物保护单位有 2 处，分别是原胶济铁路济南站近现代建筑群和纬二路近现代建筑群。其中，原胶济铁路济南站近现代建筑群共 6 座，包括原车站办公用房 3 座、原胶济铁路火车站、原站长室和原车站邮局。纬二路近现代建筑群共 10 座，包括原交通银行济南分行、原德华银行、原上海商业储蓄银行济南分行、原山东邮务管理局办公楼、原山东邮务管理局邮务长住宅、原山东省民生银行、原德国领事馆（2 座）、德国诊所、小广寒电影院。另外，该区域还有省级文物保护单位 14

① 参见冯雨乔：《济南商埠区历史建筑保护利用调查研究》，山东大学硕士学位论文，2015 年。

处，市级文物保护单位21处，省级优秀历史建筑11处。

从路网街区的角度看，商埠区现存的路网格局基本延续了开埠时期规划的“小网格”式的经纬道路布局，部分路段还保留了原来的面貌，这也是商埠区的最具时代特色的标志之一。就路段而言，街区22条主要街道中风貌保存较好的路段有8个，分别是：经二路东段、经三路东段、经四路西段、小纬二路南段、纬三路南段、纬四路北段、纬五路北段和小纬六路中段。这些路段依然保持了近代以来宜人的步行尺度，道路两旁当年遍植的法桐浓荫蔽日。街道由建筑或院墙围合，街道宽度为7～14米，沿街历史建筑以二三层为主，高度一般不超过10米，非常符合芦原义信的理论——街道宽度D与建筑外墙高度H的比例在1∶1～1∶1.3，是最为接近舒适的“人的尺度”。沿街的历史建筑风格和谐统一，而细节装饰各不相同，界面连续而不单调。

三、济南老商埠近代建筑的价值

1. 历史文化价值

建筑是文化领域中最具有时代性、社会性和民族性的因素之一。“老商埠区的近代历史建筑综合反映了济南乃至中国近代社会和城市的演变历程，实质上是济南的历史和文化的最好见证，反映了近代建筑艺术的变化与发展，表明了建筑艺术如何从封建社会走向紧跟时代的现代化过程。”①

另外，在老商埠区中有相当一部分近代建筑是以济南近代历史上特定的历史事件、历史人物为基础的。这些近代建筑不仅有丰富的文化内涵，而且有重要的历史价值，建筑本身反映了历史，带有厚重的历史感。例如，津浦铁路济南站和胶济铁路济南站及其附属的一些车站设施，反映了济南乃至山东铁路的形成和发展（可惜的是，津浦铁路济南站已经被拆除）。再如，蔡公时公馆和五三纪念亭与发生在济南的“五三惨案”有密切联系，是那场人间惨案的历史见证。

2. 建筑艺术价值

济南近代百年建筑活动，带来了西方先进的建筑科学技术，中国几千年的固有传统建筑受到了很大的冲击。商埠区近代建筑活动的开展和进行，为济南带来了很多西方的、与传统中国建筑形式大相径庭的建筑形式。西方建筑的哥特式、罗马式等古典风格的建筑，以及日耳曼式、英吉利式、日式建筑都相继出现在济南的大街小巷，丰富了城市的建筑景观，提升了城市形象，促进了城市建筑文化的多元化，形成了传统建筑、西方建筑、中西方交融混杂的建筑并存的局

① 孙继国：《济南近代建筑的生存与发展研究》，天津大学硕士学位论文，2007年。

面。中国传统建筑以住宅和传统商铺为主，济南近代建筑则出现了大量的新建筑类型，如教堂、车站、银行、医院、电影院等。众多新的建筑类型在济南的出现，标志着现代城市的发展、社会的进步、思想观念的开放。

商埠区的近代建筑大量采用夯架式、穹隆、悬挑、平屋面等结构形式，以及新型建筑材料如混凝土、钢筋混凝土、钢结构的运用，如20世纪20年代之前，"工"字形和"王"字形平面是中国公共建筑的两个常见平面，这种建筑无论在外观上还是在结构方式上都迥异于中国的传统建筑，如砖柱代替了木柱，叠涩代替了斗拱，拱券代替了木梁枋，行架代替了抬梁式屋架，马口铁屋面代替了瓦屋面。

商埠区的近现代建筑已经历了100余年的风雨洗礼，对西方先进的建筑方式逐渐从移植、吸收转变为融合，也可以说是从照搬、模仿到借鉴与结合中国特点进行再创造的过程。在这一漫长的岁月中，城市建设与规划、建筑类型、建筑设计方式、建筑风格、建筑技术、建筑材料、建筑施工、建筑设备等方面都发生了重大的革命，使整个中国建筑逐步走上了现代化的道路，为城市现代化发展提供了前提条件。[①] 老商埠区的主体框架基本上都是在近代时期奠定的基础，它的城市分区、道路骨架、建筑风格都是在那个时期逐渐形成的，其历史经验对于现在的城市建设仍具有重要的参考价值。

四、历史建筑的利用概况

目前，商埠区内现存的近代历史建筑近90%都拥有现实的使用功能，另有少量建筑闲置。除少量用途有所改变外，有60%的建筑仍然延续着原来的使用功能。多数居住类建筑和商住建筑仍保持着原有功能，而非居住类建筑则更多地实现了用途的转换。具体表现如下：

1.居住类历史建筑

商埠区内的居住类建筑数量较多，占到了遗存总量的近50%。其中有70%以上延续了原来的居住功能，只是使用者发生了变更。功能的延续本是对建筑价值的尊重和展现，值得提倡，但是其弊端也是显而易见的。现在院落内的居住密度普遍过高，已经超出了建筑正常的承载能力，对建筑保护产生了不利影响。另外，在使用过程中，不少住户对历史建筑的外观进行了翻修和改造。如：将屋顶的小青瓦改为现代的机制红瓦，将建筑外墙重新用水泥抹面，在历史建筑内部增加了隔断，将屋顶的梁架下安装了吊顶等。延续居住功能的实例包

---

① 参见孙继国：《济南近代建筑的生存与发展研究》，天津大学硕士学位论文，2007年。

括:纬二路 19 号德式住宅建筑群,经四路 405 号的德式别墅,以及经七路的多处军区别墅等。

商埠区内还有约 20%的居住建筑成功置换为零售、办公、餐饮、文化场所等新用途。此类建筑多属于昔日达官显贵们的西式公馆、别墅、公寓。因特色鲜明,功能形式与现代生活联系紧密,因而可以比较顺利地完成新旧功能的转换。例如:纬三路 16 号的德式住宅被改建为一家餐厅;经三路的原山东邮务管理局邮务长住宅被改建为山东省邮电博物馆。

另外,街区内还有 7 处居住类历史建筑处于闲置状态。生活设施不足和保护状态不佳是导致使用者迁出的最主要原因。例如,仁爱街 5 号的德式别墅曾为近代极具影响力的民族工商实业家苗海南的住所。据附近居民介绍,由于老房子冬冷夏热、生活不够便利等缘故,这座别墅一直无人居住,至今处于自然衰败的状态。

2. 非居住类历史建筑

商埠区内现存的建筑类型丰富,除居住类建筑外,另有金融、商业、文化、医疗、宗教、交通、娱乐、市政等多种建筑类型。至今还延续原来使用功能的有 16 处,以宗教建筑、商业建筑和文化建筑为主。例如,基督教自立会礼拜堂和王里庄基督教堂历经岁月更迭,依然定期组织宗教活动;济南著名的老字号瑞蚨祥布店、亨达利钟表店、宏济堂和阜宫照相馆是硕果仅存的延续商业功能的历史建筑。

济南宏济堂(资料图)

另有一些历史建筑的社会功能发生了显著的变化。这主要是由于中华人民共和国成立以后，商埠区内的领事馆、金融建筑、邮电建筑等被各机关单位和企业进驻，实现了功能转变。这类建筑在外部特征上大多保持原状，并在未改变原有结构的前提下进行了适当的加固和改造。由于入驻的办公单位多为国家机关、大型的企事业单位等，使用过程中也很注重对建筑进行日常维护，因而这些建筑历经近百年使用，保存状况依然尚好。从展示利用的角度来看，这类公共建筑在济南以至全国的同类文物中具有极高的代表性，其中不少被列为国家级或省级文物保护单位。

有些非居住类建筑，因其建造精良，区位优越，被投资者改造利用，局部或整体改为零售、餐饮、住宿、娱乐休闲等商业经营场所。例如，经一路的浦铁道公司旧址被改为养生餐厅，经二路的隆祥布店西记现由隆兴宾馆使用。然而值得注意的是，由于此类改造利用多数为民间自发进行，缺乏专业人士参与，致使建筑的历史特征和风格被投资者依据个人喜好而随意改换。例如，一些商家为扩大经营空间，对历史建筑的外立面进行显著改动，对内部格局进行重新划分，损害了建筑的真实性和独特性。

再者，还有少量建筑被改建为博物馆或文化产业园使用，以蔡公时殉难地设立的两处博物馆和纬七路的老商埠九号文化产业园为代表。对这类文化形式的利用尊重了历史建筑的原有风貌，体现出一定的文化品位，既为老建筑注入了活力，也营造了街区传统与时尚融合、文化休闲与教育并重的环境氛围，显然是对历史建筑一种比较理想的利用途径。

另外，街区内还有近15%的非居住类建筑，已失去原有功能，在很长的一段时间内也没有找到合理用途，如上海商业储蓄银行济南分行旧址、济南明星电影院旧址等。其主要原因在于，随着地段功能的调整和人们消费方式的转变，不少传统商业、文化场所在功能上不能适应时代发展，同时也没有找到理想的经营方向和运作模式。

五、历史建筑的再利用探索

目前，济南老商埠区的历史建筑基本上采取了适应性再利用的利用方式。适应性再利用有如下特点：第一，适应性再利用是建立在对遗产文化价值的充分认识和尊重的基础上，即使用者选择此类建筑的出发点是认识其特殊的价值，并在再利用过程中给予尊重。第二，保持建筑物历史特征不变。第三，改变建筑用途，强调新功能的介入给建筑赋予新的生命力。第四，改变的用途符合

新的功能需求，并且有利于历史建筑生命力的延续。[①]

1. 改造为餐饮服务场所

商埠区的部分近代建筑由于艺术感染力强，规模和面积适中，区位条件较好，被社会力量自发改造为餐厅、咖啡馆、休闲茶饮等餐饮服务场所。其中，最广受瞩目的当属经三路的小广寒1904精品餐厅。

始建于1904年的小广寒电影院是济南第一家电影院，位于经三路与纬二路交叉处的西南方，坐南面北。建筑设计者充分利用道路转弯处的地段特点，将电影院与方形四坡红瓦屋面的变电室形成的三角形小广场作为影院门前的人流集散地。小广寒电影院自1906年投入使用之后，曾有几次更名经历：1946年改名为国民电影院，1948年改为济南电影院，1950年又改名为明星电影院。中华人民共和国成立后，被当作过济南市卫生教育馆，办过计划生育类的展览，后为房管局管理的直管公房。直到2006年，济南市中区房管局将其使用权收回，2008年4月份进行了为期大半年的加固和修复。[②] 后通过招商引资的方式，选择了合适的公司接手，对其进行商业化运营。

改造为餐厅的“小广寒”（资料图）

小广寒的经营者前期自行到各地考察老建筑的商业运营之道，采取将电影艺术与城市饮食文化相结合的思路，创办了一家电影博物馆兼精品主题餐厅。2009年起，投资者花费了两年时间，对建筑内部进行了重新改造和装修。设计师避免了一味的修旧如旧，适度地加入了时尚元素，在对比中衬托出老建筑的

① 参见冯雨乔：《济南商埠区历史建筑保护利用调查研究》，山东大学硕士学位论文，2015年。

② 参见张炜、孔莹：《旧建筑再利用的价值研究——济南小广寒电影文化主题餐厅改造设计》，《山东建筑大学学报》2014年第4期。

风韵和味道。在空间布局上，增加了后厨操作间、卫生间等设施，改善了中庭的采光，并使之满足现在的安全标准。在材料的选择上，设计团队回收了普利街和魏家庄改造留下的青砖青石，还用济南本地的木鱼石作为装饰。在装修风格上，室内采用欧式复古和新中式结合的风格，契合了当今的怀旧风潮。餐厅的布置紧扣电影主题，店内展示了众多电影胶片和老式放映机，墙面上张贴了经典的电影海报，顶棚有李小龙等电影人物海报作为装饰，连包间的名字也以“1904”等与小广寒密切相关的名字命名，让建筑的历史具有可读性。2011 年 6 月，曾经盛极一时的老电影院华丽转身，以崭新的面貌正式对外营业，主营中西结合的私房菜。

在功能转换上，小广寒通过艺术与商业的有机结合，将娱乐建筑改造成与电影主题有关的餐饮场所，与其电影院的历史功能有一定联系。在改造过程中，利用者保持了建筑外观的整体性和连贯性，在内部装修中没有改变建筑的主体结构。餐厅营业后，利用方通过陈列展示电影元素，引导公众关注其历史文化意义，既彰显了城市的文化气息，也获得了不错的经济效益。就公益性而言，小广寒的改造由私人投资，消费价格比较昂贵，但是利用方考虑到商业运营与文物公益性的平衡性，所有慕名而来的普通公众都可以免费参观，并由店内服务员提供讲解服务，这在私人资本介入的遗产再利用实践中是难能可贵的。

2013 年，小广寒作为纬二路近现代建筑群的一部分，被列为国家重点文物保护单位。随着保护要求的提升，小广寒有必要适当调整内部装修，恢复有代表性的内部装饰，将现代设计对历史建筑真实性的影响降到最低，并进一步完善利用方式，如设立特定的展示区域，承办各类与电影相关的文化活动等，从而更充分地发挥其社会价值。

2. 改造为博物馆或陈列馆

将失去功能的历史建筑改造为博物馆不失为一种彰显文化意义和社会效益的选择。据调查，商埠区内依托老建筑建成的博物馆或陈列馆共有 4 处，分别为：经四路 370 号的济南商埠文化博物馆和蔡公时纪念馆，宏济堂集团开办的宏济堂博物馆，原胶济铁路济南站内设立的胶济铁路陈列馆，以及经三路 77 号院内的山东邮电博物馆。

如前文所述，经四路蔡公时罹难地旧址作为近代史上具有纪念意义的遗存，经过区政府和文物部门的维修和规划后，化身为极具教育意义的展览场所。一层的济南商埠文化博物馆，面积为 500 平方米，分为 6 个展厅。通过开埠时期的实物、模型、照片、文字展示，辅以历史场景的实景复原，唤起受众对老商埠历史繁华的追忆与感怀。蔡公时纪念馆设在二楼，以图文资料和多媒体的形式向公众展示蔡公时的生平事迹和“五三惨案”的历史。此外，纪念馆还多方查找

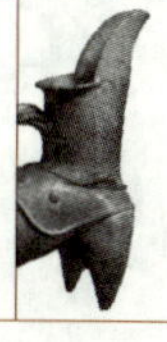

档案资料，恢复了公署内的办公室、书房等陈设，以求更详尽地阐释建筑蕴含的历史信息。

经一路北侧的原胶济铁路济南站建于1911年，见证了济南开埠以来的百年屈辱与艰辛、梦想与辉煌，具有很高的文物价值和社会价值。2012年，在济南铁路局的协调下，完成了建筑内办公机构的搬迁，并邀请专家制定了“整体规划、分步实施，合理布局、科学使用，注重尊重历史、重现历史、保护历史”的设计原则。建成后的陈列馆，一楼用作“胶济铁路陈列馆”，收藏有胶济铁路采用的德国原产的钢轨钢枕、津浦铁路火车站的钟楼残件等珍贵文物。二楼成为“济南铁路美术馆”，用于美术展览和拍卖。同时，展陈设计还对院落中所有建筑的建造时间、用途等用小块铜牌全部作出了标示说明。作为已经丧失原始功能的建筑，原胶济铁路济南站的对外开放可以让人们近距离领略建筑特色的同时，了解铁路建设对济南产生的革命性影响，深化了民众对建筑价值的认识。

3. 改造为文化产业园区

文化产业与历史建筑有一种天然的亲近感，老建筑的历史气息和文化积淀颇受创意工作者的青睐。就济南商埠区而言，纬七路的老商埠9号产业园区和经二路263号的羲古会馆也是这类改造的有益尝试。

纬七路9号院落原是英国烟草公司的办公楼和仓库旧址。主体建筑坐西朝东，砖石结构，主体3层，开有弧形老虎窗。建筑立面富丽精巧，窗户造型多变，并设有栏杆式窗台和独特的牛腿装饰。与之毗邻的老仓库空间开阔，特色鲜明，唤起人们对于工业文明的绵长记忆。2011年，这处院落通过修缮对结构安全进行了补强，对损坏的构件进行修补，恢复了原来华丽的外观，并更名为“意匠老商埠9号”，成为一个别具匠心的创意空间。整修后的办公楼大致维持了建筑的传统外观，在东边入口处加建了现代的洽谈空间，被改为艺术品公司——羲古会馆的展厅。对于老仓库，则运用新材料对其外立面和空间进行了重新定义和设计，新旧元素对比强烈，给人以工业特征与前卫艺术交汇碰撞的视觉感受。建成后的文化产业园区共有4000多平方米的办公空间和1000平方米的开放展厅，现已成功转变为艺术家工作室、传媒公司、创意生活馆、画廊、私人博物馆等，让历史空间成为生产创意的基地。

与“老商埠9号”相隔不足百米的经二路263号是一组以传统建筑为主体风格，吸收西方建筑元素和材料的合院式建筑群，原功能是由王协三创办的济南棉花行业龙头——阜成信东记。这处建于1909年的老建筑反映了近代济南家庭经营的商业模式和王氏家族诚信勤俭的家族观念。2008年10月，槐荫区政府邀请专业人士参与，对这组危在旦夕的老建筑进行维修。为解决该建筑占压道路红线的问题，设计师在维持原有结构、色彩和平面布局的同时，大胆地改

变了原有立面，设计了类似骑楼的底层外廊供路人通行。在再利用过程中，使用者根据功能属性的要求合理布局，临街的店面被改为棉花咖啡，命名与原功能有所呼应；内部因远离噪音的干扰而被羲古会馆选为办公场所，为艺术品收藏爱好者提供鉴定、交易、托管、展览和商务服务。

再利用为老建筑提供了一种适应时代发展的新途径，成为济南市文化产业发展的新生力量。文化产业园区的核心贡献是吸引创意人群进入片区，他们可以在这里创作、交流、生活，由此产生的“孵化器”效应会不断扩散，为历史地段的更新、文化业态的萌芽提供长期而可持续的创意滋养。

4.改造为复合型场所

老街区要保持活力，最重要的就是维持街区功能的多样性和复杂性。而历史建筑恰恰为培育这类混合用途提供了丰沃的土壤。商埠区内改建为复合型场所的历史建筑，是近代济南“下店上宅”和“前店后坊”式建筑的演化，有小型商业、办公、居住等多种用途。

商业办公模式以经三路110号的民国建筑为典型代表。该建筑为沿街常见的联排式商住建筑，主体二层，有巴洛克式的山花和精美的窗套，简洁大方。目前，该建筑一层被改造成一家古典家具展示馆，二楼则由小型企业作为办公场所使用。在自发的改造设计中，使用者保持了建筑外观原本低调的色彩，与街区环境比较协调。建筑立面运用了留白手法，店招虽小，但从字体到质感都很别致，再搭配上几张民国风格的招贴画，颇具历史韵味。店内陈设着各种古典家具、木质门窗等展品，为人们提供了观赏、品茶、洽谈的舒适空间。同时，历史建筑低廉的租金、适中的面积、灵活的内部空间和静谧的环境氛围也为小型企业或个人工作室的商务办公创造了良好的条件。

与之有一墙之隔的经三路108号则是多种小型商业混合模式的代表。位于经三路的皇宫照相馆旧址是由张鸿文于1932年创办，曾是山东设备最先进、装修最奢华、水准最高超的照相馆。建筑外观以红、黄为主色调，柱子上画有龙纹，宛如“皇宫”一般。现在，该建筑东侧三开间继续由照相馆经营，西侧三开间于2014年转租给一家书店。店主介绍，书店名为“阡陌”，取“商埠区经纬交错的小路”之意。书店未改动建筑的外观特征，店内选用民国式的装修风格，店主还特意将经过改建的不锈钢的楼梯恢复为木质，格调素雅。店内以出售摄影集、画册和文化类书籍为主，兼以举办小型文化活动，并布置了由古旧门扇制成的展架和各类植物，尽显小资情调。书店开业后，独特的文化氛围迅速吸引了许多青年人来此看书聚会，特别是夜幕降临之后，小店昏黄的灯光格外引人注目，为街区的夜晚平添了不少活力。

此类“小而美”的建筑再利用多由社会力量自发参与，通过新的创意使历史

建筑重新融入了现代生活，与商埠区近代以来沿街建筑的历史用途比较协调，经营内容符合历史街区的文化品位，提升了建筑的文化内涵和经济价值。文化特色浓郁的小型商业设施在服务周边社区的同时，也为漫步在街窗的行人提供了停留、休憩的空间，将更多人流尤其是青年人吸引到街区内部，有利于激发街区的活力。此外，二楼增加的办公功能也为相应的人群和企业提供了栖息之所。据笔者调研发现，经三路沿街几处混合功能的再利用项目也吸引了其他商家参与临近历史建筑的改造和经营，既对改善区域的消费环境有所贡献，也为现有建筑的持续经营提供了保障。

六、存在的问题和相关建议

问题一：历史建筑缺乏有效保护。

商埠区大部分历史建筑的使用时间已逾百年，各种构件已经超过了规定的使用年限，建筑肌体本就脆弱，而长期只用不保、缺乏维护，则加剧了历史建筑的破损和衰败。一方面，街区内数量众多的历史建筑仅靠政府下拨的专项经费远远不够；另一方面，不少建筑的使用者与产权人并不统一，责任意识不强致使不少历史建筑沦为危房。同时，不合理的更新和改造也给历史建筑的保护带来了负面影响。中华人民共和国成立以后，历史建筑内原本“一院一户”的居住格局被打破，大多沦为了大杂院。住户们通过对房屋翻建改造、自行扩建来满足住房要求。于是，历史建筑被改造得面目全非，院落格局难以辨认。

问题二：老商埠区缺乏整体、长远和有效的规划。

由于缺乏整体保护、长远规划的观念，街区的保护对象始终局限于被公布为文物保护单位的少数建筑。这种孤立的、散点式的保护方式，导致众多有保护价值的非文物建筑在城市建设中遭到拆除。自 20 世纪 90 年代开始，在城市破旧立新的改造中，大量历史建筑在路面扩宽、危房改造中被夷为平地。例如，在经一路的拓宽中，大丸洋行、德式别墅、石头楼等建筑在没有经过任何测绘和评估的情况下先后被拆毁，对于城市遗产保护来说是个不小的遗憾。2005 年，济南首次将商埠区的空间格局、特色街坊和历史建筑作为历史文化名城中需要整体保护的核心区域，但是，在具体的操作实施层面却缺乏切实有效的制度管理。此后，由于规划与实践的脱节、监管协调不到位等原因，历史建筑被损毁的事件时有发生。在街区整体风貌的保护方面，部分无特色的建筑与历史建筑交错分布，不少高度、体量、色彩不和谐的高层建筑对风貌影响相当严重，传统的街巷肌理不断遭到蚕食，街区的特色景观日益消退。尤其是近年来商埠区外围林立的高层住宅建筑，已经对街区形成了围攻之势，破坏了街区的周边环境，影响了视觉景观的完整性。

针对以上两个方面的问题，我们建议：

第一，要加强对商埠区历史特征和保护要素的调查研究。将反映街区风貌特征的物质要素（整体格局、历史建筑及构筑物、街巷肌理、绿化环境等）和非物质要素（居民生活方式、传统习俗等）一并纳入调查范畴；在详尽调研的基础上，完善保护区划，使之更具有针对性。

第二，要科学制定长远保护利用规划，并加强监督管理，确保规划能够真正“落地”。在政府管理中，有关部门要对规划的地位予以充分的尊重，增强监管力度，妥善处理遗产保护与发展建设的关系。同时，要让广大民众参与到历史遗产保护的决策和监督中来，让公众对遗产保护的全过程进行评价监督。

第三，对建筑进行妥善保养、修缮和改造。要明确保护责任，通过定期的动态监测，做到及时维护保养。对于文物建筑的修缮和加固，要在精细勘察和详细文献记录的基础上，严格遵守不改变文物原状的原则。对普通历史建筑的保护和整治，宜采用“小规模、渐进式”的方式，拆除不和谐的扩建、加建，严格保护特征要素，并保持建筑的历史沧桑感和时代印记。①

第四，要对老商埠区的历史建筑区别对待。那些经典的具有历史价值的老建筑，主要是市级以上文物保护建筑，要按照“修旧如故”的原则进行修缮，保持其旧有的外观风韵；而那些已经破旧不堪、没什么突出特色的老建筑，比如一些普通民居，就需要进行改造，使之变成既有老建筑味道、又充满现代元素的新型建筑。

第五，吸引多元投资主体，部分区域采用股份化运营。做好老商埠区的保护性开发利用，结合具体情况使用不同类型的开发模式。目前，历史街区的开发主要有政府主导开发模式、股份公司模式和大型企业开发模式三种模式。对于具有较高历史人文价值的文物建筑和其他历史建筑的保护与利用，需要由政府主导和操作。对于价值稍低一些、需要成片保留、比较完整的街区，由于开发利用成本较大，则需要由政府先做好评估和规划，设计出高水平的改造方案，然后引进资金进行开发利用。对于那些分布相对比较散的老建筑，就可以采用市场化运作的方式来进行改造提升，吸引更多业主、投资者参与进来，用市场方式将老建筑的价值与现代化的经营结合起来，使老建筑焕发生机。

---

① 参见冯雨乔：《济南商埠区历史建筑保护利用调查研究》，山东大学硕士学位论文，2015 年。

第二节 上海工业遗产

工业遗产不是城市发展的历史包袱，而是一笔宝贵财富。转变思维，合理开发利用工业遗产，探寻对工业遗产实施合理科学的保护与再利用的手段和途径，不仅可以解决工业遗产自身的保护与再利用问题，还可增加该地区的文化底蕴，让昔日辉煌的工业遗产焕发新的生命活力，有利于塑造具有特色的新的城市形象。上海作为我国近代工业的发祥地，其工业历程最为悠久、工业形态最为全面、工业遗产也最为丰富。当地在工业遗产的活化利用方面积累了很多经验，处于全国领先地位。

一、概况

工业化历程不仅改变了上海人的日常生活，也深刻影响了上海的城市面貌。20世纪末以来，考虑到社会、经济、环境的可持续发展要求，上海市区大量工业企业逐步被停产、外迁，城市中出现了数量可观的产业遗产。这些产业遗产见证了从19世纪开埠以来上海城市建设和工业文明的发展历史，也成为上海城市更新的重要内容之一。它们包括分散在城市各个角落的在不同时期形成的工业建筑，沿滨江、铁路的带状工业用地，以及分布在城市周边的大规模工业区。

上海老工业的代表——杨树浦自来水厂（资料图）

上海工业发展大体经历了三个时期，每一个时期都留下了各具特色的工业遗产。

第一个时期是清末民初，此为中国近代工业的肇始时期。这一时期，外商、洋务官僚和民族资产阶级投资兴建各类企业，不少在工业门类中实现了零的突破，由此在上海留下了具有开创性意义的工业景观，如中国最早的机器造纸厂(建于 1882 年的上海机器造纸局)、中国最早的自来水厂(建于 1883 年的杨树浦自来水厂)、中国最早的机器棉纺厂(建于 1890 年的上海机器织布局)等。这些工业遗存，成为上海极具代表性与历史意义的工业遗产。

第二个时期是民国时期，为中国工业的发展时期。这一时期上海的工业得到迅速的发展，特别是与民生相关的企业迅速增加、规模日益扩展。这一时期同样也留下了大量的工业遗产，如中国最大的毛纺厂(建于 1932 年，后为上海第十七毛纺厂)、远东最大的火力发电厂(建于 1913 年的工部局电气处江边电厂)、远东最大的制皂厂(建于 1925 年的英国伦敦利华兄弟公司)等。现存具有代表性的上海近代工业遗产大多建于此时。

第三个时期是中华人民共和国成立后到 20 世纪 80 年代。这一时期，上海工业发展成门类众多、多元化经营的格局。特别是在社会主义经济建设发展过程中，不少工厂、企业在城区街道不断拓展。冶金、化工、石油、机电等工业迅速发展并实现产业化。城市近、远郊开辟了大量规模庞大的工业区及配套服务的工人生活区。与此同时，城市内部大力发展街道工业，以解决市民就业问题和促进经济复苏。上海市区因而涌现出数量可观的小型街道工业，对城市风貌、功能结构和街道格局产生了很大的影响。

二、时空分布

目前，上海工业遗产共有 300 余处，不同时代、不同类型、不同规模的工业遗产遍布上海的城市中心和偏远的郊区。

从空间分布上看，首先，工业遗产沿着苏州河和黄浦江呈带状连续分布，两条河流交汇处的黄浦区境内工业遗产分布最多。其次，工业遗产在总体上呈 6 个“核”；除黄浦区的黄浦江和苏州河交汇处的工业遗产分布是呈现高密度的“核”，还有 6 个“次核”，分别分布于黄浦区东南部和西南部、虹口区东南部、杨浦区东南部、普陀区北部、浦东新区西北部。最后，静安区、长宁区、徐汇区等也是工业遗产分布的重要区域。

从年代分布上看，上海各个历史阶段的工业遗产数量分布是不均匀的，具体特征表现在两个方面：一方面，上海近代时期的工业遗产(1840～1949 年)占了上海工业遗产总数的绝大部分，其中 1913～1937 年的工业遗产数量最多；另一方面,随着时间的推移,上海的工业遗产由市中心区域逐步向其外延扩展,最终遍布全市范围。近代时期的工业遗产主要分布在市中心区域(黄浦区、虹口区、徐汇区等),而现代时期的工业遗产则分布在闸北、宝山、闵行、金山、浦东新区等区域。

由于时空方面的差异,上海的工业遗产可以归结为以下几种类型:

首先,沿黄浦江和苏州河狭长地带,呈连续带形分布的工业遗产占据了上海工业遗产的很大比例。借水运之利,滨水区的工业遗产与码头运输和水资源供给关系密切,苏州河沿岸和黄浦江市区段工业遗产最为集中,其中有相当数量的工业遗产有百余年历史。

其次,广大的城市腹地内陆分布着许多规模较小、个体散落的传统工业和街道工业。普通百姓留恋的传统手工作坊和计划经济时代产生的街道工业厂房与住宅交错分布,形成了混杂的城市功能空间。这些产业遗迹质量参差不齐、风格各异,有的拥有宽阔的堆场和院落,有的则被隐没在街头巷尾,成为中心城区更新改造过程中的主要对象。

另外,在上海广大的郊区及卫星城,分布着一些规模庞大的国家重型化工业。譬如20世纪70年代,先后在金山县和宝山县建设的金山石油化工总厂和宝山钢铁总厂。目前,上述工业地区仍延续着一定比例的工业生产,但伴随着城市化的进程和城市整体功能结构的调整,日趋衰退的老工业区成为制约上海城市发展的因素。值得注意的是,这些规模庞大的老工业区往往涉及较为复杂的历史因素和体制因素,是各种矛盾集中的区域,调整和改造的难度较大。①

三、上海工业遗产的开发利用过程②

1. 博物馆冻结式的保护与"自救利用"阶段

20世纪90年代初,一些闲置厂房被企业以经济自救为目的、发展三产为名义进行自我开发或转租,改造为家具城、建材市场或餐饮娱乐场所等。这种简单的商业利用模式在一定程度上破坏了原有建筑风貌,带有自发性和盲目性,只能说是废物利用,并且这一状况到目前依然没有得到彻底改观。

由上海市人民政府批准的第一批59处优秀近代建筑中的工业遗产中就有上海邮政总局和杨树浦水厂。在国家《文物保护法》"不改变用途"的要求下,这两处工业遗产和其他文物单位一样,都采用了博物馆的冻结式保护措施。

---

① 参见于一凡:《上海工业遗产保护与再利用发展现状及面临问题》,《城市建筑》2013年第5期。

② 参见黄琪:《上海近代工业建筑保护和再利用》,同济大学博士学位论文,2007年;刘旎:《上海工业遗产建筑再利用基本模式研究》,上海交通大学硕士学位论文,2010年。

在这个时期，上海市的产业转型已经开始，许多厂房处于空置状态。为了实现“经济自救”，企业开始以发展“三产”为名，自发对闲置的厂房进行了开发和转租，主要改造为对内部空间要求较大的家具城、建材市场或是将内部结构和空间分割后出租为餐饮娱乐场所。由于当时对工业建筑的保护尚未得到重视，这些相对简单的商业利用模式缺乏有效的引导，因而对工业建筑的风貌和结构特征造成了破坏。部分弄堂工厂在闲置后，被置换改造为菜市场等社区服务设施。虽然这些措施对完善社区的公共服务有着一定的帮助，但是对建筑中许多能体现时代特征的细部还是造成了破坏。

2. 艺术家为主导的工业建筑单体保护实践

1991 年颁布的《上海市优秀近代建筑保护管理办法》是上海第一部涉及历史建筑保护的地方法规。1993 年，第二批公布的优秀历史建筑中有 7 处工业遗产上榜。1999 年，公布的第三批优秀历史建筑中工业遗产达到 13 处。与此同时，上海在一些艺术家的推动下也开始通过建立艺术家工作室的方式，“自下而上”地对中心城闲置工业遗产进行保护利用。

工业建筑体量较大、跨度大、内部空间易于划分，这些都符合艺术家对创作和展示空间的要求。通过灵活的“裁减”，艺术家在创作时能更好地感知展厅展览的效果。钢筋水泥的建筑、保存完好的通风设备，再加上排水管道和各种生产设施，厂区内这些充满现代主义特色和怀旧情感的要素往往会激发艺术家的创作灵感；同时，厂房相对低廉的租金也成为吸引艺术家的重要原因。正是基于这些原因，在上海中心城内，很多艺术家将工业遗产改造为工作室并逐步聚集为创意产业园区，成为最早对工业遗产实施保护利用的典型。

20 世纪 90 年代末，以台湾建筑师登琨艳为代表的一批有文化意识、善于发现的艺术家们开始利用苏州河畔破旧的厂房、仓库，改造成 SOHO 式的个人工作室、LOFT，引发了工业遗产再利用的热潮。由于相关政策的滞后，这一时期的改造限于未知的试探性探索，仅在保证结构安全的前提下简单地恢复工业遗产历史原貌，进行功能置换，并以单体改造为主。这就使得大量的工业遗产免遭拆毁的厄运，也促使政府对工业遗产的利用政策作出了一定的调整。

3. 创意产业园区形式的迅速发展

在艺术家实践的基础上，对工业遗产的保护和利用方式受到了各方的重视。2002 年，上海颁布了《上海市历史文化风貌区和优秀历史建筑保护条例》，第一次把工业建筑列为重点保护对象。在 2004 年公布的第四批上海市优秀历史建筑中有 8 处工业遗产。同时，将工业遗产整体改造为创意园区的模式也开始兴起。2005 年 4 月起，上海市分 4 批、共公布了 77 处创意产业集聚区，其中共有 57 处为工业建筑遗产改建而成，占园区总数的 74%。

2008 年，市经委专门颁布了《上海市创意产业集聚区认定管理办法(试行)》。虽然将工业遗产整体改造为创意园区的模式对整体性保护、园区活力的复兴有着积极的作用，但是仍存在着众多园区产业功能雷同，在改造中缺乏有效引导、破坏了工业遗产建筑风貌特征等问题。例如，被列入创意产业集聚区名单的德邻公寓就要求主动从名单中撤牌，将再利用的功能调整为商业休闲综合体。

4. 引入城市公共活动

近年来，随着投资主体的多样化发展和政策的调整，很多工业遗产被改造后具有了社区服务设施、商业、文化休闲、旅馆、展示博览等功能，许多已经成为重要的商业或文化公共活动中心。利用厂房和仓储建筑内部空间较大、易于分割和可利用性强的特点，许多经济型快捷酒店和国际青年旅社都选择改造工业遗产。

从 2005 年开始，对工业遗产的保护在政府的参与下进入了一个新的阶段。通过对规划政策的调整，原有工业用地的性质变为公共文化娱乐产业用地，同时引入城市文化设施、城市公共绿地等公共功能，服务于广大市民。位于淮海西路的原上钢十厂闲置多年，后来被改造成为公共艺术空间，成为第一个以城市雕塑为主题的艺术馆，是引导工业遗产再利用的成功案例。随后在徐家汇公共绿地建设中，原大中华橡胶厂内的部分建构筑物被保留下来，成为城市绿地景观的一部分。

曾经的上海上钢十厂旧厂房摇身变成城市雕塑艺术中心(资料图)

5.多种再利用模式百花齐放

近年来,工业遗产的利用模式呈现出多元化发展的势态。面对上海住房紧张的现状,一批老厂房被改造为安置房、廉租房、单身公寓等,如复旦大学附近的"YOZO优族"青年社区。还有一些商家利用厂房建筑租金低廉、可利用性灵活的特点,将其改造为经济型快捷酒店,如"如家""MOTEL168"在沪利用老厂房改造的连锁酒店多达10余家。设立各种门类的工业技术博物馆、企业专题纪念馆,如杨树浦水厂厂史展览馆,也是工业遗产再利用的重要途径之一。

2010年,上海世博会对工业遗产的再利用,综合了展示、商业、办公、公共活动等多种模式,使得该区域原本默默无闻的工业遗产成了全世界瞩目的焦点。各类型展馆、商业建筑、城市广场,以及后续开发的工业旅游,呈现出工业遗产再利用模式百花齐放、兼容并包的繁荣景象。世博会更加激发了上海市对于利用工业遗产的热情,目前不仅越来越多的优秀工业建筑从闲置、衰败的状态走向积极动态的保护与再利用,大量一般性的工业建筑也正在通过适当再利用展示出它们在彰显历史文化、展现城市风貌、可持续发展等方面的价值。特别是近年在旧城改造和产业结构调整中自然诞生的创意产业聚集区,为上海工业建筑的保护和再利用提供了一种新的思路和契机。①

四、再利用模式

上海在借鉴欧美发达国家的工业遗产保护与再利用经验的基础上,开创了多种工业遗产"活化"利用形式,这不仅有效保护了全市的工业遗产,也促进了多个工业遗产地重新焕发生机与活力,成为城市新兴的文化景观。其主要的"活化"利用模式有以下几种:

1.创意产业园区模式

创意产业园区模式主要是通过对工业遗产进行一定程度的改造、修复、空间重塑和功能置换,使它成为发展创意产业的空间载体。不同类型的创意产业集聚在园区内,形成创意产业集聚区或集聚群。在空间上,创意产业园区在原有工业遗产区域设施的基础上进行保护更新,在遵循一定的保护更新法规与要求的前提下,结合产业发展需要、景观环境需要、人文活动需要等对工业遗产区域相关要素进行空间整合和功能置换。在形成机制上,创业产业园区存在两种形式,一种是由自发的创作作坊逐渐发展成为创意文化园区,而后形成一定规模,演变成今天的集工业遗产保护、产业创新、休闲消费等于一体的复合型创意

① 参见黄琪、黄平、亢智毅:《规划引导下的上海工业建筑保护和再利用策略研究》,《建筑学报》2009年第6期。

文化园区；另一种是由政府及相关部门自上而下引导推动而形成的创意产业园区，政府和相关部门通过一系列的鼓励政策与措施，促使与创意产业相关的企业在短时期内集聚于某个工业遗产改造区域，而后再依靠文化创意企业自己发展。例如，位于普陀区莫干山路 50 号的 M50 创意园，原来是上海春明粗纺厂。经过设计师们的改造和设计后，吸引了包括英国、法国、意大利、瑞士等国家和国内 10 多个省市的 130 余位艺术家入驻。园区内涵盖画廊、平面设计、影视制作、环境艺术设计、艺术品（首饰）设计等多种文化创意业态。艺术家及创意设计机构的入驻营造了园区浓厚的文化气息，使 M50 成为苏州河边独特的人文景观。

2. 遗产旅游体验模式

“工业遗产旅游”的概念起源于英国，是在从工业化到逆工业化（由于工业的衰退导致工厂企业破产、倒闭、外迁或转行的过程）的历史进程中形成的，特指在废弃的工业旧址上，通过保护和再利用原有的工业机器、生产设备、厂房建筑等等，改造成一种能够吸引现代人们了解工业文化和文明，同时具有独特的观光、休闲和旅游功能的新方式。通过适当的旅游开发形式展现工业遗产，既有助于对工业遗产的保护，也有利于人们更加深刻地理解和回味工业文明，并从中获得知识和乐趣。随着工业遗产旅游形式的不断丰富，越来越多的人会关注和喜爱这种不同于其他类型的旅游形式。例如，位于黄浦区建国中路 8 号的 8 号桥，由 20 世纪 70 年代所建造的上海汽车制动器厂的老厂房改造而成。8 号桥不仅是上海的时尚创意园区之一，也是全国首个以创意产业为特色的工业旅游示范点。经过新的设计和模式改造，同时注入时尚、创意的元素，保留的旧厂房现已成为现代城市景观的新景象，吸引四面八方的时尚、文艺爱好者前来旅游参观与体验。

3. 城市公共游憩空间模式

这种改造模式强调的是工业遗产及其周边区域的环境与景观特性。利用独特的工业景观，将区域的环境整治与休闲、游憩、办公、商业等综合文化功能结合起来，促进工业遗产地段的生态环境可持续发展，提高本地段的整体景观和文化环境特色，增强本地段的环境宜人性、文化性和趣味性，从而带动整个地段的发展。此种模式尤其适合以绿化开敞空间和滨水空间为主要改造目标的环境更新。按此种方式改造后的工业遗产地段将成为区域居民生活、休闲、娱乐的公共场所，为居民提供极大便利。上海老白渡滨江绿地就是更新改造的典型案例。老白渡滨江绿地由原上海港煤炭装卸公司的老白渡码头和上海第二十七棉纺厂的江边地域改建而成，总占地面积为 8.9 万平方米。绿地保留了系缆桩、高架运煤廊道、煤仓、烟囱等实物，利用原来的废旧材料再造了坐凳、花箱、广场等设施，同时种植了香樟、乌桕等 100 余种植物。对码头遗迹和工业文

化元素的保留和重塑，再加上优美的绿地环境，给城市居民提供了新的休闲空间。

老白渡滨江绿地(资料图)

4.公益性文化设施模式

该种模式通常会把工业遗产地段的改造和城市文化建设和发展战略相结合，使得这一地段成为城市发展和彰显文化的战略要地。在充分保护和利用工业遗产的前提下，有效延伸或弥补城市的文化建设职能，从而达到满足当代人的精神文化需求和提升城市形象的目的。例如，在上海世博会期间，江南造船厂、求新造船厂、南市发电厂等一批工业遗产得到有效的保护和广泛的“活化”利用，并展现出独特的魅力。这些工业遗产作为场馆建设的重要组成部分，成为世博园区内的重要建筑。世博会结束后，它们作为博物馆、展览馆，被永久性保留和对外开放。这些场馆与中华艺术宫(原上海世博会中国国家馆)相互辉映，成为上海新的文化艺术中心。

5.时尚文化商业模式

该模式是将整个工业遗产地段改造成为一个以时尚、创意、文化、艺术为主题，以吸引国内外时尚界著名设计师、名模、名企、名牌进驻发展为目标，以新产品发布、时尚设计、信息咨询、休闲娱乐等多功能服务为纽带，集创意、艺术、文化、休闲、商业等体验于一体的时尚活动空间。例如，由上海第十七棉纺织总厂改造而成的上海国际时尚中心，就是这一模式的突出典型。上海国际时尚中心以“时尚”为核心立意，跨界融合了国际名品和休闲、娱乐等多种业态，集创意、文化及现代服务经济于一体。清水红砖式的外墙建筑，既保留了20世纪20年

代老上海工业文明的历史年轮，又融入了当代时尚的审美元素，使其成为杨浦区东外滩的又一个时尚地标。

上海国际时尚中心（资料图）

上述所讲的各种工业遗产的“活化”利用模式，彼此之间并不是孤立、矛盾的，而是交叉重叠、相互补充、混合利用的。工业遗产的综合性、多途径“活化”利用，也是其未来的发展方向。

第八章　博物馆

博物馆是一个综合类概念，根据展陈物品的不同，可以分为历史类、艺术类、科学与技术类、综合类四种类型。我们这里主要谈的是历史类和综合类博物馆，这两类博物馆的主要功能是对历史文物进行征集、典藏、陈列和研究。它们既是文物保护的重要场所，也是文物利用的重要场所，可以为公众提供与文物相关的各项服务。

第一节　山东博物馆

一、山东博物馆简介

山东博物馆（原山东省博物馆）的前身是清朝末年设立于山东省图书馆内的“山东金石保管所”，该所成立于1909年，是国内省级地方政府创办的第一所博物馆性质的机构。现在的山东博物馆成立于1954年，是中华人民共和国成立后建立的第一座省级综合性地志博物馆。广智院的收藏和金石保管所的藏品是山东博物馆藏品的两大来源，同时，省政府还设立了专门的文物管理委员会，负责搜集和保护文物，将战乱期间流散的文物收集整理之后全部移交给山东博物馆，极大丰富了博物馆的馆藏。博物馆老馆位于济南市千佛山北麓，2007年在济南市区主干道经十路东段修建新馆，2010年6月圆满竣工，同年搬迁至新馆并于11月16日正式向社会开放。

山东博物馆目前共有展厅22个，常设展览有“山东历史文化展”“孔子文化大展”“佛教造像艺术展”“汉画像石艺术展”“明代鲁王展”“馆藏瓷器展”“馆藏书画展”“考古山东展”“山东名人馆”9个展览。博物馆是山东省文物及自然标本的收藏中心，馆藏历史文物有11万余件，自然标本有8000余件。其中一级

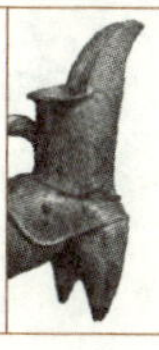

山东博物馆新馆内玉璧形制的藻井(摄影:李萌)

藏品1388件,藏书12万册,馆藏文物居全国第七位,一级藏品居全国第四位。

该馆藏主要以历史文物为主,设青铜、书画、陶瓷、服饰、古籍善本、工艺杂项等专项。史前部分有距今四五十万年的沂源猿人头盖骨和牙齿化石。新石器时代大坟口文化、龙山文化藏品丰富,其中龙山文化的蛋壳陶杯,胎壁薄如蛋壳,制作精美,为国内仅有。商周时期文物也是山东省博物馆的收藏特色,馆内收藏有2000多片河南安阳殷墟出土的商代甲骨,刻辞的字数不一,是研究商代历史的重要资料。除这些外,还有1976年临沂银雀山西汉墓出土的大批竹简,其中就有《孙子兵法》和《孙膑兵法》竹简。馆藏文物中,服饰和书画同样具有自己的特色。服饰以明鲁王朱檀墓出土和孔府旧藏为主,不仅等级较高,而且保存良好。

二、文物利用的举措

1. 充分利用馆藏文物,开展相关学术研究

代表作包括:王献唐《中国古代货币通考》《双行精舍书跋集存》《山东古代文物管理委员会收藏的黄县丁氏铜器》,朱活《古钱新探》《古钱新谭》《古钱新典》,蒋英矩、吴文祺《山东汉画像石选集》《山东嘉祥武氏墓群石刻研究》《汉代画像石的分布、技法与分期》,王树明《谈陵阳河和大朱村出土的陶尊文字》,关天相《英山一号隋墓壁画及其在绘画史上的地位》,王恩田《临淄郎家墓和国子

墓的年代与墓主问题》《诸城凉台孙琮画像石墓考》，张俊峰《山旺昆虫化石》，郑岩《安丘董家庄汉画像石墓》《魏晋南北朝壁画墓研究》，钟华南《龙山文化蛋壳陶模拟考古试验》等，这些专著和论文在各自的学术领域都达到了国内、国际的领先水平。

搬迁至新馆以来，硬件设施大为改善，文物的修复、整理、研究工作也有条不紊地展开。2015 年，博物馆召开了国家社会科学基金重大项目“山东博物馆珍藏甲骨文的整理与研究”开题论证会。据悉，该项目由山东博物馆和中国社会科学院共同承担，将用 5 年时间对馆内全部甲骨进行系统整理，并将编著一部融学术研究与资料著录于一体的《山东博物馆所藏殷墟甲骨》。而此项学术课题的展开所依托的就是博物馆馆藏的大量珍贵的殷墟甲骨。山东博物馆是国内收藏大宗殷墟甲骨文的单位之一，收藏数量达 1.05 万余片。其主要来源于加拿大明义士、德国柏根氏、上虞罗振玉等著名收藏家，一至五期均有，内容精湛，具有极高的文物价值、史料价值和学术研究价值。

截至 2015 年年底，依托于馆藏文物资源，山东博物馆承担国家级科研课题与科研项目 6 项，国际合作科研项目 2 项，省级科研课题 12 项，在深入开展科研工作的同时，也培养和带动了年轻一代业务人员的成长。

2. 充分利用丰富的馆藏文物，科学设计展示空间

文物藏品的陈列展示是吸引观众的首要原因，也是博物馆实现文化传播的主要媒介。山东博物馆在组织展陈之前通过科学研究尽可能地发现它们的文化内涵，找寻情感线索，并以此为依据来排列组合，将其尽善尽美地展现在世人面前。山东博物馆新馆建成以后，根据现代人的文化需求和对文物的合理利用，近年来陆续开设了山东历史文化厅、石刻艺术展厅、明代战船展厅、古代钱币展厅、绘画与书法展厅、生物化石展厅、动物标本展厅、齐鲁瑰宝展厅、恐龙化石展厅等。

除此之外，山东博物馆还陆续策划和引进了“菏泽古沉船出土瓷器展”“丹青巨匠——齐白石、潘天寿、岭南三杰书画艺术展”等展览，为公众展现山东博物馆丰厚的藏品资源和独特的策展理念。

3. 开办各类文化讲座，提高公众的文化素质

山东博物馆立足公众的多层次需要，着重体现公众价值，培育群众基础，实现文化传播的倍增效应。举办讲座是山东博物馆重要的宣传推广方式，他们与山东省博物馆学会一起协办，由省委宣传部、省社科联、山东大学、齐鲁晚报社联合主办的《齐鲁大讲坛》，以丰富的内容、鲜明的观点、通俗的表达，吸引了大批观众，在潜移默化中宣传了社会主义核心价值，已成为山东推动文化大发展大繁荣、建设文化强省的一面旗帜。面向广大青少年群体，开办了《孔子学堂国

学讲座》，传播优秀中国传统文化，启迪智慧潜能，感悟生活乐趣，深受中小学生欢迎，已经成为山东博物馆的社会教育品牌。他们根据展览内容，策划系列教育推广活动，并及时跟进临时展览，基本做到每场展览都有一项教育推广活动。目前，博物馆已形成“孔子学堂”“自然教室”“历史课堂”三位一体的青少年教育体验体系。据统计，2015 年累计举办各类讲坛、讲座、主题宣传等文化活动 300 多场次。

4.配合相关主题展览，设计多种互动活动，提高公众的参与度

山东博物馆开展了形式多样、融知识性与趣味性于一体的推广活动，既有面向文物爱好者、专业人士的高端交流活动，也有针对广大青少年、更注重参与性和趣味性的活动，如“免费公益鉴宝活动”、“我为鲁王做带扣”主题软陶制作、“小手绘青花”、“巧手做花灯”、“品年味、做年画”等。

2011 年，山东省文物局组织了山东博物馆“十大镇馆之宝”评选活动。经过专家推荐，公众现场、网络和报刊专版等多种形式的投票参与等环节，隆重推出了山东博物馆的“十大镇馆之宝”以及“观众最喜爱奖”“最具听觉冲击力奖”“最具故事情节奖”“最具视觉冲击力奖”四个特别奖。评选活动点燃了公众的参观热情，媒体纷纷跟踪报道，观众踊跃参与投票，社会反响良好。山东博物馆还举办了文化产品设计大赛，对具有历史、科研、观赏价值和观众认可度高的文物进行系统开发，实现了山东博物馆展陈的延伸，通过相应文化产品的开发，让人们把博物馆文化“带”回家。

5.积极参与对外文化交流活动，讲好山东故事

山东博物馆广泛开展馆际合作，向国内、国际各大博物馆输出本馆特色展览，在馆际交流方面取得了新突破。例如，2015 年与旅顺博物馆合作举办了《家乡年味——山东民间年画展》；在良渚博物院举办了《东夷华彩——大汶口、龙山文化展》；在高雄佛陀纪念馆举办的“山东文化交流节”中，精选了 80 余件杨家埠木版年画，举办了“山东木版年画展”。

为扩大齐鲁文化的影响，与国外各大博物馆之间的交流与合作日益频繁。2015 年，精选馆藏鲁绣作品在法国布列塔尼孔子学院成功举办了《素手纤纤——山东鲁绣精品展》，在立陶宛举办了《孔子的智慧》图片展，在美国、墨西哥举办了《中国文化瑰宝——山东古代石刻拓片精品展》，在韩国举办了《古代佛教艺术展》，在波兰举办了《中国山东木版年画展》，在罗马尼亚举办了《中国山东汉代画像石拓片展》。这些展览成功地将齐鲁文化推向了世界，对齐鲁文化的传播和山东博物馆与世界博物馆的接轨起到了巨大的促进作用，在国外反响巨大。

三、文物利用的相关经验

1. 提升博物馆管理水平，强化服务意识，建立与现代化建设相适应的体制机制

山东博物馆先后制定和完善了《山东博物馆公众服务管理规定及细则》《山东博物馆公众服务应急预案》《山东博物馆社会教育制度》《山东博物馆公众服务流程及细则》《山东博物馆服务质量监督检查制度》等规章制度。开馆后，针对庞大的观众接待量和不同文化程度、不同地域国籍、不同年龄的复杂的观众结构，积极应对、统筹部署，相继开展了零缺陷服务工作日竞赛、优质服务质量评比等活动，确保公众服务一次到位。

博物馆从人员管理人手，引进与培养相结合，培育合理人才梯队，提高业务人员综合素质。近年来，博物馆大量引进各类专业技术服务人才，丰富了山东博物馆的人才结构。制定周密的培训运行机制，实现培训常态化、规范化，将服务意识和观众价值理念的培训放在首位，基本形成了一支学历层次高、专业结构好、业务能力强、年龄梯度合理、具有激情与朝气的创新型人才队伍。

现已建立起由专职讲解、专家义务讲解、志愿者讲解以及语音导览系统四个层次组成的多元化讲解服务体系，打造了一支具有扎实的专业知识、良好的职业修养、高超的讲解艺术和富有人文情怀的讲解导览团队。

2. 利用现代数字化信息技术，提高文物利用率

随着数字技术的发展、认知水平的提高，观众不再满足于只欣赏美妙绝伦的展品，更多的是想探求藏品背后所蕴藏的文化内涵、历史内涵。山东博物馆在展示黄河城基文化遗址时通过高科技手段，用电脑三维模拟技术再现黄河时期半坡氏族方位、规模与状况，从城外到城里，以虚拟动画方式表现城址原貌，结合巨幅原址场景照片、实物模型、出土文物，全方位展示了城市过去及现状，引导人们思考未来。

数字化的应用还表现在“山东数字化博物馆”的建设上。2012 年以来，在山东省委、省政府及国家文物局的支持下，山东博物馆参与实施了山东数字化博物馆规划建设，首期对馆藏 1000 件珍贵文物进行了数字化采集处理。公众只需登录山东数字化博物馆网站，下载 3D 展示专用软件，即可通过移动鼠标浏览 1000 件文物的详细信息和所有细节，使观众可以在网上了解、欣赏到众多因博物馆展陈条件限制而无法展出、得不到充分利用的珍贵馆藏文物。

3. 广泛开展馆际交流，创新展陈模式

山东博物馆积极发挥国家一级博物馆和省级综合性博物馆的引领带动作用，大力加强对市县博物馆、民办博物馆、行业博物馆的帮扶力度，启动精品展

览巡回展出的相关工作。例如，在 2015 年，他们组织观众和专家评选出 100 件山东最富有代表性的馆藏文物精品，并在山东博物馆以“齐鲁瑰宝”为主题展出。随后，《齐鲁瑰宝展》又在德州、济宁、临沂、潍坊等地进行了巡展，每到一地均引起极大地轰动，取得了良好的社会反响。与此同时，由山东博物馆牵头负责的《山东抗日战争主题(图片)展》《山东民间年画展》《山东馆藏鲁绣精品展》《“走近大师”系列书画艺术展》等也在济宁、威海、青岛、烟台、滨州、菏泽等地的 10 余家博物馆进行了巡展。这一形式整合盘活了山东省馆藏文物资源，把传统文化精粹和精品文物送到了老百姓的身边，让文物保护成果惠及民众，让馆藏文物真正地“活”了起来。

4. 以“大师引进工程”为抓手，推出文物展陈、利用等相关活动

博物馆实施“大师引进工程”，延聘故宫博物院院长单霁翔先生为名誉馆长，充分发挥“名誉馆长”的大师引领效应，借助单霁翔先生的研究专长和学术影响，大力开展陈列展览、科学研究等工作，着力加强与故宫博物院的全方位合作。2015 年，他们与故宫博物院联合举办《皇帝眼中的西洋科技展》，共同开展重大科研项目，出版学术著作，利用“5・18 国际博物馆日”和 2015 济南国际文物保护装备博览会的契机，邀请故宫博物院文物鉴定专家来山东为广大市民免费鉴定文物，通过这一系列的举措推动大师引进工程，取得明显成效。

5. 利用好节事活动，全方位推介博物馆

山东博物馆非常重视与节事的互动，积极举办、参与、传播与自身定位相符的节事，主动融入公众的日常文化生活。他们凭借丰富的馆藏资源，充分挖掘民俗节事的文化内涵，举办了一系列具有浓郁民俗特点的活动，如在春节期间举办《年画画年——山东民间年画贺年展》展览、“馆藏千年唐琴之韵——迎新春古琴品鉴会”以及木板年画制作等体验活动；在中秋节有月饼制作和“团圆全家福鲁国玉璧大留影”活动。传统节假日到博物馆看展览、听讲座、品民俗，正在成为一种新的休闲时尚，传统节事正在与时尚一起悄然流传。

山东博物馆广泛建立社区志愿者队伍，在社区建立服务站，积极参与诸如燕山社区文化节、开元山庄敬老节等社区节事文化休闲活动，传播了山东博物馆文化，丰富了居民的社区生活。除此之外，山东博物馆联合所在社区举办“消夏晚会文化月”活动，平均每晚约有 5000 余人次参与，山东博物馆广场已然成为社区居民消夏夜文化娱乐的重要活动基地。

第二节　安阳殷墟博物馆

安阳殷墟博物馆于2005年落成，坐落在安阳殷墟遗址腹地，总面积约6000平方米。为了保护殷墟遗址区的整体景观，该馆全部建在地表以下。博物馆的展览采用了“4＋1”的空间布局模式，即由4个“基本展厅”和1个“特展厅”组成。4个基本展厅分别表现的是商代“繁荣的城市”“发达的冶金术”“森严的礼制”以及“成熟的文字”这几种“文明要素”。“特展厅”主要用于展示后母戊鼎，用以强化“殷商文明”作为中国青铜文明鼎盛时期的最突出的文明成就。

殷墟遗址（资料图）

一、殷墟概况

殷墟位于河南省安阳市殷都区小屯村周围，横跨洹河南北两岸，遗产地保护区核心面积为414公顷，缓冲区面积为720公顷。殷墟遗址区古称“北蒙”，甲骨文卜辞中又称为“大邑商”“邑商”，是中国商代晚期的都城，也是中国历史上第一个有文献可考并为甲骨文和考古发掘所证实的古代都城遗址，距今已有3300年的历史。

殷墟遗址总体布局严整，以小屯村殷墟宫殿宗庙遗址为中心，沿洹河两岸呈环型分布。现存遗迹主要包括殷墟宫殿宗庙遗址、殷墟王陵遗址、洹北商城、

后冈遗址以及聚落遗址(族邑)、家族墓地群、甲骨窖穴、铸铜遗址、手工作坊等。

目前所开发利用的区域主要集中在殷墟宫殿宗庙区内,已规划建成殷墟宫殿宗庙遗址景区。1973 年以前这里发掘的 53 座建筑基址,是殷墟宫殿宗庙区的主体和殷王都全盘规划、布局结构的重心所在,被考古学者划分为甲、乙、丙三组基址。甲组建筑基址共发现 15 座,是宫殿宗庙区内建设时间最早、使用时间最长的建筑,被认为是商王室的宫室、寝居之所。乙组建筑共发现 21 座,多数结构繁复,面积巨大,互相连属。这些建筑被认为是殷王室的宗庙建筑。丙组共发现 17 座,被认为是商王室的祭坛建筑。目前,在宫殿宗庙区已发现大型夯土建筑基址 80 余座。这些建筑基址形制阔大、气势恢宏、布局严整,按照中国古代宫殿建筑"前朝后寝、左祖右社"的格局,依次排列,分布在以宫殿区为中心的范围内。

1961 年 3 月,殷墟被公布为第一批国家重点文物保护单位。2001 年 3 月,位居"中国 20 世纪 100 项考古大发现"之首。2006 年 7 月 13 日,殷墟在第 30 届世界遗产委员会会议上被列入《世界遗产名录》。2011 年,被国家旅游局评定为全国首批 5A 级旅游景区。殷墟遗址之所以能够取得如此重量级的荣誉,完全是因为该遗址本身所具有的难以估量的文化价值,主要表现为:

1. 历史学价值

殷墟是我国经考古发掘可以确定年代的最重要的早期都城之一,是国际学术界所普遍承认、没有争议的中国最早的文化遗产之一。殷墟是一座规模庞大、气势恢宏的古代大都会,是商王朝的政治统治中心、经济管理中心、军事指挥中心和文化礼制中心。殷墟王陵是中国目前已知最早的完整的大型王室墓葬群,其东西分区的陵墓建造原则,开创了中国昭穆制度的先河,充分反映了我国悠久的文明发展历程。

2. 文字学价值

殷墟文字体系是中国古代灿烂文明的代表与象征,是中国古代历史上最具特色的、最具原真性的文化遗产。殷墟甲骨文是中国最早的成熟文字,是现代汉字的源头。殷墟甲骨文已具备了象形、指事、会意等汉字基本造字要素,在形体上也奠定了后期方块字的基本形态,标志着中国文字进入了成熟阶段。殷墟甲骨文的发现还重新构建了中国古代早期历史的框架,使商代历史成为信史,使中国文字可证实的历史上溯到 3000 余年前。

3. 考古学价值

殷墟是中国国家学术机构第一次全面负责、中国学者独立主持的考古发掘工作,是中国所有古遗址中发掘时间最长、积累经验最丰富的遗址。这里的田野考古从考古学理论、方法与实践等方面,为构建中国考古学奠定了科学基础,

确定了仰韶文化、龙山文化与商文化的文化谱系与年代学框架。发掘殷墟过程中所创造的许多方法被推广到各地，在考古工作中加以应用。殷墟考古工作造就了李济、梁思永、董作宾、尹达、夏鼐等著名考古学家，使他们成为现代中国考古学的奠基者，故而殷墟被称为“中国考古学家的摇篮”。

4.科学艺术价值

殷墟出土大量青铜器，包括礼器、乐器、兵器、工具、生活用具、装饰品、艺术品等，形成了以青铜礼器和兵器为主的青铜文明，达到中国青铜器发展史上的巅峰，在中国古代文明史上占有重要地位。殷墟遗址的青铜器形制丰富多样，图案夸张，采用极精细的几何纹和深浅凸凹的浮雕，蕴含着深厚粗犷的原始力量，反映了殷商时代的人们特有的宗教情感和审美观念。殷墟青铜器以其杰出的艺术价值和科技成就成为中华文明的代表，殷墟也因此成为世界青铜文明的中心之一。[①]

二、殷墟遗址的利用模式

1.基于考古发掘的学术利用

安阳殷墟博物馆以其特有的文物推动了学术界对殷墟的研究，也推动了学者们对中国古代史的进一步探索。考古学家由此获得了大批的考古材料，从而大大扩充了殷商史研究的内容。归纳起来，殷墟发掘所获取的考古材料包括了建筑遗址、墓葬(包括殉葬坑)等遗迹；甲骨刻辞及在器物上刻画书写的古文字资料；石玉器、骨角器、齿牙器及蚌器、陶器、青铜器及其他金属器等遗物资料；动物和人类的骨骸资料。从这个角度来看，殷墟的发掘促成了中国考古学以全面获取考古材料为基础的田野考古学的传统。

对殷墟的发掘与研究除了运用考古学的方法之外，还综合了包括历史学、生物学、人类学、民族学、矿物学、金相学、化学等各学科的研究。比如董作宾对甲骨文的研究，郭宝钧、石璋如等对建筑基址的复原和研究，杨钟健等对动植物遗存和骨骼的鉴定，吴定良、杨希枚等对人骨的鉴定和研究，李济等对殷墟人种起源的考察，刘屿霞、万家保等对铜器的金相学分析，李济等对陶器化学成分的分析和玉器化学成分的鉴定，吴金鼎对制陶技术的研究，石库如对昆明等地陶业的民族学调查等等。总之，早年对殷墟的发掘与研究促成了中国考古学以考古地层学和类型学为基础、进行多学科综合研究的科学传统。

---

① 参见芦佳洁:《安阳殷墟旅游开发对策研究》，西北大学硕士学位论文，2010年。

2. 基于博物馆建设上的文物展示

在20世纪80年代后期，安阳市政府已在中国社会科学院考古研究所安阳工作站的支持和协助下，本着向社会展示商代遗迹的愿望，先在殷墟王陵区建成“王陵馆”，2005年又在小屯宫殿宗庙区建成“殷墟博物馆”，为殷墟出土文物的展陈工作打下了良好的基础。

安阳殷墟博物馆鸟瞰(资料图)

早在2001年，安阳市政府提出将殷墟申报为世界文化遗产后，在国家文物局、河南省文物局及中国社会科学院考古研究所的直接指导下，在遗址展示具体方案上采取了更为严谨、科学的态度。每项整改的落实，都经过集思广益、反复酝酿，经专家论证后方形成决策加以实施。殷墟古遗址展示的形式，主要有以下几种：

一种是地下封存、地上抬高模拟展示。殷墟地下遗址在发掘后绝大部分采用了“原地回埋、地下封存”的方法予以保护。就中国商代的土质遗址而言，这种保护方法是最便捷有效的。为了提高此类遗址的可观赏性，在展示上主要作出如下处理：①地上夯土台阶、柱墙抬高模拟展示。这是展示殷墟宫殿遗址的一种主要形式，即对已经发掘完毕和研究清楚的遗迹，采用将原址掩埋封存，然后在地上提高50厘米左右，在其上对应位置重新复原夯土台阶、木柱桩和与建筑有关的祭祀坑遗迹，并设立中英文遗址标志说明牌。如宫殿区内的甲四、甲

六、乙七、丙组基址、凹字形宫殿基址，均是采用此种形式。[①] ②地上抬高祭祀坑模拟展示。在原遗址上垫土覆盖地下的祭祀坑遗迹，适当抬高遗址的土层，在不损害地下遗迹的前提下，复原宫殿区内的宗庙祭祀坑和车马坑遗迹。透过玻璃罩，游客可以清楚地看到各种祭祀坑里殉人的骨骼和牛、马、羊、犬等兽骨遗存。③地上植物或沙石标识展示。对已发掘清楚、且近期不计划复原重建的遗址和墓葬，在柱础位置栽植小叶女贞，将侧柏等植物修剪成圆柱形，在墙体和墓葬位置栽植柏树并修剪成墙状，用来表示建筑物和墓葬的规模、形式，或直接用草坪和沙石标示夯土遗址的范围、面积和形状，如宫殿遗址的甲一、甲五、乙五遗址，王陵墓遗址的 12 座大墓等。

另一种是原址原貌原形复原展示。鉴于殷墟遗址基本在地下、可视性不强的特点，专家在此采用了复原展示技术。对已经发掘完毕和研究清楚、且今后不需重新发掘的遗址，采取原址原貌原形复原展示，直接再现当年原发掘现场的情景，如妇好墓、YH127 甲骨窖穴，均是采用此种展示形式。在殷墟宫殿区外考古发掘中发现的科研、观赏、旅游价值比较高的遗物、遗迹，由于原址基建占地过于零散不宜保护和参观的，采取异地搬迁保护展示，即选择合适位置，经钻探下面确无遗迹后，将它处发掘的商代遗迹整体搬迁过来进行保护展示，如殷墟车马坑展厅的马车和商代道路等遗迹。

殷墟作为我国考古学的圣地，其本身的考古发掘历史也可作为其旅游价值展示的重要组成部分。殷墟专门设立了发掘史展厅，其展示的单元分为前言、殷墟的范围与布局、发掘简史、宫殿宗庙遗址、手工业作坊遗址、王陵区与重要的墓葬群、甲骨文的发现与发掘研究等。依据这些内容制作了“殷墟沙盘”、王陵区沙盘，并陈列了有关文物展品。发掘过程中考古工作者的各种工具陈设及工作笔记也引起了很多游客的浓厚兴趣。

对于殷墟遗址出土的可移动文物，采用了博物馆集中保护展示的方法。为了让参观者充分领略殷商文化的魅力，博物馆应用了一系列独具匠心的展示技巧。

时间走廊：由于博物馆主体建筑在地表以下，游客从地面步行到博物馆陈列室入口，需经由一条“回”形“时间走廊”。“时间走廊”假定现代地面为“当代”，以博物馆入口处为“商代”，在走廊内侧用青石做成一条“时间线”，将公元前 1046 年商王朝灭亡直至 1911 年辛亥革命之间约 3000 年的历史，按所经朝代存亡长短标出。走廊全长 60 米，4 个 90°拐角。游客进入博物馆前，必须沿着

---

① 参见杜久明、蔡美艳：《殷墟遗址旅游价值展示效果调查与研究》，《殷都学刊》2007 年第 2 期。

这条走廊“逆行”一遍中国历史，给人以时光穿越的体验。

主题水院：参观者经过“时间走廊”到达“商代”时，首先看到的是一处正方形庭院。庭院的正中是一方池水。池水波光荡漾，池中隐约可见一片龟甲形青石，青石上以古老的甲骨文书体铭刻着“日在林中初入暮，风来水上自成文”诗句。诗句选自甲骨学家、首位到殷墟进行考古发掘的著名学者董作宾先生的书法作品。池水中“风来水上自成文”状景幽雅，寓意深远，暗喻安阳殷墟洹河河畔是汉字的发源地。

博物馆内的主题水院(资料图)

甲骨解读：由于甲骨文成形久远，内容庞杂，即使是受过良好教育的参观者，也往往不能读懂其意。因此这部分的重点放在了“解读”上。解读有包括“声电解读”和“文字解读”两部分。前者通过“幻影成像”技术，向参观者展示甲骨卜辞的制作过程。后者则挑选了祭祀、征伐、田猎、天象、旬夕等不同内容的甲骨文，大版面提供了原文、隶定、中文解读、英文翻译，可供参观者细心咀嚼。

明星战略：殷墟文物中最著名的一件鼎被称为“后母戊大鼎”。这件鼎重875千克，是所有殷墟文物中体量最大最重的。其图像被收入中国的中学历史教科书中，故该鼎在中国境内可谓妇孺皆知。该鼎自1939年殷墟出土之后，几经周折，被中国国家博物馆收藏。2005年9月，殷墟博物馆以“借”的方式将该鼎运至“特展厅”，成功向社会展出，引起巨大反响。开放之后，前来参观“后母戊大鼎”的观众如潮，最多时一天超过10万人。

在文物展览的同时，安阳殷墟博物馆还进行考古知识的科普展示。在殷墟宫殿宗庙遗址处，建有甲骨文科普长廊和碑林，用以普及甲骨文知识。殷墟甲骨文是汉字的鼻祖，在人类文明史上占有重要地位。但是，甲骨文古奥艰深，不易释读。为了满足中外观光者的求知需要，在参考前辈甲骨学家的研究成果的基础上，殷墟博物馆精选甲骨百余片，并将其拓片经放大处理，摹写镌石、契刻相应的释文、今译和英文，以寓教于游的方式，普及甲骨文知识和弘扬甲骨篆刻书法艺术。甲骨碑刻的内容涉及殷商社会的方方面面，游客可以通过一块块甲骨碑来感受殷商的文化氛围和博大精深的中华文明。

3. 基于遗址公园建设上的旅游开发

殷墟作为重要的文化遗产，对大多数人而言，其主要价值在于社会价值，在于其考古成就的社会化，主要表现为旅游价值，即让旅游者通过参观获得知识和美的享受。游客满意度是检验文化遗产旅游价值是否实现的标尺。很多游客表示，到殷墟实地参观游览，是学习殷商文化知识的最生动、最直接的途径，是最好的历史教科书。通过参观甲骨碑廊和甲骨文碑林，可以系统地了解我国文字产生、演变和发展的过程；通过欣赏世界上最大的青铜器——后母戊大方鼎，可以形象地领略到我们祖先精湛的冶铸和雕刻艺术。目前，殷墟遗址已成为安阳市对外开放的窗口和旅游业发展的龙头，每天来殷墟参观的海内外游客络绎不绝。

安阳殷墟在将考古遗址景区化的同时，也注重旅游纪念品的制作。按照加工工艺，安阳殷墟旅游纪念品可分为传统工艺品和现代工业化产品。其中传统工艺品的市场份额较大，现代工业化的旅游纪念品销售情况不佳，纪念品主要以作旧为主。常见的旅游纪念品为作旧甲骨、甲骨文拓片书、甲骨文工艺画、作旧青铜器、甲骨文书法等。

三、相关发展建议

1. 改革管理经营体制

以殷墟国家考古遗址公园建设为统领，着力培育旅游市场主体，分离景区所有权、经营权、管理权，形成“政府主导、企业主体、社会经营，市场化运作”的旅游发展模式。[①] 探索成立殷墟大遗址公园旅游公司，与大遗址公园管委会相配套进行管理，整合餐饮业、旅行社业、旅游商业、景区景点业和会展业等行业，实现集团化经营。

---

① 参见李文静：《殷墟国家考古遗址公园建设与运营管理研究》，《殷都学刊》2016 年第 2 期。

2. 提升殷墟遗址的可观赏性

充分利用社会科学研究新成果和遗址保护展示新理念、新方法、新技术，深入发掘文化遗产资源内涵，对宫殿宗庙建筑、王陵大墓、车马坑、铸铜作坊、制玉作坊、陶窑、水井、聚落、街道等遗迹进行逐步复原、展示，全面反映殷商文化的灿烂辉煌。同时，通过数字虚拟技术的广泛使用，结合遗址公园的生态化展示，对乙二十大殿、部分王陵大墓和车马坑进行数字化复原，丰富遗址公园的展示方法和内容。

3. 尝试开发相关文化互动体验项目

殷墟遗址不同于一般的旅游景区，其主要特点是“文化味道强而视觉冲击弱”。因为这个缘故，安阳殷墟同其他景区相比知名度还不高，这其中的关键在于殷墟学术性很强，游客在参观的过程中会感觉枯燥，这就有必要提供多维的、互动的展示方法，让游客成为参与者，进而激发游客的参观兴趣。因此，殷墟需要发挥自身的文化资源优势，拓展互动体验类项目，如“模拟考古”“青铜作坊”“甲骨占卜作坊”“甲骨文临摹”等。

第三节　建川博物馆聚落

一、概况

建川博物馆位于四川省成都市大邑县安仁古镇，该馆建成于 2005 年，由民营企业家樊建川创建。博物馆占地 500 亩，建筑面积近 10 万平方米，拥有藏品 800 余万件，其中国家一级文物 404 件。博物馆全称为“建川博物馆聚落”。顾名思义，既然称为“聚落”，它就不仅仅是一座博物馆。作为民营博物馆的代表，建川博物馆突破了传统意义上单纯的“博物馆”的概念，以“为了和平，收藏战争；为了未来，收藏教训；为了安宁，收藏灾难；为了传承，收藏民俗”为主题，建设了抗战、民俗、红色年代、抗震救灾四大系列 30 余座分馆，已建成开放 26 座场馆，是目前国内民间资本投入最多、建设规模和展览面积最大、收藏内容最丰富的民间博物馆。

该“聚落”中除了规划的 30 余馆场外，还进一步将各种业态的配套如酒店、客栈、茶馆、文物商店等汇集在一起呈现“亚博物馆”状态，形成一个集藏品展示、教育研究、旅游休闲、收藏交流、艺术博览、影视拍摄等多项功能于一体的新概念博物馆和中国百年文博旅游及乡村休闲度假旅游目的地。建川博物馆将文物利用与商业通过教育和民族情感紧密联系起来，既实现了对文物的合理利用，又创造了一系列的社会或经济效益。

目前，该博物馆获得了国家文化产业示范基地、国家4A级旅游景区、全国光彩事业重点项目、全国爱国主义教育基地、全国先进社会组织、中国十大民间博物馆、四川省科普教育基地、国防教育基地、廉政文化教育基地、四川民营文化企业综合十强、四川省"十一五"期间旅游工作先进单位和建设成都杰出贡献奖等荣誉称号。

建川博物馆(资料图)

二、建川博物馆的发展现状

建川博物馆所在的四川省大邑县安仁镇是中国历史文化名镇，该镇距离成都只有45公里，风景优美，历史人文气氛浓厚，有刘文彩的收租院以及抗日名将刘湘的公馆。目前，在建川博物馆的带动下，整个安仁古镇已经被成都市政府定位为中国博物馆小镇。

建川博物馆的馆场分为四个大类：

抗战系列：具体有中流砥柱馆、正面战场馆、不屈战俘馆、飞虎奇兵馆、川军抗战馆、日本侵华罪行馆、中国壮士群雕广场、抗战老兵手印广场、红军长征在四川纪念馆、援华义士广场。其中，中流砥柱馆主要陈列的是由中国共产党领导的敌后战场的相关文物资料；正面战场馆是以国民党抗战为主题，以22次大的战役为线索，展示正面战场抗战的历史；飞虎奇兵馆主要介绍了飞虎队的战斗、飞虎队的生活等内容；不屈战俘馆用丰富的照片和实物，展示了抗战中被日

军俘虏的中国官兵，全面地记录了“抗俘”的真实历史；川军抗战馆展示了30万川军出川抗战以及300万壮丁奔赴前线的历史史实；侵华日军罪行馆预展以近万件日军侵华物证、大量的文物佐证了1931～1945年日军侵华罪行史，让日本侵略者“自证其罪”的物证是该展馆的特色及亮点；抗战老兵手印广场目前共征集到4000余名老兵的手印；而中国壮士群雕广场则塑造了抗日战争期间的200多名抗战将士英雄群体形象。这些场馆从不同角度展示了在1931年日军大举侵略东北后，中国人民奋勇抗击日军的侵略行径、维护国家领土主权和民族尊严的英雄历史。

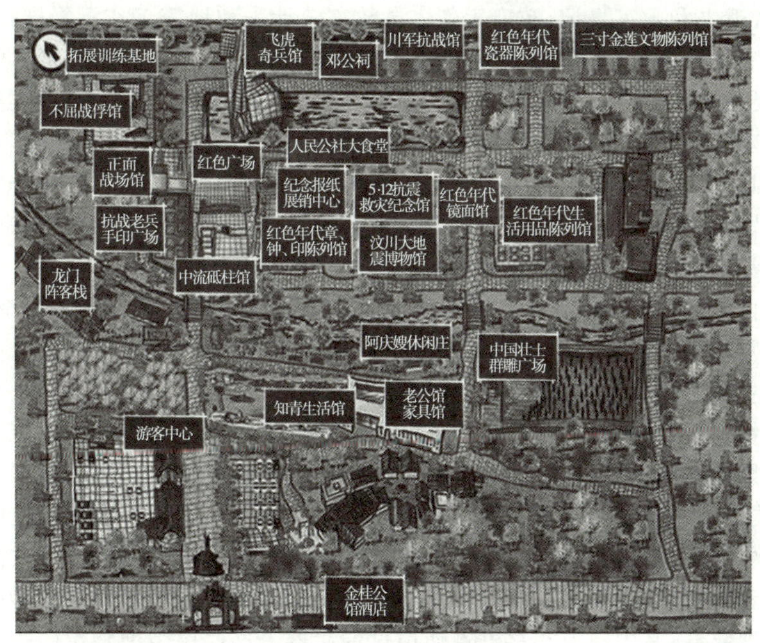

建川博物馆导览图(资料图)

红色年代系列：具体有知青生活馆，红色年代瓷器陈列馆，红色年代章、钟、印陈列馆，红色年代生活用品陈列馆，邓公祠，红色年代镜面馆。这些陈列馆主要展示了1966～1976年这十年“文革”时期人民生活的方方面面，通过陶瓷、宣传画、奖章、介绍信、结婚证等等一系列日常生活中的小物件来反映那段历史。在红色年代生活用品馆中，还通过文物搭建还原了当时的农民、工人、干部、战士和知识分子的家庭摆设，让文物有了立体感。每个陈列馆都会有几个类似电影的放映厅，电视机始终在重复播放着一些关于“文革”的纪录片，请历史的当事人现身说法。

地震系列：具体有“5·12”汶川大地震博物馆、地震美术作品馆、“5·12”抗

震救灾纪念馆、胡慧珊纪念馆。这些地震馆都是在汶川地震之后建立起来的，建川博物馆馆长樊建川说，我们四川历史上就多地震，但是这么多地震过去了，就没有一个以地震为主题的博物馆。之所以建立这些地震博物馆，就是要填补这方面的空白，也是要悼念那些在地震中死去的人民，讴歌和展示中华民族在地震来临时表现出的“不畏艰险，勇于胜利，一方有难八方支援”的伟大民族精神。地震日记馆以汶川地震发生后每天的救灾进展为主线，以现场收集的文物和媒体图片为主要陈列物，集中展示了四川人民在中国共产党的领导和指挥下奋勇救灾的画面。日记馆也收集了许多真实的地震日记，有小学生的地震日记本，军人遗书和救灾日记，政府工作人员救灾统计表和地震工作汇报样板，字里行间都有地震的气息，令人震撼！汶川地震纪念馆是由成都市政府出资修建的，主要是展示共产党在抗震救灾过程中发挥领导和先锋队作用。地震美术馆主要是建川博物馆征集的以汶川地震为主题的美术作品和文学作品，是从民间的视角反映汶川地震，作者主要是学生、艺术家、记者、军人以及一些作家。陈列和展览主要是以这些作者的身份为主线，诠释汶川大地震所释放出来的伟大民族精神，反映了在灾难面前全民族大团结和共同奋斗的救灾纪实。

民俗系列：具体有中医文物馆、长江漂流纪念馆、老公馆家具陈列馆、三寸金莲文物陈列馆、国防兵器馆、刘文辉旧居陈列馆。其中，中医文化馆以中医药文化为主题，以文字、图片、文物、场景等为载体，通过陈列表现人民群众与疾病抗争的精神、揭示中医药的奥秘，普及中医药知识。老公馆家具馆主要展示了不同时期精美的家具。三寸金莲馆主要展示了我国古代妇女从裹足到放足的历程，展示了古代社会变态、扭曲的审美观念；同时，也收录并展示了反缠足的艰辛历史。国防兵器馆从展示兵器的发展历史和普及国防知识两个方面完善国防教育功能；主要陈列“二战”时期及中华人民共和国成立后在边境冲突中使用的武器装备，其中还有很多红军使用过的武器。这些民俗博物馆的式样和建筑风格以川西民居的风格为主，介绍的也大都具有浓郁的川西特色。

另外，还有一批展馆正在建设中，包括：七十二行风情馆、川西民俗馆、婚嫁用品馆、婚庆证照馆、江湖帮派馆、民间神仙馆、红色年代大事记馆、民国孙氏锦衣馆、红色年代票证馆、汉奸丑态馆等。

经过10余年的创建运营，建川博物馆每年游客来访量已经近百万，博物馆也实现了自身的造血。他们采用售票经营的模式，针对不同的市场需求，设计了三种类型的门票：①通票：60元/人（当日有效）；②通票：100元/人（三日有效）；③单馆票：20元/人（当日有效）。门票收入只是博物馆整体收入的一部分，另外一大部分则是依靠相关配套商业来实现。据统计，2015年，建川博物馆直接创造就业机会500个，带动4000人就业，共接待国内游客96.5万人次，实现

国内旅游收入为25740万元，门票收入为1985.5万元，同比分别增长17%和5%。

三、建川博物馆的发展经验

1. 首创博物馆的“聚落”概念，形成规模效应

旅游者总是倾向于优先选择知名度高、影响力大的旅游景点，将博物馆聚集起来形成规模吸引力，以吸引更多游客，这一点在西方博物馆界已经得到广泛认同。由于建川距成都市有1个多小时车程，知名度不高，单体博物馆很难吸引一定规模的游客到建川旅游，因此投资者选择了集聚式建设博物馆。目前，博物馆集群的规模效应已经显现。在建川博物馆的带动下，一些国家公共博物馆以及其他的民办博物馆也前来落户，包括“5·12”抗震救灾纪念馆、航天航空集团的三线航天航空博物馆、成都某中医药公司委托打造的中医药博物馆、传媒名人崔永元的个人口述历史博物馆和文化名人魏明伦的个人文字博物馆等。据统计，目前该镇已经聚集了100多个博物馆。这种空间上的集聚和主题上的特色化、差异化，一方面丰富了游客的产品选择，另一方面也降低了博物馆投资者的营销成本。

2. 创新博物馆展陈方式，展陈内容关注“小人物”，注重“故事性”

大部分博物馆展示面临藏品展陈形式乏味、令人感觉枯燥的难题。建川博物馆则尽量实现藏品展示的通俗化、娱乐化，以吸引更多的游客。在展品中，博物馆不仅展出了一些严肃题材，也展出了一些广为人知的通俗题材，如汶川地震中36天不死的农家猪“猪坚强”，以及地震中弃学生而不顾的教师“范跑跑”的眼镜和“5·12”地震当天正在授课使用的教材等，这些展品成了游客们追踪的热点。同时，由于建川博物馆的藏品本身价值有限，文物本身的观赏性不强，博物馆人员就创新展陈方式，变劣势为优势，例如通过藏品的密集式摆放，给人以视觉冲击。

3. 利用多种渠道宣传营销

建川博物馆较早就有了网络营销意识，如博物馆建设有中、英、日文三种语言的官方网站，并开通查询功能。馆主樊建川开通新浪博客、微博并及时更新信息，对建川博物馆的影响很大。同时，建川博物馆聚落还开展了多种渠道的营销，具体包括软文广告、公共关系等渠道。

4. 发展商业配套设施，开发相关衍生品

早在建川博物馆建设之初，投资者就计划通过博物馆的发展带动住宿、餐饮、文化、地产等多个产业项目的发展。博物馆开张营业后，投资者在博物馆附近建设有主题特色餐饮、住宿设施，如金桂公馆酒店、红卫兵客栈、人民公社大

食堂、阿庆嫂休闲庄、龙门阵客栈、飞虎队水吧等；同时，博物馆区还提供其他的休闲娱乐设施，如骑马、出租两轮车等，这些都构成了博物馆的重要收入来源。另外，通过博物馆旅游带动地价上升，进一步开发地产项目，也是博物馆产业化的重要战略思路之一。博物馆还利用其藏品优势开发了品种多样的博物馆衍生品。这些年，建川博物馆围绕博物馆里的文物做了许多复制品、纪念品以及主题衬衫，还有各种各样的文物书籍，受到许多文物爱好者的欢迎。

四、文物利用与公众教育

建川博物馆是目前国内规模最大的民营博物馆，藏品涉及领域广阔，有历史的、民俗的、军事的、艺术的、地震文化的，这些资源在社会中发挥着重要的教育作用。

1. 对学生群体的教育作用

“博物馆课程资源”是指能够被学校教学活动所利用的一切博物馆资源。建川博物馆充分利用馆藏资源，组织各种有关历史主题的展览。不仅如此，馆藏当中还有很多能够被历史教学活动所利用的藏品。博物馆为学生到馆内参观学习、聆听博物馆专家的讲座、组织博物馆历史兴趣小组提供了丰富的资源和广阔的平台。这些活动不仅有助于扩大博物馆的影响力，也有助于发挥博物馆对学生这一群体的教育作用。

2. 面向社会的大众教育

在特殊节日时，建川博物馆会举行一些面向社会大众的特殊活动。如：2014 年 12 月 13 日是南京大屠杀遇难同胞纪念日。在这天上午 10 时，建川博物馆拉响警报，开启了“侵华日军罪行展(预展)”和“众筹成馆”的活动仪式。这次活动由建川博物馆发起，以预售建川博物馆纪念门票的方式，吸引万众参与。活动预售纪念门票所得款项全部用于“侵华日军罪行馆”陈列布展和文物补充。在 2015 年 8 月 15 日抗日战争胜利 70 周年的特别纪念日这一天，建川博物馆还邀请了抗战烈士、将帅的后人及抗战老兵参加典礼仪式。

后 记

2013年以来，山东大学先后承担了国家文物局有关文物合理利用的多个课题，本书就是在上述课题的基础上所形成的一项成果。参与上述课题研究工作的专家学者有：于化民、党明德、刘大可、李炳印、邢佳佳、朱佩峰、唐仲明、张瑞、邵明华、李大伟等。参与课题研究的学生有：马瑞文、王亚萍、王洁、王娜、王琼、王超群、史晓黑、冯雨乔、朱耀辉、刘佳慧、刘艳、齐一放、齐鸽、李娜娜、李萌、何昭旭、张文杰、张心、张江波、张肖肖、张荣波、陈乙燊、陈东、陈骁、陈爱敏、周凤竹、赵永生、赵星宇、袁玉洁、顾方哲、倪慧丽、曹如茵、曹晋彰等。张荣波、何昭旭协助主编完成了全书的通稿工作。

王育济　郑群

2017年12月

图书在版编目(CIP)数据

文物合理利用的理论与实践研究/王育济，郑群主编. —济南：山东大学出版社，2018. 6
ISBN 978-7-5607-6078-0

Ⅰ. ①文… Ⅱ. ①王… ②郑… Ⅲ. ①文物工作-研究-中国 Ⅳ. ①K87

中国版本图书馆 CIP 数据核字(2018)第 125067 号

责任策划：姜明
责任编辑：徐翔　李艳玲
封面设计：张荔

出版发行：山东大学出版社
　　社　址　山东省济南市山大南路 20 号
　　邮　编　250100
　　电　话　市场部(0531)88363008
经　　销：山东省新华书店
印　　刷：山东华鑫天成印刷有限公司
规　　格：720 毫米×1000 毫米　1/16
　　　　　24 印张　440 千字
版　　次：2018 年 6 月第 1 版
印　　次：2018 年 6 月第 1 次印刷
定　　价：78.00 元